民族主義論文系列之三

兩岸少數民族問題

主編：洪泉湖

著者：洪泉湖
　　　劉阿榮
　　　沈宗瑞
　　　朱浤源
　　　羅潤蒼
　　　李紹明
　　　楊壽川
　　　黃惠焜
　　　……等

文史哲出版社印行

國家圖書館出版品預行編目資料

兩岸少數民族問題 / 洪泉湖等著；洪泉湖主編.
-- 初版. -- 臺北市：文史哲，民85
　　面；　公分.
　　ISBN 957-549-028-2（平裝）

1.民族－中國－論文，講詞等

536.2　　　　　　　　　　　　　　8500 8379

兩岸少數民族問題

主　　編：洪　　泉　　湖
出 版 者：文 史 哲 出 版 社
登記證字號：行政院新聞局局版臺業字五三三七號
發 行 人：彭　　正　　雄
發 行 所：文 史 哲 出 版 社
印 刷 者：文 史 哲 出 版 社
　　臺北市羅斯福路一段七十二巷四號
　　郵撥○五一二八八一二　彭正雄帳戶
　　電話：（○二）三五一一○二八

定價新臺幣 五二○元

中 華 民 國 八 十 五 年 七 月 初 版

兩岸少數民族問題
目　錄

序

自十九世紀以來，民族主義（nationalism）在國際政治上一直扮演著相當重要的角色，雖然從第二次世界大戰以後，一般學者大多以為民族主義的時代已經過去，但是近年來國際政治之發展，卻反而日益凸顯民族主義的重要性。例如今日國際上最受矚目的南非種族衝突、北愛爾蘭（North Ireland）的獨立問題、南斯拉夫（Yugoslavia）的內戰問題，乃至盧安達（Rwanda）的種族衝突和俄羅斯的車臣（Chechen）問題……等，無一不與民族主義有關。所以吾人若要瞭解國際衝突，乃至追求族群關係的和諧，則民族主義之研究，實刻不容緩。

其次，隨著社會的多元化與政治的民主化，弱勢族群的問題與呼聲也日益凸顯。各族群之間，彼此的關係究應如何調適，才能臻於和平相處？少數民族的問題究應如何解決，才能獲致共存共榮？這不但是今後各國政治上急應處理的問題，同時也是學術界應當致力研究的課題。

基於這樣的時代背景，也基於這樣的研究需求，國內若干教授學者乃於公元一九九一年五月廿五日發起成立「中華民國民族主義學會」（以下簡稱本會），其主要目的，即在結合國內（甚至國外）研究力量，共同探討國內外民族問題與民族主義運動，期能尋找促進族群和諧的良方。

本學會創立之初，以「民族主義學會」為名，乃取法　孫中山先生之「民族主義」。眾所皆知，孫先生民族主義之基本要義，

對內在主張國內各民族之平等與相互扶持，以期共建民族國家；對外則在追求中華民族之獨立自由，以期與世界各民族共進於大同。因此，本學會之性質既非大漢族沙文主義者，亦非民族分離主義者或地方分離主義者，本學會實乃一客觀、中立的學術研究團體。民族問題或民族主義是吾人所關心、所要研究之課題，但本學會並不涉及特定的政治立場，以免有損學術風格。

本會自創立以來，已舉辦過兩次大型國際學術研討會。第一次研討會於一九九一年六月一日在中央圖書館（臺北市）舉行，會中邀請香港中文大學副校長金耀基教授擔任主題演說，並有成百營（韓國）、包哲（奧國）、舒耕德（德國）等國外學者與會，共發表論文18篇。第二次研討會於一九九三年三月十四日在臺灣師範大學國際會議廳（臺北市）舉行，會中邀請香港中文大學人類學系主任喬健教授發表主題演說，並有懷特（英國）、高崢（美國）等國外學者與會，共發表論文13篇。

此外，近四年來，本會也曾舉辦多項小型演講會及座談會。最近所舉辦的一項較大規模的座談研討，即於一九九五年四月廿三日舉行，會中楊逢泰教授發表「非洲內戰原因的探索」一文，楊仁煌委員發表「談文化與族群關係」一文，那思陸教授則發表「民族主義與民族關係」一文，供與會者研討。

近年來，本會理監事們有感於民族主義之研究，實不得不先從民族問題、民族關係著手，乃能落實。於是決定展開臺灣原住民問題的探討，和對大陸少數民族的接觸，希望能從這些實地的研討，以及和其他少數民族研究者的互動中，進一步瞭解民族問題的癥結，甚至提出改善或解決問題的政策。

基於此，本會乃於一九九五年八月組團赴雲南，與雲南大學、雲南民族學院等學術教育機構進行交流、訪問、座談，洽商未來

學術交流合作事宜。並隨即轉赴四川，與四川社會科學院等學術研究機構同時舉辦研討會，會中並發表論文18篇，座談引言報告17篇，並展開訪問、座談，且洽商未來學術交流合作事宜。除此之外，訪問團並在雲南與四川進行實地考察，訪問了不少當地少數民族幹部。此次訪問交流活動，為未來兩岸學術交流合作奠定了良好的基礎。

一九九六年二月，本會也與臺東師院合辦「教育、社會環境與多元文化的族群關係」專題研討會，並至臺東原住民聚落進行實地考察，希望能建立研究臺灣原住民問題的切入點。四月，又在臺北舉辦「族群教育與族群關係」學術研討會，會中發表論文12篇，頗受各界重視。八月，本會又將與雲南大學西南民族研究中心合辦「兩岸少數民族政策」研討會，會中將發表論文20餘篇。

本書所刊論文29篇，主要即是從一九九五年八月四川研討會的35篇論文中所挑選出來的，其中臺灣學者論文有10篇，引言報告有3篇，大陸學者論文有8篇，引言報告有8篇。為了讀者閱讀之方便，編者將所有入選論文依題目之性質，劃分為導論、歷史文化、社會科學和教育四篇，其中歷史文化篇又分歷史、文化兩章，社會科學篇又分政治、社會、經濟和法律四章，所有論文均以兩岸少數民族問題為探討之對象。

本會希望本書之發行，能開啟海峽兩岸少數民族合作研究之風氣。在過去十餘年之中，雖然早有兩岸學者從事彼岸少數民族之研究，但大多屬於人類學、民族學、文學或歷史學之範圍，近幾年來才慢慢有社會科學的研究。經過這次（一九九五年）的研討會，大陸學者承認臺灣學者的研究方法與架構，確有優異之處，而臺灣學者也承認大陸學者對研究素材之掌握與田野研究之努力，實乃值得肯定。因此，雙方學者未來應有更多交流合作的揮灑空

間。

　　本書之編輯工作，得以順利完成，要特別感謝中央大學劉阿榮教授和元智工學院謝登旺主任之催促與指導，也要謝謝師大公訓系林婷婷、陳家祥、魏建宗和陳士哲等幾位系友或同學的幫忙！他（她）們爲了本書的編排、校對和封面的設計等工作，盡了不少心力！

民族主義學會
理　事　長　　洪泉湖　誌於1996年7月7日

序　言

　　冷戰結束，可是人類渴望和祈求的穩定的國際秩序尚未建立，當代人類所面臨的，正如美國學者曼斯巴克（Richard W. Mansbach）所說的「全球性的迷惑」（global puzzle）。在這個「迷惑」之中，有國際戰爭，也有兄弟鬩牆的內戰，其原因是民族主義，其基本答案也是民族主義，豈非一個令人迷惑的矛盾。

　　民族主義經一個多世紀的研究，迄無公認的定義。在中國其內涵也歷經改變，　國父孫中山先生最後的結論是「合一爐以冶之」以建立中華民族。蔣中正先生早期主張以武力統一民族國家，其後演變為「以三民主義統一中國」，顯然已放棄了「武力」這個手段，其後又以「民主」、「自由」和「均富」取代了「民族」、「民權」和「民生」。在李總統登輝時代，我們以「國家統一綱領」為指導原則，謀求兩岸和平統一，形成所謂雙贏的民族大團圓的喜劇。可是，中共迄無放棄「武力解決」的企圖，如果發生內戰，臺灣海峽將被鮮血染紅，此一悲劇，歷史雖是最公正的法庭，但後代子孫將引為「奇恥大辱」。民族主義是子孫和祖先的「合夥關係」（partnership），當代中國人決不能犯上對不起列祖列宗，下無以對後代子孫的嚴重錯誤。

　　就族裔的同源性（ethnic homogeneity）而言，民族國家（nation-state）可分為「同源民族國家」（honogenous nation-state）和異源民族（heterogenous nation-state）兩種，我們所

鍾愛的這個民族國家是異源民族國家。在臺灣，原住民有九族之多；在大陸，漢人是屬族多數（majority），而少數民族（minority）則有五十多種。　孫中山先生殷切期望放棄偏狹的漢族觀念，而能循「融爐」途徑，成爲中華民族，在今天，這依然是一個遙遠的理想而已，當代中國人必須以民族國家爲目標，而以民權民主和民生均富爲方法，來完成民族主義的目標──中華民族。

太平洋對岸的美國已循「融爐」（melting-pot）和「合眾爲一」（one out of many）的途徑形成美利堅合眾國（United States of America）。美國在南北戰爭後的經驗是：「民有」、「民治」、「民享」的政府將永垂不朽。我國憲法第一條規定：「中華民國基於三民主義，爲民有民治民享之民主共和國。」這是我們「民族建設」（nation-building）和「國家建設」（state-building）的指導原則。英儒亨利・聖約翰（Henry St. John）（1678-1751）忠告吾人，憲法保護民族，而理性（reason）保護個人。美國人事行政權威學者施道爾（O. glenn Stahe）指出：情緒的不穩定（emotional instability）是政治人物失敗的基本原因，所以需憑藉理性，政治人物須憑藉「良知」才能由政客轉變成爲政治家。

義大利中世紀政治學者馬基維里（Miccolio Machivalli）（1469-1527）在渠所著「君王論」（The Prince）一書中明白指出：「爲了國家目的可以不擇手段。」（"the ends of the state justify means"）因此，國際政治無道義可言，至多是「越超道德的」（amoral），國際政治處於無政府狀態。聯合國僅是國際組織而非國際政府。而且否決權癱瘓了聯合國，在功能上，聯合國不能干涉國家的內政，因此在後冷戰時代中，世界上到處有

內戰的烽火。

　　當代人類依然生活在民族主義的時代，民族主義具有許多「面貌」（face），有猙獰的，也有仁慈的。尤其是民族主義是最有力的意識型態（the most powerful idealogy），是戰爭的原因，也是和平的基礎。　孫中山先生強調民族平等，所以他所主張的民族主義是世界和平的基礎，尤有進者，假使我們接受「民族」（nation）是人類社會的「終極共同體」（Terminal Community），則人類將永無持久和平的希望。如果我們祈求和平，必須將「個人」（individual）、民族（nation）和「人類之家」（human family）形成新的「三位一體」（New Trinity），將「民族」視爲「中途客棧」（half-way house），經由此，邁向「人類之家」和「大同世界」。儒家中庸之道是康莊大道，可以使人類走出恐怖的峽谷。

　　　　　　　　　　　　　　　　　　楊逢泰　謹誌

第一篇　導　論

2 兩岸少數民族問題

有關民族問題的研究概況

蕭　憲

雲南大學西南亞研究所教授

壹、西南亞研究所簡介

　　雲南大學西南亞研究所建立於1964年，是國內爲數不多的高等院校外國問題研究所之一。本所的主要研究範圍是亞洲西南部（現國際上多稱爲「中東」）地區20多個國家的歷史、文化、政治、經濟、民族、宗教問題。近年來，爲適應雲南省與東南亞國家日益頻繁的交往，本所亦開展了對東南亞國家的研究。

　　雲南大學素有歷史學、民族學研究的傳統。50～60年代，著名的納忠、楊兆鈞等一批對阿拉伯、土耳其國家深有研究的學術前輩均在雲南大學任教。國家高等教育部便在此基礎上於1964年組建了雲南大學西南亞研究所。經過 30多年的努力和發展，本所在各方面已具有一定規模，爲國內西南亞（中東）研究的一個重鎮。

　　目前，本所有專業研究人員近20人，其中教授和副教授7人，講師6人，既有國內知名的老學者，也有一批年富力強的中青年專家，形成了實力較強的學術研究梯隊。本所的研究人員中有的曾到美國、英國、土耳其、埃及、也門、以色列等國家留學、進修和合作研究，分別掌握英、法、俄、土耳其、阿拉伯、希伯來等外語語種。現本所與美國、日本、以色列的一些研究機構保持

著穩定的交流與合作關係。

30多年來，本所資料室積累了豐富和珍貴的圖書資料。目前有英、日、俄、阿拉伯文圖書4000餘冊，歷年的外文期刊數千冊（已裝訂）。另外還有大量中文期刊和一萬多冊中文專業圖書。就數量而言，本所的圖書資料在國內的同類大學研究機構中是首屈一指的。

本所除了進行學術研究外，還承擔著培養研究生的任務。目前本所具有兩個方向的碩士授予權：一是世界地區史、國別史（主要是西南亞地區史、該地區各國家史、地區國際關係史）；二是國際關係（重點爲現代西南亞，南亞及東南的國際政治和國際和國際關係）。在近十多年裡，已培養過十餘屆碩士研究生。現在，本所正在向國家學位委員會申請博士學位授予權。

貳、本所有關民族問題的研究

對西南亞民族的研究是本所一個重要的研究方向，衆所周知，西南亞是一個多民族的地區。這裡位於歐、亞、非三地交匯之處，許多世紀以來，東西方各種文化和文明在這裡交流、碰撞、融合，形成了複雜的民族、種族、部族、部落、家族、西南亞地區除了阿拉伯、土耳其和波斯三個大的民族外，有猶太人、庫爾德人、亞美尼亞人、阿富汗人（即普什圖人）、希臘人等一些中等民族，還有其他許多少數民族。一方面，這些民族有著漫長悠久的歷史，有著豐富多彩的宗教、文化、風俗習慣。另一方面，在近代民族主義思想的影響下，民族之間的戰爭和衝突也不斷發生，影響著地區乃至全球局勢的發展和變化。

近幾年來，本所對西南亞民族的研究主要集中在這樣幾方面：

1.阿拉伯——以色列衝突（施子愉教授、左文華教授、楊曼

蘇教授、蕭憲副教授等）

阿——以衝突的根源，阿——以衝突的歷史與現狀，耶路撒冷問題。

阿——以和平的發展，猶太民族研究。

2.庫爾德民族問題（左文華教授、梁子勤副教授、楊兆文講師等）

庫爾德民族的起源，庫爾德民族的宗教、文化、社會生活，當代伊朗、伊拉克和土耳其的庫爾德族民族問題。

3.塞浦路斯的希臘族——土耳其族的衝突（楊兆鈞教授、張潤民講師等）

塞浦路斯希——土衝突之由來，問題的現狀。

4.伊朗的民族問題（方德昭教授、王菊如副教授等人）

伊朗的民族構成，伊朗國內的少數民族，波斯人與阿拉伯人的關係。

5.阿富汗的民族與民族問題（馬晉強教授）

阿富汗的民族構成，普什圖斯坦問題的由來，阿富汗與巴基斯坦關係中的民族因素。

6.中華民族與西南亞各民族史上的交往（楊兆鈞教授、蕭憲副教授等）

中國與土耳其在歷史上的文化交流，歷史上中國回族與西南亞的關係，19～20世紀中國與中東的關係研究，近代以來中國對猶太人的認識和交往。

7.西南亞地區的民族主義問題（楊曼蘇教授、蕭憲副教授等）

阿拉伯民族主義的興起、發展及現狀，猶太復國主義（又稱錫安主義）研究，土耳其民族主義以來泛突厥（大土耳其）主義研究，伊斯蘭教與民族主義之關係研究。

族群關係與族群融合

謝登旺
私立元智工學院教育通學部講師

壹、前　言

　　當今世界80％以上的國家屬於「多民族國家」（multi-ethnos state），一國之內即有諸多族群，其組成本身即隱藏著諸多潛在的問題。加上族群間接觸的必然與過往頻繁，使族群關係頓時複雜非常；只要展讀報章，可見到處有觸目驚心層出不窮的族群問題。族群之間的火拼、鬥狠、衝突、敵視……將會取代「意識型態」的衝突，引發另一場人類的戰爭。近來有學者提出類似「共同體」（community）的看法，以朝向一個多元化融合的目標努力，這種融合，有助於健康族群關係的發展，形成抵抗惡質傾向的一劑處方。論及族群關係與族群融合的實例頗多，不必捨近求遠；因此，吾人不妨一併看看中國的各族群間的關係，無論從歷史上或從現實上皆不一；進而想想如何更促進族群融合的實現！相信是身為中國人所必須共同關心的課題。

貳、族群關係的概念與例證

　　族群（ethnic group）是由一些個人基於相信他們共同的種族、語言、宗教或歷史經驗等相同的價值，而結合成為團體的。

而族群與族群之間的關係（intergroup relations）不外乎衝突與整合兩個不同的現象；「衝突」乃重於群體間的差異、偏見、歧見、不平等……等等；「整合」重於從初期的接觸到最終的多元共生或是同化之間可能發生的發展現象，這些都是研究的課題所在。而一般從事族群關係的學術理論研究有以下幾種：

一、同化理論Assimilation Theory：指一個文化把另一個文化完全吸收。

二、文化多元論Cultural Pluralism Theory ：弱勢文化被強勢文化同化並不可避免，但其主要特徵仍有明顯的保留。

三、權力衝究理論Power-conflict Theory：指因不平等而造成衝突的情況。

若以中國的族群關係爲例，誠然在歷史上不同時代有不同的問題及其不同的型式表現。過去「華夏」統治者，確實有強烈的排斥與卑視異族，視異族爲「夷狄」，又爲了要維持中央集權，有大一統的思想，故常以武力作爲後盾去征服別國，還要以武力去維持統治，但廣大的地域，多元的族群確實不易統治，故有反抗、鎮壓以及局部的衝突，永無休止的殺戮戰一直重演。而過去「漢民族」與「邊疆民族」的互動關係，常表現在其「治邊政策」上，雖然漢民族不一定想搜刮邊疆民族，卻長久存有「以禦夷狄」、「尊王攘夷」的思想，就算是革命英雄如孫中山先生者，仍想要「驅逐韃虜」，想到歷行「同化政策」，多多少少製造了緊張的族群關係。

其次說到目前在臺灣的族群概況，大家皆知有客家人、外省族群、原住民、閩南人，其中原住民又分九族，過去一直被稱爲「山胞」或「山地人」，1984年以後，透過「原權會」的努力，其後各黨派遂開始改爲「原住民」的稱呼，並且現在已明訂在

1994年的修憲條文中,正式規定對於:自由地區原住民之地位及政治參與應予保障,對其教育文化、社會福利及經濟事業應予扶助並促其發展;此對改善族群關係而言算是一大猛進。

叁、族群融合的涵義及變數

族群融合(ethnic assimilation)指的是兩個或兩個以上的族群團體在相遇時所產生的團體界線降低的過程。族群融合到最高程度時,人們再也無法區辨在原先不同的族群團體。融合政策是外國少數民族政策之一。因此有學者提出在族群融合的過程中有三種不同的形式進行:

一、熔爐式的同化

二、教化式的同化

三、結構多元主義

至前二種型式皆寓「同化」一詞義。唯「融合」與「同化」仍有差異。「同化」係指強勢文化吸收了弱勢文化,成為其一部份。但「融合」是兩個以上的族群相互接觸之後,文化涵化所形成的一個新族群,它較能為邊疆各族群所接受。

族群融合其實也面臨一些變數,不外:

一、血統混合:通婚是促進融合重要變數。

二、文化融合:包括生活、語言、宗教、風俗習慣。

三、國家認同:教育是促進心理認同重要變數。

四、國土整合:經濟發展與交通建設是影響國土整合間接影響族群融合的變數。

此外,也有學者指出族群融合會面臨一些挑戰,包括:其一,多元主義之下,不承認單一的目標與最後價值,放棄尋求統一與一致。其二,民族自決,它的發展是每一民族都去獨立建國,顯

已違背「融合」政策。

肆、多元融合的族群關係

　　如以多元民族如中華民族的融合過程爲例，它是靠地緣、血緣、文化三種特性融合成中華民族，這當中內涵以一圖（圖1）表示：

（融　合）
中華民族

（血緣性）各族互相通婚　（文化性）各族文化交流

（地緣性）
激發同一國土之人的情感

　　圖1　促進中華民族融合過程，取自：（林恩顯，1994：162）
在像中華民族這樣一個「多元融合」之下的族群關係，可再

從以下方面去觀察：

一、歷史關係

一部中國的建國史其實就是「民族融合史」，在融合的過程當中「王道」多於「霸道」，凝聚的力量自然會強大。

二、文化程度

高的文化是否包含性大，對彼此相互融匯的過程影響甚大。

三、種族差異

儘管有語言、宗教……等差異，但大部份屬同黃色人，因此未形成融合的妨礙。

其實，中國的民族關係有一股強大的融合力，它經過政治、經濟、文化各方面愈來愈密切的接觸逐漸累積而成的，儘管歷史上有分裂有統一；各族群間有友好，也有兵戎相見。但長久以往都能經由相互吸收相互依存，共同締造一個多民族國家。但畢竟多族群龐雜，彼此在生活習慣、語言、文字、宗教信仰上……或多或少皆有差異，所以各族不能說百分之百融合，不過和諧多於衝突到是不爭的事實。而愈高度的融合正足以促進健康的族群關係。反之從族群關係的現況與發展，亦可考驗檢視「族群融合」的程度。茲以圖(2)圖示如後：

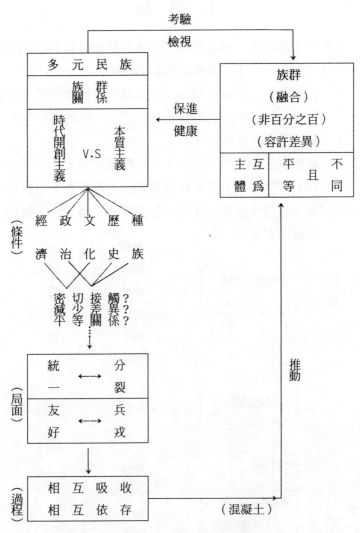

圖 2　多元融合的族群關係，筆者整理

伍、結　語

　　基於以上討論後，筆者嘗試歸納族群關係可有：正常解與症狀解，茲繪圖：（圖3）表示並略說明如後：

一、正常解係指治本之道，一勞永逸解決族群問題，使關係正常，同化與融合其實為方法之一，但此得從各方面總體考量全方位進行。

二、症狀群乃指治標之方法，一時解決問題，滿足了個別族群的需求，但其實未使族群關係更臻完善，如倡多元主義、自決、自治、平等、獨立看似不錯，然而無助益族群關係促進。

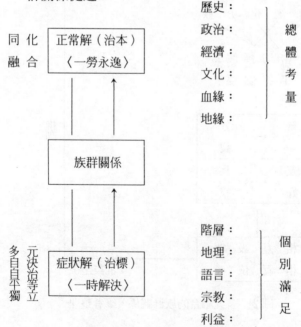

圖3　族群關係之正常與症狀解，筆者整理

　　其次族群融合亦可容易找出成長與抑制因素，其內容如圖4所示，正反面影響顯而易見，故要使族群融合發展得好，應該的做法是：

　　一、別讓抑制因素平衡了成長因素。

　　二、對成長因素更用心倡導。

　　三、使抑制因素努力消除。

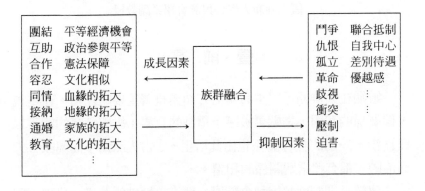

圖4　族群融合的成長與抑制因素，筆者整理

本引言參考資料如後：

①林恩顯，1994，《國父民族主義與民國以來的民族政策》，臺北：國立編譯館。

②莊萬壽，1994，〈中國及其霸權主義的形成〉，收入：施正鋒，《臺灣民族主義》，臺北：前衛。

③張茂桂，1993，〈再談族群的多元融合〉，收入：蕭新煌，1995，《考驗臺灣命運》，臺北：允晨。

④邵宗海等，1995，《族群問題與族群關係》，臺北：幼獅。

婚姻倫理與族群融合

黃人傑

國立師範大學公民訓育學系副教授

壹、前 言

婚姻在人群關係與生命繁衍方面擔負著重要的任務。在重視人倫關係的我國，婚姻更被賦予禮制的意義；維繫社會的禮義以此爲治，一切的社會關係也由此衍生。①古人認爲小而興家，大而治國，都有賴婚姻關係的和諧。

傳統婚姻制度常因社會階層、種族、地域的差異而呈現不同的形態。透過階層流動、種族融合、政令推行等因素，「禮」的倫理不斷擴大其影響力，逐漸形成共同的社會標準。在唐以後，婚姻又有禮與法律的結合，成爲統整社會形式，以及穩定社會關係的主要力量。②婚姻的出現與人類社會同樣久遠，人類一有初步的群體組織，婚姻就已是其中重要的一環。最初的婚姻也許只是受生物原則的支配，到了社會發展到相當程度，婚姻出現了固定的結合方式，人倫關係也由此萌芽。

傳統中國的婚制，在殷以前即已萌芽，如父系的出現，一夫一妻及妾制的形成，外婚的形態等。其中父系的出現，尤具重要意義，後世的婚姻禮制，即是父系社會的產物。一夫一妻及妾制的出現，使婚姻關係趨於穩定，一切人倫關係才由此產生。而外

婚制的形成，則擴大了親族的範圍，成為古代國家發展、族群融合的重要因素。周人以宗法與婚姻維繫穩定，《爾雅》〈釋親〉，將親屬分為宗族、母黨、妻黨、婚姻四部份，異姓關係占了四分之三，外婚的重要性由此事見。③

貳、婚姻倫理的形成

所謂婚姻倫理實源於周代的婚姻禮制，因周人採族外婚制，所以《禮記》〈大事〉上說：「繫之以姓而弗別，綴之以食而弗殊，雖百世而婚姻不通者，周道然也」。「同姓不婚」，是「周道」，跟殷人五世可婚不同。當時娶妻不娶同姓，周代男子稱氏不稱姓，女子稱姓不稱氏；稱氏為表明封建身份，稱姓則是為同姓不婚。女子嫁後，仍保留父家的姓，像文姜、伯姬、叔姬之類，這就是「繫姓」制度。同姓不婚的理由，一方面是生理上的，古人已認識到「男女同姓，其生不蕃」的事實；另一方面是由於要維持人倫關係的穩定。這時雖然尚未發展出像後世禁止近親通婚的規定，但亂倫禁忌已經形成。

由於社會階層的分化，階級內婚也已出現。王室地位最高，無法找到對等的家族，只有下娶下嫁於諸侯，但也以有勢力者優先。所謂「春秋之義，娶先大國」。諸侯間互相嫁娶，大夫也有同樣情形，這都是由於地位相當的緣故。④西元前七○六年，齊國欲嫁文姜於鄭，鄭辭以「齊大，非吾耦也」（《左傳》〈桓大〉）。這種情形成為後世門第觀念的先河。貴族與庶人間的婚姻似乎也有界限，而有五不娶之說⑤。由於「利不上大夫」，世有刑人子當指庶人，庶人也能在本階級內為匹夫匹婦的結合而已。漢以後「士庶之分」與「貴賤之別」，都以此為濫傷。

在父權社會中，男女是不平等的，周代的宗法觀念加強了這

種差異。《易》〈家人〉卦象：「女正位乎內男正位乎外，男女正，天地之大義也」。內外之分既定，女子活動範圍也受限制。女子干預政治，會被譏爲「牝雞司晨」。武士代紂，所懸紂王罪名之一即「惟婦言是用」，到齊桓公會盟，更以「勿使婦人與國事」相約束。⑥從這裡再引伸出「男女之別」。

綜上所述，從禮制觀念下所形成的婚姻倫理有五個特點：

1. 族外婚制。形成亂倫禁忌與同姓不婚的道德觀。

2. 家族中心。以「繼祭祀、繁子孫」爲目的，因此出現了多妾的情形，結婚不但是替個人娶妻，也是爲家族娶「媳婦」。在家族地位的考慮下，也出現了門第觀念與貴賤不婚的價值規範。

3. 男性中心。在父權社會下出現了「男尊女卑」的情形；三從、七出，男女之防都受到強調。⑦

4. 尊卑有序。親族間不同行輩的不能相婚，家庭內妻妾地位也很懸殊。

5. 禮儀的強調。不經「六禮」等公開儀式，即不被承認，所謂「明媒正娶」保障了婚姻合法性。

叁、婚制的流變

傳統婚姻經周漢制而確立，由唐宋以後的法律而得保障，這是婚制的主流。但歷代各種婚姻異象，仍然存在，像招贅、典雇妻妾、一妻多夫等。這類現象，或出於經濟原因；或基於繼嗣需要；或受異族風俗的影響，都不是禮制所能限制的。中國幅員廣大、各地風俗自然不同，社會發展的階段也不一致，但大體上說來，這些現象只是婚制的變異，並非常態；禮制或婚姻倫理的維持，對社會形式的統整自有其貢獻。漢代以後禮制的寬嚴也有變

化。中唐以前，由於儒學不盛，胡風雜混，在名教危機中禮法觀念十分淡薄。中唐以後，儒家勢力再次抬頭，到了南宋，程朱派理學得勢，禮制又趨嚴密。明清以後的社會，禮制甚至演爲「禮教」，產生許多不合理現象。

當中原地區以禮制爲社會組織的綱領時，周邊各民族仍保存不同的習俗，像匈奴、突厥各族尊重女權，契丹、女眞、蒙古等流行收繼婚、勞役婚（住在妻家服勞役一段時間）。這類習俗在入主中原的異族長期統治下，對中原地區的婚姻也有若干影響。魏晉到唐，婦女的地位很高活動自由，這種現象可能與胡人風氣有關。蒙元時期的同姓婚、姑舅婚、弟收兄妻、子承父妾的習慣，仍爲明代某些地區的漢人所遵行。⑧

周代以來，異族通婚常遭蔑視，西漢與唐所盛行的「和親」政策，在儒家勢力興盛的東漢與宋即不採用，這是因爲與漢族禮法相牴觸的緣故。⑨但在外族入主的情況下，異族通婚非常普遍。通婚過程中，雖也產生禮制的衝突，但胡人久染華風之後，也逐漸接受中國禮制。如拓跋氏與中原士族早期通婚時，常產生「納不以禮」的問題，其後經過魏孝文帝鼓勵胡漢通婚，到了周齊隋唐，拓跋氏已與中原士族毫無區別。⑩以漢化最淺的蒙元來說，漢人與非漢人間的通婚也很頻繁，這些通婚的家庭內部也很融洽，許多蒙古女子也能遵從中國禮制。蒙古不但未強迫漢人接受他們的婚制，相反的曾數度下令不許漢人、南人、色目、回回、答失蠻、主吾人等實行收繼婚，這都是受到中國婚制的影響。⑪總之，異族通俗的羼入，雖使風俗樣態發生變化，但最後仍消融於婚姻倫理所規範的禮制中。

肆、族群融合的導向

　　任何婚制都有其優劣點，爲何不能取其優而去其劣，主要是由於人性自私與特權的作崇，或是爲維護其既得的利益，而把通婚當作控制、操縱或壟斷的工具或手段。或是爲擴大自己的勢力，滿足野心欲望，而有所謂的政治婚姻、企業聯姻、貴族婚姻或階級婚姻等，以鞏固少數人的利益爲主，對族群融合並無實質的助益。

　　一般說來，實行族外婚較族內婚更有助於族群融合的推展。爲了防範族內婚的缺點，如財閥政客的不當結合等不正確的門當戶對觀念，阻礙族群融合的良性發展。另一方面爲要消除族外婚的缺點，如因父系社會所造成的重男輕女以及一夫多妻的不當理念，及其對族內婚可能造成的誤導。雖然，族內婚比較適合人性之私，其間各有合理與不合理者，如何取捨認同，也不是法律或道德可以完全規範解決的，例如各種歷史、文化與社會的偏見，主觀的情欲、喜惡或價值判斷，都會影響人類的擇偶行爲。如何在知情意三方面將族內婚與族外婚的優點統合起來，藉由教育的過程和方式，推動族群融合的良性發展，才能爲人類謀求和平的指望。

伍、中華民的融合

　　從中華民族的形成看，中國自古以來，種族觀念可能不太強烈，平常區分夷夏，總是以文化上的「禮」爲準則，所胃「諸侯用夷禮則夷之，夷而進於中國則中國之」，便是一種極爲開明，且能兼容並蓄的王道作風。因此，在中華民族的演進過程之中，常見融合。有時雖也有分裂與對峙，但事後總會帶來另一次更大的融合與團結。中華民族今天在東亞大陸所以能擁有廣大的領土，眾多的人口，絕非偶然，其人爲因素固不能免，但也絕非霸道所能倖致。

　　中華民族乃是一個經過好幾千年，融合了許多種族，及其思想、感情、意志而形成的民族；最早從氏族社會開始，各群之中，便已摻雜了其他各色人種的血液和文化了，故欲辨別中華民族的原始族群究何所指，自然是一件困難的事了。事實上，每一個民族的發展，回不免因爲和其他民族發生交通關係而造成文化上的相互模仿與影響，但更重要的是，爲了適應某種物質生活上的需要，也常自力創造某種獨特的文化。所以，如果因著某些事物上的相似或相同，便輕下斷論，說某民族的文明源於某民族，而至進一步斷定某民族一定來自某種人群，那正是犯了過分誇張文化傳播功能而忽略人類創造力的錯誤。中國歷史悠久，文化博大，自有她獨特之處，苟非具有強勁的自創力，曷能致此？何況近代以來，考古學之發達，不斷的在中國境內發現了許多人類化石、遺蹟、遺物，益可證明中國文明乃是居住在中國境內的人民的智慧結晶。一般人認爲大約在新石器時代，國內各地便同時有許多氏族，努力地發展他們自己的文明。然後隨著活動範圍的擴大與勢力的擴張，各族之間互相通婚。互相戰鬥，陸續兼併，不斷融合，終於產生了一個強大的民族，領導周遭的小氏族，建立國家的初步規範，也奠定了中華民族的基礎。⑫

　　隨著生活的奔波與活動範圍的擴充，古代氏族的文化交流逐漸展開，而彼此間的紛爭，也因而加多，交流與紛爭的結果，反而加速了民族的融合。夏商以前的氏族融合，雖仍屬傳說，但證諸考古，已可看到相當程度的史影。既有歷史成份，則從他們融合的過程中，當可推知盟主的權威也必然相伴加強。這種共主的權威繼續發展，終於促成國家機構的出現，這時，優越意識也跟著發生了，感覺到此一團體的軍事比人家強，政治比人家進步，乃至文化也比人家優秀，這種感覺，就是自覺意識。然而，我們

必須要有一種共同的優越自覺，才能提高團體的向心力，才能加強內部的團結，進而領導周圍團體，經由通婚可以加速融合。

中華民族的自覺，自黃帝以下，逐漸凝結，迄周而完成。事實上，到了夏代時，就已變得具體了，因爲此時的王權已大有發展，第一個王朝已出現，從此便以「夏」的稱號爲中心而摶凝，或區夏，或諸夏，或華夏，不一而足，稍晚至周又有「中國」，往後更有秦、漢、唐等。「中國」是一個泛稱，其他則都因朝代的盛大而得名，唯同樣都具有優越的意識。其秦、漢、唐之號晚出，皆起於民族意識已然之後，容易了解；不若「華夏」、「中國」之起於遠古，正當民族國家亟待摶成，民族意識亟待建立之際。意識較難揣摸。先秦「中國」之詞義「主要在指稱諸夏之列邦，並包括其所活動之全部領域」，甚至於在顯示此一區域「民族文化一統觀念。」⑬易言之，即「中國」一詞在商代以後，秦漢統一以前，便已普遍成爲國土之共稱，並代表著上古文化大一統觀念之整合。爲以後中國的統一奠定了一個堅強的基礎。

「華夏」和「中國」的共稱，固然消除了族群間的各種差異，同時也保存了各種差異，這種多元的融合、同化與發展，在時間的洪流中不留痕跡的，其力量最大的就是血統的交流所形成的穩定作用。幾千年來中華民族的融合、演進與壯大，其自然力就是血統的同化，因此，婚姻可謂是促進民族融合的王道基礎，特別是鼓勵族外通婚，更是促進族群融合的有效方法。

陸、中國古代族群融合的途徑

夏朝「尊王攘夷」理念深入人心，且又逐漸理論化，終而凝固爲一種主義，逮孔子修成《春秋》，「裔不謀夏，夷不亂華」，遂成爲普遍一致的民族主義信念。以爲戎狄苟能不踰此界，則以

「忠信」、「篤敬」之感化態度相對待則可，若踰此最低限度，則即流血相攻，亦不必顧惜。此主義後經《公羊傳》大加發揮，又衍成「內（團結）諸侯，外（擯遠）夷狄」⑭之總綱，至此，一貫的民族主義中心思想建樹完成，而此後華夏與四裔民族之種種關係，亦皆以此爲衡斷之準則。

　　一般而言，採民族主義的立場，通常都有強烈的排他性格；唯獨傳統的中國民族主義特見「寬仁」，即倡民族主義最激烈的公羊學派，見齊人迫殺山戎，都要加以貶斥。⑮故上古多數華族士大夫及統治者，都能秉持孔子「言忠信，行篤敬，雖蠻貊之邦行矣」之教與戎狄相交往。爲此，華戎之間的交融常見活絡進行，愈益增進。

　　其族群融合的族徑有三：⑯

　　一、經濟互惠：主要是農業生產的推廣。

　　二、文化流通：語言文學方面，從地下出土之古代器物銘文看來，則不少邊族已能和華夏族同用華夏文字，言語雖各地區不同，但上流社會之往來，及盟會交涉，亦已多能彼此交談；若從經典之記載考察，則戎子駒支曾以華語與范宣子辯論，壓倒范氏；而東南蠻攻吳族之季札，不但音樂造詣高，且與當時各國名流議論，亦深刻合理。

　　三、婚姻往來：農業生活方式既使大家的習性相近，則彼此互通婚之事，舉其著名者，來自四裔之族的如西周厲王娶申戎之女爲申后，東周襄王娶赤戎之女爲翟后，晉獻公更娶戎族二姬及一驪戎女，後獻公之混血兒文公亦娶赤狄之女，晉名卿趙襄公之妻亦文公妻之姊；其他如齊靈公之諸妾中有「戎子」，魯昭公之吳孟子來自南方攻吳族等皆是；至華族之出嫁於邊族者，如晉景公之姊嫁於赤狄，趙簡子之女嫁於代王，以及秦之以「女樂」，

「好女」爲政治工具遭賂戎，巴等是。

中原政權對邊族所採取的對策，通常可分成防守的和進取的兩種策略。從民族融合的觀點來看，防守政策的功能較小，築城的本意在於阻止彼此的來往，益增感情的隔閡；割地雖可造成彼此的混居，但外化的傾向大於內化，終非正途；歲幣有時雖也可取得邊族的臣屬，但終是一種屈辱的行爲，何況有時還得呼人爲伯父、叔父，甚至對人稱臣，有損國格，至於虛損國庫，傷害國家元氣則更爲嚴重；和親只能收得短暫的妥協，何況和蕃的公主常非皇室宗女，中國皇帝無心維護，而邊族君長亦非能信守約定，因此，雙方的友好關係有限，能如文成公主影響吐蕃文化的，究屬鳳毛麟角。至於離間，不過借刀殺人，除非他們願意來歸，或我們有足夠的力量，乘虛予以消滅，否則，於融合亦無所補。

真正有助於民族融合的是進取的政策，有屯田移民、武力攻擊和招致內徙三種。歷史上的人口流徙，往往是民族融合的基礎，其方式有二種；一種是移居塞外，一種是因內亂造成的內部轉徙。前者常爲邊族所用，爲邊族生產，但也影響邊族，爲民族的融合預作準備；後者則與邊族入侵所造成的情形無異，只是來因不同而已。經過了幾千年的醞釀與融合，今日的中華民族，已是一個整體的民族。隨著民族的摶成，中華民族的文化，亦有了更大的發展。論民族，各族名稱儘管有所不同，體質儘管稍有差異，但同爲黃種，同向中華民族認同，則大體一致。論地域，自秦漢以來，雖大小略有變動，但東亞區域，自昔即爲中華民族生息、繁衍之地，舉世所共認。論文化，文字方面，則漢文一直是各族官場上的通用文字，迄無改變；倫理習俗，容有差別損益，要之如敬天法祖，三綱五常、親屬稱呼、婚喪節慶，都能普遍流行。至若典章制度，大起中央官制、地方行政，小至監察、考試、尊師

祀孔，都能沿用不替。⑰總之，通婚往往可以同時兼顧經濟互惠與文化流通二種族群融合的功效。

柒、結　語

客觀上來說，藉由婚姻將二個差異最大且可能最有利於優生遺傳的男女結合為夫妻，從最疏遠變成最親近，以完成天地之大德曰「生」——繁衍後代的使命，這即是「首倫」的價值與重要性。再依其親疏遠近，尊卑貴賤的倫理意義，藉由姻親關係的擴展，將陌生或對立的人際關係，佈建成和諧的親屬關係。而唯有族外婚才能較輕易地消除種族，文化、歷史、階級等差異所引發之不當的衝突、抗爭與傷害。

族群融合實際上是基於種族平等，講求尊重與博愛的方式所造成的民族同化，其目的不在消除差異，而是在建立一種包容與合作，互利與共存的生活方式，締造一個繁榮、和諧與進步的理想社會。

一般說來，融合可以分成兩個連續層次，「文化的同化」與「民族的融合」⑱，先須通過第一層次，才能達到第二層次，但只到第一層次並不等於就是融合，還必須連上第二層次，繼續發展，才能完成。依此標準，可以觀察中國歷史上那些民族已融合，那些民族尚待加強。若鮮卑的北魏、滿州的清，都可謂已融合；女真的金，雖也同化，但不如清之到後來連退路都沒有；若契丹的遼，與蒙古的元，則只淺嘗第一次。這其中的關鍵，主要是在於人和文化兩種環境的變化，尤其是人的因素最重要，個人認為通婚是融合的較佳性橋樑。

展望未來，民族的進一步融合是樂觀的。今日滿、蒙、回、藏、苗各族，儘管他們的地理環境特殊，不能產生和內地一樣的

文化，但環境是可以克服的，何況今日的中國文化已大力的擺脫對農業的完全依賴，正努力的在尋求多元化的文化，農、工、商、漁、牧等，同時並需，正應各就環境所宜，妥當輔導發展，貢獻國家，造福同胞。地理環境在人智低落的時代，也許對文化的發展，有很大的決定作用，但在目前科技發達的時代，只要人願意，相信是可以突破的。

如今開發邊疆，不能再以邊民弱勢而予鄙視，相反地，本著民族平等與尊重的態度，應以道德博愛為出發點，出之以善意和關懷，待之以公平和禮遇，遵守憲法保障差異，掃除滿清時代所實行的分化政策——對漢「揚其文詞，而抑其道器」；對蒙「用其力，而絕其智」；對回「輕其教，而離其人」；對藏「崇其教，而抑其政」。⑲禁絕訛詐分化，免中彼豺狼詭計，影響民族的融合。

總之，族群通婚是推行王道與追求和平的橋樑，不僅可以加速文化的交流與同化，更可促進不同民族的融合。「婚姻倫理」不僅尊重「天人合一」的理想，其所強調的人文道德更是中國文化的特質與精華，由「首倫」重家庭往外推展即是「內聖外王」的實踐。「婚姻倫理」也注重自然的優生遺傳道理，同時婚姻所引申的倫理就是一種禮法，是規範人類行為與安定社會與國家的基礎。務要避免族群的分化，以利族群的多元融合發展，此即本文研究之目的。

【註　釋】

① 　按《易經》〈序卦下〉：「有天地，然後有萬物；有萬物，然後有男女；有男女，然後有夫婦；有夫婦，然後有父子；有父子，然後有君臣；有君臣然後有上下；有上下，然後禮義有所錯。」臨川吳

氏曰：「先言天地萬物男女者，有夫婦之所由也。後言父子君臣上
下者，有夫婦之所致也。」（見《古今圖書集成》〈家範典・夫婦
部〉卷八一引《朱子大全》）

② 劉增貴：〈琴瑟和鳴——歷代的婚禮〉見《敬天與親人》中國文化
新論——宗教禮俗篇，臺北聯經出版公司，71年8月初版，第421～
422頁。

③ 王夢鷗〈中國古代家族之形成及其流變〉，見《國立政治大學學報》
第五期，臺北政治大學，51年出版。

④ 陳顧遠《中國婚姻史》，臺北商務，53年臺一版，第2730頁。

⑤ 按五者爲逆家子、亂家子、世有刑人子、有惡疾子、喪父長子，主
要是指家世的缺點。

⑥ 見《尚書》〈牧誓〉及《穀梁傳》僖公九年。

⑦ 按所謂三從是指在家從父，既嫁從夫，夫死從子；七出是男子可以
用不順父母、無子、淫、妒、有惡疾、多言、竊盜等七種理由休妻。

⑧ 朱麗文譯，Henry Serruys, C.I.C.M.〈明初蒙古習俗的遺存〉，見
《食貨月刊》復刊五卷四期，64年7月。

⑨ 王桐齡〈漢唐之和親政策〉見《史學年報》一卷一期，18年5月。

⑩ 逯耀東〈拓跋氏與中原士族的婚姻關係〉見《新亞學報》七卷一期，
54年2月。

⑪ 同註⑧朱麗文譯，前引書，另參見洪金富〈元代漢人與非漢人通婚
問題初探㈡〉《食貨月刊》後刊七卷一、二期合刊，66年4月。

⑫ 請參考徐炳昶著《中國古史的傳說時代》與蒙文通著《古史甄微》
皆主張中國原始氏族三集團；後者指爲海岱、河洛和江漢三民族。
其民族發展非單元擴張，也非二元對立，而是多元融合。

⑬ 王爾敏：〈中國名稱溯源及其近代詮釋〉，見《中華文化復興月刊》，五
卷八期，第1頁。

⑭　《春秋三傳》成公十五年《公羊傳》。下冊，卷九一第320頁。

⑮　《春秋三傳》莊公三十一年：「齊人伐山戎」《公羊傳》。上冊，
　　卷三，第136頁。

⑯　蔡學海：〈萬民歸宗──民族的構成與融合〉見《永恆的巨流》，
　　聯經出版公司，70年9月初版，第144～146頁。

⑰　姚從吾〈國史擴大綿延的一個看法〉，見《大陸雜誌》，十五卷六
　　期，第26頁。

⑱　管東貴〈關於滿族漢化問題的意見的討論〉見《大陸雜誌史叢書》，
　　四輯五冊，第175頁。

⑲　羅香林《中國民族史》，臺北，華岡出版社，第一講，第22～25頁。

雲南省少數民族現狀簡介

雲南大學中國西南邊疆民族經濟文化研究中心提供

位於祖國大西南的雲南，是一個多民族邊疆省，少數民族人口1234萬，占全省總人口3697萬的三分之一，其中四千人以上的世居少數民族25個，有15個跨國境線居住。1949年以來，在少數民族聚居的地方先後建立了西雙版納、德宏、怒江、大理、迪慶、紅河、文山、楚雄8個自治州和峨山等29個自治縣，實行區域自治的少數民族有彝、白、哈尼、傣、壯、苗、傈僳、景頗、藏、回、拉祐、佤、納西、瑤、布朗、普米、怒、獨龍等18個，民族自治地方占全省縣（市）總數的62.2%，土地面積占全省總面積的70.2%，少數民族人口占全省少數民族總人口的83.5%。此外，爲保證散雜居民的平等權利，還建立了197個民族鄉。民族工作在雲南占有特殊重要的地位。歷屆省人大和省政府極爲重視民族工作，採取積極措施不斷鞏固和完善民族區域自治制度，1984年國家頒布《民族區域自治法》後，又四次召開全省性的民族法制建設工作會議，進行貫徹落後，從而充分調動了各族人民當家做主的積極性，鞏固和發展了平等、團結、互助的民族關係，促進了民族地區建設事業的發展。

壹、經濟建設快速發展

1978年以來，尤其是《民族區域自治法》頒布以後，雲南

各族人民在國家扶持幫助下，堅持自力更生，使民族地區經濟迅速發展。到1993年，民族自治地方工農業總產值已達288億元，比1978前增長了三倍多，比《民族區域自治法》頒布前增長近兩倍；豐富的自然資源逐步得開發利用，有的已經或正在發展成為當地骨幹產業，工業產值在工農業總產值中的比例，已由1980年的38.2％上升到51.8％；農業經濟由單一的糧食生產逐步轉向農林牧副漁全面發展，傳統農業正向現代化農業過渡，糧食、甘蔗、烤煙、茶葉、橡膠、大牲畜、生豬等主要產品增長了30％以上有的高達911.8％。熱帶水果、南藥、香料等發展迅猛；鄉鎮企業異軍突起，已發展到29萬多家，成為少數民族地區的重要經濟支柱，1993年總收入達71億多元，為《民族區域自治法》頒布前的6.5倍；3922個鄉及鄉以上工業企業，1993年的總產值達139億多元，比1978年前增長7.6倍，主要工業產量1993年同1980年相比，生鐵增4.6倍，原煤增8.2倍，發電量增18.2倍，木材增1.3倍，食糖增4.6倍，卷煙增 21.3倍。此外，15大類2000多種少數民族特需用品生產也取得了長足進步，產品除滿足本省各民族需要外，還供應省外或用於出口創匯；交通不便、信息閉塞的落後狀況大為改觀，鐵路運輸里程不斷延伸；公路運輸里程達6.12萬公里，比1980年增長88％，還整治疏通了瀾滄江、金沙江等內河道，新開了景洪港和思茅港，新修了西雙版納州夏洒機場和德宏州芒市機場，開通了這兩條航線，又開通了雲南至新加坡、曼谷國際機場和至馬來西亞的旅遊包機運營；現代化的郵電通訊一改過去「驛道通訊」、「驟馬郵政」的舊貌；商業貿易不斷發展，1993年的社會商品零售總額比1980年增4倍多，1993年邊貿進出口總額達28億多元，比《民族區域自治法》頒布前增長20.6倍；隨著經濟的發展，1993年民族自治地方的財政收入比1978

年增長10.7倍，城鄉居民儲蓄存款金額95.98億元，增長29倍。

貳、文化建設成就顯著

　　1949年以來，省政府堅持「一手抓生產貿易，一手抓文教衛生」的方針，促進民族地區經濟、文化的發展。1978年以來和《民族區域自治法》頒布實施以後，省政府又採取了許多特殊措施，使民族自治地方的教育、科技、文化、衛生等事業有了蓬勃發展。

　　首先是狠抓教育。在大力發展基礎教育的同時，實行多種形式辦學，恢復和發展民族語言教學。舉辦寄宿制、半寄宿制中小學3040所；在農村開辦了初中3＋1班和小學6＋X班；在設有民族中學的33個貧困縣的一中開設民族部；在高等院校辦民族預科班和大專班，招收邊疆和內地山區的少數民族學生補習高中課程，使其成績合格後再升本科或專科學習；在十所大專院校舉辦成人大專班，招收少數民族在職中青年幹部進行培養、深造；加強了師資隊伍建設，恢復和新建10所民族師範學校、79所小學教師進修學校，並從北京、上海、昆明等地聘請中學教師到邊疆民族地區任教；對邊疆和內地民族山區的　1.8萬名民辦教師經考核後轉爲公辦教師，對這些地區的少數民族學生實行免收學雜費、書籍費、筆墨紙張費；建立民族教育獎勵基金制度，對在民族教育上做出成績的教師給獎勵等，到1993年底，民族自治地方已有大專院校5所，在校學生4419名，中等學校1357所，在校學生69.57萬名，小學15815所，在校學生235.04萬名，均比前1978年有所增加。在全省各級各類學校中，少數民族在校學生的比例已占在校學生總數的34.13％，其中大專生的比例已上升到20.19％，比1978年前翻了一倍多。

　　第二是發展科技事業。到1993年，已在民族自治地方建立州屬的獨立科研機構36個，有獨立科研人員1500多人，承擔35個應用基礎研究項目，並推廣應用國家和省級科技成果52項。民族自治地方已有各級各類科技人員 19.2萬人，其中高中級職稱的占9.2％，各族科技人員在「科學技術必須面向經濟建設，經濟建設必須靠科學技術」方針指引下，共同努力，獲得了一批可喜的科技成果，有的還得到國家和省的科技進步獎。隨著科普工作的深入開展，各族群眾科學、用科學、依靠科學技術發展經濟的熱情越來越高，科技是第一生產力的觀點被越來越多的群眾所接受。

　　第三是繁榮民族文化事業。到1993年底，民族自治地方已建立廣播電台 7座，短波發射台36座，收視台8座，電視轉播台4389座，建立縣以上公共圖書館77個，文化館84個，鄉文化站951個，建設電影院342座、影劇院 16座，鄉村電影放映單位4620個，已用13種民族語譯製故事片和科教片500多部；8個自治州、29個自治縣都有了專業劇團、歌舞團或民族文工隊。群眾性的文體活動也很活躍。民族自治地方發行雜誌10種，報紙14種，發掘、搶救、整理了一大批民族古籍，出版和演出了一大批深受各族人民歡迎的民族民間文藝作品和戲劇。

　　第四是發展民族醫藥衛生事業。到1993年底，民族自治地方的衛生醫機構已達3177個，醫院1103個，床位43705張，專業衛生人員49478人，均較 1978年前有所增加，特別值得指出的，是昆明醫學院和雲南中醫學院已為各少數民族培養了2000多名醫生，全省17所中等衛生學校為少數民族培養了近萬名醫護人員，使雲南各民族都有了本民族的醫生。民族地區的許多常見病已能及時得到治療，各種地方病得到有效控制，各民族人民平均壽命

大爲延長，嬰兒死亡率顯著下降。爲繼承和發掘少數民族的傳統醫藥，近年來還整理出版了《傣藥志》（三卷）、《傣醫傳統方藥志》、《彝藥志》、納西族的《玉龍本草》、藏族的《四部醫典應用經驗》等。

叁、民族幹部大批成長

　　培養造就大批德才兼備，密切聯繫群衆的少數民族幹部，是執行《民族區域自治法》的關鍵，也是維護祖國統一，增強民族團結，繁榮民族經濟和文化的一項戰略措施。到1993年底，全省已有少數民族幹部22.8萬人，占全省幹部總數的24%強。省級黨政領導班子中的少數民族幹部已占39%；十七個地州市的黨政「一把手」中，少數民族幹部占42%，縣級黨政領導班子中，少數民族幹部占37%；民族自治地方的州長、縣長，都按《民族區域自治法》的規定，由當地主體民族幹部擔任。

　　少數民族幹部隊伍的年齡、文化、專業知識較1978年前有很大改善。年齡結構逐步趨於合理，全省40歲以下的少數民族幹部占69%，8個自治州的黨政「一把手」平均年齡爲49.4歲，最小的41歲，文化程度有明顯提高，具有大專以上文化的少數民族幹部占18%，比1978年前提高11.3個百分點，少數民族專業技術幹部迅速發展，1993年已達12.5萬餘人，占少數民族幹部總數的56%。充實了基層，加強了重點，縣鄉兩級的少數民族幹部占其幹部總數的80%，有6.8萬多中小學教師從事教育工作。

　　這些工作結果表明，雲南已基本建立起一支數量可觀、年紀較輕，有文化、懂技術的少數民族幹部隊伍。這支隊伍發展既是政府善解決民族問題，保持邊疆民族地區社會穩定的骨幹，又是帶領各族人民進行現代化建設的中堅力量。

肆、法制建設日臻完善

　　《中華人民共和國民族區域自治法》於1984年5月經全國人大通過，當年 10月正式施行。雲南省人大即於當年10月召開全省第一次民族法制建設工作會議。1988年經省六屆人大常委會第32次會議審議通過，省政府發布了《雲南省實施〈中華人民共和國民族區域自治法〉的若干規定》（試行）。實踐證明，此規定試行後，對促進民族自治地方經濟文化事業的發展發揮了積極作用。爲適應新形勢的要求，特別是建立社會主義市場經濟體制的要求，從 1991年起，我省又組織專門力量對《若干規定》進行數次修改。爲保障我省散雜居少數民族的平等權利，依據《民族區域自治法》的有關規定，1992年我省人大常委會又審議通過並頒布實施的《雲南省民族鄉工作條例》。條例的實施，使雲南民族鄉的工作走上了法制軌道。1993年，我省還發佈施行了《雲南促進民族自治地方科學技術進步條例》。

　　按照《民族區域自治法》的規定，1986年至1991年。我省8自治州、29個自治縣先後完成了《自治條例》的制定工作，並經雲南省人大批准通過。雲南省人大還批准了民族自治地方制定的29個單行條例，如西雙版納州的《禁毒條例》、《瀾滄江保護條例》、《環境保護條例》、德宏州的《禁毒條例》、《邊境貿易管制條例》、大理州的《洱海管理條例》、楚雄州的《森林管理條例》、《民族教育條例》、文山州的《森林和野生動物自然保護管理條例》、《水資源管理條例》、耿馬縣的《森林保護和管理條例》等。

第二篇　歷史文化

第一章　歷史發展

中國大陸西南少數民族
歷史研究狀況

尤　中

雲南大學檔案系教授

　　這裡說的「西南」包括雲、貴、川、廣西、西藏五省區。在這個廣大的區域範圍內，居住著34個少數民族，這些民族分屬於藏緬、壯侗、孟高棉、苗瑤等四個語族。

　　西南民族史的研究，是中華人民共和國建立後起步較早的學科。對這個學科的研究，雲南大學是走在前列的。1954年，周恩來總理視察雲南大學，指示雲大歷史系要加強地方民族史的教學和研究，於是方國諭教授率先開出了《雲南民族史》的課程，寫出了講義，成立了教研室、研究室，從此這項工作便有了一個良好的開端。1978年以後，這項工作得到了迅速的發展。1979年底，經雲南省委批准，雲南大學成立了西南邊疆民族歷史研究所，推動了西南民族史的研究，使西南民族史突破了雲南地方民族史的範圍，正式成為一門獨立學科展示在人們面前。該所的主要任務是：研究中國西南各民族歷史及西南各民族與國內其他民族的關係史；西南邊疆與緬、泰、越、老等鄰國跨境民族的歷史及其與這些國家的民族關係史；同時兼顧西南民族現狀調查和有

關問題的研究等內容。50至73年代，雲南地方民族史的研究，為中國西南民族史這門獨立學科的誕生作了必要的準備，由於準備的充分，使西南民族史的研究得到迅速的發展。最初立足於雲南，進而研究西南，方國諭的《雲南地方史》和尤中的《雲南民族史》均為後來西南民族史的研究開了先河。

綜合性的宏觀研究：尤中著《中國西南民族史》（1985年雲南人民出版社出版），是一部全面而系統地論述中國西南及其鄰近地區各少數民族自遠古至清末的通史性專著，該書以西南及其鄰近地區各族古代社會歷史發展為主線，引證豐富的考古資料和文獻資料，全面地論述了西南各民族社會歷史發展的特點，史料充實，內容豐富，有較高的學術價值。該書是中國西南民族史這門學科的奠基石。尤中又著有《中國西南的古代民族》（1979年雲南人民出版社出版），是《中國西南民族史》的姊妹篇。如果說《中國西南民族史》是從「史」的角度研究歷史上的西南民族的話，那麼，《中國西南的古代民族》便是從「民族」的角度對「史」作出了探討。兩部著作相輔相成，相映生輝。後者是一部關於西南地區古代民族識別研究的專著，該書主要部分是論述雲南古代各族，而對川、黔、桂三省著墨不多。尤中的另一著作《中國西南的古代民族續編》（1989年雲南人民出版社出版），彌補了正編的不足。《續編》主要寫元、明、清時期的西南民族，重點寫的是貴州、四川、廣西的民族。

西南民族地區歷史地理的研究：尤中著的《中國西南邊疆變遷史》（1978年，雲南教育出版社出版），是一部有關我國歷史上西南邊疆變遷沿革方面內容比較系統，考證為較詳盡的學術著作，填補了我國西南邊疆史地研究的一個空白，該書注重論述自秦、漢至元、明、清中國西南邊疆歷史發展中因果變遷的時代

連續性。爲進一步了解包括中越、中老、中泰、中緬邊界在內的我國西南邊疆的歷史與現狀提供了可信的史實。又方國瑜著的《中國西南歷史地理考釋》（上下冊），結合歷史事實對西南地理（側重於雲南兼及貴州）進行了考釋，揭示歷史情況，而主要部分爲解說地名。尤中著《雲南地方沿革史》（1990年雲南人民出版社出版），專述雲南地方歷史沿革，最大的特色是於每章之後附錄了《地理志》（《邵國志》、《州郡志》）及其它史書中關於雲南歷史地理部份的「今地注」。不僅如此，還爲正史中沒有《地理志》的補作了《地理志》。如《補蜀漢南中七郡志》、《補南詔地理志》、《補大理國疆域志》等。尤兆佛、莫鳳欣編寫的《廣西地理沿革簡編》，收錄了上始秦、漢，下迄當代的廣西行政區域的地名演變及州縣設置和徹關等史料，按現行政區分別考察了其地的地名沿革。

　　西南民族史的論文集：這方面出版的專著有尤中著《西南民族史論集》，杜玉亭著《探索歷史法則的足跡》。

　　族別史的研究：作爲《中國少數民族問題五種叢書》而出版的西南34個少數民族的簡史都已先後出版。此外還有方國論著《彝族史稿》，江應梁著《傣族史》，本玉亭著《基諾族簡史》，黃現璠等編《壯族通史》，冉光榮、李紹明等著《羌族史》，黃奮生著《藏族史略》，王輔仁、索文清著《藏族史要》、《藏族簡史》等。

　　個別地區地方民族史的研究：雲南地區有方國論主編的《雲南地方史講義》，《雲南郡縣兩千年》，尤中著《雲南民族史》及《南詔史話》，馬曜主編《雲南各族古代史略》、《雲南簡史》，邵獻書著《南詔和大理國》，美國學者查爾斯·巴克斯著《南詔國與唐代的西南邊疆》（林超民譯），方國論編者《滇史論叢》，

雲南省社科院歷史研究所編《雲南地方民族史論叢》，杜玉亭、
陳呂範著《雲南蒙古族簡史》，楊兆鈞任主編，馬超群、馬維良
任副主編的《雲南回族史》等。四川地區有蒙文通著《巴蜀古史
論述》，鄧少琴《巴蜀史跡探索》、童恩正著《古代的巴蜀》、
童其祥編著《巴史新考》，格勒著《甘孜藏族自治州史話》，龔
煦春著《四川郡縣志》，柳定生撰、周開慶補《四川史話》，顧
詰剛著《論巴蜀與中原的關係》，四川大學學報編輯部編《四川
地方史研究專集》。廣西地區有石鐘健著《百越史研究》，余天
熾等著《古南越國史》，陳國強等著《百越民族史》，朱俊明主
編《百越史研究》，百越民族史研究會編《百越民族史論叢》、
《百越民族史論集》等。貴州地區有周春元等著《貴州古代史》、
朱俊明《夜郎史稿》，貴州社科院歷史所編《夜郎史探》，貴州
省哲學社會科學研究所編《夜郎考（論文集）》之一、之二、之
三。西藏地區除上述幾種藏族史外，還有《藏族史論文集》（本
書編寫組）。

　　專門史與專題研究及民族考古的研究：這方面的研究成果也
是很豐碩的。它們有：雲南大學歷史系與雲南歷史研究所合編的
《雲南冶金史》，張增琪著《中國西南民族考古》，汪寧生著
《雲南考古》、《雲南滄源崖畫的發展與研究》，雲南省博物館編
《雲南青銅器》，美國學者洛克著《中國西南的古納西王國》，
郭大烈、楊世光編《東巴文化論集》，四川民族研究學會編《四
川彝族家支問題》，劉堯漢著《中國文明源頭新探——道家與彝
族虎宇宙觀》，徐中舒著《論巴蜀文化》，何愈撰《西南少數民
族及其神話》，李衍垣著《夜郎故地上的探索》，柏果成、余宏
模編《貴州彝族研究論文選集》，馬曜、繆鸞和著《西雙版納份
地制與西周井田制比較研究》，范建華編《爨文化論》，胡慶鈞

著《涼山彝族奴隸制社會形態》，等等。這方面成果甚豐，不一
一列舉。

　　西南民族史文獻的整理和校注：已整理出版的有尤中《　古
通紀淺述校注》，木芹《南詔野史會證》，貴州省民族研究所、
畢節地區彝文翻譯組的《西南彝志選》，向達著《蠻書校注》，
趙呂甫《雲南志校釋》，劉琳《華陽國志校注》。王權武《大地
行記校注》，江應梁《百夷傳校注》，古永繼校點，王雲、尤中
審訂天啓《滇志》等。

　　西南民族史料的匯編和目錄方面的研究：這方面的成果有方
國諭編著《雲南史料目錄概說》，方國諭主編《雲南史料叢刊》，
雲南人民出版社出版《〈清實錄〉有關雲南史料匯編》、《〈明
實錄〉有關雲南歷史資料摘抄》，貴州人民出版社出版《〈明實
錄〉貴州資料輯錄》、《〈清實錄〉貴州資料輯要》，顧祖成等
編《〈明實錄〉藏族史料》，西藏民族學院歷史系編《清實錄》
藏族史料，覃兆福《壯族歷代史料薈萃》等等。

　　研究機構及學術刊物：雲南大學西南邊疆民族歷史研究所於
1980年創辦《西南民族歷史研究集刊》，由所長尤中教授任主
編，每年出一輯，迄至1986年，共出七輯，供內部交流。1987
年改名《西南民族史研究》，由雲南人民出版社出版。1984年，
雲南大學成立西南古籍研究所，同年，雲南省成立高等院校古籍
整理委員會，這兩個機構合辦的刊物爲《西南古籍研究》，由雲
南省高等院校古籍整理委員會常務副主任委員兼西南古籍研究所
所長尤中任主編，雲南省高等院校古籍整理委員會秘書長楊壽川
任副主編。雲南師大歷史系有雲南地方文獻研究所，承辦雲南省
高等院校古籍整理委員會的《西南古籍研究通訊》。雲南省歷史
研究所有《雲南省歷史研究集刊》。貴州省民族研究所編印有《

民族研究參考資料》。廣西民族學院民族歷史研究所編有《民族研究集刊》，廣西民族研究所有《廣西民族研究》，西南民族學院編有《西南少數民族情況參考資料》，雲南民族學院雲南省民族研究所有《民族學報》，大理白族自治州南詔史研究學會編印《南詔史研究參考資料》。此外，研究機構還有雲南省社科院楚雄彝族文化研究所、曲靖爨文化研究所、紅河哈尼族彝族自治州民族研究所、麗江東巴文化研究所等。

專門人才的培養：雲南大學自50年代起，便在歷史系招收民族史專業本科生和研究生。1980年起批准中國民族史碩士點、博士點之後，方國諭、江應梁、尤中三位教授先後培養了博士10名（方國諭1名，江應梁3名，尤中 6名），碩士20名，四川大學歷史系也有中國民族史碩士點，培養了幾名碩士。

四川各民族的歷史發展

李紹明

四川省民族研究所教授

壹、四川歷來為各民族滙粹之地

中國是一個統一的多民族國家，四川是一個多民族的內陸省份。四川各民族源遠流長，對祖國的締造都有卓越的貢獻。

先秦時期，四川的巴、蜀尚未進入華夏，基本上是少數民族聚居地區。巴與蜀既是兩個方國，又是巴族、蜀族及其所屬眾多民族之地。《華陽國志・巴志》謂：「其屬有濮、賨、苴、共、奴、儴、夷、蜑。」而《華陽志・蜀志》說：其屬有「滇、僚、賨、僰僮僕，六百之富。」實際上，還不止這些民族。比如蜀境內還有邛、筰、冉、䮾、青衣等民族；巴境內還有稱為「盤瓠種」的少數民族。巴蜀各民族早在先秦時期即創造出燦爛的古代文明。比如廣漢出土的三星堆遺址和涪陵小田溪出土的巴王室墓葬就是當時高度文明的傑出代表。

秦漢以來，中原人大量進入四川，在歷史長河中，與四川盆地腹心地帶的原巴蜀土著逐漸融合。但盆周山區，尤其是東西兩側，一直是少數民族的傳統居住地。這種狀況相沿至今仍然沒有多大的改變。

現在，四川省除漢族外，還聚居著14個世居的少數民族。他

們是彝族（1,784,165人）、藏族（1,087,510人）、土家族（1,075,891人）、苗族（535,923人）、羌族（195,195人）、回族（108,638人）。在 5萬以下、4,000以上的民族還有蒙古、傈僳、滿、納西、白、布依、傣、壯等民族（人口數據據1990年7月1日第四次人口普查）此外，還有1949年以後從全國各地遷來的少數民族幹部、職工。加上14個世居民族，民族總數達52種之多。四川少數民族聚居的東西部地區，現已建立了涼山彝族自治州、甘孜藏族自治州和阿壩藏族羌族自治州等3個自治州，以及馬邊彝族自治縣、峨邊彝族自治縣、木里藏族自治縣、酉陽土家族苗族自治縣、秀山土家族苗族自治縣、黔江土家族苗族自治縣、彭水苗族土家族自治縣和石柱土家族自治縣等8個自治縣。全省民族地區面積在32.44萬平方公里，占全省總面積的57.35％。少數民族人口逾500萬。

　　四川各少數民族的語言分屬漢藏語系和阿爾泰語系。講漢藏語系中屬藏緬語族語言的民族有藏族、羌族、彝族、傈僳族、納西族和白族；屬壯侗語族語言的民族有壯族、布依族和傣族；屬苗瑤語族語言的民族有苗族。回族講漢語。講阿爾泰語系語言的民族有蒙古族與滿族。現今四川的蒙古族與滿族均通用漢語。土家族的語言亦屬漢藏語系，但語支未定。這說明四川各民族在歷史上有著長期的共處關係。

　　早在遠古的新舊石器時代，四川境內即有古人類活動。1986年在巫山縣發現了屬於晚期猿人的化石，距今204萬年。1957年在資陽出土的資陽人化石，距今約數萬年至十餘萬年，屬晚期智人階段。在銅梁、資陽、漢源等地均有舊石器時代遺址發現。新石器時代的遺存分布更廣，幾乎遍在全省東西南北。石器時代人類與現今各民族的關係是一個值得探討的問題。但有一

點是肯定的：四川境內的原始文化，既有獨特的地方特色，又與西北及中原的原始文化有關，這與四川各民族先民的活動有密切的關係。

四川各民族的來源，總的來說，藏緬語族的各族與古代的氐羌族系有關，壯侗語族的各族與古代的百越族系有關，苗瑤語族的各族與三苗族系有關。他們都是四川的古老居民。此外其他民族進入四川則較晚。

藏緬語族各民族源於古代的氐羌人。歷史上氐、羌往往並稱、互用，最初原為一族。早在3,000多年前的殷代，羌人的活動即見於記載。後來羌人從西北向四周遷徙，經過長期的發展，逐漸演變為現今的藏緬語族中的各民族。

今日聚居在四川岷江上游的羌族是古老羌人的一支後裔。傳說先秦時蜀人所生息的蜀山即今的岷山。一般認為蜀人屬氐羌族系，故秦惠王并巴、蜀以後在岷江上游設置的縣稱「湔氐道」。漢武帝時，以岷江上游的冉、驪部為中心設置汶山郡，居民有「六夷、七羌、九氐」，而以氐羌人居多。自魏晉以至隋唐，甘青一帶相繼興起一些羌人部落，如宕昌、鄧至、黨項等都曾擴展到岷江上游。上述這些羌人經過融合演變，發展成為現今的羌族。

藏族形成於7世紀時的吐蕃時代。早在秦漢，今四川藏區及其周圍即居住著眾多的羌人部落。如今阿壩州一帶有冉、驪部落，今甘孜州南部有白狼部落，今平武及甘肅武都一帶有白馬部落，今雅安地區有徙、筰、青衣部落，大多處於文明社會的初期階段。自秦漢開始，中央王朝在這些地區設置郡縣以來，密切了當地與中原的聯繫。6、7世紀的隋唐時，今四川藏區與西藏東部聚居著大小不等的諸羌部落。其中較大的有東女、哥鄰、白狗、南水、弱水、悉董、清遠、咄壩等，號稱「西山八國」。此時，今西藏

山南地區的雅隆部落崛起，在其國王松贊干布統率下，逐漸統一了西藏諸部，建立了吐蕃王朝。接著吐蕃將勢力擴展到四川西北部。吐蕃本是由西藏土著人與古羌人融合形成的，當其統治了川西北以後，便與當地諸羌部落逐漸融合，發展演變為今日的四川藏族。

彝族的來源亦與古羌人有關。漢代，今四川南部的越西羌與雲南西部的昆明人，都是彝族的先民部落。彝族的先民在魏晉時稱為「叟人」，隋唐時稱為「烏蠻」，元代以後一直稱為「羅羅」。彝族先民遷居西南後主要聚居在今川滇黔交界一帶。漢時這一帶還聚居著濮人部落，其中在今西昌一帶的有一個稱為「邛」的濮人部落，已從事農業耕作。彝族先民以游牧為主，南下西南後逐漸融合了當地的濮人部落及其他一些民族，發展演變成現今的彝族。

土家族的來源亦有古羌人的成份。一般認為土家來源於古代巴人中的一支廩君。廩君人有東西二源，來源出自濮人中的蠻人，西源出自隴南一帶的氐羌。當廩君人在清江流域取得統治權以後，為巴國的建立奠定了基礎。在巴國統轄下還有一些屬於濮系的小部落。以廩君人為主，接納了周邊一些部落，逐漸發展成為土家族。因此，土家文化中既有氐羌系統的成份，又有濮越系統的成份。

四川藏緬語族的民族還有納西、傈僳、白族等，都是從古羌人中分化出來的。白族在秦漢時稱為「焚人」。《史記·司馬相如傳》集解引徐廣說：「焚，羌之別種也。」早在秦漢時他們就居住在今岷江與金沙江合流處，後大舉南遷雲南，然後又有一部分北上定居四川。納西先民在晉代稱為「摩沙」，唐代稱作「磨些」，一直居住在川滇邊金沙江兩岸。傈僳一名見於唐代，是當

時烏蠻中的一部分，族源與彝族、納西族有密切關係。明代始有大量倮倮族從四川西南部遷往雲南西北。

現今四川境內壯侗語族中的傣族、壯族和布依族都源於古代的百越族系，進入四川的時間較晚。明初，元降將月魯鐵木兒在今西昌一帶叛亂，明王朝曾征調居住雲南景東的傣族前來助戰，戰後這部分傣族定居米易、鹽邊和會理。但也有一部分傣族是明、清時從雲南自行遷來的。四川的壯族和布依族大多數是在清中葉嘉慶時因貴州南籠（今黔西南州）各民族起義失敗後，才相繼遷來四川南部邊緣山區的。

屬苗瑤語族的苗族也是四川的古老居民。苗族來源於古代的三苗族系，先秦時就是我國南方一個分布很廣的民族集團。秦漢時，稱為「盤瓠種」的苗族先民已分布在湘西、鄂西、川東南和黔東北這一帶「五溪」地區。又因西漢時曾在這一帶設置武陵郡，故史書中泛稱苗族先民為「五溪蠻」或「武陵蠻」。約在東晉時，一部分苗族遷入黔西北和川南一帶。四川苗族還有一部分居住在涼山州境內。他們是近代才從貴州或雲南遷入的。苗族形成過程中也融合了一些其他民族，比如明代川南的僚族的一部分就融合到苗族當中去了。

回族是從元代開始形成的一個少數民族。四川的回族可以追溯到元代，但大量還是明、清時進入的回民軍士、商人的後裔。元代有一部分蒙古人因隨軍或為宦留居四川。但四川境內的蒙古族與滿族，主要是清初駐防軍八旗官兵的後裔。當時駐軍成都的八旗官兵是按照滿族占三分之二，蒙古族占三分之一安排的。由於這部分滿族和蒙古族長期通婚和共同生活的結果，他們都習慣以「蒙滿民」自稱。

綜上可知，四川的各族人民，有著悠久的歷史和傳統的文化，

各民族在發展中共同締造了偉大的祖國，成為中國歷史發展的主流。

貳、1949年前四川各民族的經濟與文化

由於多種原因，中華人民共和國建立前四川各少數民族還停留在資本主義以前的社會發展階段。一般而言，大小涼山彝族地區處於奴隸社會，甘孜、阿壩藏族地區處於封建農奴制社會，土家族、苗族和羌族等民族則處在封建地主制社會，可說他們的社會經濟反映出人類所經歷的幾個歷史階段。

在涼山彝族奴隸社會中，奴隸主和奴隸以及其他勞動人民的關係是通過森嚴的等級關係體現出來的。各社會等級按照血緣關係、生產資料占有和在生產中的地位，基本劃分為茲莫、諾和、曲諾、阿加和呷西五個等級。茲莫全是奴隸主，諾和也基本是奴隸主，曲諾絕大部分屬中間等級，為一般勞動者，而阿加和呷西則基本上是奴隸（阿加是成了家的奴隸，呷西是單身奴隸）。可見在這裡等級與階級是基本一致的。只是由於歷史上的變遷，等級與階級間有了某些錯動。五個等級之間存在著重疊的人身占有和隸屬關係。赤裸裸的人身占有是奴隸社會的特點。

在人身占有和隸屬關係基礎上，奴隸主對被統治等級最主要的剝削方式是無償勞役。每戶曲諾每年要為主子服無償勞役五六天至十多天。阿加服勞役的時間，一年高達五六十天。呷西的全部時間都必須為主子從事各種繁重的勞動。收取地租剝削也是奴隸主的重要剝削手段。奴隸主占有大量土地，除使用奴隸勞動進行耕作外，還往往將部分土地出租。租額約占總收獲量的一半。此外，諾合奴隸主還強迫所屬的曲諾和阿加，接受其強制性的高利貸剝削。每逢年節或主子家婚喪，主子還有種種攤派。曲諾無

嗣，主子將其全部財產收歸己有，稱為「吃絕業」。

　　涼山彝族奴隸社會雖然沒有形成統一的政權組織，但各土司有一套統治機構，各諾合的家支也實際上起著政權的作用。奴隸主階級利用習慣法行使統治權，最常見的處罰方式有毒打、捆綁、鎖鐵鏈、套木靴、墜岩等。奴隸主還往往將不聽使喚的奴隸當成物品一樣地出賣。奴隸價格低，一個奴隸約值三四只羊子的價格，一般不超過一頭牛或一匹馬的價格。

　　四川部分彝族地區，在1949年前已進入封建地主經濟階段。這類地區主要指涼山州安寧河兩岸、川滇大道的附近以及小涼山和叙永、古藺數縣靠近漢區的一些地方。安寧河兩岸、川滇大道附近以及小涼山的雷波、馬邊、峨邊等縣的邊緣區，基本上是在奴隸制經濟解體的基礎上，受漢區的影響，而直接過渡到封建地主制的。屏山、叙永和古藺等縣，則是在封建領主制經濟解體後，發展為封建地主制的。從這裡可以看到彝族地區本身的發展也是不平衡的。近代涼山奴隸制的向外擴展，形成了所謂的「夷務問題」。

　　甘孜州、阿壩州和木里縣的藏區，1949年前基本處於封建農奴制社會。土司、頭人、上層喇嘛這些農奴主統治著整個社會，廣大的農奴則處社會的底層。

　　在土司統治下的農區，以土司為代表的農奴主，世代占有轄區內的全部土地和大部分牲畜，並擁有許多直轄的莊園。土司管轄範圍不一，大者如德格土司，轄地包括今德格、白玉、石渠、江達（今屬西藏）數縣；小者如丹巴縣的巴旺土司，僅有一個鄉的範圍。土司將大量土地連同農奴賞賜給屬下的頭人或贈送給寺廟。農奴主將土地分成自營的莊園和農奴的份地，強迫農奴在莊園中耕作。農奴被世代束縛在份地上，不能隨便遷徙。農奴分為

兩類。土司所屬稱爲「差巴」，占農奴總數的60—70％；頭人和寺廟所屬稱爲「科巴」。此外，農奴主還占有少量主要從事家內勞動的奴隸。這是一種奴隸制的殘餘。

農奴主對農奴的剝削主要採取勞役地租的方式。農奴每年要用兩三個月時間，自帶口糧、牲畜、農具，在農奴主的莊園內從事田間耕作。此外，還有名目繁多的雜役，每年要付出三四個月的時間。農奴還要負擔農奴主的多種攤派，有的按份地徵收，有的按戶徵收。農奴主外出，農奴要以乘騎護送，稱爲「烏拉」差役。強迫性的高利貸也是農奴主盤剝農奴的一種手段。

土司統治下的牧區，社會經濟仍然是農奴制。牧區主要生產資料牧場，雖在名義上屬部落公有，但實際上爲牧主支配和操縱。牧主對牧區另一主要生產資料牲畜亦占有絕對優勢。出租牲畜和雇工是牧主對處於農奴地位的牧民的主要剝削方式。除此，牧主還採取名目繁多的無償勞役、攤派、罰款及高利貸，對廣大牧民進行剝削。

寺廟直轄區，有類似土司統治區的經濟結構與生產方式。寺廟中的活佛與上層喇嘛，實際是農奴主。剝削收入所謂「歸寺廟」只是一種形式。在藏區一些邊緣地帶，領主經濟已解體，代之而起的是地主經濟，但還殘存著濃厚的領主制殘餘。

建築在封建農奴制基礎上的地方政權，是土司和上層喇嘛的聯合統治。甘孜、阿壩大部分地區的世俗與宗教的封建統治機構雖各自分立，但又緊密聯繫，形成一套完成的統治系統。木里藏區則實行「政教合一」的制度。

在四川的土家族、苗族、羌族等民族地區，1949年前的社會經濟形態是封建地主制。但這些地區保留著一些民族或地域的特點，比如土地的集中程度不及內地漢區，鄉規民約仍在社會中

起到很大的作用等等。

　　在歷史發展中，勤勞、智慧的四川各族人民，創造了豐富多彩的文化，它包括卷帙浩繁的民族文字典籍，情節生動的民間傳說故事，優美動聽的民歌，以及音樂、舞蹈、戲劇、美術、體育等等。各族人民在科學技術方面也有獨特的創造。這些絢麗多姿的民族文化是燦爛的中華文化的重要組成部分。

　　四川的藏、彝、納西、滿、蒙古各族均有本民族的文字。仍流行在民間的有藏文、彝文和納西文（東巴文）。藏文書籍以木刻本為主，以往主要是宗教方面的典籍，如《藏文大藏經》（《甘珠爾》和《丹珠爾》等。藏文木刻本書籍數量浩宏。德格印經院藏有藏文典籍木刻板300餘部，21.7萬塊，計43萬頁，還有部分畫版。這些藏文刻版的內容除宗教方面以外，還包括語言、文學、歷史、哲學、醫學、歷算等方面。彝文書籍以往主要是以手抄本的形式流行民間，內容也很豐富，但主要掌握在祭司──「畢摩」手中，用途也不廣泛。納西族通行的東巴文是一種象形文字，堪稱象形文字的活化石，以往亦主要用於宗教方面。彝文和納西東巴文的典籍，保留了該民族許多歷史與文化的史料。

　　流傳在四川各民族中的民間文學極其豐富多采。其內容有傳說、故事、格言、諺語、敘事長詩等，皆語言簡樸，比喻貼切，或娟秀雋永或詼諧幽默，富於人民性與浪漫的色彩。藏族有著名英雄史詩《格薩爾》，故事有《阿叩登巴的故事》和《茶和鹽的故事》等。彝族有敘述宇宙起源和祖先遷徙的敘事長詩《勒俄特衣》、訓世詩《瑪木特衣》以及大量的「爾比爾吉」（格言）和「克智」（巧語詩）等。土家族有敘述人類起源和土家歷史的《擺手歌》與《梯瑪神歌》。羌族有敘事長詩《羌戈大戰》和神話《木姐珠與斗安珠》等。

少數民族的民歌題材廣泛，內容豐富，語言生動，生活氣習濃厚。民歌的內容有勞動歌、苦歌、頌歌、情歌、儀式歌、酒歌等。有的有固定的內容，有的是觸景生情，即興而歌。廣泛流傳在彝區民間，有反映勞動人民悲苦的《阿羅阿沙》和《阿姆尼惹》以及情歌《表妹蒙渣》等。藏族民歌主題鮮明，語言精美，富於高原氣慨，多爲歌唱山川壯麗、人民勇敢的內容。土家族民歌俯拾即是，尤以換工互助、田間耕耘時所唱的《薅草鑼鼓》歌別具一格，可起到鼓舞精神的作用。羌族民歌中以勞動山歌數量爲多，有專門《割麥歌》、《剝玉米歌》等。

各民族的民間歌曲、樂曲，種類繁多，風格各異。藏族民間音樂有樂曲、歌曲、說唱調、戲曲等。藏族民歌曲主要分諧體（弦子）、魯體（山歌）和卓體（鍋莊）。諧體悠揚，魯體高昂，卓體雄壯。彝族歌曲有山歌詞、賽歌詞、對唱詞等。山歌詞明快，對唱和賽唱調婉轉。土家族、苗族、羌族等民歌曲調，調高低快慢較自由，旋律生動、活潑。各民族的樂器也很豐富，多數與漢區使用的相同，如胡琴、六弦琴、竹笛、月琴、豎箭、銅鈴、銅鑼、皮鼓、嗩吶、號筒等等。較特殊的有彝族的口弦，羌族的羌笛，苗、彝等民族的蘆笙，土家族通常使用的木葉（或草葉）吹奏等等。

各民族的舞蹈是四川舞壇上一朵奇葩。藏族舞蹈最流行的是鍋莊舞，在藏語中稱爲「卓」，動作矯健，節奏明快，變化多樣。各地鍋莊形成了不同的風格，如新龍鍋莊、康定鍋莊、四土鍋莊（嘉戎鍋莊）、草地鍋莊等。弦子流行於康巴地區，彩袖飄飄，舞姿輕盈，舞時以胡琴曲調相伴，此外還有踢踏舞、熱巴舞等。彝族主要舞蹈有鍋莊、都火、對腳舞、披氈舞等，一般節奏較舒緩，舞姿較含蓄。土家族舞蹈主要爲擺手舞，分大擺手、小擺手

兩種。前者以往在祭祀中舉行，後進表現生產中的活動。苗族以
蘆笙舞最馳名；羌族的主要舞蹈也是鍋莊，但下肢擺動較大，與
藏、彝族的鍋莊不同。此外，傈僳族與納西族的舞蹈也很有特色。
各民族的宗教性舞蹈也很豐富，如藏族的跳神，白馬藏族的跳十
二相，彝族與羌族的巫師跳皮鼓，土家族巫師的跳馬和八寶銅鈴
舞等皆是，反映出舞蹈與宗教的密切關係。

　　藏族的戲劇已有數百年的歷史。劇目有歷史劇、神話劇及社
會劇等。四川的藏戲因方言、土語的不同分成德格藏戲、安多藏
戲和嘉戎藏戲等幾個流派，深受群眾喜愛。川東南土家族、苗族
地區流行著儺戲與燈戲。儺戲演出人要戴各色面具，實為一種儺
舞的發展。燈戲來源於漢區，但在該地吸收了土家、苗族的民間
藝術，發展成為現今的燈戲，以秀山花燈戲最馳名。

　　四川少數民族中流傳著許多傳統的體育活動。藏族有賽馬、
射箭、格吞和奔牛，彝族有摔跤、鬥牛、蹲鬥、磨爾秋、跳火繩，
土家族有板凳龍，羌族有推竿等。許多項目既是體育活動，又是
舞蹈，民族特色十分鮮明。

　　各民族在長期的社會實踐中，形成了風格各異，技藝精湛的
民間工藝美術特點。藏區喇教寺廟多為宏偉的建築。寺中的壁畫、
唐卡畫、版畫章法嚴謹，線條勻稱；泥塑、石刻造型生動，氣象
莊嚴。藏族工藝精巧的佩刀，各種金銀飾品，生活用品深受群眾
喜愛。彝族的器皿的繪畫、雕刻、漆具畫等，圖案精美，質樸大
方，色彩鮮明，對比強烈。馬鞍、木碗、木盤、木勺、木酒具以
及各種金銀首飾均做工細緻，具有濃厚的民族風格。羌族精湛的
建築工藝和挑花刺繡，土家族色彩鮮明的土家織錦「西蘭卡普」
及苗族的蠟染等均享有盛名。

　　四川各族人民在科學技術方面也有許多發明創造。藏、彝族

醫藥是藏、彝族人民長期與疾病鬥爭中逐步發展起來的。藏醫藥具有悠久的歷史，積累了豐富的經驗，形成了獨特的醫學理論，以治療慢性病著稱。彝醫藥也有獨到之處。藏、彝民族都有天文曆算的經驗。藏族曆算與漢族夏曆基本相同，但又有自己的特點，如規定一晝夜爲12時辰，以月亮圓缺定一月爲29個多太陽日，又規定每個太陽月爲30天，用「重日」和「缺日」來調整月份大小等。彝族人民對28宿和恒星月周期的認識與掌握皆達到很高水平。此外，各民族在紡織、煉染及火藥的製造方面都具有了相當的知識。

叁、四川各民族的現狀

1949年，中華人民共和國的建立，四川各族人民也由此步入了新的歷程。經過45年的歷史，四川各少數民族地區發生了翻天覆地的變化，尤其近10餘年改革開放以來，各項社會建設事業都在蒸蒸日上的發展。

建國初期，國家根據當時的情況，確定民族工作的重點放在增強民族間與民族內部的團結，恢復和發展生產與解決群衆的生活困難，建立各級地方政權等這幾項任務方面。通過艱苦細緻的工作，大大改善了民族關係，穩定了民族地區的局勢。但是，民族地區舊有的社會制度阻礙著民族地區進一步的發展。因之，土地改革和民主改革便接著成爲當務之急。除藏、彝族地區外，其他民族地區都在1951年至1954年間進行了土地改革，各族人民群衆獲得了土地，生產積極性高漲。以廢除涼山彝區的奴隸制度和廢除四川藏區的農奴制爲目的的民主改革，是1956年至1958年春進行的。由於這類地區情況特殊，因之在民主改革中採用了緩和的方式。大多數奴隸主和農奴主在改革中受到教育與改造，

政府對他們的生產與生活也作了妥善安排，從而減少了改革的阻力。

　　民族地區在完成土地改革和民主改革以後，建設事業有了很大發展。近10餘年來，四川民族地區與全國各地一樣，經過撥亂反正，各項事業又重新步入正軌，欣欣向榮地向前發展。

　　民族區域自治，是中國爲解決國內民族問題所採取的基本政策。目前，四川省的民族聚居地區已基本實現了民族區域自治。早在1950年11月，首先在藏區建立了「西康省藏族自治區」即現今的甘孜藏族自治州。該自治政府的委員中，少數民族占到74.5％；正副主席中，少數民族占80％，使少數民族眞正當家作主，管理自己內部的事務。在彝族地區，1951年1月在西昌縣紅毛瑪姑區建立了第一個區級的彝族自治政府。接著於1951年4月建立了昭覺彝族自治縣。我省西部民族地區一般是在50至60年代就實行了民族區域自治，而在東部土家族、苗族地區，則是在80年代進一步貫徹民族政策的基礎上實現民族區域自治的。目前，四川已建立了 3個自治州，8個自治縣以及109年民族鄉。民族自治地方總人口 827萬，其中少數民族451萬。在全國民族自治地方中，幅員面積和少數民族人數均占第五位。除自治地方外，省內尚有米易、鹽邊、石棉、北川縣和仁和區、金口河區六個縣（區）在政策上享受自治縣的待遇。

　　培養民族幹部是實行民族區域自治的關鍵，也是民族地區實現現代化所必須。新中國建立以來，政府採取各種措施培養少數民族的行政幹部與專業人才，已取得很大成就。迄至1993年，全省民族自治地方有民族幹部近7萬人，占民族自治地方幹部總數的 40％，其本與人口比例相適應。其中占州級幹部的67％，占縣級幹部的58％，占鄉、鎮級幹部的70％以上；專業技術幹

部中民族幹部已達幹部總數的48.9％。此外，還有不少少數民族擔任全國、省、州（地、市）、縣的人民代表、政協委員，在國家政治生活中發揮應有的作用。

發展和使用少數民族語言和文字，是少數民族享受民族平等權利和民族區域自治權利的具體體現。同時，也將促進民族地區經濟文化的發展。目前，全省民族語文的使用已有了很大發展。從省到各州以及相當一部分縣都設立了民族語文工作機構，培養和充實了一批民族語文專業幹部和研究人員。在藏、彝地區，無論在新聞出版、廣播電視、中小學教育，或者政權機關行文和政法部門審理案件等方面，都不同程度地使用了當地的民族語文。全省制訂和推廣了《彝文規範方案》。涼山州使用《彝文規範方案》掃盲，很快使 15個彝族聚居的縣掃除了文盲。阿壩州紅原、若爾蓋和甘孜州德格縣基本掃除藏文文盲。民族語文教學中的漢語與少數民族語「雙語教學」體制基本形成。《藏漢大辭典》和《漢彝詞典》已經出版。《羌族拼音文字方案》已在試行。藏文可用計算機處理，彝文亦可進入電腦。

新中國建立以來，少數民族的宗教信仰與風俗習慣得到尊重。目前，藏、納西、回族聚居區原已開放的喇嘛寺廟及清真寺均已恢復。此外還批准了一些宗教活動點。政府還多次撥款維修寺廟，以滿足信教群眾的需要。對回族等禁食豬肉的民族，商業部門平價供應了牛羊肉和植物油。全省回民職工享受了生活補貼，回民土葬的習慣受到尊重。民族和宗教節日受到了尊重，有關州縣還明文規定了放假志慶的日期。民族特需商品的生產、銷售受到重視。全省有民族特需商品的定點工廠100餘家，生產少數民放必需的邊茶、草烟、銀飾、獵槍和各種器皿。民族貿易部門還在一些城鎮設立了民族特需用品的專店或專櫃。

　　新中國建立以前，民族地區的農村牧區經濟是單一的、封閉式的自然經濟，農牧業生產水平很低。50年代以後，廢除了奴隸制和封建制，農牧業條件有所改善，生產力有所提高，少數地區還使用了機具和電力，水利設施不斷改善，糧食與經濟作物的產量有所提高。迄至1993年，全省民族自治地方工農業總產值達135.1億元，其中農業產值65.96億元，接近工農總產值的一半。農牧民的純收入人均470元，較1980年增長了4倍。糧食總產量307萬噸，比1950年增長約3倍。農村牧區在穩定和完善家庭聯產承包責任制的基礎上，正在逐步健全農技推廣、農資供應為主的社會服務體系。

　　50年代前的民族地區工業幾乎是一片空白，公路很少。新中國建立後，民族工業從無到有，由小到大，逐步壯大。目前，已建立起以本地資源為主輕重工業，包括冶金、電力、機械、採礦、森工、水泥、電機、建材、皮革、造紙、毛紡、乳品、製藥、化工、印刷、捲烟、服裝、食品等中小型企業400多個，擁有數百種產品。1993年，全省民族自治地方工業總產值達69.18億元，較1980年增長了3.8倍。交通運輸發展很快。公路交通四通八達，90％的鄉已通公路。成昆鐵路貫穿樂山、涼山和攀枝花三州市的10多個民族縣。成都到西昌的民用航空早已開通。

　　以前，民族地區文化教育衛生事業落後。目前這一狀況已有徹底改善。各民族傳統的優秀文化得到發揚，文化網路正逐步形成。民族自治地方現有專業藝術表演團體12個、劇場9個、文化館（站）714個，圖書館23個、博物館5個、電影放映單位1,782個、廣播電台6座、電視發射及轉播台1,109座、電視台3座、衛星電視地面站980個。有的縣還組建了文化服務一體化的「文化大篷車」活動，深受農牧民歡迎。從1990年起全省每隔四年舉

辦一次少數民族藝術節，各州的文藝團體經常到內地和國外演出，宣揚了我國優秀的民族文化。

民族教育成績顯著，民族自治地方教育網絡基本形成。正規教育、寄宿制教育、職業教育、成人教育協調發展的格局初具規模。迄至1993年，民族自治地方有幼兒園238所，在園人數爲7.16萬；小學8,439所，學生81.21萬人；普通中學430所，學生19.40萬人；中等專業學校30所，學生1.39萬人；農業職中40所，學生 5,600餘人；普通高等學校5所，學生4,800人；各類成人學校2,387所，學生53萬餘人。有約占民族自治地方人口65％的17個縣又 240個鄉普及了初等教育。學校的布局日趨合理。藏、彝民族的小學雙語制教育體系已初步形成。

民族地區的醫療衛生事業初具規模，一改過去缺醫少藥的狀況。一個遍布城鄉防治結合的醫療衛生網已基本形成。目前，民族自治地方有各類醫療機構2,865個（其中醫院1,076所），有病床 19,360張。醫療衛生機構的人員達27,857人。民族自治地方傳染病的發病率從1,952年的200％降爲73％。人均壽命已由建國前的30歲左右延長到56歲。民族醫藥的繼承與發揚取得了可喜的進展。目前，有各類民族醫藥機構278個，其中民族醫院14所。藏醫藥學、彝醫藥學和蒙古骨傷科醫藥學的發掘、整理、研究工作正在深入發展。

在四川已形成民族學研究與教育的體系。省及有關州、地設立了民族研究機構，進行民族學基本理論的研究與現實問題的研究。省會成都所設的西南民族學院、四川大學與有關高等、中等院校負擔起培養民族學研究人才的任務。

略論「漢藏民族走廊」
之民族歷史文化特點

任新建

（四川省社科院）歷史所副研究員

　　我國之地形，西高東低，故大多數江河均爲自西向東流。但在東經95度至105度間，卻有數條大江自北而南奔流而下，將青藏高原東部、川西北台地和雲貴高原縱切出一條條深谷，這些低淺的河谷貫通南北，爲我國西北地區和西南地區的交通提供了地理條件。故自上古以來，西北、西南地區民族的大遷徙，多經由這一地區，甘、青地區的氐羌系民族南下，雲桂等地的壯、侗、孟一高棉語族諸民族北上，大多交匯於這一通道之內。此外，由於此區內主要爲橫斷山脈和大雪山脈等南北向山嶺，群山之間的一個個低窪的山口，又爲西一東方向的藏漢民族交通提供了方便，形成了沿河谷和山窪行進的漢藏交流通道。拉鐵摩爾將這一地區稱爲「內部邊疆」。我國民族學界則更形象地稱爲「歷史上的民族走廊」。也有簡稱爲「藏彝走廊」或「漢藏走廊」的。

　　這條走廊的路線，費孝通先生認爲「可以康定爲中心，向東（及北）和南劃出這一走廊」。①實際上，北起甘、青南部，中經四川西北，南至滇西北，都是這一「走廊」之地帶。而且向南延伸至印、緬的北部也應算是這個「走廊」的地區。

　　這一「走廊內」歷史上是羌、氐、戎爲名稱的民族活動之區，並出現過大小不等、久暫不同的地方政權和「政治上的拉鋸情況」。②這就使得「走廊內」民族淵源頗爲複雜，文化呈多元現象。現今這一地區居處有藏、羌、彝、納西、普米、白、怒、傈僳、獨龍、阿昌、拉祜、景頗、基諾、崩龍以及蒙、回等民族，同時還有一些舊稱爲「西番」尚待進一步識別的民族。即使單一民族之中，也有語言、習俗個別的文化多元現象。現僅就這一走廊中心地帶的四川藏區（康區），簡析其歷史文化的特點。

一

　　康區爲我國三大藏族聚居區之一，按傳統之地理概念，康區除四川藏區外尚包括西藏的昌都地區，雲南的中間地區和青海的玉樹、果洛兩州。本文爲叙述方便，只著重論述四川藏區，即四川的甘孜藏族自治州，阿壩藏族羌族自治州和木里藏族自治縣爲地區。這一地區之總面積爲24萬平方公里，占四川省面積的42％左右，有藏族108萬餘人，約占全藏族人口的 25％，是僅次於西藏的第二大藏族聚居區。除藏族外，區內還有羌、彝、納西、蒙、回、漢等十餘個民族的60餘萬居民。

　　四川藏區在地理上正處於青藏高原向川西台地、雲貴高原過渡的地帶，地表平均海拔3,500米左右，氣候因高度而變化，自高寒帶至亞熱帶，北部地區爲高原舉甸地帶，草場廣闊，水草肥美，爲純牧區。是我國五大牧區之一，中部及南部爲河谷和山原地帶，森林茂密，宜農宜牧，岷江、大渡河、雅魯江、金沙江自北而南縱貫全境，深切之河谷和山原多形成一個個半封閉之自然環境和較爲分散的居民點。這一情形爲此區保留豐富的歷史文化遺存之有利條件，同時亦爲影響本區社會經濟發展之制約因素。

　　本區資源極其豐富，林木蓄積量占全國　8.56％，是全國三大林區之一。水力資源尤為豐富，水能蘊蓄量達5,600多萬千瓦，居全國之前矛，礦藏為極富，金、鉑、鋰、鈹等儲量占全省90％以上。本區資源雖極富，但限於交通、技術和資金等原因，目前開發程度尚低，巨大的資源潛力尚待進一步開發。

　　四川藏區北接甘、青、南通雲貴，東達四川盆地，西鄰西藏，正處於「民族走廊」的中心地帶，歷來是縮轂南北，溝通藏漢的戰略要地。自元代以來，中央政府與西藏相通的官道和漢藏貿易的主要商道俱取道於此，故歷代視此區為「治藏之依托」，「控馭青甘滇藏區之鎖鑰」，極為重視。特別是藏族人民生活中非茶不可，而歷代供應藏區之茶主要產於四川。這就使本區不僅成為漢藏茶為互市之要津，而且也是歷代實施「以茶制番」策略的關鍵所在。

　　四川藏區戰略地位的重要，也促使帝國主義和西藏之民族分裂勢力都千方百計染指於此區。近代以來之「西藏問題」有不少都肇始於此亦即因為這一緣故。因而自清末以來有「治藏必先安康」之說，足見此區政治地位之重要。

二

　　四川藏區古為氐羌地。《史記・五帝本紀》載，黃帝娶嫘祖，生二子「其一曰玄囂，是為青陽。降居江水；其二曰昌意，降居若水。昌意娶蜀山氏女，曰昌僕，生高陽……黃帝崩……高陽山，是為帝顓頊也。」③考江水即今四川岷江上游一段之古稱，若水即今雅魯江。華夏的黃帝之二子及孫高陽都降居或降生於四川藏區，足以表明這一地區遠在四五千年前的黃帝之時已有土著之居民。④本世紀30年代、70年代和90年代，在雅魯江中游，瀾滄江

中游和大約 120餘土司均廢除，擬置32縣及府、道等機構，旋因
鼎革未果，民國初置川邊鎮守使管轄，此後西康建省，甘孜州境
屬西康省，阿壩州境爲四川第十六行政區。1950年於甘孜地區
置西康藏族自治區，阿壩地區爲四川省藏族自治區。1955年合
省後分別改爲甘孜自治州、阿壩自治州。

三

四川藏區的歷史、地理特點，使其在文化上、政治上、經濟
上均呈現與西藏有顯著差異的情形，主要有：

1.**社會形態各別**：歷史上，這裡多數爲土司制，或「土流兼
制」，土司雖在其轄區內儼然如土皇帝擁有極大的權威。但他必
須由中央政府所封，定期朝貢，納賦，受地方行政官吏之管束。
在承襲上亦有一套嚴格的管理規章。且必須隨時聽從政府的征調。
土司與藏傳佛教是一種相輔的關係，而不是由一人兼爲行政和宗
教的領袖（只木里土司這樣極少數地方是兼據政教）⑦，這與西
藏地方的「政教合一」制度有很大差別。因此在四川藏區雖然絕
大多數人均供奉藏傳佛教，但卻沒有像達賴、班禪那樣集地方政
教大權爲一身的宗教領袖，像木里土司黃喇嘛那樣的僅只在個別
的、小的範圍內存在。因此，四川藏區長期作爲內地一個省的管
轄之區。

除土司制外，四川藏區尚有一些歷史上稱爲「野番」之區的
部落氏族公社形態的地區，如在金沙江畔的三岩地區⑧，一直保
存著氏族公社的制度，稱爲「帕錯」（村民大會）或「哥巴」制
度，其地凡村寨之事均由村民大會議決，組織結構頗類氏族公社。
清末趙爾豐經營川邊時，曾以武力征服其部，擬置武成縣，後未
果。由於地勢偏僻，交通極爲不便，其地至今仍在相當大的程度

上保留其舊俗。

　　2.**語言、方言上的差異。**四川藏區流行藏語三大方言中的兩種方言，即康方言和安多方言。康方言以德格話爲代表，主要流行於今甘孜州地區；安多方言主要流行於阿壩州。除此而外，本區一些居民中還使用不少「地角話」（即地方土話）其中較特殊的有嘉絨語、木雅語、多續語、扎巴語、貴琼語、曲域語等，操這些語的人雖係藏族，使用藏文，但從語音和語法結構等看，均與藏語三大方言有明顯差異，多數接近羌語支，或介於藏語支與羌語支之間。從這些語言的差異和分析比較，我們可不難發現民族融合的痕跡。由此亦可知古代南下的氐羌部落是今天藏族族源的一支。值得注意的是上述幾種特殊語言大多數都保存於大渡河及其支流的流域，北起大小金川，南至石棉、漢源的大渡河東折處。這恰恰是吐蕃與唐拉鋸戰時爭奪的地區，貞元以後皆沒入吐蕃。原住的羌部居民逐漸接受吐蕃文化的影響，融入藏族之中，但其原有語言作爲一種頗難變更的「活化石」，卻仍在原部落中通行，不過隨著藏文化影響的日益加深，大量的藏語借詞滲入和語法習慣的潛移默化，逐漸使原先的母語發生變異，於是才會有這類既似藏語又似羌語的「地角話」出現。

　　3.**宗教上的兼容幷包同榮共存。**本區與西藏和甘、青、滇藏區一樣，崇儀藏傳佛教。但它與西藏顯著不同的是在對待藏傳佛教各教派以及其他宗教上，不像17世紀以來的西藏那樣只尊藏傳佛教格魯派，而是對宁瑪、薩迦、噶舉和本教等各教派兼容幷重。一些在西藏遭到打擊甚至消滅的教派，在四川藏區都獲得生存的土壤和氣候。如曾一度高僧輩出，頗有盛名的覺囊派，在西藏被視爲「外道邪見」遭到禁絕，但在四川藏區的壤塘一帶，它卻得到相當大的發展，擁有不少信徒，印刷大量宣揚該派宗義的經籍

傳播。在西藏式微的本教和宁瑪派，在四川藏區卻十分興盛，信徒和寺廟超過格魯派。德格土司的「五大家廟」中有三座都是宁瑪派大寺。康東明正土司的「五大家廟」則格魯、噶舉、薩迦、宁瑪都有。

此外，四川藏區還有不少地方流行原始巫教，其宗教活動既有古老本教的色彩，又雜入漢地「端公」、「道士」一類跳神儀執，這與本區鄰近漢地受漢文化的某些影響有關。本區還有基督教流行，在康東、康南的一些地方有一些藏族既信仰基督教，又信仰藏傳佛教，有的地區舉行法會，作法的人中藏傳佛教的喇嘛、本波教巫師和端公等同台並坐，各唸各的經、群無不以爲怪，一律敬信，表現出本區信仰上的多元現象。

4.**地方文化色彩濃厚**。四川藏區因歷史、地理之原因，保存古文化遺存較多，又因其處於「走廊」之中心，同時接受漢、藏文化之影響，因而其文化上表現出甚重的地方色彩，形成了諸如以德格爲中心的康文化圈，以川西北草地爲中心的游牧文化圈，以大小金川爲中心的嘉絨文化圈，以貢噶山麓爲中心的木雅文化圈，以大渡河中下游河谷爲中心的「西番」文化圈等各具地域特色的亞文化圈。

自岷江上游河谷起，向西經大渡河上游大金川及其支流，再經雅魯江及其支流鮮水河支流，直到金沙江岸，自大金川向南，直至滇西北地區，分佈著無數大石碉，有的高達50餘米，十分壯觀，碉有3角、4角、6角、8角與12角等各種造型，均用當地片石（頁岩）疊砌⑨，筆直屹立，雖歷經地震雷擊而不圮。碉內架本爲隔，一般有5層，頂端和牆上開有射孔。此即《後漢書·冉驪夷傳》所記之「邛籠」。⑩歷2,000年之久，其俗至今尚存，實爲奇觀。

　　與高碉文化帶幾乎重合的是石板葬文化帶，它也起身岷江上游，延至滇西北。其主要特徵是掘土爲坑，四壁豎以石板爲棺，棺底爲卵石或片石鋪地，棺蓋爲石板，多塊壓疊。本世紀30年代在岷江上游正式發掘後定名爲「石棺葬」，近二三十年來在雅喜江，大渡河、金沙江流域又大量發現，鑪霍卡莎湖邊的石板葬群，有800餘座，丹巴中路鄉發現一處石板葬群面積一萬多平方米，有上千座墓葬。經測定這些石板葬的年代都是在戰國至秦漢時代；這正是《史記》、《後漢書》中所記載的筰都夷、冉龐夷、牦牛夷活動於這一地區之時。然而括史料證載，羌人多實行火葬，爲何這一地區都出現如此大量的土葬（石棺葬）？很值得進一步深入研究。

　　此外，在四川藏區的藏、羌、納西和一些原「西番」人中盛行時白石的崇拜。這些豎立於山頭，房頂和門楣之上的白石，象徵土地神和家宅神，受到人們的供奉祭拜。這一白石崇拜的文化現象既反映了此地原有的相信「萬物有靈」的原始宗教信仰根深蒂固，同時也似可說明這些現居於巘溫河谷的人群其祖先原來自青藏高原的頂部，白石可象徵雪山，高寒的雪山之下原是他們祖居之地，後來遷徙來到河谷地方，仍不忘根本而崇祀白石，似可解釋其真正的文化內涵。

四

　　綜上所述，四川藏區以至整個民族走廊地區由於正處於農耕文化與牧業文化的過渡地帶，介於邊腹之間，又是南下北上民族的通道，故在文化上較明顯地呈多元化表徵，在政治上長期內屬，向心力較強。在經濟上較爲開放，並且成爲邊腹之中介，故其在促進民族團結、鞏固祖國邊疆方面居於非常重要之地位，在族群

關係研究中頗值深入探討，而這一地區所蘊藏的極爲豐富的歷史文化遺存更需要深入地發掘和研究。

【註 釋】

① 費孝通：《關於我國民族識別問題》。

② 同上。

③ 司馬遷《史記・五帝本紀・黃帝》。

④ 據劉大白《中國歷史年表》黃帝時代距今約4,600年左右。

⑤ 瀾滄江邊的昌都卡若舊石器遺址其年代爲距今4,700年左右。大渡河邊丹巴中絡遺址其年代亦在距今4,500—5,000年左右。

⑥ 《史證・司馬相如傳》。

⑦ 除木里土司外，德格土司規定：有二子時一子繼土司位，一子爲更慶寺主，另一子時則兼政、教兩權。不過多數情況下仍是一種政教相輔的關係。而非政教合一。

⑧ 「三岩」藏語義爲「惡地」。其地跨金沙江兩岸，江東部分現屬白玉縣蓋玉區，江西部分現屬西藏貢覺縣雄松區。

⑨ 在康區南部受取材之限，高碉多用土夯成。

⑩ 范曄《後漢書・西南夷傳》載：「冉驪夷者，武帝所開。……衆皆依山居止，壘石爲室，高至十餘丈，爲邛籠」李賢注曰：「邛籠，今彼土人呼爲凋也」。「凋即碉」，《隨書・附圖傳》爲「璨」均相同。

論元朝「華夷一統」局面的形成

陳世松

四川省社科院研究員

　　元王朝所創造的全國規模的大統一，是中國歷史上前所未有的。一方面，統一規模之大，「輿圖之廣，歷古所無」（《元史》卷7《世祖紀》）。正如《元史・地理志》所說：自秦統一中國後，「漢、隋、唐、宋爲盛，然幅員之廣，咸不逮元」。另一方面，統一深度也是前所不及的。《元史・地理志》又云：「漢梗于北狄，隋不能服東夷，唐患在西戎，宋患常在西北」。明代著名思想家李贄《藏書・世紀》把中國歷史上的統一按其深度劃分爲三個層次：一曰秦的「諸侯一統」；二曰隋的「南北一統」；三曰元的「華夷一統」。元朝之所以能創造超過歷朝歷代的統一規模，實現「華夷一統」的歷史偉業，原因很多，其中一個關鍵就在於，它較爲成功地解決了許多民族和地區之間的矛盾，基本上把全國各地統一起來。

　　在元王朝廣袤的疆域裡，分布著爲數衆多的少數民族。見於元《經世大典》記錄的少數民族、部族的人名、地名，多達數十百個，數量之多，遠遠超過前代。除蒙古族聚居大漠南北以外，國內還有許多其它少數民族，如在東北地區的女眞、水達達、兀者以及吉里迷、骨嵬，西北地區的黨項、羌、畏兀兒、哈刺魯，西南地區的藏族，雲南、湖廣等邊陲地區的白、羅羅、末些、苗、

傜、壯、黎、仡佬等族。這些民族間，社會發展水平不同，情況
千差萬別，十分複雜。採取何種民族政策使他們比較牢固的統一
在元王朝的版圖內，是擺在元王朝統治者面前的實際問題。

元王朝的開創者忽必烈從封建治利益出發，針對當時國內多
民族的具體情況，制定了因地制宜、因俗而治的民族政策。概略
而論，可以歸納爲以下兩個方面：

壹、在邊遠地區設置符合當地特點的管理機構

針對聚居於邊疆地區的各少數民族的不同情況，忽必烈在這
些地區設置了一套與內地郡縣既有共同性，又有差別性的行政管
理機構。

例如，在吐蕃地區，針對該地教派林立的特點，主要通過尊
奉喇嘛教，籠絡吐蕃上層人物，實行政教合一的統治。在中央，
設立了專門機構宣政院，由皇帝冊封的帝師代「領吐蕃」事務。
吐蕃的宗教領袖也因得到元朝的冊封，而成爲兼有世俗領主，擁
有份地和屬民的僧人貴族，故無不歸附於中央政權之下。宣政院
下轄有許多宣慰使以及宣撫使、安撫使、招討使，其主要的管理
機構是吐蕃三道宣慰司。元朝中央政府還委派官吏，在吐蕃地區
清查戶口，規定賦稅差役，建立驛站，從而結束了這一地區長期
分裂割據的局面，對西藏社會的相對穩定產生了積極的作用。

又如，地處祖國西南邊陲的雲南地區，是忽必烈早年親手平
定並一直留心經略的地區。由於這一地區民族眾多，情況複雜，
又存在著前大理國王段氏的地方勢力，以致「諸蠻變亂不常」，
極需「重臣鎮服」。在委派第五子雲南王忽哥赤被謀害後，忽必
烈於1274年便把一個「功聞五朝」的得力大臣賽典赤·瞻思丁
派往雲南，寄以方面重任。針對當時雲南的行政管理機構重疊設

置，存在著省政（即行省成立前的過渡權力機關）、王政（即分鎮雲南的宗王官署）、藩政（即宣慰司和都元帥府）、土官（即在宣慰司下各級官府任職的土酋）這樣四駕馬車，導致政出多門，統治混亂，民不堪命的弊病，賽典赤報經忽必烈批准，首先在雲南推行行省制，以行省作爲號令雲南的中心，並把宣慰司和都元帥府置於行省之下，使之成爲隸屬於行省的地方軍政機關。規定宗王僅限於對行省行使監督之權，以及重大軍事行動的指揮權。州、縣、萬戶、千戶，「改置令長」。1276年，賽典赤「以所改雲南郡縣上聞」，完成了對雲南地方政權機構的改革。在新的管理體制下，雲南地方權力集中於行省，行省之下遍置路、府、州、縣，以中央政權統轄下的行政機構，取代了過渡性的軍事統治式的萬戶、千戶、百戶制，革除了管軍官兼管民政這一長期以來的弊政，進一步削弱了雲南的地方勢力。

再如，地處西北的新疆地區，由於這裡存在著與忽必烈一直爲敵的窩闊台後王海都的割據勢力，河中地區甚至一度爲其侵擾，在憲宗蒙哥時代設置的別失八里等處行尚書省難以維繫的情況下，忽必烈爲了進一步加強對天山南北的治理，於1275年遣其子那木罕出鎮阿力麻里。接著又分別設立了北庭都護府和別失八里、和州等處宣慰司，統轄南、北疆軍政事務。爲了籠絡畏兀兒首領，忽必烈出自對付西北叛王的政治需要，在與畏兀兒亦都護中斷30年聯姻關係的基礎上，於1275年又把定宗之女巴巴哈兒公主嫁給畏兀兒首領火赤哈兒的斤，使畏兀兒亦都護家族忠心事元，從而使畏兀兒地區牢固地歸附在元朝的統治之下。

貳、大量任用各民族上層人物

忽必然注意吸取漢、唐以來中原歷代封建王朝對邊陲地實行

羈縻統治，「以夷治夷」的經驗，大量使用各族上層人物充任地方各級官員。這是忽必烈民族政策的重要內容，也是解決當時複雜民族問題的關鍵。

在元代，不僅中央政權機構中，廣泛任用了各民族的官員，在少數民族聚居的地區，更是注意大量任用當地的上層人物，治理本民族的行政事務。如在中央機構中擔任要職的少數民族人物，有吐蕃人八思巴，畏兀兒人廉希憲、塔海、契丹人耶律鑄，女眞人趙良弼，西夏人高智耀等。在地方各級政府中，也有許多少數民族官員擔任要職。如參與治理過雲南邊疆的各少數民族人物中，有畏兀兒人月舉速赤海牙等，回回人賽典赤・贍思丁，汪古人汪惟勤、趙世延等，西夏人愛魯、立智理威等，契丹人忙古帶等，女眞人劉國杰、完顏石柱等。至於擔任雲南地方各級官員的當地少數民族人物，更是難以盡數。賽典赤治滇時，把蒙古軍初入雲南即使用的招降和任用地方民族上層的做法，更加系統化、制度化。在路、府、州、縣一級，基本上因襲大理國時期各土酋的統治範圍，各級官員大都委以本地的土官、酋長。行省、宣慰司兩級，兼以少數民族土官；路一級則以土官爲主；府、州、縣則以土官充任。對雲南地方勢力中影響較大的段氏，更加優待、重用。前大理國王段興智之子段實，被授以宣慰使、都元帥、行省參知政事之職，段興智的兄弟信苴日曾任大理總管、宣慰使和雲南行省右丞，治理大理共23年。段氏世代受封爲大理總管遂爲慣例，迄至明初，歷11世。賽典赤治理雲南的舉措，成爲元王朝治理西南邊陲的定制，並爲明、清二代所吸取，由此形成了中國歷史上完整的土司制度。

此外，元王朝還在四川、湖廣等省的邊地，在廣大西南諸番地區，推行類似雲南的土官制度，即在行省之下，設有主要以土

酋充任長官的宣撫司、安撫司、招討司、長官司、蠻夷司，以及寨、洞、甸、囤等職守，大量使用本民族的上層人物，共同加強對下層人民的統治。雖然這也是爲元朝統治階級利益服務的，但由於採取了安撫爲主的懷柔手段，通過任用土官來解決轄區內的複雜問題，避免了一些民族間的流血衝突，客觀上有利於邊疆經濟文化的發展。這對於鞏固統一，促進各族人民之間的交往聯繫，都是大有好處的。

　　元王朝的文治武功，使我國廣大的少數民族地區納入祖國的版圖，創造了全國規模的大統一，給中國歷史與中華民族的發展帶來了巨大而深遠的影響。它不僅奠定了中國疆域的規模，將西藏正式統一於全國的版圖之內，使西南邊陲再也沒有出現有如南詔、大理那樣的地方政權；而且還開拓了邊疆與內地的新關係，促進了各族人民之間互相融合的趨勢。嶺北、遼陽、甘肅、四川、雲南、湖廣之邊，在唐代實行羈縻統治的地方。到了元代，被視同於內地，「無闤域蕃籬之間」（元虞集《道園學古錄》卷8《可庭記》）。由於這些地方也如同內地一樣，設置了各種行政機構，並且「皆賦役之，比於內地」（《元史》卷58《地理志》）。這樣，它們在元代便被視爲和內地彼此不分，同中原緊密聯繫成爲不可分割的整體了。在元代，各民族互相融合的趨勢進一步加快了。有元一代的統治，使蒙古地區與四面八方聯繫起來，許多非蒙古人來到了蒙古地區。他們無論是被迫的還是自願的，日久天長，無不同化、融合到當地居民之中，從而使原來非蒙古血統的部落、部族和個人蒙古化了，這樣，無形中便擴大了蒙古人的內容和涵義，使蒙古人的隊伍得到空前膨脹。另一方面，元朝民族四等級制，將女眞人、契丹人、高麗人包括在漢人之中，與漢人爲一等，使這些民族本來就在積極漢化的速度更爲加快了。

1284年忽必烈批准的軍官格例中規定：「女直、契丹同漢人。若女直、契丹生西北不通漢語者，同蒙古人；女直（此下遺『契丹』二字）生長漢地，同漢人」。由此可見，當時已有一部分女直、契丹，甚至高麗人同化於蒙古，而更多的女直、契丹，甚至高麗則融合於漢人。同時，契丹這一名稱，又被蒙古、中亞和歐洲人作爲中國北部和北部漢人的統稱。至今俄文「中國」一詞（kumau）仍讀爲「契丹」。此外，在元代還形成了一些新民族，如信奉伊斯蘭教的中亞突厥人、波斯人、阿拉伯人大批來到中國定居，被稱爲回回人，他們逐漸說漢語，用漢文，因而形成爲回族。總之，各族之間的融合，到元代眞正發展到「華夷一統」的新階段。這對於增強中華民族的凝聚力，對鞏固和發展我國統一的多民族國家，有著不可忽視的地位。

後記：本文係從拙著《中國封建王朝興亡史‧元史》中節選而成。該著將由廣西人民出版社於1995年12月出版。

川藏道的興起與川藏關係的發展

賈大全

四川省社科院研究員

川藏道的興起

　　四川與西藏本屬毗鄰，然而唐宋以前，四川與西藏尚無直接的通道往來。唐代吐蕃王朝對外擴張，幾乎都是經過青海地區，然後北線爭奪河西、隴右，西線爭奪安西四鎮，南線爭奪劍南、四川。吐蕃對唐戰爭的勝利，不但占據了唐朝所屬的西北、西南大片土地，而且一度攻占唐朝都城長安。從此由吐蕃王朝經青海東侵而開拓的青藏道便成爲漢藏交往最主要的交通要道。唐蕃之間的和親、盟會、朝貢、可聘使臣和僧侶、學者、商旅往來，都是由天水、大非川、暖泉、河源、通天河到邏些（今拉薩）。文成公主、金城公主入藏成婚也是經過青海入藏的。宋代藏族地區處於分裂狀態，藏族各部與中原交往仍然主要經過青甘地區，只有四川境內的藏族各部經過黎（今漢源）、雅（今雅安）而至中原。元朝把西藏地區置於中央王朝直接管轄之下，設置通往西藏的驛站、使漢藏交通得到空前發展。當時從漢藏交界處直至薩迦共建大驛站27處。其中脫思麻（治河州、今甘肅臨夏、轄青海東南部、甘肅南部及四川西北的阿壩州）驛站7處。朵甘思（治地大約在青海東南部瑪沁一帶，轄境包括今青海玉樹、果洛二州、

四川甘孜州，西藏的昌都地區及雲南中旬、維西、麗江等地）①
驛站9處、烏思藏（今西藏地區）驛站11處。這個通往西藏的最
早驛道，亦是最先始自甘、青道而不是四川的康藏道。正如《西
藏志》所說，唐宋以來，內地差旅主要由青藏道入藏，「往昔以
此為正驛，蓋開之最早，唐以來皆由此道」。

從明代開始，川藏道才正式成為漢藏交往的主要商道、官道
和貢道。

早在唐代吐蕃王朝東侵以前，今四川甘孜、阿壩藏族地區，
就居住著眾多的羌族部落，包括黨項、白蘭、東女以及後來形成
的西山八國等大部落和眾多的小部落。他們支系眾多，內部組織
鬆散，政治上處於分裂狀態，臣屬唐王朝。唐王朝對他們實行羈
縻統治，並有由灌縣循江而至汶川到松潘的西山路；由雅安循青
衣江西北至蘆山縣、寶覺縣，越夾金山至丹巴縣到松城（今康定
北）的靈關路；由雅安至天金縣越夾金山至瀘定嵐安、烹壩，渡
大渡至松城的和川路與這些羌族部落交往。當時這些羌族部落與
四川和中原王朝的關係遠比與西藏的吐蕃部族的關係更為密切。
由於吐蕃的東侵，從貞觀12年（638）進攻松州（今松潘），爭
奪諸羌之地，至公元670年占領了岷江上游、大渡河中游、上游
一帶，征占了諸羌之地。公元783年，唐蕃雙方訂立清水會盟，
規定沿岷江、大渡河劃線，以西屬吐蕃、以東屬唐朝、至此四川
諸羌之地基本上納入吐蕃版圖，從而阻礙了原由雅安通往甘孜地
區的和川路和靈關路的暢通和發展。吐蕃王廟對四川諸羌部落進
行長達200餘年的軍事征服和政治統治，使諸羌部落在相當程度
上受到吐蕃文化的同化。而在吐蕃王朝崩潰以後，中國又處於五
代兩宋時期。中央王朝放棄了對四川原諸羌部落的征服統治，仍
以大渡河內界在黎、雅、天全維持邊貿關係，對沿邊諸羌部落進

行羈縻統治，允許朝、互市，禁止邊民越界交往。原諸羌部族與漢族居民的接觸交融極少。相反，在吐蕃王朝崩潰後，大量的吐蕃部族及奴部則流散於原諸羌之地，與原諸羌部落雜處，彼此依存，互相通婚，融合發展。特別是10世紀以後，隨著藏傳佛教後宏期的興起，藏傳佛教不斷由衛藏地區向阿壩、甘孜一帶滲透，最終在11—12世紀期間使這些地區原諸羌居民與衛藏居民在文化心理和語言上趨於一致，融合於藏族之中，形成了四川的藏族。故歷史上稱甘孜地區為康區，稱這些地區的藏人為康巴藏人。四川藏族的形成，必然使居住在阿壩，甘孜地區的藏族與西藏藏族的交往更為密切，促進甘孜地區與西藏地區交通道路開拓。所以，吐蕃王朝的東侵，雖然影響了由雅安通往甘孜地區道路的暢通和發展，但另一方面卻加速了由甘孜地區通往西藏地區交通的發展，為由雅安經甘孜到西藏道路的開通創造了有利條件。

到元代，甘孜藏區內部交通又有所發展。當時元軍入蜀滅宋，受到蜀中宋軍堅守，久攻不下，只能「斡腹入寇」，先取四川周圍各部，迂迴包抄川中宋軍，故四川沿邊各部先於盆地內部降落，其設治也較早。1253年忽必烈率軍進攻大理，由甘肅迭部縣達拉溝經阿壩草原，循大渡河西岸南下，以黎州渡河，沿古清溪道而至金沙江。忽必烈沿途拓降各部土頭，封以官職，授以璽書、金銀符。至此不但大渡河西岸土頭降落，大渡河東岸的黎、雅土頭高四保亦投元，至元二年（1264）授雅州碉門安托使高四保虎符，②雅安、漢源、天全、蘆山、寶興等漢族地區或漢、藏、羌族聚居地區不屬實有。

其地先由河州的吐蕃等處招討司管轄，嗣後劃歸即朵甘思吐蕃等路宣慰使司都元帥府。這樣朵甘思宣慰司的轄地不但包括今四川甘孜、青海的玉樹、果洛等藏區，而且包括宋朝所屬的黎雅

漢族地區。元朝所修建的通往西藏的27處大驛站，雖然是由甘、青道入藏，只經過了川、青、藏邊境的今甘孜州鄧柯地區，但朵甘思宣慰司所轄地方機構的設置，無疑促進了今甘孜藏區和雅安地區內部道路的開拓。據任乃強、任新建先生《「朵甘思」考》一文考證，朵甘思宣慰司所轄的朵甘思地里管軍民都元帥府，治地在今甘孜州鄧柯縣南部德格縣的俄支，鄧柯地處康、青藏古代交通樞紐位置，元代僧俗併用。朵甘思哈答、李唐、魚通等處錢糧總管府中的哈答、即今乾寧；李唐，即今理壙；魚通，即大金川下游，大渡河西岸魚通河流域一帶，折多山以東的康定縣爐城區、魚通區、金湯區、孔玉區等地。這個管理康南、康東、康北錢糧的機構，其沿所當在乾寧這樣地位適中、交通方便之處。碉門、黎、雅、長河西、寧遠等處軍民宣　司轄大渡河東西兩岸之地。其中碉門即天全縣、魚通即康定縣、黎即漢源縣、雅即稚安、長河西即康定咱縣、寧遠即瀘定縣冷磧。六番招招司，治所在寶興縣靈關，包括以寶興、英山、名山、雅安四縣境。刺馬兒剛等處招對使司，其地在今西藏芒康縣。奔不田地里招討使司，轄撫巴塘德榮一帶，為康、滇、藏交通要衝。奔不兒亦思剛百姓，治白玉縣。朵甘忍招討使，治甘孜縣一帶。」從上述元朝柔甘思宣慰司分別在德格乾寧、理塘、康定、瀘定、巴塘、白玉、甘孜、漢源、雅安、天金、寶興，包括今甘孜州的康東、康南、康北、康西和雅安地區設置地方機構，可以看出甘孜地區的內部交通道路比前代有所發展，實際上已為開闢一條由雅安經康定而至西藏的道路奠定了基礎。

　　但是，在宋元時期，由於青藏道不僅是西藏通往中原的官道，而且也是主要的商道。宋朝為了獲取西北戰馬，將四川所產的大

部分茶葉都運往往黔（今甘肅臨洮）、河（今甘肅臨夏）易馬。
每年運銷西北藏區的茶葉多達1,000萬斤以上，宋朝在四川黎、
雅、碉門進行的茶馬貿易，主要是購買不堪作戰的羈縻馬，茶葉
銷售的數量遠比在西北銷售的數少，只能滿足大渡河流域沿邊部
族的需要。西藏地區藏族所需茶葉只能通過青藏道以西北地區獲
得。元代四川經濟殘破、茶葉產量劇減，由黎、雅、碉門輸往藏
區的茶葉比宋代更少，四川漢區與藏區經濟交往削弱。加之政區
的阻隔，也削弱了四川漢區與甘孜藏區的聯繫。所以，元代甘孜
藏區內部交通雖比宋代發達，但仍未正式開通由四川直達西藏的
道路。直到明朝建立後，西藏等各藏區與明朝的政治經濟關係發
生了重要變化，才最終促成了川藏道的開通。

　　明朝建立後，沿襲元朝扶持喇嘛教的治藏政策，對歸順明朝
的藏族僧俗領袖都一律授予新的官職。為此，明朝在藏族地區冊
封了三大「法王」，五大「教王」和眾多的「大同師」、「國師」、
「禪師」等僧官以及一大批各級俗官，並規定他們必須入朝進貢。
這種「多封眾建」的作法，分散了各教派的勢力，相互牽制，任
何一派都不能獨攬大權，便利明朝對藏區的監督和治理。同時明
朝對元朝藏區的行政區劃作了調整和重新劃分，把元朝設置的三
個宣慰使司都元帥府，改為朵甘都司和烏思藏都司二個地方行政
區劃。原元朝吐蕃等處宣慰使司的脫思麻所屬唐宋時期歸中央王
朝管轄的青海東部，甘肅南部劃歸陝西管轄，四川阿堪地區歸四
川管轄。吐蕃等路宣慰使司的朵甘思中的黎、雅天全、蘆山、寶
興、名山，乃至瀘定等地亦重新劃歸四川管轄。這種對藏區「多
封眾建」的治藏政策和對元朝藏區行政區劃的調整，促使四川必
須加強同朵甘思藏區的政治經濟聯繫，處理好漢藏關係，同四川
安全，為此，洪武十九年（1386）設雅州、碉門茶馬司，同甘

孜藏族開展漢藏互市。洪武二十一年（1388）年二月禮部主事高管善自長河西、魚通、寧遠等區，又建議朝廷在瀘定地區駐軍設防和將茶馬貿易市場由黎雅碉門推向瀘定的岩州。他說：「在岩州（今瀘定嵐安區）、寧遠（今瀘定冷磧）拔兵戍守，就築城堡，開墾山田，使近者向化而先附，遠者畏威而來歸」。「番民所處老思岡（今瀘定）之地，土瘠人繁，專務貿販碉門烏茶、蜀之細布博易羌貨，以贍其生。若於岩州立市，則此輩衣食皆仰給於我，焉敢爲非」。「天全六番招討司八鄉之民，宣悉免其徭役，專令蒸造烏茶，運至岩州，置倉收貯，以易蕃馬，比之雅州易馬，其利倍之。且於打箭爐（今康定）原易馬處相去甚近，而所增於彼，則番民如馭之羶，歸市必衆。」「岩州阮立倉易馬，則番民運茶出境倍收其稅，其餘物貨至者必多」。這樣不但能獲取更多的經濟利益，而早黎、雅有了「保障，蜀永無西顧之憂」。所以他進一步建議，「碉門至岩州道路宜令繕修開拓，以便往來人馬，仍覺地里遠近均立郵使，與黎、雅烽火相應，庶可防遏亂略，邊境無虞」。這個建議當即得朱元璋的同意，「從之」③，並親自過問這條道路的擴建工程。據《明太祖實錄》卷256，洪武三十一年二月丙午，「上諭左軍部前濟左都督徐增泰曰：曩因碉門拒長河西江道路險隘，以致往來跋涉艱難，市馬數少。今聞有路自碉門出枯木任場徑比長河西口，察道長官司，道路平坦，往來徑直。爾即檄所司開拓，以便往來」。察道即今瀘定縣北大渡東岸的岔道。這條道路自今天全縣長河壩翻門欲山，過干溝，到大渡東岸瀘定縣的嘉慶，岔道，在嵐安區以西的烹壩或若吉渡大渡河、經瓦斯溝到達康定。隨著經碉門至康定道路的開拓，洪武三十年（1397），明朝在四川的成都、重慶、保寧、播州修建四大茶

倉，以待客商納米中買，及與西番商人易馬。除將雅州、成都所產茶葉外，還從夔州、叙州等地把茶葉運至雅州。碉門茶馬司銷往藏區。

正是明朝爲了保障黎雅安全，使四川有西顧之憂，把傳統的茶馬等藏漢互市由黎雅、碉門推進至瀘定銷往康定，既獲取更多的利益，又用經濟手段加強對甘孜藏區的經營和控制，同時節省運輸四川茶葉至西北的費用。所以，從明朝開始，明朝就只將四川茶產量十分之一的巴100萬斤運至陝西的青海東部，甘肅南部與藏部族進行差撥馬的茶馬互市，既保證戰馬來源，又鞏固和維繫對這些藏族部族的統治。其餘四川大部分茶葉則由黎雅、碉門銷往康定甘孜藏區。從此，四川茶葉流向發生了根本性的變化，從宋代四川茶葉主要運往西北藏區銷售，改爲主要由黎雅碉門往朶甘思藏區銷售。銷往西北的100萬個茶葉實際上只能滿足青海、甘肅藏區茶葉的需要，沒有太多剩餘的茶葉再轉輸西藏。銷往康定甘孜藏族地區的數百萬斤茶葉，除滿足當地藏族的需要外，則剩而有餘。西藏地區藏族要獲得茶葉，只能轉青甘而求川康。這樣，西藏地區僧俗民眾和商人紛紛進入甘孜藏區康定購買茶葉運回西藏；甘孜藏區商旅也紛紛將茶處運往西藏獲取厚利，從而形成乃由雅安至康定，由康定至西藏的川藏道。

隨著川茶經雅安到康定至西藏茶道的溝通，葉茶及其他商貿的發展，許多商人鑒於由天全途經門坎山、馬鞍山或二郎山，山勢險峻，行路艱難，有的茶商則取道黎、雅。即從雅安到榮經，穿過大相嶺到漢源，翻飛越嶺沿大渡河谷北行到達康定。這條道路途經黎雅產茶地區，到黎州易茶，道路相對平坦。嘉靖年間「販者不由天全六番故道」④，多徑行黎州。黎州成為由雅安通往康定的主要通道。從康定到西藏的道路則沿元代朶甘思地方機構

的設治地區分南北兩路。北路由康定翻折多山,從兩路口北行至乾寧、道孚、爐霍、甘孜、德格,渡金沙江至西藏昌都到拉薩。這條路還由德格至鄧柯與青藏道相接,轉至青海、甘肅。南路則從兩路口南行,經理塘、巴塘,渡金沙江,過寧靜山到西藏的芒康、左貢、抵昌都至拉薩。此道素稱「爐藏茶客行走大道」⑤。在明太祖洪武末年,已是「秦蜀之茶,自碉門、黎、雅抵朵甘、烏思藏,五千餘里皆用之。其地之人不可一日無此」。⑥川藏茶道正式取代青藏商道的主導地位,成為漢藏貿易的主要茶道和商道。

明太宗時期,又對川藏道進行了維修和整治,使之成為官道和驛道。

永樂五年（1407）三月,明朝又「諭帕木竹巴灌頂國師闡化王吉剌思巴監藏巴里藏卜同護教王、贊善王、必力瓦國師、川卜千戶所、必里、朵甘、隴答三衛,川藏等族,復置驛站,以通西域之使」。同時「敕都指探同知劉昭、何銘等往西番、朵甘、烏思藏等處設立站赤,安撫軍民」。⑦永樂十二年（1414）「遣中官楊之保、賚敕往諭烏思藏帕木竹巴灌頂國師禪化王吉剌思巴監藏巴里藏卜,必力工瓦闡教王領真巴兒吉監藏、管覺灌頂國師護教王宗巴斡即南哥巴藏卜,靈藏灌頂國師贊善王著思巴兒監監藏巴藏卜及川卜、川藏、隴答、朵甘、答籠、師常、剌恰、廣迭、上下邛部、隴卜諸處大小頭目,令所轄地方驛站有未復舊者,悉如舊設置,以通使命」⑧經過多次的修復與增設,「自是道路畢通,使臣往返數萬里,無虞盜賊」。

【註　釋】

① 任乃強、任新建《「朵甘思」考》。《中國藏學》1989年1期。

②　《元史‧地理志》。

③　《明太祖實錄》卷188。

④　《明世宗實錄》卷24。

⑤　《西藏圖考》卷1。

⑥　《明太祖實錄》卷251。

⑦　《明太宗實錄》卷48。

⑧　《明太宗實錄》卷21。

川藏關係的加強

　　川藏道的興起，使四川在漢藏關係上處於極其重要的地理位置，促進了川藏關係的全面發展和加強。

壹、加強了中央與西藏地方的政治關係

　　在明代，隨著川藏道的興起，明朝規定於四川，陝西兩省分別接待朵甘思、烏思藏入貢使團，而明朝使臣亦分別由四川、陝西入藏。這樣，川藏道就由商道發展成官道和貢道。由於明代四川茶葉主要由黎雅輸往藏區，而西藏僧俗首領朝貢的主要目的又是獲得茶葉。因此，他們就紛紛由川藏道入貢。特別是在宣德五年（1430），地處青海格爾木西北的「曲光衛都指揮散即思數率所部邀劫往來使臣，梗塞道路」①，「烏思藏等處使臣，自宣德入貢，以道梗河州，彼即羈留異土」，②無法返回西藏。青藏交通的中斷，迫使烏思藏貢使改道從川藏道入貢。到成化三年（1467），明廷正式規定「諸自烏思藏來者皆四川入，不得徑赴洮、岷」②，由陝西入貢。至此，川藏道不但成為朵甘思藏族而

且成為烏思藏藏族入京的官道和貢道，途經川藏道入貢使團人數日益增多。成化十八年（1482），烏思藏贊善王連續兩次已差僧413人，「今又靖封、請襲差一千五百五十七人」③。成化二十一年（1485），「四川起送烏思藏如來大寶法王、國師並牛耳寨寨官進貢，招撫襲替各項共一千四百七十員名」，「其餘在邊一千八名」④。到弘治十二年（1494），「烏思藏并長河西宣慰司各遣人來貢，一時至者幾二（三）千八百餘人」。為此，明廷敕令「四川鎮巡等官，以後不准濫送」⑤。

藏區僧俗絡繹不絕，爭先恐後入京朝貢，其目的是「戀貢、市之利，且欲保世官」⑥。按《明會典》記載：「西番、烏思藏……喇嘛番僧人等，從四川起送來者，到京人彩段一表里，俱本色……鈔五錠，折靴襪鈔五十錠，食茶六十斤」。所貢之馬，還要加倍按價賞給。此外，貢使還採取其他種種辦法獲取茶葉運回西藏。一是貢使請求明廷允許購茶返藏。如正統四年（1439），番僧溫卜什夏堅藏來朝，要求收購茶六千斤返藏。⑦六年（1441），僧人星吉粲等要求市茶二萬斤⑧。二是藏僧未經朝廷允許就私自購買大量茶葉返藏，有的甚至多達數萬斤之多。正統五年（1440），明廷遣禪師葛藏、昆令為正副使，赴烏思藏封帕木竹巴灌頂國師吉剌己（巴）永耐堅藏己（巴）藏人嗣其父為闡化王。葛藏等復私易茶、綵數萬以往，乞官為運至烏思藏。⑨正德十三年（1518），天全六番招討使高繼恩伙同烏思藏直管招討高管夾帶私茶至三四十萬斤⑩。三是藏把明廷賞賜綢緞等物在民間換為茶葉。舊是藏僧以「熬茶禮佛」，「熬茶通道」等名義請求明廷賞賜和購買茶葉。藏僧用上述種種手獲得的茶葉，凡由四川路入貢者，均由黎雅、碉門支給，從川藏道運往西藏。川藏道成為明朝與西藏地方聯結的政治通道和經濟通道，增強了藏漢民族的

聯繫。「以故而陲宴然，終明之世無番寇之患」⑪。

　　清朝進一步加強了對藏區的統治，設立駐藏大臣監督和統管西藏事務。內地各省藏區則分別劃歸西寧辦大臣和四川總督直接管理。四川甘孜藏在明代與四川漢區交往頻繁，在漢藏民族進一步密切的基礎上，清朝把明代朵甘思所屬甘孜地區劃歸四川管轄，四川在清朝政府治理西藏中的地位和作用進一步加強，西藏與四川的關係也進一步密切。

　　清朝的駐藏大臣，均由川藏路入藏。他們受命之後，都先到四川，住在成都，籌備入藏用品，向川省請撥餉銀，招聘隨員、雇請烏拉往往數月，多則經年。清朝駐藏軍隊，亦多由四川派往，糧餉由四川供給。而清朝統治者在與西藏上層人物交往聯繫和處理政務中，賞賜和饋贈的物資亦多由四川供給，特別是贈賜的茶葉完全由四川負擔。如清廷規定「凡進貢番僧應賞食茶，須給勘合，行令四川布政司撥發茶庫，照數支取，不許於湖廣等處收實私茶」⑫歷代清帝逝世，西藏各大寺廟大做法事，清廷賞賜大量茶葉，都「交四川總督轉飭地方官辦辦⑬四川成為清朝駐藏大臣治理西藏的後勘基地。

　　更重要的是「川省接近西藏，可以朝發夕至」⑭，四川還是清朝鞏固西藏統治。保護我們西藏領土安全、主權完整、反對帝國主義侵略西藏的堅強基地。在清代，四川總督除治理轄區藏族事務之外，還要協助駐藏大臣籌辦軍械，輪派駐藏軍隊，蘆制由內地經康、衛、藏，直達邊境的驛站交通。每年輸往西藏的數百萬斤雅安邊茶亦由四川總督直接控制。所以，每當西藏發生緊急事變，清朝駐川大臣往往會同駐藏大臣處理西藏軍政事務。康熙五十六年（1717），蒙古准噶爾部入藏騷擾，占領拉薩。清廷在從青海派兵入藏的同時，亦令四川松潘、打箭爐　兵入藏，將

占據西藏的准噶爾軍隊全部驅逐，保障了西藏的安寧。在平定准噶爾軍隊之後，清朝留駐西藏的駐軍中就有「四川兵一千二百名」⑮乾隆十五年（1750）西藏郡王頗畏鼐次子珠爾略特那木札勒襲封郡王接管西藏事務後，秘密勾結蒙古准噶爾部，暗中策劃反抗清朝的叛亂，駐藏大臣傅清、拉木敦將其誘殺。兩位駐藏大臣亦被珠爾墨特那木札勒餘黨殺害。這場叛亂發生後，乾隆皇帝即派四川總督策勒率兵入藏處理善後事宜，1751年，策勒制定了《酌定西藏善後章程》，對西藏政體作了重大改革，授權達賴喇嘛管理西藏地方行政事務，確立喇嘛教貴教治理西藏的「政教合一」制度；廢除封授郡王制度，建立噶廈（即西藏地方政府），噶廈由一名僧官三名俗官擔任，均由清朝任命，有關西藏的重大事務都要請示駐藏大臣和達賴喇嘛酌定辦理。乾隆五十六年（1791）廓爾喀入侵西藏，清廷在派出以福康安為三帥率大軍進藏前，就派四川總督鄂輝、成都將軍成德率兵入藏進剿，新任命的四川總督孫士毅則負責進藏大軍的糧餉軍需。第二年即把入侵西藏的廓爾喀軍隊全部驅遷出境。光緒三十年（1904），英軍侵占拉薩，十三世達賴逃往內地，直到宣統元年（1909），才由川軍中挑選兩千精兵，組成三營護送回藏。四川在整個清代維護西藏的安全上一直起著特殊的重要作用。

　　民國時期，四川在維護我國西藏的主權上仍占有重要地位。1912年（民國元年），十三世達賴在英帝國主義的策動下，策劃脫離祖國的「獨立」活動，製造驅漢事件。北京政府立即命四川督軍尹昌衡率川軍西征，再次粉碎了英帝主義策劃西藏獨立，變為它的殖民地的陰謀，並促使西藏地方當局日後接受國民政府的領導。儘管西藏地方上會在英帝國主義的煽動下，進攻川邊地區，四川與西藏發生武裝衝突，四川與西藏的聯繫有所削弱。但

川藏道上的商貿關係從未中斷、特別是川茶仍暢行於川藏道上，溝通著內地與西藏的經濟聯繫，並借此而增強了西藏地方政府與中央的政治關係和漢藏民族團結。

貳、促進了西藏與內地的經濟交往

自明代川藏道開通後，川藏道就成為內地與西藏經濟交流的主要通道。除了每年近千萬斤茶葉由川藏道輸入藏區，推動漢藏經貿的全展之外，西藏的貢使還將藏區的馬、騾、羊、貂皮、鹿皮、氆氇、麖纓、茜草、紅纓、氈衫、椒、蠟等物質與內地的、絹、帛、鈔、銀、銅鐵器皿進行交換。曹學佺《蜀中廣記》卷之十五 ：「烏思藏所產細畫泥金、水（大）幅佛像、銅度金佛、金塔、舍利、各色足力麻、鐵力麻、氆氇、左髻、犀角、珊瑚、唵叭，其貢道由董人韓胡，長河西，朵甘思之境，自雅州入」。這種經貿交流，對促進漢藏地區農牧經濟的發展起著重要作用。

清朝加強了對藏區的經營，更加注重發展川藏線上的商業貿易。康熙四十一年（1702），在平定打箭爐營官第巴昌側集烈之亂後，發展當地漢藏互市、在打箭爐設茶關，並明確規定稅額皆征自漢商、優惠藏商。「稅銀不取於彼（藏商），就我國商人征之，不可專以稅額為事。若立意取盈，商賈不至，與禁止何異？此項錢糧不多，勿以此注念，須圖好名，稍有優處，人即稱頌」。⑯康熙四十五年（1706）在瀘定建鐵索橋，「凡使命之往來，郵傳之絡繹，軍民商賈之東徒負載，咸得安驅疾馳」，⑰使川藏線更成為西藏輸入輸出貨物的主要運輸線。十九世紀後期英帝主義勢力侵入西藏，1890年簽訂了《印藏條約》，西藏的貨物有的改從印度進出口，但川藏線上的貿易交往仍十分繁忙。據光緒十八年（1892）四川總督劉秉璋稱，僅川茶銷藏一項，每年有1,

400萬千，征銀數十萬兩，藏番邊川茶者不下數十萬人。⑱當時
西藏的商人，除將西藏的傳統產品運至康定外，還將印度商品帶
至康定轉銷內地。

　　民國時期，川藏線上的商貿更爲發達。康定縣是內地與西藏
貿易的樞紐。「從四川來者，以茶葉、布匹、哈達、旗布、煙草、
瓷器、鐵器、顏料爲大宗，綢緞雜貨，數亦不少。自雲南來者，
以茶、釆、玉石、銅器爲巨擘，鴉片輸入亦占多數。銅鍋、松石
及騾馬之屬，則來自甘肅。食鹽除井鹽外，均來自青海。而自西
藏方向輸入之物，則除本境所產之氆氌、紅花、藏毯、，阿魏、
藏香之外，兼販印度之絲絨、西洋之雜貨、珊瑚、珠寶、象牙、
器具，以及軍用槍枝、茶葉、煙草等。⑲據記載，民國時期從四
川運到康定的邊茶、最高年額達1,000萬斤，交易值200萬銀元。
從藏區運來的麝香，年約5,000餘斤，總值100萬銀元。還有商人
將崇州運至拉薩換黃金，再到印度換外滙。藏區同內地往來的貿
易總值約400萬銀元。⑳如此巨額的商貿交流，使西藏同內地的
經濟更緊密地聯繫在一起。

叁、促進了甘孜地區市鎮的興起和民族的雜居及融合

　　川藏道上的四川甘孜地區，地區青藏高原東南麓，平均海拔
3,500米左右，境內山脈綿延、雪峰皚皚，草原廣潤，江河縱流，
峽谷深邃，交通不便，與外界隔絕。川藏道開拓以前，這裡幾乎
沒有市鎮。隨著川藏道的興起，大抵外地商人往來或寓居於崎嶇
難行的川藏道上，歷代中央政府爲了政治、軍事的需要，又在川
藏道上設置驛站、兵站、糧站。在此基礎上，以藏道上興起了一
批新的市鎮。

　　瀘定在明末清初還是區區「西番村落」，境屬現村，烹壩，

為南路邊茶入打箭爐的重要關口，康熙四十五年（1706）因「置戍守，稅茶市」㉑而建鐵索橋。橋成之後，外地商人雲集瀘定經商。到宣統三年（1911）設為縣治，尼國亦沿襲為縣治。1932年已有商賈30餘家，其中陝商8家，經營貨棧，成為內地與康定貨物轉輸之地。

　　康定在元時尚是一片荒涼原野，關外各地及西藏等處商人運土產至此交換茶葉布匹，只得搭帳蓬暨鍋莊，權作住宿之處，明代才發展成為一個村落。川藏路開通後，隨著漢藏貿易南移，逐漸發展成為邊茶貿易中心。雍正七年（1729）　打箭爐廳。「設兵戍守其地，番漢咸集，交相貿易，稱為鬧市焉」㉓。從此，「漢不入番，番不入漢」的壁壘打破，大批藏商從寧靜山進入康定，大批的陝商和川商亦湧入康定。清朝林俊在《西藏歸程記》中說，他在乾隆五十三年（1791）至打箭爐行館，「頗為華美，舖陳亦極鮮明，即錦官城（即成都）之官署人家，亦不能有此豐盛也」。這個因茶葉集市而興起的城市，藏漢貿易通過「鍋莊」為媒介，雍正乾隆時期，鍋莊由13家發展到98家，商業相當繁榮。道光時姚瑩所著《康　紀行》說「爐城乃漢蕃互市之所，蕃民數百家，大寺喇嘛數千，西藏派堪布主之，漢人貿易者數百。余惟夷設營兵而已，內外漢蕃，俱集茶市，同知征其稅焉」。這裡是「口外各種番夷貿易總滙之所，亦崇市之要區也。人烟輻輳，市中繁華。凡珠寶等物，為中國本部所無者，每於此地見之」。㉔清宣統三年（1911），改打箭爐廳置康定府，1913年改為康定縣。1939年為西康省省會，共有1,860戶，157萬人，其中商業人口占6/10，工業人口占2/10，農業人口1/10。㉕

　　其他在川藏道上興起的市鎮，在清代還有里塘「有商民千餘戶」㉖。巴塘集「蠻民數百戶，有街市，皆陝西客民貿易於此」。㉗

道孚「漢商頗多饒裕，皆陝人」，藏商則「販牛、羊、毛 與買煥茶葉之商賈爲鉅」。㉘爐霍「漢人市場此爲最早，故有百物可購」㉙，察木多（昌都）爲川藏南北兩路入拉薩滙經之地，也是雲南，青海入藏要衝，「有番民四五百戶，漢人貿易者數十家，與番雜處」㉚。亦「口外一大都會也」㉛。

　　與川藏道上興新市鎮興起的同時，大批外地商人、官員、士兵及其他入居甘孜地區的人日益增多。他的當中有漢族、蒙族、回族和其他民族。各族人民長期相處，朝夕與共，相互融合，有的民族融合於藏區之中，也有的藏族融合於其他民族。如忽必烈遠征大理，途經甘孜，少數蒙古士兵留居甘孜地區。明崇禎十三年（1640）統治青海的蒙古固始汗興兵南下，擊潰甘孜白利土司，隨後將整個康區置於其控制之下，長達半個世紀之久。他們的後裔逐漸融合於藏族之中，稱爲「霍爾巴」人。而在甘孜地區東部康定、瀘定等，由於漢族入居者多，漢族與藏族長期相處、相互通婚，藏族亦有融合於漢族者，漢族亦有融合於藏區者。據民國十八年（1929）《邊政》二期所載任乃強先生康早就查報告稱：康定縣有漢族4,800人，漢藏混血族10,000人，藏族等42,400人。民國二十六年（1937）出版的《西康紀要》稱：康定縣的藏族占50％，回族1.5％，羌族1％，氐族1％，漢族47％。瀘定縣回族占0.5％，漢族95％，其他民族占4.5％。九龍縣藏族占50％，漢族占43％，其他民族占7％。其他各縣藏族平均達80％以上。據1964年甘孜藏族自治州人口普查，全州506,311人中，藏族爲369,377人占73％，漢族爲125,488人占24％，彝族爲9,898人占0.2％。其餘爲回、羌、納西等族。各民族在甘孜地區的雜居和融合，促進了各族人民的文化交流。這裡既有藏族的宗教文化，也有漢區的伙家和宗教文化，也有回族的宗教文化和其他

各族的宗教文化。人們相互吸收，彼此滲透。特別是折多山以東漢族人口密集，漢族文化更十分濃厚。這樣，整個甘孜地區居民與四川漢區在政治、經濟、文化上就密不可分，從清代以後開始，甘孜地區就歷史地成爲四川省的一部分，四川與西藏的關係也就更爲密切。

【註　釋】

①　《明宣宗實錄》卷67。

②　《明史》卷330。

③④　《明憲宗實錄》卷224、278。

⑤　《明孝宗實錄》卷154。

⑥　《明史‧西域三》1。

⑦　《明英宗實錄》卷56。

⑧　《明英宗實錄》卷76。

⑨　《明英宗實錄》卷66。

⑩　《明武宗實錄》卷162。

⑪　《明史‧西域三》。

⑫　《清文獻通考》卷30《征榷考》。

⑬　《清代藏事輯要》㈠第560頁。

⑭　《清高宗實錄》卷351。

⑮　《清聖祖實錄》卷291。

⑯　《清聖祖實錄》卷207。

⑰　康熙《御制瀘定橋礙記》。

⑱　《西藏地方歷史資料選輯》第175頁。

⑲　《西康紀要》上，216頁。

⑳　游時敏：《近代四川貿易史料》第45頁。

㉑ 《古今圖術集成・天全六番部》。

㉒ 游時敏：《近代四川貿易史料》第47頁。

㉓ 王世睿：《進藏紀程》。

㉔㉖ 吳崇光：《川藏哲水陸記異》。

㉕ 《四川近代貿易史料》第45頁。

㉗ 魏源《聖武記》卷5。

㉘ 《清稗類鈔・道孚商務》。

㉙ 陳渠珍《荒野塵夢》。

㉚ 魏源《聖武記》卷5。

㉛ 林俊《西藏歸程記》。

第一章　文　化

雲南少數民族文化研究概況

張文勳

雲南大學民族研究中心教授

　　雲南是祖國西南一個多民族邊疆省份，共有世居少數民族二十五個，少數民族文化異彩紛呈，素來吸引著大量中外學者，其文化來源之複雜，文化類型、內涵之豐富，亦爲全國之最。

　　自元明以來，歷代文人對雲南少數民族文化多有涉獵記實，如元時《馬可·波羅遊記》，明代《徐霞客遊記》。清代余慶遠《維西見聞錄》等，又歷代史志書對雲南少數民族文化多有記載，始自漢司馬遷之《史記·西南夷列傳》，歷代正史、野史、方志對之記述甚詳。

　　眞正以近代人類學方法及手段對雲南少數民族文化進行研究，始自本世紀 20、30年代，出現了一批具開拓之功的學者，如方國瑜、李霖燦、江應梁等，國外學人洛克等。又抗戰時期內遷至雲南之西南聯大等校，亦應戰時之需要，開展了對當地少數民族文化的研究，包括民間文學、歌謠、史詩的搜集整理，聞一多等學者即是。

　　50年代，國家民委組織了大規模民族識別及民族社會歷史調查，形成了雲南少數民族分布、源流、簡史簡志等材料，對後來

進一步研究其文化奠定了基礎。

80年代以來，雲南少數民族文化研究發展迅猛，形成以雲南各院校、研究院所爲主的，以及以北京民族研究學者爲主的兩支研究隊伍。其研究方向、範圍及成就大約可分爲以下六個方面：

一、民族歷史文化研究：

包括雲南自古以來多個歷史時期，如古滇王國文化、南詔文化、爨文化、茶馬古道文化。

二、族別文化研究：如彝族文化研究學派，納西東巴文化研究群體，哈尼文化研究群體等。

三、宗教文化研究：

重點是民族與宗教復合現象，如東巴文化、貝葉文化、畢摩文化。

四、民俗文化研究：

馬幫與交通、婚喪禮儀、人生禮儀、生產習俗、節慶等。

五、審美文化研究：

如民間文學、神話學、服飾藝術、岩畫、舞蹈、樂器等。

六、民族文化學理論研究：

在具體領域、層次民族文化研究的基礎上，亟待進行理論升華、總結，從對文化現象的研究引向文化本質、內涵、類型等的概括，以雲南大學民族研究中心爲核心，以張文勛教授爲學科帶頭人，創建了「民族文化學」省級重點學科，聯絡組織了雲南各院所學者，在繼續倡導田野調查的同時，花較大氣力于民族文化學理論體系的建構，這亦標志著雲南民族文化研究一個全面發展時期的到來。

在對雲南民族文化的族群文化特徵、族別文化特徵加以概括整理的基礎上，雲南學者也注意到了文化比較。運用比較文化及

文化交流傳播等研究思路，開展了雲南少數民族文化與東南亞民族文化的比較研究，並關注跨境民族的文化適應問題。目前，在與泰國學者交流合作中，共同提出了雲南少數民族與東南亞民族經濟發展與文化變遷的研究課題。

　　雲南省研究少數民族文化之重要機構有：

雲南大學民族研究中心

雲南大學少數民族文學研究室

雲南大學西南邊疆民族歷史研究所

雲南省社科院民族學所

雲南省社科院民族文學研究所

雲南省社科院宗教研究所

雲南民族學院民族研究所

雲南省文物考古研究所

雲南省社科院楚雄彝族文化研究所

雲南省社科院麗江東巴文化研究所

雲南省社科院迪慶藏學研究室

雲南省民族藝術研究所

雲南省發表民族文化研究成果之重要刊物爲：

《思想戰線》（雲南大學文科學報）

《雲南民族學院學報》

《雲南社會科學》（雲南省社科院主辦）

《山茶・中國文化類學》（雲南省社科院民族文學所主辦）

《民族調查研究》（雲南民族學民族研究所主辦）

《民族藝術研究》（雲南省民族藝術研究所）

　　近年雲南省出版有關民族文化之重要叢書、著作有：

《雲南大學中國西南邊疆民族經濟文化研究叢書》

《雲南研究書系》（兩批書共21冊）

《彝族文化研究叢書》

《東巴文化論集》

《東巴文化論》

《貝葉文化論》

《爨文化論》

《畢摩文化論》

《南詔文化論》

《滇文化與民族審美》

《雲南宗教文化叢書》

《雲南各民族女性文化叢書》

雲南少數民族與東南亞民族
的文化及其比較研究

黃惠焜

雲南民族學院副院長

引　言

　　一、雲南與緬甸、老撾、越南接壤，中緬邊界長1900餘公里，中老界長500餘公里，中越邊界長700餘公里。與泰國爲近鄰，昆明至曼谷和清邁的空中航線已經開通。東南地區屬於中南半島上的國家有越南、老撾、泰國、柬埔寨、新加坡、馬來西亞等；屬於馬來群島上的國家有菲律賓、印度尼西亞、文萊等。

　　二、著名的四江流域自北而南，歷來是西南少數民族與東南亞民族的經濟文化走廊。元江下游爲紅河，瀾滄江下游爲湄公河，薩爾溫江下游爲怒江，邁立開江和恩梅開江下游爲伊洛瓦底江。沿江河谷、台地及山岳地帶，歷來居住著數十種少數民族。雲南有16個少數民族跨國境而居，他們是傣族、景頗族、布朗族、德昂族、佤族、壯族、苗族、瑤族、哈尼族、拉祜族、傈僳族、阿昌族、怒族、獨龍族、布依族和彝族。歷來和中國西南少數民族有聯繫和交往的東南亞民族有緬族、撣族、克欽族、泰族、老族、京族、拉佤族、克木族、克倫族和越族等數十種民族。

　　三、按照語言學分類，屬於漢藏語系壯侗語族的民族有壯族、

傣族、泰族、岱族、儂族、布依族等；屬於藏緬語族的民族有彝族、哈尼族、拉祜族、傈僳族、怒族、景頗族、阿昌族、獨龍族等；多數學者認爲，境外的緬族、克倫族、克欽族、克耶族等與古代中國西北的氐羌族群有淵源關係，歸屬於藏緬語族。此外，屬於苗瑤語族的民族有苗族和瑤族；屬於南亞語系孟高棉語族的民族有佤族、布朗族、德昂族、孟族、高棉族、拉佤族等。

　　四、中國與東南亞各國很早就有國家交往和民族交往。公元前世紀秦王朝建立統一多民族國家，在全國廣置郡縣，其中桂林、南海和象郡的設置，促進了中國和東南亞國家政治、經濟和文化的交往。公元97年、120年和131年，東漢永昌徼外撣國三次遣使詣洛陽貢獻，增進了撣泰各族與中原的友誼。公元230年三國時期，吳國派官員朱應、康泰出使東南亞，寫成《扶南異物志》和《吳時外國傳》，對中南半島扶南、金鄰等部落國家多有描述。盤盤國自公元424年至649年，至少派出六批使者，分別訪問我國劉宋政權、梁朝政權和李唐政權。公元607年隋唐朝派常駿、王君政出使赤土。墮羅缽國則在公元638年和649年，兩次遣使訪問唐朝。唐宋之間，中國文獻對眞臘國有重要記述，對羅斛、占城與中國的交往也留下了史跡。元明清三代中國和東南亞國家的政府和民間交往，則史不絕書。

　　五、雲南和東南亞都是著名的古人類化石產地。元謀猿人距今170萬年，瓜哇猿人距今150萬年。印尼的巴芝丹文化，菲律賓的卡加延文化、緬甸的安雅特文化、馬來西亞的尼阿文化、越南的度山文化等，都是著名的舊石器文化。遍及中國東南、雲南和東南亞地區的新石器文化數不勝數，有肩石斧幾乎構成這一廣大地區最具共性的典型器物。青銅時代的開始和延續雖然略有先後，但青銅器物所表現的文化共性十分強烈，我們從石寨山，李

家山銅器群的形制和紋飾中，幾乎窺見了整個東南亞早期文化的諸多要素。至於銅鼓和銅鉦，至今還發揮著現實的功能。

　　六、水稻栽培是這一地區最具共性的文化現象，稻作文化是人類文明的重要組成部分。以大米爲主食的人幾乎占世界人口的半數。雲南和東南亞泰撣諸族則在馴化培植水稻方面作出了特殊貢獻。世界農業史專家曾經認爲印度和中國華南同爲最早的稻作發源地。公元前一二世紀之間，梵文古籍屢有「稻」字提及。在中國，浙江河姆渡新石器時代遺址出土稻杆稻殼，距今6700年左右；雲南賓川白羊村出土陶罐中有大量稻粒粉末，距今4000年左右。農業調查資料表明，現存已知的三種野生稻僅見於兩廣、海南和雲南。「水稻」一詞在壯傣泰撣諸民族中爲同源詞，均讀爲hau或kau。東漢許愼《說文》云：「伊尹曰，飯之美者，玄山之禾，南海之耗」。耗即hau，是已知古越語的「稻」字，距今1700多年，屬於最早的漢文水稻記載。與水稻有關的水田在撣泰民族中讀如「納」（Na），據統計，至今保留「納」字爲地名在廣西有1200餘處，在雲南有170餘處，在廣東有30餘處，在越南北部有60餘處。其他各國雖無統計，但已知者爲數亦夥。

　　七、與水稻耕作有聯繫的農村公社文化，又是這一地區極具共性的另一文化現象。村社均有社神，稱爲「奢曼」，部落或邦國均有大神，稱爲「奢勐」。傣族稱「奢」（She）爲「披」（Pi），或以巴利語稱爲「丟瓦拉」（Devata），泰國博物館第一號碑「蘭甘亨碑」和第45號碑「斧孫誓詞碑」均有「奢」的記載，時間分別在1292年和1392年。素可泰人和阿瑜陀耶泰人普遍祭祀社神，撣人老人也普遍祭祀社神，在戰爭時期、和平時期，祭祀社神，幾爲常例。爲此形成一套完整的社會組織和習俗。

　　八、水利灌漑極爲發展。由此形成的政權具有中央集權性質。

村社雖然分散，水利管理卻必須集權。因此可以找到完整的水利法規，可以找到遞相統屬的管理人員，重要的官員要分管水利，直到過問水源的具體分配。由此還形成一整套水利技術，包括量水器和分水器的製作，也十分精巧和科學。

九、多數國家和不少民族信奉南傳上座部佛教。其傳播大約延續了數百年。這一宗教的傳播普及了印度古代語言文化的影響，密切了印度，斯里蘭卡和東南亞各國以及中國西南民族的關係；甚至參與了諸國國民性格和文化特徵的再次塑造，由此形成了以中南半島爲中心的小乘佛教文化圈。在這一文化圈內，普遍遺存著原始宗教和古代印度婆羅門教的諸種特徵，同時疊壓著大乘佛教和伊斯蘭教的文化積層。我們可以從相同的民風民俗中，找到相異的宗教影響，也可以從相異的民風民俗中，找到相同的宗教影響。同源和異源文化，都協調於現實生活之中。

十、自然生態往往影響著文化生態。即使以農耕而言，平地農業、谷地農業、濱海農業、山地農業亦各有異同。山地農業盛行於藏緬語族各民族。這些民族善於種植玉米、馬鈴薯、蕎麥和旱稻，保留著燒佃即刀耕火種技術，雲南哈尼族創造了高山梯田，善遍種植山地水稻，在山地農業中獨樹一幟。這些民族幾乎都是古代氏羌民族的後裔，都是先後淵源於中國西北高原，有的至今還保留著高原畜牧業的文化傳統，保留著乳製品的製作技術。

十一、民居建築大別爲兩種基本類型。壯侗撣泰各族盛行高腳屋，中國文獻稱之爲「干欄」，公元七世紀以來屢見於記載，其用料僅爲竹木，樓上住人，樓下畜養牲畜，這與臨水濱海有關，其最早實物模型已見於滇池人寨山出土青銅器。另一類型爲落地式土屋、用料多爲泥石木，有樓上樓下之分，往往一色平頂、用以堆藏糧食，甚至供兒童嬉戲。雲南白族在傳統建築基礎上引進

中原建築形制，發展成爲眞正的高樓大廈，飛檐斗拱，高牆照壁，自地民居，亦常常不能與之相比。至於佛寺建築，則以泰緬諸國最爲輝煌，正殿、經堂、僧舍、迴廊爲基本結構，而佛塔之多，形制之妙，令人驚嘆。至於茅屋陋室、因地制宜，亦屢見不鮮。

　　十二、我們可以從多種角度概括東南亞民族和西南少數民族的文化特徵，但我以爲用水火二字形容最好。水的文化涵蓋著一切濱水和濱海的水稻種植民族。他們居住於干欄，崇拜龍蛇，《漢書》說他們「斷髮紋身，避蛟龍之害」，主要節日爲潑水節，水燈節，好浴喜水，一切習俗大多與水相關。火的文化涵蓋著眾多山地或半山地民族，他們儘住土屋，崇拜虎豹、信仰鬼主，性格強悍，主要節日爲火把節，一切習俗大多與火有關。兩者的崇拜系統，信仰系統，神話系統、譜諜系統以及族屬淵源都有差異。在歷史上，這些文化差異並不影響文化的交流與融合；在今天，具有差異的各個民族又朝統一的工業化或現代化目標前進。

中華民族文化長廊中的一顆明珠

——介紹傣族民間文學

秦家華

雲南大學《思想戰線》主編

我國傣族主要居住在雲南省西雙版納、德宏兩個自治州和耿馬、景谷、孟連、金平、元江等縣。

傣族在歷史上創造了豐富多彩的文學藝術，民間文學是其中最具特色的一部分。簡單地說，傣族民間文學具有三個突出的特點：

壹、原始文字的遺跡明顯。

從最近幾年的發掘資料來看，傣族民間存在大量的反映遠古時期原始生活的歌謠。傣族人民很珍惜這些遠古先民流傳下來的文化遺產，把它稱爲「甘哈墨貫」。（意爲很久以前的歌），這些歌謠反映了傣族歷史上曾經經歷過原始的採集時期、漁獵時期和進入農耕定居的時期。這些遠古時期的經濟生活、精神生活面貌，均在歌謠中有具體、形象、生動的描述。如《摘果歌》敘述傣族先民最早是居住在山洞裡，山洞四周是原始森林，森林裡結滿各種各樣的果子，人們就是以採集這些果子爲食來維持生活。歌中描寫當時的人們像「雀鳥和猴子」一樣，一邊摘，一邊吃，

一邊打鬧，一幅生動的原始集體生活的場景。又如《吃菌歌》，反映人們在採集過程中對一種新的食物──野生磨菇的認識過程。《歡樂歌》是反映原始狩獵生活的，其中不僅寫到了當時的狩獵方法，而且寫到了對獵物的分配以及分到獵物以後的歡樂心情。《抬木頭歌》、《挖井歌》等，反映從漁獵進入農耕初期，人們開始定居生活的情景。這些歌謠不僅在內容上反映遠古時期的生活，而且在表現形式上也有原始文學的特點，如韻律、節奏明快，便於邊歌邊舞，文字簡短，一般只是三字一行，便於傳誦記憶。這些特點，我們可以從至今仍在傣族民間廣為流傳的群眾性舞蹈──「玉臘呵」中明顯地感覺到。

　　原始文學的遺跡還表現在傣族的古代神話及根據這些神話而創作的創世史詩之中，《巴塔麻戛棒尚羅》就是這樣的一部史詩。這部史詩可以說是集傣族神話之大戰，共一萬三千多行，被列為傣族「五大詩王」之首。它從宇宙洪荒時代開始，順序寫了「開天闢地」、「天地形成」、「眾天神誕生」，「人的起源」，「神火毀滅地球」，「神再造天地」、「　物誕生」，「谷子誕生」，「神制定年月日」以及遠古人類的婚配、造屋、分地、飼養動物、制作陶器、人類遷徙等方面的內容。這部規模宏大的史詩，可以毫不誇張地說是一部完整的傣族文化史，是人類從蒙昧、野蠻走向文明的形象記錄。

貳、詩歌是傣族民間文學的主要形式。

　　「傣族是一個詩的民族」。這不儘是一個稱善之詞，而且有客觀、實在的內容。

　　傣族是一個熱愛生活、很重感情的民族，他們對生活常常有一種特殊的詩一般的感受，也十分善於用詩的形式來表達這種感

受，我在傣族地區采風，在月明風清之夜，在悠揚的蜜聲和嗡嗡的紡織聲中，常常爲那些少男少女維妙維肖的情歌對唱所傾倒，所叫絕。

前面提到的那些反映遠古時期的歌謠，以及在現實各種場合中即創作的歌謠，在傣族民間稱爲零星歌謠，而那些篇幅較長，有完整的人物形象和故事情節的詩歌，被稱爲敘事長詩，這主要是由民間歌手來演唱的。

傣族的零星歌謠十分豐富。1981年由中國民間文藝出版社出版的《傣族古歌謠》（共收入63首），可以說是其中一個代表。這63首詩可以分爲三類：一是反映遠古生活的、音節形式都比較簡單的歌謠，即傣族民間所說的在沒有什麼約束下隨心所欲的歌唱。它有點似於《詩經》中的「風」；二是傣族青年請歌手代寫寄給對方表示愛情的詩，如「鳳凰情詩」和「鸚鵡情詩」，它在民歌的基礎上經過民間歌手加工，比民歌提高了一步，有點類似《詩經》中的「雅」；三是在各種節日、祭祀場合唱的歌，稱爲「頌歌」，它同被稱爲「宗廟之音」的《詩經》中的「頌」也十分相似。傣族和漢族在古代詩歌的分類上竟如此接近，是一個很耐人尋味的問題。此外，1989年雲南人民出版社出版的《西雙版納傣族歌謠集成》共收入傣族民歌266首，內容大體也屬上述三個方面。

在傣族文學研究者看來，更能代表傣族詩歌成就的是其敘事長詩。在西雙版納，據說流傳在民間的敘事長詩就達500部，近年來經過發掘，已掌握了原始資料或目錄的有300多部；在德宏，據說民間流傳的敘事長詩有550部；景谷、金平、耿馬等地也相繼發現了不少敘事長詩。這些長詩不僅數量之多十分引人注目。而且在藝術上也達到了相當水平，有的長詩篇幅之大致使詩歌手

幾天幾夜都唱不完。比較著名的作品有《召樹屯》、《蘭嘎西賀》、《千辨蓮花》、《召相勵》、《松柏敏與夏西娜》、《娥並與桑洛》、《線秀》等。

傣族的敘事長詩，大都以柔美見長，除此之外，還有比較壯烈的英雄史詩，如《召相勐》、《蘭嘎西賀》、《厘俸》等。這些作品反映了傣族歷史上從氏族、部落、部落聯盟到建立地方政權的過程，描繪了波瀾壯闊的戰爭場面，錯綜複雜的人物關係以及戰爭中湧現出來的傑出首領和英雄。傣族英雄史詩，是最近幾年才發掘收集到的，它的發現，糾正了過去認為我國南方民族少英雄史詩的看法。

叄、善於吸收、融合，創造是傣族文學發展的動因

一個民族文學藝術的發展，從來都不可能是孤立進行的，它與其它民族的文學藝術總要發生聯繫，總要吸收其它民族的長處來作為發展自己的必不可少的條件。傣族是一個很善於吸收其它民族的文化並結合自己的特點加以發展創造的民族。傣族文學在發展過程中，從國內來說，深受中原文化的影響；從國際來說，深受東南亞南傳上座部佛教文化的影響。

我們從考古資料、漢文史籍記載和傣文史籍記載中可以看到傣族自古以來就是我們中華民族大家庭的成員之一，傣族自古以來就與中原漢族和其他少數民族有著非常密切的關係。我們從歷史和現存的民間風俗習慣、曆法、語言、文學藝術等方面，可以看出傣族如何吸收中原文化來發展自己。具體到文學藝術來說，不論是神話、傳說、故事，還是詩歌、戲劇及至表現手法、文藝理論、美學觀點等等，都有大量的材料來證明傣族是一個很善於吸收中原漢族文化的民族。

　　傣族居住於我國西南邊疆，與緬甸、老撾等國接壤，歷史上南傳佛教經由這些國家傳入我國，這是首當其衝。所以佛教在很早以前（約公元3至5世紀）就已經傳到了這裡。隨著佛教的傳入，大量的佛經文學被介紹到傣族地區，這就擴大了傣族人民的視野，豐富了他們的精神生活，使他們接觸到更多的人類創造的文化藝術，從前在吸收、消化、融合這些文化藝術的基礎上發展自己民族的文化藝術。這一點，一位三百多年前的傣族學者祜巴勐就明確指出：「佛經有故事，有情節，完整地敘述了每一件事情的始終，有好人，有壞人，有神有鬼，有哭有笑，有水有湖，有山有嶺，有樹有花，談到天講到地，無處不講到。經書的這種文學意境。有骨有肉和它寫寫唱唱的巧妙手法，對促進和改造傣歌，使之成爲有頭有尾的敘事詩體，起了寶貴的積極作用。」（見中國民間文藝出版社《論傣族詩歌》一書）當然，這種吸收不是照搬，而是經過消化、融合以後再進行新的創造。這方面的典型，要數《蘭嘎西賀》最爲突出。這部在傣族地區廣爲流傳，家喻戶曉的敘事長詩，題材來源於印度著名史詩《羅摩衍那》，但是它又不是《羅摩衍那》的翻版，而是經過傣族人民的藝術創造，成爲傣族自己的作品，它是中外文化交流的成果，是傣族人民藝術才華的結晶。

藏區現代化與藏傳佛教

羅潤蒼

四川省社科院歷史所研究員

　　在鄧小平建設有中國特色的社會主義理論指引下，我國藏族地區也和全國各地一樣，正在集中力量，一心一意地進行社會主義現代化建設。正確認識和對待藏傳佛教，堅定不移地貫徹執行黨的宗教信仰自由政策，仍然是藏區現代化建設中需要處理好的一個極端重要的問題。特別是，流亡國外的西藏少數分裂主義分子，在某些外國反華勢力支持下，利用我國門敞開的時機，打著「民族」、「宗教」、「人權」的幌子，大肆鼓噪和搗亂，干擾我國藏區現代化建設的進程，破壞民族團結，從事分裂祖國的惡劣活動，使藏區情況變得比較複雜的時候，尤其如此。目前弄清楚諸如：藏傳佛教在藏區現代化建設中處於什麼位置？發揮什麼作用？能否和社會主義相適應、相協調……等等問題，對於藏區現代化建設的決策者和領導者來說，是形成科學的決策思想，採取正確的方法、步驟，以推進藏區現代化建設的重要條件；對包括藏傳佛教僧尼和信教群眾在內的現代化建設的直接參加者來講，也只有消除了某些認識上的誤區，解開了某些思想死結，才能心明眼亮，輕裝上陣，才敢於爲建設眞正的「人間樂土」流汗出力，勇往直前，藏區的現代化建設也才會有眞正的群眾基礎，才能有成功的希望。本文擬就藏區現代化與藏傳佛教的關係問題做些探

索，以就正於方家。

壹、簡要的歷史回顧

　　為了說明藏傳佛教在現代化建設中的地位和作用，有必要簡略回顧一下藏傳佛教在藏族社會中的歷史地位和影響。

　　佛教在藏地的傳播和發展，一般分為「前弘期」和「後弘期」兩個階段。前者即吐蕃時期的佛教，主要為一種外來文化，受到王室庇護，在民間的影響不大；後者是產生於西藏封建社會，經過民族化、地方化改造的、帶有濃烈的酥油糌粑味—即藏族特色的佛教，一般稱「藏傳佛教」，也有稱「喇嘛教」的。從公元10世紀末開始形成，迄今已歷千年。不僅為我國藏族人民信奉，我國蒙古族、納西族，土族、裕固族、羌族等兄弟民族的部分群眾，也信奉藏傳佛教。與我國比鄰的尼泊爾、不丹、錫金的部分群眾，很早以來就信奉藏傳佛教。本世紀中期開始，又向海外傳播、亞洲、大洋洲、歐美不少國家和地區，都有藏傳佛教的信徒，藏傳佛教的活動和影響還在不斷擴大。

　　公元7世紀初，佛教傳入吐蕃（今西藏），得到王室支持，經兩個世紀左右的慘淡經營，幾起幾落，才在吐蕃立定腳跟。終因不敵代表吐蕃本土文化的本波教勢力的頑強抵制和猛烈反攻，9世紀初，在一場「禁佛」運動的打擊下，一夜之間，便在吐蕃本土全軍覆沒，結束了西藏佛教史上所謂「前弘期」的發展史。

　　經過一個多世紀的力量積蓄，在公元10世紀末（一般以公元978年為西藏佛教「後弘期」起始年），佛教又在西藏捲土重來。公元9世紀後，西藏開始進入封建社會。一方面，大大小小的西藏地方封建勢力，為了鞏固自己的地位，為了爭取群眾，壯大力量，特別需要一種新的理論支撐；另一方面，割據一方的封建勢

力，互爭雄長，兼并攻伐，整個藏區社會毫無安全感可言，也不利於封建經濟的發展，迫切需要一種能促使社會穩定的精神力量，這就給以「輪回」、「業報」為理論特色的佛教提供了發展機遇和活動空間。由此因緣，公元10世紀後，佛教在西藏得到順利發展。

　　鑑於「前弘期」慘遭毀滅的教訓，西藏佛教在發展中，不斷為自己探尋一種新的存在方式。這時，佛教的理論適應性和政治適應性起了重要作用。在和本土文化整合，用民族形式對自己重新進行包裝，使藏族人民產生認同感以建立起真正的信仰基礎的同時，與封建割據的地方家族實力相結合，依靠地方實力的參與和支持，以建立起牢固的社會基礎和政治基礎，成為繼寧瑪派、噶當派後，在西藏歷史舞台上呼風喚雨的薩迦、噶舉以及後來的格魯派等共同遵循的一種模式。事實證明，這是一種非常成功的模式。這種實現了民族化、地方化轉化的佛教，便是「藏傳佛教」。正是借助於這種符合當時西藏社會發展要求的模式，藏傳佛教創造出了政教一體化、政以教興、教以政顯、政教結合、靖化一方的社會機制和獨特文化。當然，在這種體制下，佛教徒難以自貴其心，不可避免地出現了世俗化、功利性傾向的蔓延和腐敗的滋生，導致宗喀巴（1357—1419）的宗教改革。

　　到了17世紀，藏傳佛教更是被西藏地方和中原王朝的統治者們輪番哄抬到了至高無尚的地步，成為藏族社會有形和無形的絕對支配力量。17世紀中葉，宗喀巴創立的格魯派（意即「善規派」、俗稱「黃教」），依靠控制著青藏高原的蒙古軍事力量及清王朝的支持，取代了受噶瑪噶舉派支持的藏巴汗而執掌西藏地方政權①（即所謂「噶丹頗章」政權）。格魯派的達賴喇嘛，以僧人身份而兼攝政教，成為政教二制的共主，利用政教合一的西藏地方

政權為佛教利益服務，使藏傳佛教對西藏社會的支配地位法律化、制度化。僧人受到社會推崇，出家為僧，不僅是一種義務，還被視為一種社會價值取向，以至僧人占社會人口12％，有的地方甚至占男性人口1/3—1/2，成為藏族地區一大社會奇觀②。

在這樣的社會環境中，在種種成文法以及更多的不成文法乃至浸透佛教精神的鄉規民俗的重重束縛下，人們—無論是富人還是窮人—價值取向只能是從對神佛的膜拜中尋求肉體保全和精神解脫。一個藏族人出生以後，從肉體到精神，從今生到來世，就和佛教連在了一起，沒有個人的選擇自由。這種佛教中心主義的文化形態和崇佛佞僧的社會心理潤育成的藏民族的獨特傳統，積澱在社會深層，被一代又一代地承續著、強化著，成為民族凝聚力的第一要素。從元代以來的歷史中原王朝的統治者，都無一例外地利用喇嘛教，以教馭政，採取「因其教而不易其俗」③的治藏策略，以維護其對西藏的主權，足可反證這種獨特傳統的力量所在。另一方面，從薩迦班智達貢噶堅贊（1182—1251）、八思巴（1235—1280）到格達活佛洛桑丹增扎巴（1903— 1950）和十世班禪大師確吉堅贊（1938—1989），藏傳佛教各派的領袖人物，高僧大德，在溝通各民族的聯繫，增強民族團結，維護祖國統一等方面，又千真萬確地利用他們的宗教和政治影響做出過重大的歷史貢獻，為多元一體、絢麗多姿的中華民族文化的豐富和發展，立下了不可磨滅的功勛。

藏傳佛教在藏族歷史上的地位、作用和影響，是界定我國藏區特殊性的客觀依據之一，是我們認識藏族歷史的重要窗口，是開啟神秘的西藏文明大門的一把鑰匙。雖然，解放以後，經過社會經濟制度的深刻改造和宗教制度的重大改革，藏傳佛教狀況已經起了根本變化，宗教問題上的矛盾已經主要是屬於人民內部矛

盾，但其群眾性，民族性等等社會文背景仍然存在。我們正是在這樣的文化背景下建設社會主義「兩個文明」的。

貳、變化中的藏傳佛教

　　1949年10月1日，中國歷史揭開了新的一頁。人民政權的建立，標誌著一切形式的壓迫剝削制度的終結，一切不適應新的社會生產力發展的舊的上層建築（包括意識形態），或將受到改造，或將被徹底淘汰。這是歷史發展的總趨勢。建國伊始，黨和政府，基於自己的馬克思主義原則，本著尊重歷史，正視現實，著眼未來的精神，在堅持政教分離的前提下，實行宗教信仰自由政策。這項政策，被寫進了《共同綱領》以及後來的各版《憲法》中。在這個政策指引下，藏傳佛教和國內其他佛教派別一樣，循著我國社會發展的軌迹，經歷了正常發展、曲折反復、嚴重挫折和恢復振興等幾個發展階段。

　　50年代前期（西藏直到50年代末），黨和政府認眞貫徹「尊重藏族人民的宗教信仰和風俗習慣，保護喇嘛寺廟」等如《十七條協議》所載條款，政府宗教工作的重心，是全面貫徹宗教信仰自由政策，團結藏傳佛教界愛國上層人士，引導他們走愛國進步的道路；幫助藏傳佛教界解決一些歷史遺留問題，增強團結；保護寺廟，保護正常的宗教活動，切實保障藏族群眾信教自由的權利不受侵犯；在完全自願的原則下，吸收佛教界人士參加各項社會活動和參與管理國家大事。這些措施得到藏傳佛教界及廣大信教群眾的擁護，使建國初期安定社會、恢復生產的目標，在藏區得以實現，藏傳佛教也得到正常發展。

　　50年代後期（西藏是60年代初），我國藏族地區實行了民主改革，改變了藏區的封建生產關係，進一步摧毀了封建農奴制

度的經濟基礎。寺院和上層僧侶的封建特權和壓迫剝削制度被廢除，建立了民主管理的新秩序。寺院的僧侶不僅在政治上一律平等，在經濟上都要成爲自食其力的共和國公民。我國藏區以及藏傳佛教寺院進行民主改革，對藏傳佛教無疑是一次深刻的冲擊，要求長期作爲封建農奴制度的上層建築的藏傳佛教，必須隨藏族社會的變化而改變自己的活動方式，校正某些行爲準則，加上自1957年後，全國範圍的「左」的錯誤的露頭，黨的宗教信仰自由政策受到干擾，導致僧侶的大量還俗，使一些寺院的僧伽制度難以爲繼，出現叢林佛教消退，居士佛教增長的態勢。這是藏傳佛教活動方式的一次新的轉變。作爲傳統藏族知識分子的僧人大量進入社會，在解放社會生產力，促進藏區經濟建設和文化事業的發展、進步方面，起了重要作用。一些有一定學術造詣的僧人進入社會之後，往往成爲所在部門的業務、技術骨幹，不少還成爲科研單位的學科帶頭人，對藏區社會生產力的發展有所推動。但是，另一方面，由於僧人的大量離開寺院，作爲佛教活動中心的寺院，難以保持傳統的活動方式，一些大型法會等佛事活動受到影響，最後不得不中斷（大昭寺著名的傳召活動於1966年停止，1986年恢復，中斷20年），佛教對社會的吸引力和影響力下降，某些民主改革時的保留寺院也門可羅雀。宗教信仰自由政策受到「左」的干擾，過於急躁地追求對宗教的「促退」效應，反而挫傷了已露端倪的信教群眾佛教觀念的某種淡化和建設新生活的熱情高漲的勢頭。

60年代中期開始的十年浩劫期間，整個國家失控，社會生活處於無序狀態之中，民族虛無主義和無政府主義大行其道，宗教信仰自由政策更被徹底踐踏。在「革命」的名義下，藏傳佛教也遭到「史無前例」的打擊，僧侶被作爲牛鬼蛇神遭「橫掃」，像

教設施被作為「四舊」而「破除」，除少數作為國家重點文物被艱難地保留的寺院外，藏族地區基本上成為無寺廟、無僧伽、無公開的宗教活動的所謂「三無地區」。這無疑深深地傷害了信教群眾的宗教感情，嚴重地破壞了民族團結。當然，這場浩劫受創的不僅僅是藏傳佛教，整個社會都為之付出了高昂的代價。

　　80年代以來，經過全黨全社會的深刻反思，撥亂反正，正本清源，1982年中共中央發出19號文件，科學地系統地全面總結了建國以來黨在宗教問題上的正反兩個方面的經驗，闡明了黨對宗教問題的基本觀點和基本政策，這是在新的歷史時期，鄧小平建設有中國特色的社會主義理論在宗教問題上的具體運用。黨的宗教信仰自由政策重新得到確認和落實，藏傳佛教進入了恢復振興時期。國家從平反宗教方面的冤假錯案，恢復一些宗教上層人士的政治權利和社會地位入手，逐項解決藏傳佛教在社會主義條件下開展正常活動的社會環境和物質條件問題。作為一種補償，國家多次撥出經費，對全國藏區重點寺院及佛教文物進行培修或重建；逐步開放一些佛教寺院和宗教活動場所，制訂了一些宗教管理的條例和政策，還特別頒布了關於藏傳佛教活佛轉世的有關規定，並正式批准了建國以來第一個由中央批准的轉世活佛——十七世噶巴瑪的坐床。這就為藏傳佛教營造了寬鬆的社會環境和提供了政策保障，把宗教管理開始納入法制軌道。短短幾年時間，全國藏區藏傳佛教寺院得到迅速恢復或重建，開放寺廟3,500多座，住寺僧尼達13萬多人④。甚至有的藏區入寺僧尼人數快接近民改前的水平⑤。寺院內部的經教學修，僧伽管理，佛事活動也開始在新的機制下向制度化、規範化方向前進。藏傳佛教迎來了社會主義條件下恢復振興的殊勝時節因緣。

叁、新矛盾引起的思考

在落實黨的宗教政策的過程中，由於某些認識上的誤差，「依法治教」觀念的淡薄和管理措施不夠配套等原因，又產生了一些和藏區現代化建設不夠協調的新矛盾、新問題。如：寺廟開放過多、過猛，建修規模及投入超過了寺廟和信教群眾的承受力，影響到藏族群眾改善生產和生活條件實現脫貧致富的進程；藏區人口一特別是青少年流向寺廟，對藏區兩個文明建設帶來現實困難和潛在威脅；一些被明令廢止的封建特權在某些地方有回潮迹象；個別地方出現了干預國家行政、干預司法、干預學效教育等苗頭；在計劃經濟向市場經濟轉軌的過渡期，一些新入寺的青年僧人中，出現了學修不勤、信仰淡化、戒律鬆弛、道風不振、物欲橫流等非正見正行，而顯得「僧不像僧、寺不像寺」；此外，由於少數分裂主義分子的滲透、搗亂，利用和挑動一些僧尼製造社會動亂……於是，「藏傳佛教在藏區現代化建設中究竟有何作用？」「宗教信仰自由政策果真能解決藏傳佛教和社會主義相協調的問題嗎？」「……」諸如此類的問題，同時在信教的和不信教的人們的頭腦中轉動著，成為當前一個十分敏感的問題，人們根據自己不同的出發點在尋找著答案。

鄧小平同志在南巡講話中指出：「社會主義要贏得與資本主義相比較的優勢，就必須大膽吸收和借鑑人類社會創造的一切文明成果」。佛教作為人類的一項思想成果，已經存在2,000多年，藏傳佛教也有1,300多年的歷史。雖然，在社會主義條件下，宗教存在的階級根源已基本消失，但宗教存在的社會根源和認識根源還會長期存在。宗教信仰也會長期存在。作為「一定形態的思想信仰體系」的佛教，反映了人類認識客觀世界的局限性，是和

馬克思主義不同的一種思想體系，其世界觀和馬克思主義是對立的。但佛教本身又包涵著豐富的科學文化內涵，在它那博大的思想體系中，也不乏積極的內容。正如趙樸初先生指出：「佛教的諸行無常、諸法無我的世界觀，緣起性空、如實觀照的認識論，無我利他，普渡眾生的人生觀，諸惡莫作，眾善奉行的道德觀，三學並重，止觀雙修的修養方法，不爲自己求安樂，但願眾生得離苦的奉獻精神……在當今建設有中國特色的社會主義，特別是社會主義精神文明建設中，仍然具有旺盛的生命力和特殊的積極作用。」⑥再如，佛教「自淨其意」、「自他不二」的思想，對於提高自我道德修養，消除自我中心主義，使人不爲物役、心不爲物累，從而建立起一種高尚的人際關係不無裨益；而佛教的「依正不二」（即生命主體與依存環境）的思想，有助於提高人類的環境意識，是解決環境生態危機的一劑精神良方……。

　　從作爲「一定形態的文化體系」角度看，佛教在哲學、文學藝術、倫理道德、自然科學、生命科學等領域所積累的豐碩成果，是人類文明的寶貴財富。藏傳佛教文化，則是藏民族文化的核心，對藏族的醫學、曆算、語言、文學、音樂、戲劇、工藝美術、雕刻繪畫、建築裝飾、民族教育等的發展起著重要作用。布達拉宮、大昭寺等一大批舉世聞名的精美建築，堪稱人類建築史上的傑作，但也是藏傳佛教文化的一種綜合藝術結晶。毫無疑問，包括藏傳佛教文化在內的佛教文化，是光輝燦爛的中華民族文化的一個重要組成部分，是多元一體的中華民族文化豐富性的標誌之一，是建構有中國特色的社會主義新文化的重要材料。今天，我們要離開五千年中華民族文化的優良傳統去尋找「中國特色」，無異緣木求魚，是叫人無法想像的事。

　　再以作爲「具有相同思想信仰的人們結成的社會實體」角度

講，佛教寺院及僧伽組織，是公民中宗教職業人員組成的群眾性集體組織，其合法權益受到憲法、法律和有關政策的保護。和一切社會實體一樣，寺廟和僧伽組織也必須遵守和執行國家憲法，法律和有關政策。而信教群眾是人民共和國公民，他們和不信教的國家公民一樣，享受憲法和法律規定的一切權利，盡公民應盡的一切義務。構成藏傳佛教社會實體的僧尼和信教群眾，作為共和國的公民，是藏區現代化建設的主體。而在我國藏區，雖然「全民信教」的說法有些誇大，但藏傳佛教對人們的影響則是不能低估的。無論信仰程度如何，所有藏族人民群眾在藏區現代化建設中的主力軍地位是勿庸置疑的。在信奉藏傳佛教的其他民族中，信教的和不信教的公民間的差別，也只是思想信仰上的差別，是政治利益和經濟利益根本一致的基礎上的次要差別，而絕非政治態度上，法律地位上的差別，不宜人為地片面誇大這種差別。即便信教群眾只是少數，但同樣是現代建設的主體，離開他們的參與，中國現代化只能是一種空想。

這就清楚地說明：在藏區社會主義現代化建設中，藏傳佛教依然存在能夠和社會主義協調的積極因素，它所具有的某些社會功能可以為現代化建設服務，還有其存在的理由。而且，它那豐富的思想體系中的濟世救人等等精神，獨特的文化形態所體現的人類智慧，以及作為藏區主人的眾多擁護共產黨、堅持走社會主義道路、占藏區人口絕大部分的信教群眾，都是建設有中國特色的社會主義不可或缺的基本條件。離開這些條件，藏區現代化將會喪失特色，將會走彎路，最終歸於失敗。

肆、藏傳佛教對現化建設的適應

同時，我們還應該看到佛教所具有的適應性。在歷史上，藏

傳佛教在適應性方面已有尙佳表現；現在，讓我們再看看我國改革開放以來，藏傳佛教在適應社會發展方面都做了些什麼樣的努力，取得了何等進步，綜合衡量一下對藏區現代化建設的利弊得失，從而端正看法，增強執行黨的宗教政策的信心和自覺性，以推進藏區現代化建設的發展。

　　佛教自創始以來，總是隨順社會的發展進步而不斷發展變化，不斷調整自己的理論闡釋角度和政治態度以對付新的挑戰，適應社會的變化。否則，便會遭到淘汰，如佛教在印度的歷程那樣。這種理論適應性和政治適應性是佛教得以長期流傳的重要原因。藏傳佛教的歷史也證實了這一點。建國以來，藏傳佛教已經表現出了很強的適應性，進入以經濟建設爲中心的改革開放新時期以來，這種適應性尤爲突出，藏傳佛教已經發生了許多適應社會主義的變化，其主要表現是：

　　首先，藏傳佛教進一步地把愛國和愛教有機地結合起來，把保持佛教的清淨莊嚴和信徒的正信正行與維護祖國統一，加強民族團結一致起來。在已經開放、建立了僧伽組織的藏傳佛教寺院裡，經教學修、佛事活動，和愛國主義、社會主義、遵紀守法的學習，同時形成制度，在講經說法中，增加了愛國守法的內容；佛事活動不干擾、不妨礙社會政治、經濟事務。在愛國愛教的高僧大德帶領下，藏傳佛教界多次旗幟鮮明地批駁、反擊少數分裂主義分子的挑釁，捍衛了佛法的尊嚴和民族的團結。已故班禪大師要求廣大僧衆「在宗教上淨心修持，護持宏揚佛法；在政治上堅持愛國立場、爲國運昌隆、人民安樂而努力」。同時，還向廣大信衆開示：「佛教的宗旨就是普渡衆生，免除一切人間的災難。拉薩的少數喇嘛，尼姑參加了騷亂，這在佛教的教規上是不允許的。我們必須按照佛教提倡的『莊嚴國土、利樂有情』的教義，

遵守佛教的教規和國家的法律，使每一個僧尼都成為愛國愛教的好信徒。」⑦藏傳佛教的這種發展導向，是使它從曾經是封建農奴社會的上層建築轉變為社會主義上層建築的組成部分所做的一種適應性改變。

其次，接受漢地佛教關於人間佛教的思想，組織僧尼和信眾積極參加藏區現代化建設，鼓勵他們為藏區兩個文明建設出力流汗、貢獻聰明才智的同時，寺院內部實行農禪並舉，依法承包耕地、荒山、牧場，從事農牧副業生產，以及開展交通、運輸、商貿、加工、採集、醫療服務等各種資生事業，以寺養寺，改變了藏傳佛教僧尼不從事生產勞動，全靠信眾供奉的傳統而自食其力。而作為一種社會實體的寺院，合法經營，照章納稅，既減輕了社會負擔，改善了寺院形象，又為寺院自身的生存發展，找到了一條切實可行的路，為佛教與社會共享時代文明，實現佛教自身現代化找到了最佳契合點。

第三，嚴格寺院民主管理，依法治寺。各寺院遵照政府有關法規，在政府宗教部門和各地佛協的幫助下，逐步建立起了民主管理制度。如寺僧登記制度，僧人考核制度，宗教活動制度，學經制度、政治和文化科學知識學習制度，財務管理制度、旅遊接待收費制度、按勞付酬的分配制度……等等。有的寺院還聘請了法律顧問，依法保護寺院合法權益不受侵犯。隨著制度的初步建立和不斷完善，培養了僧眾的民主精神，增加了主人翁責任感和在寺院的特殊環境下為社會主義兩個文明建設服務的光榮感，藏傳佛教自身現代化的輪廓草圖開始描繪出來。

第四，建立佛學院、培養合格僧才。培養合格僧才、加強人才建設，是關係到佛教走向和前途的大事。佛學人才嚴重青黃不接，是我國藏傳佛教面臨的困難之一。班禪大師曾經指出：「培

養一大批熱愛祖國、懂得黨的政策，又有一定宗教學識的宗教職業人員，發揮他們的作用，去滿足信教群眾宗教生活的需要，團結廣大群眾，爲社會主義的兩個文明出力。⑧」根據這樣的認識，改革開放以來，我國各主要藏區，經政府批准，都建立了佛學院，培養出一批新型的佛教知識分子。截至1993年止，僅北京的藏語系高級佛學院就有164名畢業僧人。這些僧人既有較高佛學造詣，又有相當的現代科學文化知識，較一般僧人更了解藏傳佛教在現代化建設中的地位和作用，是實事求是地貫徹執行黨的宗教政策，滿足信衆正常宗教活動需要，加強佛教自身建設的核心力量。他們的作用已經日益明顯地表現了出來。

　　第五、救世濟人，維護社會安定團結。在計劃經濟向市場經濟的轉型期，因爲市場經濟運行機制不完善而出現的價值失範，道德滑坡、人際關係的某種扭曲，各種糾紛，爭鬥給人們帶來極大的困擾，危害著社會的安定。藏傳佛教發揮社會潤滑劑的作用，一些愛國愛教的活佛、喇嘛，把佛教的教規教法和國家的法規、政策結合起來，宣傳法制、調解糾紛、化解矛盾，做了大量有益的工作，將一些可能引發的動亂消弭於未萌，維護了社會的安定團結。

　　此外，藏傳佛教寺院在支持藏區文化教育事業，捐資助學、集資辦學；關心群眾健康，開展防病治病，送醫送藥；保護生態環境，進行森林防火搶險，植樹造林；保護文物古迹，保存民族文化遺產等很多方面，都做了大量有益的工作，興利除弊，造福一方，顯示出極強的適應性。

　　通過以上分析說明：無論從理論上還是實踐上，藏傳佛教都是可以和社會主義協調的，藏區現代化建設是不能拒絕藏傳佛教的積極作用的，宗教和社會主義不能共存的理論是站不住腳的。

至於某些不夠協調的現象，是暫時的，非主流的；而藏傳佛教的廣大僧眾及信教群眾，擁護共產黨，堅持走社會主義道路的決心和行動，才是長期起作用的因素。通過正確貫徹執行宗教信仰自由政策充分調動藏傳佛教的積極因素，消除那些非本質的不利影響，藏區現代化和藏傳佛教自身現代化二者就能相得益彰，就會在建設有中國特色的社會主義這個大目標上協調一致，顯示出巨大的威力。

伍、宗教信仰自由的政策是一項長期政策

改革開放以來，黨中央通過對社會主義現代化建設中宗教作用的馬克思主義的分析和對佛教適應社會主義變化的現實表現的科學評價，再次重申黨的宗教信仰自由政策，嚴肅地指出：「尊重和保護宗教信仰自由，是黨對宗教問題的基本政策，這是一項長期政策，是一直要貫徹執行到將來宗教自然消亡的時候爲止的政策。」⑨很清楚，在離「宗教自然消亡」這個目標還十分遙遠的今天，正確理解和全面貫徹執行黨的宗教信仰自由的政策，妥善地處理好宗教問題，「對於國家安定和民族團結，對於發展國際交往和抵制國外敵對勢力的滲透，對於社會主義物質文明和精神文明的建設，仍然具有不可忽視的重要意義。」⑩

黨的宗教信仰自由政策，是我們黨根據馬克思列寧主義理論所制定的、眞正符合人民利益的唯一正確的宗教政策。其實質，就是要使宗教信仰問題成爲公民個人自由選擇的問題，成爲公民個人的私事。這對於解放前基本上屬於全民信教的藏族社會，對於基本上沒有不信教的自由的藏族群眾來說尤其如此。所謂「公民個人自由選擇的問題」，所謂「公民個人的私事」，即是說，信教或不信教，信這種教或信那種教，信這個教派或信那個教派，

過去不信教現在信教，過去信教現在不信教等，公民個人在完全沒有任何壓力（政治的、社會的、物質的、精神的種種壓力）的情況下，自由選擇，自己決定，完全以一種平常心對待，沒有任何神秘感，感情服從再不以犧牲理性批判爲代價，輕鬆自如，人們的思想才能得到更大程度的解放，宗教能占領的思想空間才會變得更狹窄，對宗教只能是一種促退而非相反。建國以來，我國藏族地區的正反兩個方面的經驗也說明：凡是全面、正確地貫徹執行了黨的宗教信仰自由政策、宗教活動能依法正常進行時，人爲的宗教狂熱就熱不起來；相反，如「文化革命」期間，群衆正常的宗教生活受到壓抑時，宗教活動便在秘密和分散狀態下進行，如受壞人挑動，則往往會變成一種對社會有害的不安定因素。

　　當然，貫徹黨的宗教信仰自由政策絕不能理解爲提倡和發展宗教，並非對宗教沒有任何限制，這個誤區必須消除。宗教信仰自由政策的首要前提是實行政教分離，這是馬克思主義宗教觀的一項基本原則。這對藏傳佛教尤其具有針對意義。它一方面要求歷史上曾經有過政教合一傳統的藏傳佛教，必須在憲法和法律許可的範圍內活動，不得干預國家行政、司法和教育，必須與社會主義相協調，相適應；而另一方面，又要求政府部門對宗教必須依法進行管理，不干涉公民的宗教信仰和宗教內部事務，爲佛教與社會主義相協調、相適應提供法律、政策保證。這兩個方面的任何偏廢都是違反這一原則的。今天，黨和政府宗教工作的出發點，不是通過教育、行政、法律的手段去扶持和發展宗教，也不是去強行「轉化」宗教徒的宗教信仰，去「消滅」宗教，而是通過堅定不移地貫徹執行黨的宗教信仰自由政策，團結廣大佛教信徒和全國人民一起共同建設有中國特色的社會主義。通過社會主義物質文明和精神文明的逐步發展，逐步地消除宗教得以存在的

社會根源和認識根源，爲人們能夠自覺地以科學態度對待世界、對待人生，不再需要從虛幻的神的世界尋求精神寄托而使宗教逐步消亡創造條件。任何人爲地扶持或人爲地「消滅」的作法，都不會給社會主義現代化建設帶來任何好處。

【註　譯】

① 這是一種習慣說法。其時的格魯派雖受到獨尊，取得宗教上的獨占地位，但西藏地方的實際政治權力仍掌握在十分清朝敕封的蒙古汗王固始汗及其後裔手中。直到公元1751年，清朝在平息郡主王珠爾墨特拉木扎勒之亂後，決定由七世達賴喇嘛掌管西藏地方政權，才正式開始了黃教的「政教合一」制度。

② 見《西藏概況》P347頁，西藏人民出版社1984年版；A‧A石泰安《西藏的文明》P135；張羽新《清政府與喇嘛教》P178，西藏人民出版社，1988年版；楊健吾《藏傳佛教寺廟經濟的變化》，載《中國藏學》1988年第4期。

③ 見乾隆《御制喇嘛說》、袁昶《刻衛藏通制後叙》，載《衛藏通志》P150、P157，西藏人民出版社1982年版。

④ 林俊華《社會主義新時期藏傳佛教工作研究》，載《西藏研究》1995年第2期。

⑤ 參見楊健吾《民放地區宗教活動中幾個值得注意的問題》，載《民族理論研究》1990年第1期。

⑥ 轉引自《法音》1993年第12期。

⑦ 見《西藏文史資料選集㈥—懷念十世班禪副委員長專輯》，1989年6月內刊；《宗教名人傳記》P141，吉林文史出版社，1990年版。

⑧ 班禪《關於在扎什倫布寺進行社會主義條件下寺廟管理試點的總結》，載《中國藏學》1988年第1期。

⑨⑩ 《關於我國社會主義時期宗教問題的基本觀點和基本政策》，即中共中央1982年第19號文件。

第三篇　社會科學

第一章　政　治

臺灣原住民的政治建設與政治議題

高德義

政治大學政治研究所博士候選人

壹、前　言

　　當今世界上絕大多數國家屬多元族群社會，因此多民族國家往往都有一套民族政策，以妥善處理族群關係。在政治方面鑑於少數民族的弱勢地位，因此不僅在憲法上明文保障其政治地位，而且也訂立各種法令，給予少數民族不同的政治權利，俾使少數民族參與國家的政治生活，進而達到政治整合的目的。由於少數民族在條件上的差異，以及各國在資源、政治體制以及歷史文化上的不同，因此少數民族在公民權、參政權、自治權、司法權、治安權等方面的政治權利也有所差異。（Palley,1979）

　　近年來由於族群意識的普遍復甦，以及人權理念的發展，而且也鑑於全球少數民族正面臨生存的危機，因而國際社會目前已愈來愈重視少數民族的人權。聯合國為了保障少數民族的生存、尊嚴與福祉，還特別訂出了原住民人權的國際標準，俾喚起世人的關懷與重視。（Burger,1987;ILO,1989;Thornberry,1991）在這樣的背景下，多元文化政策及自主管理成為當今各國民族政策的潮流與趨勢。而由於臺灣的解嚴及民主化，推展多元文化政策

也變成原住民政策所努力追求的目標，使得原住民社會的重建不再是一個幻想，或遙不可及的夢。

以往有關臺灣原住民政治的研究和討論，可以說少有學者表示興趣，行政部門也缺乏專門的統計資料，原住民政治變成被遺忘的部門，好像原住民「在」臺灣，卻「不屬於」這個政治體系。本文的目的即在彌補此一缺憾，期望能提供臺灣原住民政治情況一個概略的圖像，同時探索原住民當今的政治議題。惟限於資料及時間，本文只能在個人觀察的基礎上，以及從有限的文獻中，描述介紹臺灣原住民的政治生活經濟與地位。底下的討論，首先對五十年來的原住民政策做一簡要的歷史回顧，其次概略討論原住民政治政策與成效；第三個重點論述原住民的政治訴求與政治議題；結語部分則總結本文，並提出個人對於處理族群關係的一些看法。

貳、臺灣原住民政策的變遷歷程

臺灣光復至今，原住民政策的變遷，我們若從政策的目標、內涵及特質來分析，大致可以分成以下幾個階段，即：一、政策摸索期；二、山地平地化時期；三、社會融合時期；四、社會發展時期。底下茲就各期扼要加以論述，惟必需說明的是，各期之間政策仍有延續性不可能截然劃分，分期的目的主要在便於說明及了解政策的變遷趨勢。

一、政策摸索時期：（34—39）

臺灣光復初期，由於百廢待舉，行政當局未遑制定成文化之山地政策，因此以改制日式體制，實施「祖國化」政策為重點。例如改漢姓、引介國家地方行政制度及一般化的教育體制、山地鄉實施地方自治、高山族改稱「山地同胞」等。在行政上，由於

基本政策尚未確立，因此始終在「特殊化」和「一般化」之間模索前進。主管機關變革頻繁，搖擺不定，因而在政策上少有積極作爲。

　　雖然這一階段山胞基本政策並不是很清晰或明白的揭示，但從當局積極重構山地部落的事實來看，同化的政策取向已相當明顯。雖然中華民國憲法所規定的民族政策充滿多元主義的精神，但主事者似乎並未掌握其精神，並在政策上具體的反映出來。之所以如此，這除了與臺灣當時的政經環境有關外，中國傳統的「用夏變夷」民族思想及文化一統觀恐怕也是相當重要的因素。

二、「山地平地化」時期：（40—51）

　　民國四十年，臺灣時局已漸穩定，省府訂頒了第一個原住民政策方案—「山地施政要點」，該要點前言明白揭示「一般化」及「過渡性」之政策方針，並確立融合式的山地政策目標。在施政重點上則以提昇山胞文化及經濟生活爲重點。因此在「要點」頒佈後，改革山胞風俗習慣、推行國語、培養國家觀念、加強社會教育成爲當時施政的重心。

　　爲了加速社會融合，民國四十二年省府又緊接著訂頒「促進山地行政計劃大綱」，不僅明白提出「山地平地化」的政策目標，而且還提出平地化的具體步驟與方法。（民政廳，1953:180）爲執行山地平地化，山地國小停用山地課本，並開始從事山地保留地的編查工作，各縣山地室亦合併於民政局。這些作法都是爲了早日結束山地特殊行政的「政策終結」策略。

　　以上兩個政策方案可以說都很明白地揭示山地行政的性質乃暫時性、過渡性，平實來說，這也無可厚非，不過這似乎與憲法的規定相左，而且在心態上也太急於融合山地社會及擺脫政策負擔。而且從生活改進辦法來看，由於行政當局根本缺乏「文化相

對觀」，因而當時所謂的「提昇山胞文化」，事實上只在推展「國家文化」，而沒有兼顧到原住民文化的維護與發展。

三、「社會融合」時期：（52—76）

至五○年代，由於一般社會多主張開發山地，同時當局也為進一步顯示融合的決心，國民政府於民國五十二年又根據聯合國「土著及部落居民公約」制定了「山地行政改進方案」，明確提出「社會融合」的政策目標，以取代以往的「山地平地化」。（民政廳，1971:28）此一方案為歷次以來規劃較完整，實行最久，影響也最大之政策性方案，惟遺憾的是，行政當局似乎並未掌握該公約之精神，例如土地、語言和傳統文化及習慣法的維護等等，即與公約的精神不符。因此在實際的措施上，政策基調仍未有所轉變，而原住民社會在融合政策的引導下，傳統文化也就加速地流失。

四、社會發展時期：77—

民國七十二年，省府為因應山地社會的變遷，委託中研院民族所評估山地政策，並發佈「山地行政政策評估報告書」。民政廳根據該評估之政策建議，並聽取各方意見後，於民國七十七年頒布「臺灣省山胞社會發展方案」作為新時期推展山地政策的依據。（山胞局,1993:3）由於臺灣已解嚴，因而該方案無論在規劃過程和內涵上都較過去進步、開明，不僅開始尊重原住民文化，而且也強調政策的多元參與，而沿用甚久的「社會融合」政策目標也不再出現。

民國八十一年，教育部根據學者的研究及歷次山胞教育研討會的成果，另外頒佈了「發展及改進山胞教育五年計劃綱要」，提出「適應現代生活，維護傳統文化」的原住民教育政策目標，該計劃綱要較前者更為進步，且隱約浮現多元文化教育之面貌，

使得山地政策進入了新的發展時期,也爲山地社會的發展提供新的轉機。

從以上簡略的回顧可知,毫無疑問,這五十年來原住民政策的變遷歷程及發展趨勢確實是逐漸邁向民主、多元、開明的方向,這無疑是相當可喜的轉變。然而,回顧早期的山胞政策,由於深受臺灣「戒嚴體制」的影響,因此如何把原住民化入到主體社會乃是政策的重心,原住民政策不僅具有濃厚的啓蒙教化動機及同化的政策取向,也顯現出相當的支配性及父權主義色彩。原住民政策雖然隨環境而調整,但政策變革的動力多在因應國家政策的需要,原住民的主體性卻很少被考慮,這對原住民整體社會的發展產生不利的影響,至少傷害了其自主性及主體性的建立。」(瞿海源,1993:5)早期政策上這幾個關鍵上的偏失,遂使山地政策轉入一般化,而無法深入,成效也就難免陷入「相對落後」的窘境。(李亦園,1983;許木柱,1992)總之,早期的社會整合政策的施政結果似乎並沒有產生更好的結果,不但失去了可貴的原住民文化,也讓原住民陷入自卑和發展的困境。

叁、臺灣原住民的政治建設與政治發展㈠

這半世紀以來,國民政府爲因應山地特殊需要,在政治政策上亦有不少保護和扶植措施。歸納起來約有以下幾個重點:一、行政體制改革,二、強化地方自治,三、培育原住民人才,四、扶植原住民參政,五、法制建設,六、入山管制,七、政治教育等等,底下我們分別加以檢視。

一、行政體制的改革

山地行政在日據時期稱爲理蕃,在理蕃區域內一切業務統歸警察機關掌理。臺灣光復後,國民政府即於民國35年4月廢除日

人的警察統治，並建立山地基層行政組織，將原有之番社頭目制度及理番區域，依照地方行政體制，編組為山地鄉村鄰，鄉設鄉公所，村設村辦公處，並設置國民學校、衛生所、警察機構及民意機關。（宋增璋,1982:2）

山地行政業務初期分由省、縣政府負責管理。在省政府方面，日據時期之理蕃業務，由省警務處接管，至民國35年3月，山地行政由行政長官公署民政處第三科設股主辦，36年長官公署改為省政府，山地業務由民政廳第三科主管。旋為加強山地行政的一元化，民國37年3月，民政廳第三科擴充為山地行政處，設三課一室，掌理山地警務以外之山地行政事宜。38年山地行政處撤銷，各項業務分別移歸各有關廳處局主管，而僅於民政廳設置山地行政指導室，負責山地民政及聯繫協調業務。民國四十年一月，復改室為科，承辦山地民政及協調聯繫工作。（張松,1953,66；郭秀岩1976:97）

至於縣級方面，轄有山地鄉之各縣，於縣政府設置山地行政指導室，嗣於民國37年將指導室裁撤，於各縣政府民政局設山地行政課，至民國38年3月，山地課裁撤，全省山地劃分為北峰、新峰、中峰、雄峰、東峰、蓮峰七區，每區設山地區署，山地行政業務歸各山地區署接管。民國39年，撤銷山地區署，復於轄有山地鄉之十二縣設置山地室。民國50年以後，又將山地室撤銷，並在高雄、屏東、台東、花蓮四縣民政局設山地行政課，主管山地行政。（宋增璋，1982:4）而原住民較多之縣，如花蓮、台東及屏東縣，加設山地經建課，辦理山地經建業務，並定期召開縣級山地行政業務聯繫會報，以資協調。

山地鄉公所的組織，光復初期係依據「臺灣省山地鄉村組織規程」規定設置民政、建設、兵役、財政、戶籍等課，並特設文

化課。至民國64年，山地鄉凡人口在五千人以上者，設民政、文
化、兵役、建設四課，並置主計及人事人員，如轄內有平地人一
百戶以上者，設財政課；人口未滿五千之鄉，則設民政、財政二
課及行室等單位。嗣後，省府又於民國70年規定：山地鄉人口在
一萬以上未滿四萬者設民政、財政、建設、兵役四課及人事管理
員、主計員；人口未滿一萬者設民政、財經、兵役三課及人事管
理員、主計員，換言之，山地鄉特有之文化課被裁撤，自此以後
山地鄉的組織編制即不曾變動。（民政廳,1984:5）

　　近年來，由於往都市謀生的原住民愈來愈多，山地行政工作
已逐漸超越省政範疇，行政措施牽涉中央法令也日漸增多，爰於
民國74年成立「內政部山胞工作會報」。嗣於76年在內政部民
政司設山地行政科，以加強山地工作之推行。但由於山地科位階
較低，在業務協調上有諸多困難，因此民國79年行政院核定將於
內政部成立山地司。惟民國82年立法院內政委員會於審查蒙藏委
員會預算時，附帶決議行政院組織法修訂時應將蒙藏委員會改為
「蒙藏及少數民族委員會」，以提升山地行政層級，進而統一少
數民族事權。而自明年（1996）開始，臺灣省原住民行政局將
提昇為省府一級機關，並由首長制改為合議制之原住民事務委員
會，編制員額除專任員額維持七十二人，將增置兼任委員九人。
（省政府,1995:4）。此外，臺北市及高雄市政府民政局山地行
政股也決定自明年開始提升為市府一級單位，成立原住民事務委
員會。為清晰起見，茲將五十年來原住民行政組織的變革情形整
理如下表：

表一、臺灣光復以來山地行政組織變革情形

時間	中央單位	省市單位	縣級單位	鄉公所
34.9		省警務處	縣警察局	
35.3		民政廳第一科山地股	民政局山地課	民政、建設
36.6		民政廳第三科	同上	兵役、財政
36.8		同上	山地指揮室	
37.1		同上	民政局山地行政課	
37.7		民政廳山地行政處	民政局山地課	
38.3		同上	七峰區置	
38.4		民政廳山地行政指導室	同上	
41.1		民政廳第五科	山地室	民政、文化 建設、兵役
50.3		民政廳第四科	屏花東設山地室 其他設山地課	
63.5		民政廳第四科	山地室改爲行政 及經建課	
65.				民政、財經 兵役
74	內政部設立 山胞工作會報			
76	內政部民政司 設山地行政科			
77		臺北市政府民政局 成立山胞行政股		
79		省民政廳第四科改制爲 山胞行政局		
80		高雄市政府民政局設置 山胞行政股		
82	行政院同意設立 蒙藏暨少數民族 委員會			
84		臺北市高雄市籌備成立 原住民事務委員會 省府原住民行政局提升 爲省府一級單位		

　　由上表可知，山地行政體制早期變遷頻頻，到底要一般化或特殊化始終舉棋不定，直到民國四十年制訂第一個政策方案─山地施政要點後，才確立一般化的政策目標，行政系統也才呈現穩定局面。不過，其層級也愈來愈低，權限也愈來愈小；主管機關僅掌民政及聯繫工作，其他山地教育、衛生、農林、水利、交通、地政等業務，則由各有關機關兼辦，並由民政廳按期召開山地行政會報，以為協調配合。當然這都是為配合一般化及政策終結作準備。然而，長期以來，山地行政體制層級低、編制小，預算少，其績效自不難想像。

　　當前山地行政在中央、省及縣，各項業務均分別由各有關機關研訂，決策點過多、權責分散，缺乏事權統一的機構，容易產生本位主義及真空重複的缺點，這對整個山地政策的推展相當不利，因此，如何避免各自為政，以顧及整體性，至為重要。不過，就筆者了解，各級山地行政會報之整合功能並未良好的發揮。基層方面，現行山地鄉組織編制為配合一般化政策，並未多加考慮山地鄉地理偏遠遼闊，文化特殊之事實，因此目前實與平地鄉共無多大差異，以致不能因應原住民特殊需要，也使得許多政策無力推展。而文化課併入民政課後，維護固有文化活動更形萎縮，難以落實。當前原住民維護傳統文化的意願甚強，似有必要恢復，以利拓展其文化生機。

　　另值討論的是，山地行政區劃分的問題。臺灣光復後，國民政府承襲日本殖民政府作法，將原住民劃分為「山地山胞」及「平地山胞」，這不僅否認原住民各族群的自我認同權，而且在政策措施及權益上並不平等，平地山胞不僅在行政體制上屬一般行政，在政策上所受待遇，如政治參與、經濟社會福利、文化教育及醫療衛生方面的政策照顧遠不如山地山胞，預算的編列也大多

偏重山地山胞，平地山胞則受到嚴重的忽視。爲求政策上一視同仁，行政當局似應考慮以「族群」作爲行政及政策的基礎，並廢除此一不合理之劃分。

二、地方自治

臺灣原住民各族過去本就有部落組織，每一個部落幾乎都有世襲或選任之頭目及幕僚人員，負責辦理部落內一切事宜，因此可以說早已有地方自治的組織和精神。

國民政府在建立山地基層行政組織以後，即接著推動原住民的地方自治。民國39年臺灣實施地方自治，山地社會亦同時施行，原住民享有同樣的公民權。山地鄉鄉長、村長、鄉民代表、縣議員都由普選產生，而且保障山地鄉鄉長、縣議員（每山地鄉一名）均限山胞始得候選。

表二、臺灣原住民在地方公職人員方面的保障情形

單　位	職　位	名額
臺灣省議會	臺灣省議員	4
臺灣省政府	省政府委員	1
臺北市議會	市　議　員	1
高雄市議會	市　議　員	1
各縣市公所	縣市　議員	51
鄉鎮市公所	鄉　　長	30
鄉鎮市民代表會	鄉鎮市民代表	329

資料來源：郭秀岩，「臺灣省山胞行政事務工作執行及發展概況」，於高德義主編，原住民政策與社會發展，臺北：內政部，頁40。

在省政的參與上，民國37年行政院核定臺灣省參議會增加山

地籍參議員名額一人，由各縣山胞籍縣參議員聯合選出。民國40年臺灣省臨時省議會成立後，山地議員名額增為三人，其中山地山胞二名，平地山胞一名，由各縣山地籍縣議員聯合選出，民國43年後改為公民直選。自第四屆省議會起，山地籍省議員保障四名（山地山胞、平地山胞各二名）。民國83年，「省縣自治法」及「直轄市自治法」通過後，又以法律的方式保障原住民省議員、縣議員、鄉民代表名額，及山地鄉鄉長以原住民為限，同時在高雄市及臺北市各增加一位原住民市議員。

　　除了地方公職選舉之外，村民大會及鄉民代表會亦是山地鄉重要的地方自治活動，此外，由於社團組織活動也是推動地方自治的重要手段，因此歷年來國民政府對此相當重視，除了輔導成立各類山胞社團組織外，在原住民各村里也推動成立「生活改進協進會」組織，其成員均由山胞住戶指定一人參加，以配合政府推動各項措施。目前山胞生活改進協進會，全省共有四五二會，（省政府，1982:61）而山胞民間社團，全國已登記立案者即有四十二個，若包涵政府推動成立之社團，如婦女會、農會、漁會、救國團委會、後備軍人小組、社區發展協會以及教會和未登記之社團，為數必相當可觀。（內政部，1994:225）

　　民國五十七年臺灣延長國民教育為九年，可以說大大提升了原住民的知識水準，也促進了民眾問政的興趣。近年來原住民教育及經濟水準提升不少，大眾傳播也漸普遍，加上知識分子的參與，這些都對原住民的地方政治的提升有很大的助益。據筆者觀察，在影響原住民政治的因素中，傳統宗親因素已漸為政黨、教會所取代，而且原住民也多肯定選舉制度，不過傳統政治文化仍有相當的影響力，例如，原住民的投票率雖遠高於平地，但似乎並未真正了解民主政治和選舉的意義，高投票率反而反映出山地

政治的儀式化。（蔡明璋，1984:187）而選舉的派系化與金錢化
也使得眞正人才無法出頭，選舉的激烈競爭也破壞了部落的和諧。
雖然民意代表的教育程度與素質大爲提高，且由傳統仕紳過渡到
現代知識菁英，但民衆對其表現之評價仍多不滿，（李亦園，
1983）。此外，由於執政黨在山地仍居絕對優勢，因而山地社
會的在野勢力成長緩慢，無法產生民主制衡力量。在社團方面，
事實上這些團體多屬聯誼性，利益團體少，每年開會次數少，大
概除了教會外，其組織多流於形式，正常運作者不多，因此中介
功能多未發揮，不能帶動山地社會的發展。

　　我國政治體制的運作向來是中央集權又集錢，山地鄉並無因
地制宜之地方立法權，在財政上又高度依賴，因此在地方自治條
件並不充分下，地方的裁量權相當有限，使得山地鄉的地方自治
似乎只是選出地方民代和首長，而無法表現其地方特色的權利和
機會。根據調查研究結果，原住民目前對於地方自治情形不滿意
的比例相當高，不滿意的理由是：建設經費不足、原住民未取得
自治權，以及未完全任用山胞等等。而對於應否讓山胞依族群範
圍實行自治，調查結果，同意自治者有百分之六十八，反對者百
分之一五，未表示意見者百分之一七，可見原住民對於當前山地
的地方自治並不滿意，因而對實行「民族自治」的意願頗高。（
鄭興弟，1992:128）。針對此一現象，執政黨還特別召開有關「
原住民自治區設計」之公廳會，俾聽取各方意見，以審愼研究、
規劃其可行性。（中央政策會，1995）

四、人才培育

　　臺灣光復以來，國民政府爲推展山地建設，早就很注意培育
山胞人才及拔擢山胞優秀青年從事山地行政工作，這不僅可以鼓
勵原住民回鄉服務及增加原住民的政治參與，也可培育其自主管

理能力。因此，民國44年，主管部門經洽請考試院制訂「特種考試臺灣省山地人民應山地行政人員考試規則」，屬於丁等特考。依據該規則之規定，凡山地人民在初級中學以上學校畢業者均可參加考試。早期此一特考還同時開放給在山地鄉服務的平地人之權宜性作法，民國50年以後才只限山胞始得應考。至民國60年，試別提高爲丙等，但民國66年起，此一考試併入臺灣省基層特考，且名額大幅減少。（省新聞處，1985:339）惟原住民各級民意代表一再建請恢復，爲因應原住民需要，自民國80年起恢復山地特考，除由內政部主辦此項考試外，同時也增加乙等特考及考試類別，錄取人員亦可分發至中央及臺北市、高雄市相關業務單位。歷年來這些及格人員除了少數未任公職外，其餘均已參與地方自治工作，成爲政策推行的主幹。目前原住民在各級行政機關、學校服務任公職者有3,166人，而山地鄉公所人員中，具原住民籍者亦已超過半數。這對山地行政的推展自有相當幫助。（郭秀岩，1994:40）茲將歷年來山地特考錄取情形列如下表。

表三、歷年山地特考統計：民國45—80

次數	報考人數	到考人數	及格人數	及格率
19	10551	8033	1034	16.23

資料來源：考選部，中華民國考選統計，臺北：考試院，1993。

事實上除了舉辦山地特考外，國民政府爲加強山地行政人員專業知能，並提高其素質，以利山胞業務之推展，亦經常辦理山胞行政人員講習與訓練。（省府,1992:58）而爲培育原住民學術人才及鼓勵原住民向學，內政部自79年度起，特別設立「山胞公

費留學」保障名額一名。另外，省府亦訂有「臺灣省山胞專業傑
出人才獎勵要點」，規定具有山胞身分或啓用培育山胞人才之團
體或個人，在深造教育、創造發明、藝術才能、技能競賽、企業
經營、社會專業、育才贊助等有具體表現者，均由政府酌予獎勵。
而爲培育原住民文化藝術及體育人才，內政部也於民國79年訂頒
「山胞民俗才藝暨體育技能人才培育計劃」，以培育體育人才及
推動原住民文化傳承工作。

　　原住民社會要振興必需靠人才，以往原住民在政治、行政、
教師、醫師、護士方面有保障，因而人才較不欠缺，惟根據資料
顯示，目前山地鄉公所公務人員，特別是主管人員年齡有偏高之
趨勢，教育程度也較平地偏低。（李亦園，1983）其次，山地行
政特考雖已舉辦四十年，但目前職位最高者也僅九職等，且發展
侷限在特定部門。省府目前雖訂有人才獎勵要點，也僅屬獎勵性
質，而非一套系統愼密的「選、訓、用」制度。而值得注意的是，
目前原住民學者還不到十名，各種專業技術人才，尤其是律師、
法官、會計師以及財政、金融、經濟、企業、管理等專業技術人
員也根本缺乏。總之，當前原住民高級人才不僅質量不足，而且
結構也不合理。山胞人才的缺乏不僅有礙社會整合，也限制了山
地社會的發展。行政當局今後不僅要培育，而且更要重用，並擬
定一套具體的策略，從中央至地方大量培養原住民各種專業技術
幹部，以利其自力更生及社會發展。

肆、臺灣原住民的政治建設與政治發展㈡

四、決策參與

　　在多民族國家中，爲促使少數民族參與國民政治生活，及便
於利益表達，通常在國會及行政部門中都保障少數民族名額，俾

能參與國家決策,以利政治統合。

　　在民國60年以前,原住民的決策參與多限於地方層次,尚無緣參與中央政治過程。自民國61年增額選舉以後,始有一位原住民立法委員在國會殿堂發抒願望。近年來,由於國會全面改選,不僅立法院的決策角色愈為明顯,原住民的國會議員名額也逐漸增加。目前原住民參與中央政權的情形是國民大會代表七位、立法委員六位及監察委員一位。那麼,就參與數量而言,這種代議率究竟是否已經足夠,並達到扶植與保障弱勢民族的目的呢?經估算結果,原住民在國大代表及立法委員方面的席次比,若就國會整體來計算,原住民在國會的代議率約為2%,約僅反映其人口比(參閱表四),如與其他國家少數民族的國會代議情形來比較,臺灣原住民在國會代議率僅為「比例參政」,而尚未達到「超額代議」的扶植目標,遑論政治影響力了。

表四、世界各國少數民族之國會代議率

少數民族	人口%	席次%	超額/不足代表%
紐西蘭毛利人	7.9	4.6	-3.3
法裔比利時人	38.6	45.8	7.2
土裔賽普勒斯人	19.1	30.0	10.9
丹麥裔德國人	0.3	0.2	-0.1
津巴不威白人	4.2	20.0	15.8
大陸少數民族	8	14	6.5
臺灣原住民	1.7	2.0	0.3

Sources: Arend Liphhart, Electional Laws and Their
　　　　　Political Consequences.
　　　　　N.Y.: Agathon Press, Inc., 1986, P.122.

在政黨認同和參與方面，原住民雖然多認同支持國民黨，然而原住民在執政黨的發言權仍微不足道，目前僅有一位候補中央委員，更不用說參與執政黨的決策機構了。不僅如此，原住民在中央政府的代表性也一直偏低，當前在中央政府任職的原住民不超過10名，且職位最高者僅爲科長。在陽光法案通過後，全國應報人數總計有2,086名，但夠資格申報財產的原住民公職人員也僅有18名，約只佔我國「政治精英」的百分之〇‧九一，比例顯然過低，可見在臺灣的「省籍政治」上，原住民似乎很少被考慮。在民主政治中，人口數量的多寡往往就是力量的表現，人口數量少，加上經濟上的弱勢，使得原住民在權力分配中難分得一杯羹，甚至於無法參與許多攸關其權益之各級政府決策。今後假如我們要培育原住民之自主能力並保障其權益，很顯然地，與原住民有關的國家政策似應尊重原住民的主體性。

另外值得一提的是，原住民選區劃分所帶來的扭曲效果。按憲法增修條文及選罷法的規定，原住民選區劃分爲平地原住民和山地原住民，這種劃分主要乃著眼於行政上的便利，但長期以來卻形成少數大族「寡佔」及超額代議的現象，而一些人口較少的族群卻無緣表達利益，實不甚合理。此種以地域來產生原住民代表的方式，不僅不符代議原理，也使得代議士和選民之間連結至爲鬆散，選民也難以有效監督，從而降低了代議的品質。因此有人認爲，原住民中央民代的選舉乃是一個陷阱，在分潤主義下使得代議功能無法發揮，不僅無助於原住民困境的解決，也無法帶動原住民社會的發展。（瓦歷斯‧尤幹，1994:40）針對現制缺失，筆者認爲，如能以族群爲單位來產生代表似乎較爲公允合理。

五、法制建設

民族政策能否成功，法制建設是很重要的一環，因爲民族政

策有了法律基礎才能建立其合法性並確保政策的執行。理想上，一個完整的民族法制體系應包括三個層次；第一、是以憲法為基礎和基本制度，它可以說是民族法制的總綱；第二、是一些貫徹憲法規定的基本法律，還有其他全國性法律中涉及民族政策的條文，這是民族法制體系中的主幹；第三、是有關地方的自治條例和單行法規，以及有關部門或地區處理民族問題的相關法令等等。（史筠,1988;吳大華,1990）先進國家，如美、加、澳、紐等國家的原住民政策即大致上都已形成完備的政策法制，以便能順利推展民族政策。

臺灣光復以來，國民政府為促進山地社會的發展，相繼訂頒了許多重要計劃與法令，屬政策性方案即有六個，政治建設方面有十四個，經濟建設方面有十五個，社會文化方面有廿四個，教育建設方面有十六個。（許木柱，1992），這些法規在基本上反映了歷年來的政策措施和重點，毫無疑問，對於原住民社會的發展都起了積極的作用。

近年來國民政府在法制建設方面可以說愈來愈重視，不僅在憲法增修條文中加入了原住民條款，最近姓名條例修正案通過，原住民已可恢復傳統姓名。而在相關法律中，如省縣自治法、直轄市自治法、山坡地保育利用條例、野生動物保育法、就業服務法以及公職人員選罷法中也都訂立了有關原住民事務的條文。此外，「原住民基本法」已在立法院內政委員會審議中，原住民保留地開發管理條例也即將規劃完成送立法院完成立法程序。而許多原屬省府之山地行政法規也逐漸提高為中央法規，如「山胞身分認定標準」即是。總之，原住民政策的法律化及中央法規逐漸增多，這無論就依法行政或原住民權益的保障而言，無疑具有相當的意義。

　　然而，當前的原住民政策措施仍有以下幾個特色：1.大都是行政命令，有違法律主治之原則；2.法規不完備，許多方面仍缺乏規範；3.法規層級低，多數法規係省府所研訂：4.地方無立法權，山地鄉均未制訂單行法規。之所以如此，不外乎基於「一般化」政策，但現行政策措施少有正式立法規定的結果，使得各機關不配合之情事時有所聞。（吳堯峰，1986:55）按山地行政係一牽涉廣泛且錯綜複雜的特殊行政，必須投注相當人力與財力，及各有關機關之配合方能竟其功，如果只以行政命令方式令飭實施，必然會受制於其法律位階，並影響政策資源的取得，政策施行自然也就打了折扣。但原住民政策若係經由國會立法，其在人民心目中的合法化程度自亦較高，從而也較易取得原住民的配合及一般民意的政治支持，現行有關原住民權益的政策措施因不具法律地位，山地問題往往因此衍生，這是相當關鍵的問題。

　　原住民政策在法制化上的努力最重要的應是，憲法增修條文已明確規定原住民基本政策。憲法增修文第一條第一項第二款，以及第二條第二項第二款明定保障原住民國大代表及立法委員；83年第二屆國大臨時會通過憲法增修條文第九條七項更明定：「國家對於自由地區原住民之地位及政治參與，應予保障；對其教育文化，社會福利及經濟事業，應予扶助並促其發展……。」憲法增修文這個規定不但給予臺灣原住民在憲法上的地位，也終於確定原住民並不是憲法上所謂的「邊疆民族」，不過，若就條文內容來說反而比邊疆條款更為保守，不僅條文籠統抽象，而且原住民也缺乏主體性，此外還特意把原住民和金馬地區並列，顯然有意淡化其「民族」地位與身分。

　　「原住民保障基本法」係原住民當前最重視的法案，該草案內涵包括族群認同權、自治權、發展權、決策參與權等等，內容

與聯合國的政策標準已相距不遠，但該草案於民國八十年五月在立法院提案完成一讀後，內政委員會已開過二次的審查會，何時再排上議程，完成立法程序尚在未定之天。事實上，就法治而言，不僅原住民基本法應儘速完成立法，有關原住民土地、身分、就業、福利、教育、文化等等，也應在相關法律中制定相關條文。當然在國情的考慮下，也可讓原住民地區有地方立法權，可以制定單行法規，這樣的法制配套才能形成完整的民族法制體制，並裨益於政策的推展。

六、山地管制

臺灣的山地管制始於清代之劃界立石，日人據臺後加以沿用，並歸警察機關掌管，以管制平地人民入山，同時限制原住民下山，充分表現隔離主義之殖民策略。

臺灣光復後，國民政府亦實行入山管制，並以戒嚴法爲立法依據訂定「戒嚴期間臺灣省山地管制辦法」，解嚴以後則以國安法第五條作爲山地管制的法律依據。依照「戒嚴期間臺灣省山地管制辦法」之規定，全省三十個山地鄉均爲山地管制區，但毗連山地鄉的平地行政區在治安上有加以管制必要時，則由國防部核准列入管制區域。至於山地管制區域內風景名勝地區及近山便利地區與治安無影響者，由國防部核准爲山地開放區或山地管制遊覽區。惟現行山地管制與過去最大的不同乃在：

- **管制對象**：限於平地人、外國人及軍隊出入山地。對於原住民出入平地不加管制。
- **管制目的**：在軍事上確保山地安全；治安上維護社會安寧；行政上則在維護國家資源，保障原住民權益。
- **管制區分**：1.山地管制區；2.山地管制遊覽區；3.山地開放區；4.平地行政管制區。

・**管制事由**：言行純正有正當職業，因公務、學術研究、社會
文化宗教慈善活動、農林、畜牧及工礦業之業務需要，登山
或其他正當理由，按規定申請發給入山許可證，可進入山地
管制區。至山地管制遊覽區，中外人士前往遊覽，一律憑身
分證明文件申請核發入山遊覽證進入遊覽。

山地管制近年來爲配合觀光事業的發展，及兼顧治安與便民，
已採「深山管制，近山開放」政策。在實施原則上，則逐漸放寬
及簡化入山手續。（省民政廳，1992）現有山地檢查哨數目與
管制地區也有明顯的減少，乙等（不需入山證，但需在檢查哨登
記）及丙等（不需入山證也不需登記）目前已佔山地管制區的百
分之九十。而根據主觀評估，原住民認爲山地管制可以維護山地
治安的有百分之七九・二，認爲可以保障原住民利益的也有百分
之六十五・三，不過，也有百分之六十八的人認爲會限制山地社
會的發展。（李亦園,1983:166）

雖然如此，由於社會的開放，反對山地管制的聲音逐漸增多，
他們認爲入山管制使原住民仍處於實質戒嚴狀態，並未享解嚴之
便，且實施結果只管制了好人，壞人照樣出入，這不但予原住民
不便，也影響原住民的生存發展權益，更不合理的是，具原住民
身分者亦須查驗證件後始能入山，造成相當的不便。（原權會,
1987:240;南島時報,1995:7,1）從長期來看，解除入山管制是必
然的事，不過，從已開放的例子來看，解除管制往往帶來副作用，
不僅資源開發帶來生態環境均衡的破壞，同時也使原住民喪失許
多權益。因此山地的開放必須一併考慮原住民權益的保護，同時
也應訂定辦法規範平地人之工商活動，以顧及生態環境及原住民
權益。

七、政治教育

　　政治教育向來也是原住民政策的重點之一，在歷次研訂的政策性方案中，都提出了以下幾個政治教育的重點工作，如灌輸國家民族觀念、加強山地宣傳、提高山胞法治精神、加強山地民眾組訓，注重政治訓練、積極推行國語、加強山地青年服務隊之政治訓練、強化山地黨務工作等等，這些措施的目的就是希望能培育原住民對國家的認同與支持。其實，除了上述措施外，更重要的政治教育係透過學校教育的政治社會化作用，歷年來行政當局莫不希望藉著山地教育過程，如課程、儀式生活和語言教育來塑造原住民對政府的支持，以達成國家整合。當然選舉制度也是山地政治教育的一個重要組成部份，因為它不僅可以改變原住民的傳統政治生活結構，亦能形塑其政治文化。此外，國民政府為宣揚三民主義及國家政策，並強化原住民之向心力，從民國45年開始，每年暑期均招募大專院校學生及山地社會青年推展社會服務工作，分區巡迴全省山地，從事政令宣導、家戶訪問、家電修護、農漁業輔導、免費醫療、電影放映及聯歡晚會等，至今年為止已辦理四十一期（省政府,1992:50）。

　　那麼，政治教育的成效如何呢？我們首先從原住民對當前山地政策的主觀評價及滿意程度來加以評估。這種主觀評估在民主社會中甚為重要，因為即便政策績效良好，但若政策標的團體不滿意，仍然會被認為是失敗的政策。根據學者最近的研究，在山地政策的整體評價方面，受訪原住民給予政策正面評價的有百分之五十二，而持負面看法的佔百分之四十，可見原住民對山地政策的評價差強人意，且不滿意的比例不在少數。（許木柱,1992:47）另一項針對原住民社團的調查研究結果，原住民社會精英多認同我國基本國策中有關民族平等的規定，但卻有百分之七〇‧四的受訪者認為，政府五十年來的山地政策並不符合基本國策的

精神。這個數據可謂已相當高，顯示出原住民社會精英對山地政策並不滿意，很值得行政當局注意。（陳瑞芸,1990:68）

　　再從原住民的政治態度來看，許多經驗研究顯示，原住民不僅已建立國家的認同感及國民同胞感，同時也信任政府有能力解決原住民問題與需要，（陳文俊,1983:36）。不過，原住民的政治認知還很傳統，政治功效感也低，民主信念也有待加強。（許木柱,1992;高德義,1984）總之，原住民的政治文化已傾向於臣屬性及整合性的政治文化，可以說政治社會化相當成功。惟令人遺憾的是，政治教育卻未能良好地結合原住民認同與國家認同，以致原住民仍有深重的自卑感，並對自我族群懷有污名感，（謝世忠,1987）今後如何適當的結合，恐怕需要當局發揮政策想像力。

肆、原住民的政治訴求與政治議題

　　以上我們簡略討論了原住民的政治建設與政治現況，毫無疑問，政治政策確實取得了相當的績效，然而，臺灣原住民政治地位的邊陲化，以及在政治過程中角色微不足道也是無可否認的事實。也緣於此，從80年代以來原住民紛紛開展許多爭取權益的運動，以改善其劣勢處境與地位，進而提升民族尊嚴。

　　臺灣原住民為爭取權益而產生的運動最早可以追溯至光復初期，由原住民知青所發起的自覺自治及維護文化運動，此一運動大約持續至民國42年以後才逐漸消失。此後，原住民自主性團體幾乎消聲匿跡，至80年代以後，由於受主體社會抗爭風潮的影響，原住民運動才再度興起。1983年，一群原住民知青以手抄本發行「高山青」刊物，呼籲高山族正面臨亡族滅種的危機，1984年在「黨外」的支持下，一以知識份子及長老教會為主的「臺灣原住民權利促進會（原權會）」成立，此後原權會便聯合各族群

開展原住民的社會政治運動，並辦理刊物，宣揚理念，嚴厲批判同化政策，他們不僅用傳統姓名，且用原住民代替高山族和山胞，以喚起自尊。（Hsieh, 1995: 412）原權會在成立初期較偏向個案服務，而少政治性訴求，自解嚴以後，原權會便陸續推動幾個重要運動：如公義之旅—打破吳鳳神話、正名運動、還我土地、行政體制改革、修憲運動、原住民自治、反侵佔等等活動，並陸續發表臺灣原住民族權利宣言，同時也向聯合國報告臺灣原住民的人權概況。（劉文雄, 1994: 285）

　　目前臺灣原住民可以說頗有社會重建的渴望，因此除原權會之外，其他原住民社團及各界精英亦針對原住民當前困境，紛紛提出政策建議及政治訴求。在 1993國際原住民年中，全國原住民社團在「原住民政策研討會」中便發表了大會決議文，提出成立自治區、山胞正名為原住民、廢除山山及平山、原住民政策立法化、搶救原住民文化、成立原住民事務委員會、立法保障土地權、成立原住民經濟發展基金等訴求。在去年（1994）文建會主辦的「原住民文化會議」中，一群原住民知識菁英也共同發表了「出草宣言」，呼籲尊重原住民的自主性及教育文化權。一些原住民辦的刊物，如原報、山海、原住民、獵人文化、南島時報等亦紛紛提出部落重建、爭取論述空間等議題。原住民各級民意代表感受到民意的壓力，目前在問政取向上也較以往富批判性，原住民立法委員更聯合提出「原住民權益基本法」草案，主張成立原住民自治區。而原住民籍省議員也在省議會總質詢中提出成立山地縣的構想。此外，學者專家也針對原住民的處境，提出成立民族事務委員會、立法保障原住民權益、加強山地經濟、改革山地教育、維護原住民傳統文化、成立原住民自治區、培育原住民自我實現能力、以及倡導多元社會的尊重與寬容等政策性建議。

歸納而言，原住民的訴求及需求類型大致包括法律、政治、經濟、社會、文化等層面，需求內涵也從經濟教育轉為民族尊嚴及文化存亡問題，並漸漸過問政策過程，要求更多的自主性。惟在階級和城鄉上需求似有所差異，民眾的要求大多較實際，精英的訴求則較具政治性，都市原住民則比部落原住民更注重社會福利及文化傳承問題。（臺北市政府,1992）而比較具共識性的議題大致有：反對同化、強化地方自治、提升行政層級、山地政策立法化，以及廢除平山及山山之分等。

原運的開展以及原住民之勇於提出政策建言，可以說促使臺灣一般民眾及政府當局得以了解原住民的當前困境，這對於問題的解決及防微杜漸實有相當的助益。而行政當局的回應也通常會視原住民訴求的內涵、議題性質、動員程度，來選擇性地採取壓制、疏導、吸納及調整等方式來因應。雖然基本權力關係仍然和以往一樣，然而，當前原住民政策確實已較過去開明、進步許多。反對運動也愈來愈受年輕原住民的支持，其選舉的得票率也逐次增加，且目前已有不少成員當選縣議員，民進黨、新黨也預定在今年的國大代表及立法委員不分區名額當中各保障一名，而籌備中的臺北市原住民事務委員會，也有不少成員被遴選為委員，可見反對派的影響力已逐漸成長，愈來愈不可忽視。惟執政黨目前仍然很有效地控制原住民社會，因而反對組織成長緩慢，而且原運多在都市發展，缺乏草根經營，變成沒有群眾的菁英，加上資源貧乏及缺乏凝聚力，因此在發展上也受到不少限制。

陸、結　語

多元文化政策可以說已是當前族群關係及民族政策的世界潮流，也是人們對未來的理想。因此本文乃從多元文化政策的觀點，

概略地檢視五十年來的原住民政治建設。根據初步分析結果，行政當局確實投入了不少的心力，因而原住民的政治建設在各方面都有顯明長足的進步，且政策逐漸邁向民主、開明方向，並浮現出多元文化政策的色彩。然而，原住民當前的政治地位與處境，若與聯合國新修訂的「原住民及部落人口公約」，以及先進國家的原住民政策來比較，臺灣原住民政策在族群認同權、自主自治權、立法保障、人才培育、權力分享、行政層級地位、社會發展及語言文化維護等方面，仍有待進一步發揮。

平心而論，少數民族地位要改善並不是一件容易的事，因為民族政策往往與歷史文化、政治權力、人性心理及經濟利益糾葛在一起，（Lockard, 1975:249）這一方面需要大社會的寬容，少數民族本身也要自立自強。如何邁向一個「雙贏互利」的民族政策，使主體社會及少數民族均蒙其利，應是當今民族政策所要嚴肅思考的課題。最後謹提出以下幾點淺見，並與大家共勉。

‧接受多元文化乃是人類智慧資產的觀念：在多元文化中，社會不僅充滿活力與創新，少數民族也才能健康地發展，並樂與大社會融合；也只有在文化的多樣性中，人類才有可能相互尊重，相互學習，相互豐富。

‧承認「族群」及「族群問題」的長期性和複雜性，我們才能認清問題的本質，才能審慎將事，並避免「欲速則不達」及善意錯誤的產生，否則民族問題只會治絲愈棼，愈理還亂。

‧兼顧民族政策之正義與效能：一個失去社會正義的民族政策，族群和諧將失去根本的基礎；而民族政策若造成民族特權，不僅有悖效能及平等原理，同時也不利於培養少數民族的競爭力。

‧尊重少數民族的主體性：在政策上行政當局應儘量少借著代謀，而應多致力於消除不利因素。多讓他們自主，讓他們自願，

同時也對自己的命運負責，互爲主體性，才能開創一個多元共榮的社會。

參考書目

山胞行政局，山胞行政相關法規匯編，南投：山胞行政局，1993。

中央選委會編，中華民國選舉概況，臺北：中央選委會，1983。

中國國民黨中央政策會編印，原住民自治區之設計問題，1995。

內政部編印，內政部史，臺北：內政部，1994。

內政部編印，原住民行政法規彙編，臺北：內政部，1995。

內政部編印，當前山胞政策，臺北：內政部，1992。

臺灣省政府民政廳，進步中的本省山地，南投，中興新村，1954。

臺灣省政府民政廳，發展中的臺灣山地行政，南投：中興新村，1971。

臺灣省政府民政廳，臺灣省山胞社會發展方案第一期實施計劃執行成果總報告，南投：中興新村，1992。

臺灣省政府民政廳，山地行政業務簡報，南投：中興新村，1984。

臺灣省政府民政廳，臺灣省偏遠地區居民經濟及生活素質調查統計，南投：民政廳，1991。

臺灣省政府編印，臺灣省山胞社會發方案第二期四年計畫，南投：中興新村，1992。

臺灣省政府，臺灣省政府組織規程修正總說明（油印本），1995。

臺灣省政府新聞處編，臺灣光復四十年專輯：政治建設篇，南投：中興新村，1985。

臺灣原住民權利促進會編印，原住民─被壓迫者的吶喊，臺北：原權會，1987。史筠，民族法律法規概述，北京：民族出版社，1988。

瓦歷斯・尤幹，「民主、選舉與族群未來」山海文化，第2期，1994。

立法院邊政委員會，各國憲法對少數民族保障條文節錄，臺北：立法院，
　　　1984。

考選部，中華民國考選統計，臺北：考試院，1993。

吳大華，民族與法律，北京：民族出版社，1990。

吳堯峰，「國家政策與少數民族文化會議研討會」報告書，南投：臺灣
　　　省政府民政廳，1986。

宋增璋編著，近代臺灣之建設，臺中：臺灣省文獻會，1982。

李亦園等，山地行政及政策評估報告書，臺北：中研院民族所，1983。

高德義，「臺灣原住民實行民族自治的政策可行性分析」，收錄於文建
　　　會編印，原住民文化會議論文集，臺北：文建會，1994。

高德義，我國山地政策之研究—政治整合的理論途徑，政大政研所碩士
　　　論文，1984。

高德義主編，原住民政策與社會發展，臺北：內政部，1994。

國際勞工組織，修訂1957年「土著及部落居民公約」議程及說明，日內
　　　瓦：國際勞工組織，1988。

張松，臺灣山地行政要論，臺北：正中書局，1953。

張崇根，「臺灣的高山族研究與當局推行的政策」民族研究（北京）第
　　　2期，1988。

許木柱、瞿海源。山胞輔導措施績效之檢討，臺北：行政院研考會，
　　　1992。

郭秀岩，山胞行政發展暨未來發展措施，南投：山胞行政局，1991。

郭秀岩，「山地行政與山地政策」中央研究院民族學研究所集刊，第40
　　　期，1976。

陳文俊，「中學生的政治態度—集群分析的應用」，中國政治學會研討
　　　會論文，臺北，1983。

陳瑞芸，族群關係、族群認同與臺灣原住民基本政策之研究，政大三民

主義研究所碩士論文，1990。

蔡明璋，「臺灣山地社會選舉參與之研究」中央研究院民族學集刊，第58期，1984。

劉文雄，「臺灣原住民族運動發展路線之初步探討」，於原住民文化會議論文集，臺北：文建會，1994。

鄭興弟等著，山胞基本權益立法之研究，臺北：內政部民政司，1992。

謝世忠，認同的污名：臺灣原住民的族群變遷，臺北：自立晚報社，1987。

謝高橋等著，臺灣山胞遷移都市後適應問題之研究，臺北：行政院研考會，1991。

謝高橋、張清富，臺北市山胞生活需求與輔導業務研究，臺北：臺北市政府，1992。

謝高橋、張清富，臺北市山胞人口普查報告，臺北：臺北市政府，1992。

瞿海源，「臺灣的山地政策與原住民所面臨的困境」發表於民進黨主辦，「世界原住民權利研討會」，臺北：師大國際會議廳，1993。

Burger, Julian "Indigenous Peoples: New Rights for Old Wrongs" in Peter Davies ed, Human Rights. The United Nations, 1991.

Dikotter, Frank. The Discoruse of Race im Modern China. California: Stanford University. 1992.

Hsieh Shih-Chung, "From Shanbao to Yuanzhumin: Taiwan Aborigines in Transition" in Murray A. Rubinstein (ed.) The Other Taiwan: 1945 to the Present. New York: M.E.Sharpe. 1995.

Lockard, Duane. "Race Policy" in Fred I. Greenstein & Nelson W. Polsby, eds. Polices and Policymaking: Handbook of Political Sciences, Vol. 6. Addison-Wesley Publishing Company. 1975.

International Labour Conference, Convention Concerning Indigenous and Tribal Peoples in Independent Countries, Convention 169. Geneva: ILO, 1989.

Liphhart, Arend, Electional Laws and Their Political Consequences. N.Y.: Agathon Press, Inc., 1986, P.122.

Palley, Claire. "the Role of Law in Relation to Minority Groups" in Antony Alcock E.,(ed.) The Future of Cultural Minorities, The Macmillan Press Ltd.,1979.

Smith A.D.,the Ethnic Revival in the Modern World. Cambridge University Rress, 1981.

Thornberry, Patrick. "Minority Rights, Human Rights and International Law." Ethnic and Racial Studies, Vol.3 No. 3:249-302. 1980.

Thornberry, Patrick. Minorities and Human Rights Law. London: Minority Rights Group. 1991.

Wirsing, Robery G.(ed.)Protection of Ethnic Minorities: Comparative Perspectives. Pergamon Press. 1981.

論憲改後臺灣原住民的參政權

周繼祥

臺灣大學三民主義研究所教授兼所長

壹、前 言

　　國家而有一個以上的民族，在國際政治學上稱之爲「多民族的國家」(Multinational State)。曾經有一項研究發現：世界上只有百分之九的國家符合「民族國家」(Nation-state)的概念，其餘的國家則於其國境內都有一個以上的民族，甚至有百分之二十九點五的國家，其國內竟沒有人口數超過總人口二分之一的「多數民族」。①因此，「少數民族」的存在，是國際舞台上一種正常的現象，但是每個國家的少數民族其各自所享有的參政權其實並不一致，其中原委反映出的問題甚爲複雜，殊值研究。

　　依憲法學者管歐教授的界定：參政權乃人民參與國家政治之權利，人民以國民一分子之資格及主動之地位，在政治上享有其權利，得謂之爲主動之公權—此等權利，亦得概稱之爲公民權。②薩孟武教授則直接指陳：「依我國憲法第十七條規定，參政權有選舉、罷免、創制、複決四權。」③本文研究的對象是臺灣原住民的參政權，然則臺灣原住民係如何定義的呢？根據官方的說法：「臺灣原住民依族群劃分大約可分爲泰雅、賽夏、布農、鄒、排灣、魯凱、阿美、卑南、等九族，依據一九九三年底統計，人

口數計有三十五萬七千七百三十二人，約占全臺灣地區人口百分之一點七左右」，④在一九九〇年代以前，臺灣原住民的政治參與，相對於島上其他族群的，顯得微不足道⑤九〇年進行的「憲政改革」，為解嚴後的臺灣社會帶來了政治運動的高潮，其波瀾之壯闊，影響之深遠，在此間已有定論。但是此一鉅大的工程，對居於少數民族地位的臺灣原住民有何種意義的討論，至今則尚未多見。

　　本文的目的，在於以九〇年臺灣的憲改為一分界點，探討此次改革有了結果之後，給予原住民參政權的衝擊及影響。

貳、原住民參政權的憲法法源

　　現行憲法第二章規範人民的權利與義務，訂有多條民族與種族平等之一般規定，昭示：人民無分男女、宗教、種族、階級、黨派，在法律上一律平等。此外，更有第一百六十八條：「國家對於邊疆地區各民族之地位，應予以合法之保障，並於其地方自治事業，特別予以扶植。」及第一百六十九條：「國家對於邊疆地區各民族之教育、文化、交通、水利、衛生及其他經濟、社會事業，應積極舉辦，並扶助其發展，對於土地使用，應依其氣候、土壤性質，及生活習慣之所宜，予以保障及發展。」之特殊規定。雖然曾有學者指出：「從政府歷年來所頒佈的山地政策母法及方案來看，多數法規大都僅籠統地指出當前山地政策係依據國父遺教及憲法民族平等之精神，並未『具體的』指出憲法上的法源。」⑥但是根據內政部主管官員最近的說詞，則明言：「政府各部門對原住民輔導措施的設計與擬定，基本上是依據憲法對偏遠地區居民及少數族群扶植的規定，特別是第一百六十八條、一百六十九條暨憲法增修條文第一條第一項第二款，第三條第一項第二款及

第九條第七項等條文之規定⋯⋯。」⑦

憲法第一百六十八條及第一百六十九條之條文已引述如上，就條文內容觀之，這兩條牽涉邊疆地區民族的權益範圍甚廣，惟其是否適用於臺灣原住民則尚有爭議。⑧而若僅就臺灣原住民的參政權而言，則這兩條與之並不具強烈的相關性。

九四年八月一日公布的憲法增修條文在文字上落實了原住民的參政權。第一條第一項第二款規定：國民大會代表—自由地區平地原住民及山地原住民各三人，及第三條第一項第二款規定：立法院立法委員—自由地區平地原住民及山地原住民各三人，亦即：臺灣平地及山地原住民可分別選出國民大會代表及立法委員各三人，合計十二人。原住民國大代表占全體國大代表約百分之二，原住民立委則占全體立委的百分之四左右，因此，與百分之二左右的人口比例相比，顯見原住民民代占國會議員的比例其實並不算少。由此可以推論如下：上述兩條增修條文之規定，基本上有利於原住民參政權之行使。

增修條文第九條第七項則規定：「國家對於自由地區原住民之地位及政治參與，應予保障；對其教育文化、社會福利及經濟事業，應予扶助並促其發展。對於金門、馬祖地區人民亦同。」本條文將原住民與位處臺灣島邊陲的金、馬居民一概視為弱勢團體，明文予以特殊的扶持照顧。與憲法第一百六十八條及第一百六十九條相比，本條文固然凸顯了對原住民「政治參與」的保障，卻未強調原住民的「地方自治」。其實，原住民對於「自治」可能有較高和較多的期待。⑨更進一步言，本條只是原則性的宣示，至於國家應如何保障原住民的政治參與？則還應有待其他法令的補充規定及配合。

叁、原住民參政的法令依據

如前所述，臺灣原住民的參政權最高可溯其源至憲法，憲法相關條文的規定並確保原住民的參政權。在憲改之前，中央及地方各級議會和代表會之組織規程均訂有相關條文，保障原住民的當選名額。憲改之後，除了中央級原住民民意代表的當選名額改由憲法增修條文直接規範外，其餘地方級民意代表的當選名額則由九四年七月二十九日同一日公布之「省縣自治法」、「直轄市自治法」分別予以保障：

省縣自治法第十七條第三項規定：「省、縣（市）、鄉（鎮、市）有平地原住民人口在一千五百人以上者──應有平地原住民選出之省議員、縣（市）議員、鄉（鎮、市）民代表名額。有山地鄉者，應有山地原住民選出之省議員，縣議員名額。」同一條第五項另有保障婦女名額之規定：「縣（市）選出之山地原住民、平地原住民名額在五人以者，應有婦女當選民額；鄉（鎮、市）選出之平地原住民名額在四人以上者，應有婦女當選名額。」

直轄市自治法第十四條第二項的規定則較爲簡單：「市有原住民人口在四千人以上者……，應有原住民選出之市議員名額。」

根據官方最近發表的統計，臺灣現任原住民保障當選之各級民意代表有：國民大會代表六人、立法委員六人、臺灣省議員四人、臺北市及高雄市議員各一人，縣（市）議員五十二人及鄉（鎮、縣轄市）民代表三百六十六人。[10]

除了保障原住民民意代表的當選名額外，省縣自治法第三十七條第二項另規定：「山地鄉鄉長以山地原住民爲限。」因此，加上現有三十個山地鄉的鄉長，總計臺灣原住民經由選舉產生的政治菁英人數，共有四百六十六人。可見原住民參政的層面尚屬

廣泛，至於其對決策的影響力如何，則是另外的問題。

肆、原住民參政權的內容

　　在臺灣，薩孟武、林紀東等大部份的憲法學者都認爲：選舉、罷免、創制、複決四權即爲人民的參政權。亦有部份學者認爲憲法第十八條：「人民有應考試服公職之權」也是關於參政權之規定。下文即以此兩個層面加以討論。

　　就前一層面言，臺北光復以來，有關原住民政治建設方面的重大措施，包括：(1)四六年訂頒「臺灣省山地鄉村組織規程」、「臺灣省各縣完成山地鄉民意機關辦法」。(2)五一年訂頒「臺灣省臨時省議會組織規程」、「臺灣省臨時省議會選舉罷免規程」及「山地施政要點」。(3)六三年訂頒「山地行政改進方案」。(4)八七年內政部民政司增設山地行政科。(5)九〇年臺灣省民政廳第四科改制成立臺灣省山胞行政局。⑪以上各項措施，與原住民的參政權有較密切關係者，顯然是立法保障原住民民意代表的當選名額。換言之，側重在讓原住民行使選舉權和罷免權，至於創制和複決兩權的行使，則未見當局曾作任何的舉措或規定。這相當具體的反應出戒嚴時期臺灣人民參政權受到限制的事實。不僅「省縣自治通則」遭受擱置的命運，即便是「國民大會行使創制複決兩權辦法」亦未獲得發揮的空間，一般人民僅享有孫中山先生「直接民權」之名，實則僅能間歇性、定期性的行使選舉權和罷免權而已。

　　就後一層面言，原住民除了可參加公務人員高、普考等國家考試，以取得公務人員任用資格進而成爲國家正式公務員外，自五六年起迄九三年止，政府共舉辦十七次原住民行政暨技術人員特種考試——「對於原住民社會基層與中高級行政人才的培育均

極具意義的措施。」⑫因此，原住民藉由應考試服公職的途徑，的確增加了參政的機會。

憲改之後，由於「省縣自治法」及「直轄市自治法」的制定，原住民的參政權已奠定了法制化的基礎，兩法並分別賦予人民「對於地方自治事項有依法行使創制、複決之權」，這當然是進步可喜的現象，但行使兩權的具體辦法至今尚未制訂，故憲改後，原住民參政權的內容，尚與解嚴前相差不多。甚至由於憲法增修條文並未特別增訂原住民自治條款，故雖假以時日，俟臺灣人民可以行使直接民權後，而原住民仍將只是其中之一部份，無法凸顯其爲少數民族，擁有與多數民族不同的參政權內容之特色。這裡存在一個根本的問題，即臺灣的原住民有沒有必要成立民族自治單位？從官方擬訂的「強化立法保障原住民權益」、「提昇原住民行政組織與功能」等七點未來原住民政策展望觀之，可知政府尚無這方面的考量。但是自政府解除戒嚴以來，民間團體、輿論成立原住民自治單位、給予原住民高度自治權的各種主張，便已屢見不鮮。

伍、原住民參政的困境

「少數服從多數，多數尊重少數」，是西方社會大衆耳熟能詳的一句口頭禪。多數決的原則在倫理上是一個可接受的解決問題之方法，但是在某些情況下，例如語言、宗教及財產權的問題，往往由於少數者的利益重要至其成員無法接受多數決定的地步，因此，多數決是不可能的。⑬臺灣原住民參政最主要的難處，便是「少數必須服從多數」的問題。約佔百分之二的原住民人口，和其他「外省」、「客家」、「閩南」三個漢人族群相比，實在是寡不足道。因此，雖有憲法及法律作爲法源，保障了原住民的

參政權，但是：「在『多數決』的民主議會方式，原住民的權益
仍操縱在絕對多數的漢民族手中，這些保障名額只是『政治花瓶』
罷了。」⑭而且黨團勢力介入原住民事務的情況嚴重，造成黨意
高過民意，是以「原住民權利促進會」等團體要求成立自治區，
認為惟有爭取自治權，才能使自己族群的文化、社會生活重現生
機。

　　誠然，欲提升原住民的政治地位，充實原住民的參政權，專
門設立原住民自治單位，不失為可行之道。問題是：戰後臺灣社
會歷經了工業化和都市化，城鄉差距已然形成，原住民因所居地
區環境變遷或因就業與生活之需，而遷往都市者年年增加，據九
三年底的官方統計，原住民遷至城鄉都市者已近八萬餘人，約為
原住民人口數的四分之一強。⑮因此，自治區的設置，便可能如
原住民學者孫大川先生所言：「大量的人口外流，必然使自治區
成為一個空殼，除了『美名』之外，它將什麼也不是。」⑯

　　平心而論，幅員狹窄，自然資源有限，而原住民的人口過少，
尤其山地經濟困難，雖有三十個山地鄉，但沒有一個可以成立為
自給自足的原住民社區，何況幾十年來政府施政的目標在於屬行
「同化政策」，不惟漢族、原住民的居地已犬牙交錯，更使原住
民已逐漸失去其傳統文化、族群意識，現在，在憲改之後，猛然
欲走回頭路，已是不可能了。比如回復原住民姓氏的例子，據內
政部主管山地行政的林江義（阿美族）科長親口告訴筆者，儘管
政府已修法予以同意，但僅有少數原住民付諸實際行動，至戶政
單位更改姓名。至於若是為了成立原住民自治區，必須影響原住
民的目前生活，進行大量的人口遷移，則其可欲性和可行性不言
可喻。綜上所述，不免令人對於臺灣原住民的參政前景不敢樂觀。
我們可以很清楚地看到原住民參政的困難；然而，我們卻又束手

無策，似乎只能眼睜睜地看著原住民逐步同化於漢族文化之中。

陸、結　論

　　作者在本文中依次扼要地說明：在憲政改革之後，臺灣原住民參政的法源是來自憲法、省縣自治法及直轄市自治法，並明白的指出：儘管憲改已完成階段性任務，但由於「公民投票法」和「創制複決權行使辦法」遲遲未能完成立法，故原住民（其他族群亦同）的參政權其實還是與解嚴前相同，只有選舉權和罷免權。最後，筆者進一步說明：在目前的民主政體和結構之下，不論是國民黨、民進黨或新黨執政，原住民參政的結果都將相同，即無力阻擋其本身被漢化的尷尬。

　　歷史的巨輪不能倒轉，現在我們不能判定：如果當初政府未採取強硬的同化政策，則臺灣原住民的文化發展是否會有與今截然不同的面貌？但是換個角度看：一個多民族的國家若是採取文化多元主義，各民族相互尊重，各自發展，難道其國內就不會有少數民族無法公平參政的敏感問題嗎？

　　孫中山先生主張民族同化，而且是以漢文化為基礎的同化，後人曾批評他是「大漢沙文主義者」，批判他違反「文化多元主義」的精神，但是深刻了解他的思想之後，應該知道他主張的民族同化乃是以和平、王道精神為基礎的自願性同化，如果當年製定、執行原住民政策的官員多一些用心，多一點體會他的想法，那麼今天臺灣原住民的情況將是如何？他們揚棄被漢化的悲情，以多元社會一份子的心情參政，競逐國家社會有限的資源，爭取最大多數人的福利，豈會是不可能呢？

【註　譯】

① 　John T. Rourkoe, International Politics on the World Stage（

　　　 Califonia: Brooks / Cole Publishing Company, 1986），p.87.

②　參見管歐：《憲法新論》（臺北：五南，民國80年7月，增訂二十
　　三版），頁163。

③　薩孟武：《中國憲法新論》（臺北：三民，民國63年9月初版），
　　頁135。

④　鍾福山：《現階段原住民政策的回顧與展望》，民國84年4月13日，
　　頁1。

⑤　陳茂泰：〈臺灣原住民的族群標幟與政治參與〉，收在國家政策研
　　究中心出版：《省籍、族群與國家認同研討會論文集》，1992年4
　　月12日，頁4-6。

⑥　高德義：〈臺灣實行民族區域自治制度的可行性〉，收在趙建民等：
　　《中國大陸少數民族區域自治制度研究》，民國82年5月，頁252。

⑦　同註④，頁2。

⑧　臺灣原住民是否即為憲法上所稱之「邊疆民族」？於此各方有不同
　　的見解。同註⑥，頁253。

⑨　同註⑥，頁243-244。

⑩　同註④，頁8。

⑪　同註④，頁2-3。

⑫　同註④，頁6。

⑬　Gabriel A. Almond, G. Bingham Powell, Jr. Robert J. Mundt,
　　Comparative Politics: A Theoretical Framework,（New York:
　　Harper Collins College Publishes, 1993），p.76.

⑭　劉文雄、麥村連：〈臺灣原住民族發展史〉（中），民國80年7月
　　24日，自立晚報十七版。

⑮　同註⑦。

⑯　孫大川：〈四黨黨綱裡的原住民〉，刊在《中國論壇》，二十九卷
　　三期，民國78年11月，頁23。

民族區域自治之研究

都　淦（布依族）

四川省社會科學院

　　祖國大陸實行的民族區域自治，是處理國內民族問題的基本政策，也是一項重要的政治制度。長期實行民族區域自治的實踐證明，它對維護國家的統一，促進民族間的平等、團結、互助，發展少數民族地區的政治、經濟、文化，起到了巨大的作用。本文著重於民族區域自治的歷史發展及其基本特點之研究，以就教於各位學者。

一

　　從政治制度的角度考察，世界各國處理民族問題一般採取分離制、聯邦制和自治制三種形式。中國是多民族的國家，除漢族外，尚有55個少數民族。祖國大陸在處理少數民族問題上，並不實行分離制和聯邦制，而是實行民族區域自治。所謂民族區域自治，就是在祖國不可分割的領土內，在國家統一領導下，各少數民族聚居的地方實行區域自治，建立自治機關，行使自治權；遵照國家憲法、法律和政策，根據本民族、本地方的實際，自主地決定具體的方針、政策，管理本民族、本地方的事務，實現當家作主。這樣的政策和制度符合我國民族關係發展的歷史趨勢與現實狀況，在實施中取得了重大的成果。

　　中國自古以來就是統一的多民族國家。這種統一的局面是由各民族共同創造的，不僅人口眾多的漢族在國家統一的歷史業績中作出了重大貢獻，其他曾經一度入主中原的少數民族也同樣作出了貢獻，即使是地處邊疆的某些少數民族所建立過的地方性割據政權，也爲局部地區的統一從而爲全國的統一創造了條件。雖然我國歷史上漫長的封建專制主義社會不可能從根本上消滅割據狀態，但是，國家的統一始終是我國歷史發展的總趨勢和總面貌。國家的統一，對促進各民族社會的進步和政治、經濟、文化等方面的發展，增強各民族間的聯繫和交往，起到了歷史的進步作用。各民族在締造統一的多民族國家的長期歷史中，加強了政治上的聯繫和經濟文化上的交流，共同爲中華民族的發展作出了貢獻。我國的民族構成和民族分布，也有其顯著特點。由於長期歷史形成的原因，漢族人口眾多，約占全國總人口的百分之九十四，政治、經濟、文化比較發達；其他五十多個少數民族人口較少，僅占全國總人口的百分之六，但居住地區遼闊，約占全國總面積的百分之六十；資源豐富，經濟文化比較落後。在長期的歷史活動中，我國各民族在統一的國家內頻繁遷徙，交錯而居，逐漸形成了大雜居、小聚居，彼此聯繫密切，互相依存的局面。所有這些，與其他國家，比如俄國那樣，許多民族直到近代才被強制兼併到一個國家版圖內，相互對立，缺乏聯繫的情況，迥然不同。

　　在我國歷史上，在以中央集權制爲基本特徵的單一制國家結構形式下，對少數民族地區的統治和管理，早已形成了一種特殊的制度。漢唐時代是由皇帝加封少數民族統治者以官職進行統治。元、明、清以後，形成了由朝廷任命少數民族首領中有世襲官職的土司制度和有任期的流官制度，共同治理少數民族地區。到了清朝的後期，對蒙古族地區實行盟旗制度，而在新疆則實行清政

府任命官職的伯克制度。西南、中南、西北各省的少數民族中，除了部分地區經明、清兩代「改土歸流」後，由中央政府直接管轄和治理外，其他地區仍實行土司制度。西藏則保持政教合一的統治制度，由噶廈（大臣）管理地方政務。這些制度一直延續到本世紀四十年代末。從國家結構形式來看，這是一種不完全的自治制度，是我國中央集權的單一國家制度不可分割的組成部分，不可能形成獨立的政治單位或國家實體。

中國歷史上盡管長期存在民族壓迫制度，但漢族和其他少數民族的關係從來不是一種宗主國與殖民地的關係。鴉片戰爭後，我國淪為半封建、半殖民地社會，各民族共同遭受帝國主義及清王朝反動統治者的壓迫和奴役。辛亥革命推翻了清王朝封建帝制，但實際上漢族統治者仍居於統治地位，少數民族無權享受民族平等。漢族和少數民族廣大人民共同遭受帝國主義的侵略和壓迫，有著共同的遭遇和命運，在反對帝國主義的鬥爭中，凝結成了不可分離的血肉關係，充分顯示了中華民族是世界上具有強大內聚力的偉大民族之一。

長期的歷史發展，為我國各民族在統一的國家內實行平等團結創造了條件；近代的反帝鬥爭，又為我國各民族在統一的國家內實行互相合作奠定了基礎。我國各民族間這種只能合、不能分，漢族離不開少數民族、少數民族也離不開漢族的密切關係，是歷史發展的客觀規律，也是各族人民共同的根本利益之所在。在我國，解決民族問題的綱領和政策必須以此作為基本出發點。

二

怎樣解決中國民族問題，偉大的革命先行者孫中山先生提出過他的綱領和政策。孫先生在1924年的《中國國民黨第一次全

國代表大會宣言》中，對於民族主義，他說：「國民黨之民族主義，有兩方面之意義：一則中國民族自求解放；二則中國境內各民族一律平等」，並提出了「承認中國以內各民族之自決權，於反對帝國主義及軍閥之革命獲得勝利以後，當組織自由統一的（各民族自由聯合的）中華民國。」（《孫中山選集》第591、592頁。）孫中山先生關於國內各民族一律平等和民族自決的思想和政治綱領，具有很大的進步意義，與當時中國共產黨在解決民族問題方面提出的綱領和政策相一致。

中共登上政治舞台一開始就主張，中國民主革命的首要任務是擺脫帝國主義的壓迫和奴役，謀求中華民族的獨立和解放，實現民族自決。對於國內民族問題，一方面承認我國除漢族而外，還有其他眾多的少數民族存在，它們都是中華民族的成員，共同締造了統一的多民族國家；而另一方面則主張國內各民族不分大小一律平等，在平等的基礎上實現聯合、團結。但是，如何實現國內各民族的平等、團結、聯合，中共曾經提出過各種設想和主張，盲目地照搬過外國經驗，把民族自決和聯邦制用來作為解決國內民族問題的綱領和政策，主張建立「中華聯邦共和國」（見1922年中共「二大」宣言）。以後，中共在革命實踐中逐步認識到民族自決和聯邦制不適合我國國情，用來解決我國國內民族問題，不但不能促進國家的統一和各民族的團結，反而會削弱、隔斷我國各族人民互相依存、友好互助的歷史傳統；不但不能起到動員和團結各族人民反對共同敵人的作用，反而有利於帝國主義在「自決」、「獨立」的幌子下，對我國進行分裂的陰謀活動，特別是內蒙、新疆、西藏等少數民族聚居的邊疆地區，很有可能像「滿洲國」那樣變成帝國主義的殖民地。因此，逐步摒棄了這種主張，在1931年的《中華蘇維埃共和國憲法大綱》中，雖然

仍肯定「承認中國境內少數民族的民族自決權」，但已經提出了
國內少數民族可以「建立自己的自治區域」。這應該是民族區域
自治思想的萌芽。1938年，中共六屆六中全會明確提出，應該
在統一的國家內，實行民族區域自治，使「各民族與漢族有平等
權利，在共同對日原則之下，有自己管理自己事務之權，同時與
漢族聯合建立統一的國家。」1941年，民族區域自治首次以法
律形式載入《陝甘寧邊區施政綱領》，明確規定：「依據民族平
等原則，實行蒙、回民族與漢族的政治、經濟、文化上的平等權
利，建立蒙、回民族的自治區。」（《陝甘寧邊區重要政策法令
滙編》第3頁）1947年，建立了省一級的內蒙古自治區，為以後
推廣民族區域自治提供了經驗和範例。1949年，具有臨時憲法
作用的《中國人民政治協商會議共同綱領》，把民族區域自治規
定為我國的一項重要制度。1952年，《民族區域自治實施綱要》
頒布，各少數民族自治地方陸續建立。1954年的憲法對民族區
域自治作了比較全面、具體的規定，使它通過立法程序在國家根
本大法中得到反映。 1982年的憲法總結了實行民族區域自治正
反兩方面的經驗，作了更為完善和具體的規定。1984年10月，
根據憲法的原則和規定制定的《民族區域自治法》頒布，為我國
大陸民族區域自治的制度化、法律化，奠定了基礎。

三

　　民族區域自治是一項具有中國特色的政策和制度。它在堅持
國家集中統一和民族平等、民族團結、各民族共同發展繁榮的基
礎上，為正確處理民族自治與區域自治、自治權與自主權，國家
政權機關的共同性與特殊性等各方面的關係，提供了適合我國國
情的正確體制，因而具有鮮明的特點和巨大的優越性。

㈠**民族區域自治是民族自治與區域自治的正確結合**。《民族區域自治法》指明:「民族區域自治是在國家統一領導下,各少數民族聚居的地方實行區域自治,設立自治機關,行使自治權,」這種在國家統一領導下,以少數民族聚居區爲基礎的地方自治體制,不同於其他國家一般的地方自治或聯邦制度下的民族自治。在民族自治地方的建制上,它是根據少數民族聚居的特點和民族關係、經濟發展等條件,參酌歷史情況;並從有利於保障民族平等權利和實現民族團結合作、各民族的共同發展出發,來劃分自治地方的區域範圍和確定自治地方的行政地位的。因此,它能夠把分別聚居在國內不同地區的一個民族的人口在當地實行自治,或者把同一地區聚居的其他少數民族相應地實行自治。根據憲法和民族區域自治法的規定,我國民族自治地方的建制大體有三種類型:即以一個少數民族的聚居區爲基礎單獨建立的自治地方,如西藏自治區、寧夏回族自治區、四川省涼山彝族自治州、吉林省延邊朝鮮族自治州;以一個大的少數民族聚居區爲基礎建立的自治地方,又包括一個或幾個人口較少的少數民族的自治地方,如新疆維吾爾自治區又包括哈薩克族、蒙古族、柯爾克孜族等自治州;以兩個以上的少數民族聚居區爲基礎建立聯合的自治地方。如貴州省黔南布依族苗族自治州、青海省海西蒙古族藏族哈薩克族自治州。此外,分別聚居在不同地區的一個少數民族,也分別建立不同級別的自治地方,如藏族除在西藏建立自治區外,在四川、青海、甘肅、雲南又建立了自治州、自治縣;回族、蒙古族等也都有類似情況。無論是那一種類型的民族自治地方,都有不少漢族居民,有的民族自治地方,如內蒙古自治區,漢族人口還占多數。這是歷史形成的實際狀況,說明我國民族分布的複雜性和實行區域自治的必要性。迄至目前,祖國大陸已經建立民族自

治地方159個，包括5個自治區、30個自治州、124個自治縣，此外，還有1,700多個民族鄉。這些民族自治地方行政區域的總面積占大陸總面積的64.3％；總人口爲1億2千多萬，占大陸總人口的14％多，其中各少數民族人口爲5千多萬，占少數民族人口的75％。民族自治地方的普遍建立，標誌著我國大陸地區民族區域自治的建制任務基本完成。這就使祖國大陸境內從人口較多的少數民族到人口較少的少數民族，從大聚居的少數民族到小聚居的、乃至交錯雜居的少數民族，都建立了自治地方，設立自治機關，行使自治權利，充分體現了民族不分大小一律平等的原則。實踐證明，把民族自治和區域自治結合起來，既能保障各少數民族自主管理本民族內部事務的權利，又能保障各民族的團結和國家的統一、獨立，有效地抵禦外來的侵略和顛覆。

　　㈡民族區域自治是國家政權機關的共同性與特殊性的正確結合。各少數民族是在統一的祖國領土上實行區域自治，各民族自治地方都是統一國家不可不離的部分，是國家統一領導下的地方行政區域；民族自治地方的自治機關，即各自治區、自治州、自治縣的人民代表大會和人民政府，是按照民主集中制原則建立的一級地方政權，這是民族自治地方自治機關和其他地方政權機關的共同性。但是，民族自治地方的人民代表大會和人民政府既是一般國家權力機關和行政機關，又是實行區域自治的自治機關；自治機關既行使同級一般地方國家權力機關和行政機關的職權，同時又行使憲法和法律規定的自治權；在民族自治地方的行政體制上，實行自治區、自治州、自治縣（旗）、民族鄉四級建制，不同於一般行政區的省、縣、鄉（鎮）三級建制。這又是它的特殊性。民族區域自治制度所體現的這種共同性和特殊性的結合，有利於正確處理民族自治地方同國家的關係：一方面，各少數民

族地區都是統一的多民族國家的一部分，民族自治地方的自治機關必須維護國家的統一，並以此作為團結各民族人民的政治基礎，保證中央人民政府的統一領導和國家總的方針政策在本地方的貫徹執行；另一方面，從中央到地方各級國家機關又要保證民族自治地方的自治機關充分行使自治權，照顧各民族自治地方的特點和需要，使自治機關有大於一般地方的自主權，成為名符其實的保障少數民族平等權利和自治權利的地方政權機關。

在新的歷史時期，進一步加強民族區域自治，充分發揮自治機關的兩重性，才能使它更有效地領導和組織少數民族地區的建設，維護和發展平等、團結、互助的民族關係，促進國家的繁榮富強和民族的繁榮發展。我國大陸現階段少數民族地區的經濟文化和漢族地區相比，一般比較落後，歷史上遺留下來的民族間事實上的不平等仍然存在，並已成為民族問題和民族關係的主要矛盾。解決這個主要矛盾的根本途徑是在國家的支持和漢族人民的幫助下，依靠少數民族人民的自力更生、艱苦奮鬥，發展自治地方的經濟、教育、文化、科學、技術，大量培養少數民族幹部、專業人才和技術工人，幫助他們「學會用自己的腳走路」，逐步實現民族間事實上的平等和各民族的共同繁榮。如果民族自治地方自治機關不具有兩重性，而只有一般地方國家機關的職權，就不可能充分照顧少數民族地區的特點和需要，在政治上保障各民族的平等、團結；在經濟上文化上加強各民族的互助、合作；在民族自治地方和其他地方之間開展經濟文化交流和協作，實現各民族的共同繁榮。民族自治地方的自治機關雖然具有特殊性，但它顯然不是祖國大陸境內另外的一種政治制度，而是把祖國大陸政治制度包含的共同性和特殊性結合起來，使它既能維護國家的統一和各民族的團結，又能保障少數民族的平等地位，發揮他們

參加管理國家事務、管理本民族內部事務的主動性、積極性。

㈢**民族區域自治是自治權和自主權的正確結合**。在我國具體條件下，少數民族自治權和自主權必須服從於國家的整體利益和各族人民的共同願望，有利於在建設中充分照顧多種多樣的民族特點和地區特點，有利於切實保障少數民族的平等地位和合法權益。因此，它不同於歷史上以及當今世界上一些國家和民族爭取獨立解放的自主權和自治權，更與那種違背國家統一和獨立的「民族主權」、「獨立自治」等有著本質的區別。民族區域自治的實踐證明，自治權和自主權是保障少數民族當家作主權利的緊密相連的兩個重要方面：自治權是實行區域自治的少數民族人民按照憲法和法律規定應享有的立法和管理方面的權利；自主權則是由我國國家性質決定的，少數民族人民在國家和民族自治地方的政治、經濟、文化以及社會生活各方面的權力主體地位。因此，只有實現自治權，才能保障自主權；也只有掌握了自主權，才能更好地行使自治權，否則民族區域自治就會流於形式。祖國大陸實行民族區域自治過程中，過去的年代在「左」的思想影響下發生的失誤，其主要教訓之一，就是對少數民族人民的自治權和自主權尊重不夠，在不同程度上挫傷了少數民族的積極性。

憲法和民族區域自治法總結了過去正反兩方面的經濟，並根據新的歷史時期的要求，對民族自治地方自治機關的自治權和自主權作了明確的、進一步的規定。在自治機關的組成上，自治區主席、自治州州長、自治縣縣長，由實行區域自治的民族的公民擔任；民族自治地方的人民政府實行自治區主席、自治州州長、自治縣縣長負責制，做到職、權、責三方面的統一。民族自治地方的人民代表大會常務委員會由實行區域自治的民族的公民擔任主任或副主任。民族自治地方的人民代表大會主要由實行區域自

治的民族代表和其他居住在本行政區域內的民族代表組成，人口較少的少數民族也得到適當照顧，保證有一定數量的代表參加。民族自治地方人民政府各職能部門的領導，也盡量配備實行區域自治的民族或其他少數民族的幹部擔任，但並不排斥漢族幹部。這樣，有效地改變過去對少數民族當家作主的權利重視不夠的現象，使少數民族人民對自己的自治機關熟悉和親近，有秉於加強自治機關同當人民群眾的聯繫，保障少數民族人民在政治上的自主權。

為了照顧少數民族地區的特殊性，憲法賦予各民族自治地方以制定自治條例和單行條例的立法權、財政管理權、經濟管理權、文化教育管理權、組織公安部隊權、行使職權時使用當地通用的語言文字權等六個方面的自治權。此外，自治機關有權保障本地方各民族都有使用和發展自己的語言文字的自由，都有保障或改革自己的風俗習慣的自由，都有宗教信仰的自由。在新的歷史時期，為適應少數民族地區建設的需要，民族自治地方的自治權有了進一步擴大，主要表現在，自治機關在很大程度上有權根據地方的實際情況自主地貫徹執行國家的法律和政策。比如，在不違背憲法和法律的原則下，可以採取特殊政策和靈活措施，以加速本地區經濟、社會、文化等事業的發展；對上級國家機關不適合民族自治地方實際情況的決定、決議、命令和指示，報經批准，可以變通執行或者停止執行。根據本地方的特點和需要，可以制定經濟建設的方針、政策；合理調整生產關係，改革經濟管理體制，自主管理和安排地方性的經濟建設事業；可以開展對外貿易活動，開闢對外口岸和邊境貿易；可以自主地發展民族教育事業和具有民族形式和民族特點的文化事業，發展科技、體育、衛生等事業。這些規定體現了各民族自治地方自主管理本地方經濟、

文化、教育等各方面建設事業和各少數民族自主管理本民族內部事務的權利，體現了國家共同利益和少數民族特殊利益的正確結合，對於堅持從民族地區的實際出發，避免一刀切、一個樣，因地制宜地搞活經濟，加速民族自治地方經濟、文化、教育等事業的發展，促進民族間的平等、團結、互助，具有越來越重要的作用。

　　四十多年來，民族區域自治在實行過程中雖然經歷過一些曲折，仍然取得了巨大的成就。實踐證明，在我們這樣一個統一的多民族的國家內，只有民族區域自治才是適合我國國情的正確的政策和制度。在改革開放形勢下，繼續堅持和發展民族區域自治，對於認真地實行中央統一領導下的地方分權制，進一步調動各族人民當家作主的積極性，繼續加強民族團結，鞏固國家統一，促進我國現代化建設的發展和各民族的共同繁榮，必然會發揮極為重要的作用。

有關「人權」問題的若干面向
之討論──兼論西藏人權問題

楊開煌

臺灣東吳大學政治系副教授

壹、前　言

　　美國國務院在今（1995）年2月1日發表了「1994年人權報告」，其中對中國大陸的人權狀況作了嚴厲的批評，認為中國大陸的人權「離開國際公認的標準相差甚遠，在中國大陸存在著廣泛的、有憑有據的對人權的踐踏的證據」，今年初美國國會又利用大陸流亡美國人士吳弘達的證詞，大肆攻擊中國大陸的人權問題。回顧美國自1980年卡特總統時代就提出「人權外交」，其後各國國內人權的狀況，美國每一年都會作出評估，對中共政權也不例外。一般而言，人權的保障若以聯合國的「人權宣言」作為標準，則所有極權國家甚至所有國家的人權表現必然都不及格；不過在當時冷戰時期裏美國與蘇聯、東歐等國為敵，所以相形之下，中共的人權問題在美國自身利益的考量下，顯然並不重要。自從「八九民運」以後，接著東歐非共化、蘇聯瓦解，冷戰的形勢轉變；中共成為僅存的社會主義強國，同時也上升成為美國潛在的最大的敵人，在美國的自身利益考量下，中共的「人權問題」變成了美國挑戰中共的主要口實。總計起來美國對中共人權方面

的攻擊包括以下的幾方面：（周瑞華，1993，頁3-41）。

第一、對政治異議份子的迫害：美國的報告指控中共濫捕包括「六四事件」的參與人員，以及後續的一些異議人士，如王丹、魏京生、劉剛、王軍濤或是在出獄之後仍遭監控，或是在獄中受到非人道的待遇，在中共認為他們意圖顛覆政權，任何政權均將逮捕，中共也辯稱他們在獄中得到妥善的照顧。

第二、西藏問題：西藏拉薩地區曾經先後在1987年10月及1989年3月發生兩次喇嘛的動亂，同時流亡的達賴喇嘛又在國際上一方放言攻擊中共對西藏的統治殘暴，一方面放言要與中共和談，西方國家也多半抱持同情的態度，美國的報告也指控中共獄中毆擊藏胞人犯，中共認為是干涉內政，分裂中國，美國認為中共是入侵西藏，迫害人權。

第三、計劃生育：中共由於中國大陸人口的壓力太大，是以在漢族地區厲行「一胎化」政策，對於青年男女結婚的年齡、生育的數量都實施限制。中共認為這是不得已的必要措施，美國認為這是「侵犯婦女人權」（報告也指控中國大陸婦女）。

第四、宗教問題：中共雖然在法律有宗教自由的明文規定，但是馬列主義的本質是反宗教的，是以中共統治的過程，不斷傳出迫害宗教的信息。「改革、開放」之後在對待宗教活動上是比過去為寬，但是仍不是自由的。美國認為中國大陸完全無信仰自由，不但迫害教徒，而且不允許外國教會到中國傳教，這就是侵犯人權。中共認為是否允許外國傳教是內政問題，致於大陸宗教已有傳教的目的。

第五、勞改產品出口問題：美國曾指控中共犯人所製作的產品輸入美國，從而在「中」美貿易上獲得巨幅的逆差，而且是剝削了罪犯者的人權。

　　根據以上五種侵犯人權的事實，美國就在最惠國的待遇上每年挑戰中國，其中以去年的問題是最富戲劇化的。在開始時，柯林頓政府和美國國會議員信誓旦旦的要求、威脅「中共若不如何……美國就如何……」。

　　中共也祭出四種法寶來對抗：

　　第一是以主權對抗美國的人權，把美國的人權外交描述成是干涉內政，而且以此作爲動員第三世界國家支持他們的訴求。事實上，中共也成功地阻止了美國將他的人權標準全球化的努力。

　　第二是以「國情論」來說明不同國家應依自己的國情來評估他們的國家的人權狀況，美國的標準並不是放諸四海皆準；此一論點在第三世界國家也很有市場。

　　第三是為替自己辯護而提出「比較論」：中共的論點包含了二大向度，一方面是以無產階級人權來質疑資產階級人權，認爲資產階級人權是虛偽的、虛假的；一方面是以歷史的對比來證明中共統治大陸之後在人權上的表現。

　　第四是以現實利害論來反擊美國，中共在現實利害上不斷地警告美國，若取消「最惠國」的待遇，則美國的經濟也將同蒙其害，臺灣、香港也同受其害。

　　其中最有效的還是第四種理由，最後柯林頓不得不宣佈貿易問題和人權問題脫鈎，宣佈繼續提供無條件的「最惠國待遇」給中共，而且解除了每年一次挑戰中共人權的權利和機會。然而「人權」問題確實是中共政權的缺點。本文希望處理以下幾個根本性的問題是：

　　第一：「人權」是否有一種全球性的標準？

　　第二：「人權」與主權的關係爲何？

　　第三：如何合理地評估中國大陸西藏地區的人權狀況？

本文以西藏地區為例主要是因為在1993年的「報告書」之中，有兩項與西藏有關，同時西藏地區的人權現況也是達賴喇嘛所一再攻擊中共的論點之一。在族群意識影響下，西藏的人權問題如果沒有一種適當的解釋，則必將是中國大陸一個十分重要的引爆點。

貳、人權標準的討論

「人權」觀念發展得很早，遠在16世紀荷蘭的格老秀斯（1583— 1645）的天賦人權論，托馬斯‧霍布士（1588—1679）的自然權利論，洛克（1632—1704）的政府論，以及盧梭（1712—1778）的民約論，都是人權觀念的先驗者。在17世紀初英國的議會就將「人權」載入「權利請願書」（1682）年，其後有詳載於「權利法案」（1689年）之中，在18世紀初人權概念傳入歐洲和美洲，此後「人權」遂成為美洲和歐陸民主革命的重要訴求。1776年的美國獨立宣言，同年的維吉尼亞權利法案。而1791年的「人權法案」是使「人權」問題第一次在人類歷史上得到比較完整和周延的保障，其後美國的人權運動也影響了法國宣佈了「人權和公民權宣言」。此後「人權」的概念普及到世界各地，成為民主政府在國內保障人民權利的必要的法令。

第一次世界大戰之後，國際上出現了對「人權」的某種程度的關注，國際條約中對人權的規定也逐漸的增多。1919年對奧地利的和約、對保加利亞的和約、1923年對土耳其的和約，都不約而同的注意到少數民族權利的保護問題和平等權利的問題，1926年國際聯盟主持制定了「禁奴公約」，1930年的「禁止強迫勞動公約」都是國際保護人權的公約。到了第二次世界大戰之後，「人權」觀念的發展則更進一步被視為一項國際法準則，

1941年美國總統羅斯福提出「人類四大基本自由」——言論、信仰、免於恐懼和免於匱乏的主張，此信念其後反應在美、英所簽訂的「大西洋憲章」，1942年中、美、英、蘇等26國在華盛頓共同簽署了「聯合國宣言」，進一步確定了上述原則。第二次世界大戰結束之後，戰勝國成立國際法庭，在審判法國的戰犯時把戰爭期間對任何侵犯人民的犯罪，都定為「違害人類罪」，國際法庭對此有管轄權，於是「人權」問題從國內問題成為國際問題。1945年聯合國成立，並通過「聯合國憲章」，第一次將「人權」規定在普遍性國際組織的文件之中，在聯合國憲章的第一條第三項，第五十五條、第六條，而且在第六十二條、第六十八條分別責成理事會設立「以提倡人權的目的」的委員會，是以在1946年聯合國根據此條款成立了「人權委員會」。

「人權委員會」開始只是為了制定人權法典而著手工作的。但 1947年它改變方針，首先制定了明確人權具體內容而沒有法律約束力的「世界人權宣言」，接著有制定了條約形式的有法律約束力的「國際人權公約」。這兩部份合起來，稱為「國際人權憲章」。

依據「人權宣言」的宣示，人所享有的權利包含了以下的二十餘種權利；生命權、人身安全權、平等權、財產保護權、不受非法拘捕、拘禁、流放權、婚姻自由、秘密通訊、選舉權、擔任公職權，以及思想、言論、宗教、集會、居住、遷徙、免於奴役、社會保險免於失業、同工同酬、給薪給假、受教育等權利，這些看起來項目繁多，從「人權」觀念的發展來看，國內學者黃默教授歸納出發展的軌跡是：（黃默，1994.9）

第一世代人權是公民與政治權利：是以爭取個人為權利主體和保障個人權利為核心。

　　第二世代人權是受了馬克斯的影響：人們開始重視人的經濟社會權利，包含工作權，除了要求工作還包括了組織工會、醫療保障、失業救濟等權利。20世紀之後再擴大爲文化、科技、教育享有。

　　第三世代人權是以民族自決爲核心的群體權利，此一權利保障民族自己的經濟發展、種族、語言、宗教等自主自決的權利。

　　第四世代人權是在17世紀之後，人權進一步擴大爲和平權、發展權、環境權和資訊權等，這是把個人和群體加以結合，相對地闡述了個人與群體的權利義務觀念。

　　依歷史的脈絡來看，人權觀念是逐漸的趨於完善和周全，是以政治權利爲基礎，以保障人類的尊嚴、幸福爲宗旨。

　　如果我們從當代「人權」的實際內容來看，「人權」似乎可以分爲二大類：一是維護個人的生命，一是成就個人和群體的生活。生命的權利要點在於個人擁有與其他人平等的、生存的權利。生活的權利則表現爲平等、自由地參與人的社會以成就自我，發展自我的權利。

　　從常理來看，應該是先有生命再有生活，換言之，必須先活下來才能去追求活的意義。但是我們若結合前述的人權發展來看，似乎又不是這樣，人權的發展是先有生活人權，如政治人權，這樣的發展必然是受到社會的影響；即當時在爭取「人權」鬥士們他們所感受的威脅不是生命是否延續，而是生活保障的問題，是自己的政治權利能否得以保障的問題。因此我們可以合理地推論這種人權的追求者應該是「資產階級」人格。所以當「資產階級」走上歷史舞台，成爲歷史主人時，資產階級的「生命人權」的問題已經解決，然而對無產階級的普羅大眾而言，當時仍然是爲了生命而掙扎。

19世紀以後，馬克斯、傅立葉、羅伯、歐文、聖西門等不同流派主張的社會主義者開始注意此種不平等，於是開始奔走，呼籲無產階級普羅大眾的「人權」。所以第二世代的人權是以「生命保障」爲主題，這應該是「人權」的一次普遍化趨勢。如果說第二世代的人權所關注的普羅大眾，仍是帝國主義國家內部的普羅大眾，則一次大戰之後的第三世代的「人權」所表現的人權則進一步擴及到殖民地國家的個人和民族，這一變化可以說是人權問題再一次的普遍化。到二次大戰之後，戰爭對人類的爲害不論是集體人權或個別人權都是同樣受害；再加上科學的發展所成的全球性爲害，乃有國際間合作式的人權觀念的發展。因此我們可以推論出二種邏輯：

第一：中共所區分的資產階段和無產階段人權並不完全是一種偏見。中共所說的「人權」演化而來的觀念，也不是絕對的錯誤，是有一定的歷史佐證的。但是此一概念應否成立，目前中共不重視「人權」的遁辭，則仍有待商榷。

第二：我們「人」總是生活在今日的社會，在目前的社會中這兩類的人權也常常無法清楚地區分，有些權利是相互滲透的。所謂「生命權」意即人不可缺乏的權利，否則生命就受威脅，所以是人權中必要的權利；「生活權」意即人的社會生活權利，若有缺乏，人就不成其爲人，所以是人權中的充分條件。

中共所說是大陸仍有幾千萬人生活在溫飽之下，所以在大陸「生命權」狀況的論點我們以爲是不週延的。首先，中共統治大陸40年，幾千萬人不能得到溫飽是中共的責任，不是別人的責任；其次，就算這幾千萬人生命優先於生活，那麼其他的11億人，生命基本無慮的人民，中共是否尊重他們的人權呢？所以中共的理解是有問題的。

內　　　容		生命人權────→生活人權	
發 展	第一世代 ↓	不受非法拘禁、流放	思想、言論、信仰自由、集會、結社、選舉權 秘密通訊 居住遷徙
	第二世代 ↓	工作權 同工同酬 組織工具 醫療保障 失業經濟 受教育 分享文化、科技 休假	
	第三世代 ↓		民族自決 民族文化、民俗、宗教的保存
	第四世代	自主的經濟發展 自然資源的享有	和平權 發展權 環境保護 資訊流通

　　一般而言，在今日的國際社會中，我們講「人權」是指上述的生命和生活統一的充要條件的「人權」，因為我們既要生命也要做人，活在世界上才有意義。如果沒有生命自然沒有人權，但是只有生命，不能像「人」一樣的生活，則生命也是沒有意義的。所以我們講「人權」是不可以分割，不受文化和生活水準的不同而有差別所以在「人權宣告」的最後特別講「本宣言所載不得解釋為任何國家團體或個人有權以任何活動或任何行為破壞本宣言內之任何權利與自由」。換言之，「人權」從過去發展到現在是

人類在追求自我體現的一個過程，其宗旨其實與馬克思在1844年政治經濟學手稿中所追求的「人」的解放有相同的宗旨。從這個意義上就「人權」是有其普遍性的意義，在各國不同的條件下實現「人權」可能有其程度上的不同，但是基本人權的普遍性，應該沒有標準的不同。依此我們可以合理的推論「人權」也沒有被分割實施的理由，因為人的存在不可能不是生命和生活的統一；換言之，中共常常以「生存權優先論」作為大陸人權狀況辯護的口實是不適當的，因為當人生活得不像一個人的時候，人的生物生命也就沒有意義了。

叁、人權與主權的關係

上面我們主要的討論是在「人權」問題上的內在思考，而由於人權問題的國際化本身是一種趨勢，在近十餘年來又因為美國前總統卡特的提倡，因此人權有超越主權的趨勢。而我們的問題正是人權與主權的關係研究應該如何安排，擺在眼前的事實只是人權的國際化趨勢，然而此種國際化的趨勢在邏輯上只是人權標準的普遍化，並不表示國際社會有權處理的是：某一主權國家對另一主權國家國民一旦採取非人權對待時，國際社會可以有權干預。然而國際社會是否也可以推論認為此一干預可以以一個主權國家內部的人民所遭遇的人權傷害呢？我們從自然「人」的角度去推理，似乎並沒有困難，完全可以推論出干預的理由。（這裡並不去討論國際社會有否干預的能力和意願）。但是此一推論顯然與國際化現存的主權理論是相互矛盾的，因為在主權理論中，國際法學者公認主權是具有「完整、獨立、排他、至高無上」的特徵，現今世界上的國家的「法人」人權便是建立在此一基礎之上，所以除非我們先修改「主權」理論，否則我們很難合理的推

論人權問題可以排斥主權，於是現今世界上就有一部份學者提者一些「新主權」觀，他們認為今日世界已逐步的邁向「地球村」，有許多的問題已經不是主權國家所能面對，必須尋求超越主權的合作，如人權問題、污染問題、AIDS病毒問題、販毒問題、能源問題、經濟合作問題、生態保護問題、野生動物問題的問題等。在全球趨同化的趨勢下，主權在許多地方必須服從於國際社會，所以有人提倡「分割主權」、「暫時擱置主權」、「主權聯合」、「法律主權」、「事實主權」等。然而從現實來看，主權在今日的國際新格局中，非但沒有日趨萎縮反而是日趨重要：第一是在面臨上述所有的問題時，首先要徵求合作和尋求解決計策及其對象，仍然是以主權國家為對象，而不可能超越國家直接尋求解決之道；第二是尋找到解決辦法之後，執行國際協議的主體也是主權國家，而不可能是民間團體；第三在目前的世界性事務中，確有讓度部份國家主權的現象，如歐洲共同體準備發行統一的貨幣，但是我們不能忘記歐共體國家是在平等協議的結果下，自願讓出部份的主權，這不是主權國家的主權被剝奪，而是有條件的暫時行為，各國主權仍有被收回的權利、機會和決定權。換言之，到目前為止「國家主權」不論在法律上和事實上都沒有弱化的現象。這就是說人權的普遍性原則與現今世界的國家主權原則仍是相互矛盾、相互衝突的，以今日主權仍居於優勢地位的情勢來看，國際間以人權來干預是吃力不討好的作法。我們看到以美國的強大對中共，對許多開發中國家的人權最後也是不了了之，以東帝汶被印尼侵佔乙事來看，美國、聯合國雖不承認印尼對東帝汶的主權，但也同樣無可奈何。然而「人權」又確實是人類世界的共同趨勢，正如同早期資本主義國家可以單獨發展致富，而對殖民國家、落後國家的經濟及人民生活置之不顧；但是最後資本主義國

家爲了自身經濟的發展，仍不得不協助開發中國家經濟成長，而國際的援助現今已經成爲國際義務。那麼，國際上「人權」的援助是也應該從各國自掃門前雪的情況，轉爲是一種國際合作和互信監督的全立場呢？顯然這是一種十分假設的問題。經濟的發展是因爲利益的問題，而「人權」不存在直接的利益，所以有關「人權」的國際干預就應該堅強的理由，我們以爲下列的三種情況是國際干預主權的條件：

第一：國際可干涉的理由是某一國的違反「人權」的行爲涉及該國主權以外的地區人民的權利。如果是則國際的干預便是正當的，例如印尼侵佔東帝汶、殺東帝汶人民，又如塞爾維亞人殘害波斯尼亞人等情況，應該是國際可以干預的。

第二：違反人權的情況雖然發生在國內，然而其影響卻延伸到國外。例如以監獄人犯的勞動產品傾銷外國，或是國內實施非人道的統治導致該國人民無以爲生，紛紛外逃。這時國際社會也應該伸出援手，維護該國人民的人權。

第三：該國的內政明顯地違反了人類生存的權利，如不加以干涉必然引起國際間不良的示範作用時。如南非在過去實施種族隔離政策，或是中共以軍人來鎮壓大學生的民主運動等，國際間就應該進行必要的干涉。因爲國家必須也必然是國際社會的乙員，作爲國際社會的法人，沒有理由不遵行國際習慣和國際法，否則勢必危及整個社會。因此主權雖然優先於人權，不過有其相對性而非絕對的。

然而，也因爲是相對的，所以有些人權的基本權利是必須配合一個國家的具體情況，在程度與其他國家不一致的情況下，則國際上是沒有干預的理由。換言之，國際干預國家人權情況的條件只有在該國採用不同標準的人權時，而不是採用不同程度的人

權時。然則何爲不同程度的人權，何謂不同標準的人權呢？依據本文前列之國內學者黃默教授的研究，人權的發展可以區分爲四代。依據此發展的概念，我們可以發現政治人權是人權的本質，是標準的問題而非程度的，然而經濟人權、文化人權、教育人權是程度的問題；因爲後者和該國的經濟發展、國家財政有關，例如：一個國家的工人應該每週工作五天、五天半、或是六天，應該是依據一個國家的經濟需要來決定，只要在該國範圍男女平等，則他國沒有干涉的正當理由；又如一個國家的義務教育爲六年、九年或十二年也是一個國家的內政，而不是其他國家可以干預的。

　　以上我們大致已將「人權」的標準及人類和主權的關係在理論上作了釐清的工作，以下我們將依此概念來討論國際對中共西藏人權問題的指控。

肆、西藏「人權」問題之討論

一、歷史的發展

　　西藏的人權問題受到關注是從1959年發生拉薩暴動，達賴喇嘛率員逃至印度之後。先是1959年7月國際法學家委員會提出「西藏人權問題」文件，文件稱「中國犯下了『別的任何人和任何國家所不能比擬的嚴重罪行——有意全部或部份地消滅一個國家、一個民族、一個種族、一個宗教集團！這也就是種族滅絕』」當年9月15日，第十四屆聯大開幕。9月17日，美國國務卿赫脫便在大會發言中，肆意誣蔑「中國共產黨殘酷壓制西藏人的基本大權，推行殖民主義政策」，稱我（中共自謂，下同）平叛目的在於「消滅西藏種族」。自十四屆聯大以後，聯合國大會又曾於1960年、1961年和1965年三次把「西藏問題」列入大會議程。其中1961年的第二十屆聯大，亦再次分別通過了所謂「西藏問

題」議案，其措詞比1959年議案更爲激烈。這些決議稱，聯合
國「對西藏人民獨特的文化和宗教生活受到壓制」表示「嚴重的
關注」和「極大的不安」，中共應「停止那些剝奪包括自決權在
內的西藏人民的人權和基本自由的行徑」。

70年以後美國在戰略上需要中共的幫助，相對地對中共「人
權」的攻擊也就減少，80年末西藏拉薩發生二次抗暴運動，達賴
乃再度呼籲國際重視中共對西藏的種種「暴行」，達賴公開的中
共暴行，如：屠殺同胞120萬、滅絕藏族文化、宗教，在西藏實
施計畫生產、傾倒核廢料，對反抗人士進行「酷行」等等。六四
事件之後，國際間同情達賴的聲音增加；90年代初東歐巨變，蘇
聯瓦解牽動國際形勢的變化，中共再度成爲自由世界之敵，
1991年8月聯合國人權委員會下屬的防止歧視和保護少數民族小
組通過「西藏局勢」決議，聲稱：「對有關西藏人權和基本自由
遭受侵犯的不斷報導表示關注」，要求聯合國秘書長向1992年
人權委員會會議提交有關報告。在1992年1—3月舉行的第四十
八屆人權會上，少數西方國家代表團利用小組委員會決議，對中
國橫加指責，並聯合拋出了一項所謂「中國／西藏局勢」決議草
案，要求人權會關注「西藏的人權狀況」，「呼籲中國政府採取
措施，保護完全尊重西藏人以及其他所有公民的人權和基本自由」。
達賴集團和一些非政組織的成員於是空前活躍，遊說於各國代表
團之中，以期促使會議通過西方提案，以便制裁中共，最好藉此
承認西藏獨立。

另外在1991年10月美國國會通過國務院授權法中竟聲稱：
中國的西藏以及四川、青海、甘肅、雲南藏區是「被占領土」，
達賴喇嘛是其「眞正領袖」。這個聲明說明了美國不僅以西藏人
權作文章，而且是進一步把一般的人權問題與西藏主權問題相題

並論；有意拋出一個試探的氣球來增加西方世界對中共討價還價的籌碼。再則就是1993年美國國務院的「人權報告」（已如前述）。綜合以上的指控，國際對中共統治西藏人權問題的指控包括了人權內容的全部，這就是說從指控的內容來看，中共對西藏的統治根本一無是處，完全是例行措施。在手段上還進一步將中國對西藏人權問題國際化，即中共所謂的主權問題，以便使得國際各國對達賴的聲援和接見進一步合法化；中共對此也大表反對，不斷加以行動和理論的駁斥。

二、中共之辯護和具體措施

1.西藏主權歸屬和人權狀況白皮書：

中共對美國的攻擊自然不是沉默相對，而是從文字和行動兩方面作了反擊。在文字上最重要的就是於1992年9月22日發表「西藏的主權歸屬和人權狀況」的白皮書。具體的回應，在人權部份是以歷史對比，反映中共統治下的藏胞人權改進的狀況（主權部份不屬本文討論範圍，從略），其重點如下（蒙藏委員會，民81）：

(1)歷史上藏胞的待遇：佔90%的差巴和堆窮是沒有人身自由，他們只是貴族的財產，在生活上也只是會說話的勞動者。

(2)中共解放了藏胞：廢除農奴制度，結束「政教合一」，加強「政治協商」，實行民族自治，發展西藏經濟，改善藏民生活。

(3)80年代的改革：實行農牧無稅，提供免息貸款，鼓勵家庭副業，恢復集市貿易，引進科學技術，重視民族工業，興辦輕工、能源、興建公路、電信、建立醫療系統，加強優生宣傳，提倡西藏教育，恢復宗教生活，重視西藏文化，開放對外貿易，扶持觀光事業，大力支援西藏開發一江兩

河，重視環境保護，尊重藏幹自治。

總之，中共以十分完整的資料來說明中共治藏的成績，問題是這些成績在以前中共的媒體已同樣宣傳過，不論其是否為真，但是對此西藏現今的社會情況明顯的結果是藏胞並不滿意中共的統治。所以達賴的「藏獨」仍有不容忽視的市場，外國人仍有離間的空間；這是中共無法否認的。因此「白皮書」的宣傳效果如何，也就不言而喻了。

2.具體措施：

首先是「白皮書」出爐後，中共依例組織在京在藏的藏族領導幹部帶頭學習宣傳，順便批判外國人干涉內政。此一學習與批判運動自由治區及朝基層逐級佈置組織，直到現在偶有發現少數的機關、部隊或武警仍在學習之中（月報，82年2月）。

其次是安排領導幹部會見外國記者，答覆問題，（中國政治，1991年5月，頁11），並重申願意與達賴談「藏獨」以外的任何問題（月報，82年11月），也願意和西藏流亡人士正式談判（月報，82年8月），特別是在「人大」「政協」開會期間，中共每每刻意為外國記者安排有關西藏記者會。

其三，允許外國政要的觀察團入藏考察，例如1992年12月批准美國的參議員赴藏，1993年也有澳洲和法國的議員和美國的官員赴藏考察（月報，82年11月）；以便借外人之口來為中共治藏的人權記錄說項。（月報，82年12月）

其四，派遣西藏文藝民俗團體赴境外演出（月報，82年12月），據估計算1990年到1993年，共派出西藏或藏胞的文化、民俗團體共200人次，走訪過美國、歐洲、澳洲的主要城市（月報，83年3月，頁9；月報，83年7月，頁139），其目的自然是為了反擊達賴所說中共消滅藏族文化的說法。

其五，最重要的是92年全大陸掀起社會主義市場經濟熱潮之後，西藏也不例外加強了邁向市場經濟的作法，重要的實施如：

　(1)發展「鄉鎮企業」，要做到鄉、村、聯戶、戶、西輪驅動，積極扶持，大力發展。

　(2)鼓勵外來投資，優先安排及時落實。

　(3)允許政府機關興辦經濟實體。

　(4)大力開拓西藏旅遊觀光事業，發展第三產業。

　(5)加速西藏文化與新聞出版事業的發展（月報，83年4月，頁88；月報，83年6月，頁48）。

　其六，對藏族教育的雙語教學現在也比過去重視許多。除此以外，學校的普及和提升，如：大學專校的設立，也是中共對外公佈的治藏工作的重點（月報，83年7月，頁101）。對藏族幹部的提拔也更加積極，現在在「自治區」一級的領導幹部只有區黨委書記陳奎元為漢族，其他均為藏族；當然，黨委仍有最後的決定權，不過藏族幹部增多也是事實。

　雖然我們承認中共在經濟、教育、文化、宗教、政治等方面確實在西藏作了不少的努力，特別是對西藏輸血政策，每年挹注西藏的資金為數也不少。然而根據外電的報導，中共治藏工作在基本上的政治人權仍然是沒有保障，例如1991年的中共稱「自1987年以來，參加暴亂被捕的藏胞有1,025人，其中有121人被判有期徒刑，97年送勞改，其他在接受『教育』後釋放」，今（1994）年3月，全國八屆「人大」二次會議時，藏族份子稱中共仍監禁藏族政治犯105人，西藏官員立即否認（月報，83年7月，頁136—137）。總之，中共在西藏對政治異議者的態度並沒有改變。

伍、對中共的辯護之討論

對行動的部份我們無法深入了解，也無法實施訪談，效果如何難以評估，本文僅就文字部份加以討論：

首先我們從中共的辯護內容來看，其實中共已經承認了以下的事實：西藏地區的人權狀況現在比歷史為好，西藏人民也具有同以西方標準的人權，這種以西方的邏輯來反擊，未償不是相當有說服力的辯解，但是此一論點與中共的「國情論」就是相互矛盾。因為中國國情的辯護是預設在不同程度，甚至是不同標準的「人權觀」之上，否則就沒有提出「國情論」的必要。

其次，中共一再聲稱「人權」是內政問題，不容他人干涉；但是中共不論是文字的辯論或是行動的妥協，如允許與外人討論中國人權現況，允許外人參觀監獄等等。從策略上而言這當然都是做給外人看的，並企圖以外人之口實來反證自己的人權、然而此一行為就意味著中共的主權是需要別人來證明；因此中共的行動和自己的言語所堅持的內政不容干涉也是相互矛盾的；這便是我們看出中共在人權問題上表現的搖擺，前後不一。

其三，中共一再分「人權」有資產階級人權和無產階段人權，而且認為資產階級只是少數人的人權，只有無產階級才能保障最大多數人的具體人權，但是我們以為縱使我們承認中共的說法，我們可以發現其實中共強調的無產階段人權和中共詛咒的資產階級人權在內容上是完全相似的，唯一不同的是無產階級人權的經濟基礎是公有制，資產階級人權的經濟基礎是私有制，假如此一差別是有意義的，然而目前大陸現況是要實行國有企業的破產法，反而容許私有企業的經營，甚至在可預見的未來，大批國有企業破產之後的工人就業是依賴私有的三資企業、個人企業。如果我

們從現實的情況來看，中國大陸的人權確實離開人權宣言的標準太遠；換言之，即使以無產階段的人權觀也不能爲中國大陸人權的不良現況提出辯護。

其四，中共爲西藏人權狀況所做的辯護，大概集中在生活資料的保障、生活水準的改善、受教育人口的增加、衛生條件的改善、對宗教信仰的保障、對西藏文物的保存等等。從人權理想來看，中共的辯護反而是集中在第二、三代的人權觀，事實上從人權觀的發展來看，第一代的政治人權才是一切人權的基礎，如果不是在這個基礎上的話，國際上所說的「人權」便是毫無意義的權利。

第五，從中共的憲法來看，中國大陸人權其實也不比世界上任何國家爲少。然而，中國大陸人民的人權確實十分有限，踐踏人權的實例則是處處可見。這一方面固然是因爲中國人民的政治文化中還沒有眞正發展出保護自我的機制，有人辯稱中共鼓吹的窮人翻身、工人當家作主就是自我保護，其實那是鼓吹反對，是一種打倒別人自己作主的革命哲學；作主人滿足的是權利慾，是想主宰別人的主人，不是自我保護。自我保護是一種不刻意作主人，也不能讓自己的基本權益受損的一種意識。在中國文化缺乏這樣的文化基礎，在大陸政治教育中缺乏這樣的教育內容。所以在中國大陸人民的人權很容易被侵犯，另一方面則是中共幹部在心態上只是將法律視爲處罰他人的手段和工具，並沒有把法律視爲一種規範；因此在他們的觀念中，只要反對共產黨的人，那就是「專政的對象」，不是「人民」；因此也就沒有人權可言。所以中共也不認爲他們的作爲是侵犯人權，然而中共在自我辯護上有極力以西方的法律哲學來自我辯護，這就給人們以強辯現實的感覺。　•

陸、結　論

實地來看，中共在大陸的統治不論是對漢人或是西藏同胞甚至於其他少數民族，都是相同的「專政」，對反共的行爲也都是採取高壓的態度，在他們看來這與人權無關。由於中共堅持「一黨專政」，所以中共將「反黨」和「叛國」罪同一看待，又將言論犯視爲行爲犯，因爲言論也是一種行爲，所以在政治無法容忍異己，必須動用公權、法律等專政工具加以逮捕。所以只要中共沒有多黨政治的概念，則西方的政治人權在中國大陸就沒有可能完全實現；不過去過大陸的人也都發現，現在的大陸在言論尺度上比過去開放許多。因此我們以爲有心改進大陸人權的人，不是單單使用漫罵的方式，也須對中共的改變作出歷史性的總結，肯定現在比過去爲好，階級性的提高要求，才有可能眞正在改善大陸人權上作出貢獻。

其次，中共在西藏的種種統治方式可議之處確實甚多，尤其以文化大革命時期爲最。然而自80年代開始，中共對西藏的工作也確實有所改變，是以西藏人民不論在生活水準、衛生條件、宗教生活、西藏文化的保存、藏族幹部的提拔等各方面比之歷史的西藏有了明顯的進步。不過中共對西藏仍然是高度的不放心，對自己的統治也沒有信心，這就提供了外人和部份藏胞攻擊中共的口實，是以中共在治藏工作上如何從經濟的務實作法，逐步轉爲政治上的務實政策來贏取大多數藏胞的信賴，從而徹底改善藏胞處境。換言之，中共除了重視藏胞的經濟人權之外，也應該認眞地注意提高藏胞的政治人權，而不是一面以似是而非的理由爲自己辯護，一面反而增加對政治人權的迫害，這樣只是增加了藏人對中共的厭惡而已。

　　其三，美國的指責顯然也是別有用心的，他們把中共治藏視為中共入侵西藏，而且還包括了青海、四川、雲南，完全超過了對國際法的尊重，彰顯赤裸裸的霸權心態。連在人權問題也突顯其分裂中國的野心，其用意不能不令中國人警惕。換言之，美國的「人權外交」說穿了也只是以假仁假義的道德訴求，來掩飾其政治霸權的野心，然而中共也同樣屬於美國的惡勢力，對此反擊的聲音顯然不足，這是令人遺憾的事。

　　其四，個人以為人類社會發展出「人權」的觀念，主要的目的在於提供人類生命的保障和生活的幸福。隨著現實環境對人的生命和生活產生不安全、不幸福的各種情況下提出保障幸福的要求，所以說人權是一個發展的概念，問題在於對人的生命和生活的威脅，從「人權」的角度來看，都是社會發展之後的結果。換言之，從理論上看人類社會，本來不應有政治、工作、文化、教育、環境等各種威脅，也就是說人原本應該有「人」的保障。從此一意義來看「人權」只是還「人」的本來意義和人的真面目而已。因此，「人權」其實無所謂發展，人就是人，而且到那裏都應該是人，所以中共對「人權」的發展論和國情論的辯論的辯詞不但是不符合人的精神，也和馬克思的人道主義不相容。

參考書目

1.黃默，當代國際人權標準：三評中國政府人權觀與政策，人與人權 Human Rights in China,（1994 Fall）,N.Y;SEPTEMBER 1994.

2.馬克思主義人權觀，臺北：海峽評論社，1992年5月1日。

3.中國的人權狀況及有關法規和約法，臺北：海峽評論社，1992年10月。

4.評中共「西藏的主權歸屬與人權狀況」白皮書，臺北：蒙藏委員會，

民81年10月。

5. 中國人權研究會，人權外交與現代霸權主義的眞相，臺北：海峽評論，
   1994年9月。

6. 中國政治D4 1991年5月、1991年10月、1991人12月、 1993，北京：
   中國人民大學書報資料中心。

7. 朱鋒，社會主義與人權問題，國際政治研究（季刊），1993年 3月，
   北京：北京大學國際政治系。

8. 蒙藏地區現況月報，民82年8月至83年9月，臺北：蒙藏委員會編印。

第二章　社　會

從漢壯融合到西方文化衝擊：

廣西近代社會的形成與突變

朱浤源

中央研究院近代史研究所研究員

前　言

　　無論從民族學，或者政治學、社會學、中西交通史、中西文化史、甚至直接看中國的歷史，廣西一直是一個十分複雜而且值得研究的地域。本人在一九八五年開始注意廣西，當時人在英國的劍橋大學。到今年一九九五年，剛好整整十年。我用十年的時間，寫了一本六百二十多頁的書，細述與申論廣西從一八六○年到一九三七年這段時期的變化，其中及於政治、社會、經濟與文化等面向。①就是在這本書之中，讓我體會到廣西在近代以來的確產生多樣深刻的變化，而且，這些變化，與中國的近代史密切相關。今天，雖然廣西仍然落後與貧困，但是它在十九世紀所形成的特殊社會風氣，則依然存在。這股特殊民風，在二十一世紀仍將發揮異於中國其他地區的功效。

　　本文所探討的，不是一八六○年到一九三七年的這一段故事，而是一八六○年之前的故事。它所涵蓋的時間遠長於上述的這一段（祇有78年），至少有四千年。作者依據民族學、人類學、歷

史學的學者們所提供的著作，再加上史書、志書、回憶錄等第一
手資料，以客觀的角度，人口學以及社會結構分析的方法，鳥瞰
式地切割近代以前的廣西。

　　第一單元探究自遠古以至近古，廣西由於位居多種大民族活
動區域的交界處，民族的成份自然較其他許多地區多樣化而且複
雜。秦始皇命令開鑿靈渠，使湖面與廣西直接相通以後，漢人的
力量開始從灕江移入；西江的航運，更進一步推動嶺南地區的漢
化。漢人大量移入，也促成廣西境內多達二十種以上的種族相互
奧援合作，並且融合，而爲下一個階段。

　　第二單元即指出廣西境內人種在漢化的同時，也進行「壯化」
的現象。大致上說，秦到唐末，是漢化與壯化的第一階段，是局
部性的；宋以後，爲漢化與壯化的第二階段，程度較前深刻與激
烈。漢人與逐漸成形的壯族之間，有著許許多多互鬥互爭的流血
的不快的經驗。廣西「僮（獞）人」的出現，就在這個時期。

　　第三單元進入明、清時期的細部探討。在這段時間，以漢爲
主回、滿爲輔的中原統治者，再進一步以軟、硬兼施的方法與廣
西土著進行幅度更大更緊的交流。作者特別注意人口學上的詮釋，
並根據人口統計資料，進一步分析漢、回、壯爲主的幾個民族融
合的情形。

　　第四單元加上生態環境上的考量，使作者能夠重新解讀數本
廣西通志之中，有關社會風氣的描述。並且發現若干特殊現象：
首先是文化的變化，其速度非常之慢。其次「化」是一種相對的
現象，換言之，化是一種相互的學習與融化，化是雙向而非單向
的。最後是化與動亂之間，有著相輔相成的現象。作者訝異地發
現：變化最快速的時段，竟然就是動亂最大的時候。在動亂中，
各族間的融合又更快。

第五單元進一步披陳變化與動亂相循相生的具體內涵。特別是西方力量侵入之後，漢壯兩大族已經大體融合的廣西社會，又分裂成為數大力量，在中、下階層的世界裡，形成維護傳統與對抗傳統的兩股勢力，彼此間展開劇烈的鬥爭。

總之，本文所述，是從社會的觀點分析廣西。它是拙作「從變亂到軍省」第一章「背景：變亂社會的形成」四個節裡第一節之中的五個單元。以下就是該節的內容。

臺、民族大遷移

廣西最早的住民，其為舊石器時代晚期的柳江人和麒麟山人，繼之有甌駱人。②後來為大越族。大越族是馬來族的前身，原住江、浙、閩沿海一帶，後漸南遷，而為今日苗人、瑤人、壯人、蜑人等的祖先，居住在東南半島以及雲南、貴州、廣西一帶。③

壯人古稱「僮」、「獞」，亦稱「僮牯族」。徐松石指出，這個部族，得多於五千餘年前風姓的燧人氏，和四千九百餘年以前風姓的伏羲氏。其原來的族名為「蒼牙」，後來嬗變為「蒼梧」。堯舜時，他們早已向西南擴展，立足兩廣。後來再由蒼梧族，嬗變而為牂牁僚族，再由牂牁「僚」，嬗變而成僮牯「佬」。④

苗族起源於姜姓的神農氏。蚩尤本是苗族英偉的君主，但遭黃帝擊敗，從江淮以南再往南遷，自此一蹶不振。後來又被加上蠻字，混跡中國西南山區。⑤瑤族得名於春秋時吳國的搖城和越國的搖王。瑤族，古稱「猺」、「徭」、「傜」，或作「繇」字。原居閩、浙一帶。後亦逐漸向西南山區移動。⑥蜑族亦然。蜑族亦稱、「蛋」族，古代散佈在長江上中游，⑦即自四川、雲南交界，經越南而至兩廣，再沿南海，延伸至閩浙，恰好形成一個弧形。⑧苗、瑤、蜑三族，語言較為接近，而與壯、僚語不同。

　　胡耐安的研究發現，亦與徐氏相近。胡指出壯族出自僰（音Pe或Puh）撣（音Shan或Thai）語系，⑨與東南亞一帶，特別是泰國的語系極接近。苗、瑤等爲另一族系。⑩這幾個大族逐漸移入，在秦漢時已成爲廣西的主要居民，而漢族也在這個時候移入，使種族間的大混血進入另外一個階段。

　　種族間的混血，應從瑤、壯的連稱開始，或許是因爲僰撣語系的民族大半移往東南亞，也因爲廣西等地爲多種民族交界混居之處，使得留在湘、粵、桂等地的壯人，較多與外來種族混合的機會，因此，在中國歷史上，廣西雖曾有過多次變亂，特別是在宋明時代，但其妥協性似乎較高，不像苗族與瑤族，常以整體民族的力量與漢族相抗。使得世居廣西數千年，且人數遠在滿、蒙、回、藏、苗、瑤諸族之上的壯族較少在中國歷史上興風作浪。⑪壯族的含蓄，使種族的混合速度加快。無怪乎史書常以「傜僮」連稱，或者統稱爲「苗」，⑫鮮少以壯（僮）稱之。而移入的漢人，也因此較樂於接受壯人，漢、壯的彼此同化，就比其他種族之間的同化還要來得順利。⑬

　　就在漢、壯兩族進行同化的時節，漢族之內又有幾個支系先後進入廣西。時至今日，廣西最大的語系，總共分爲四支：一爲桂林語系，又稱「官話」語系，自兩湖傳入；二爲粵語系，又稱「白話」或廣州語系，自廣州府和肇慶府傳入；三爲壯語系，或稱泰語系，與泰國和寮國的語言相近；四爲客家語系，又稱山語系。這四大族系代表廣西人的四大支。其中三支都來自漢族。這三支之中，桂林語族傳入最早，再次爲粵語族。客家人來得最晚。客家人由於來得晚，所有平陽一帶或接近河流的肥沃土地，已爲先來的漢人以及漢化的壯人所佔，祇好向荒山野嶺開拓營生。⑭

　　漢、壯、瑤、苗、蜑族之外，別有俍、侗、伶、京、彝、水、

毛難、儸、仡佬等等。這些族參雜在壯、瑤、苗、蜑之間山區，過著遺世獨立的生活，在漢人大量移入廣西的兩千年中，或多或少從漢人以及東南亞諸族吸取一些文明的果實。其吸收程度高者，漸被同化；不願被同化者，祇好孤守山林。還有回族，從漢唐開始，也有部分遷入廣西。後來逐漸與當地人融合。⑮

　　因此，以漢、壯兩大系相互融合同化的兩千年之中，另有二十種左右的其他種族，也曾在廣西落腳，並與漢、壯兩大族系，有著程度不同的混合與互動。使得廣西在文化、血統、語言、宗教、風俗習慣等方面，成爲道地的多種族相混雜的地區。

貳、壯化與漢化

　　漢人帶著較高度的文明，自秦朝進入廣西以來，與廣西土著之間，就產生密切的互動關係。在長達兩千年的紛擾與融合中，土著的壯化和漢化，以及漢人本土化三種運作都在進行著。由於漢人以漢族爲中心，所留下有關壯族的中文資料極爲有限，關於漢人本土化的資料，也不多見。漢人的史書所記載的，都帶有濃厚種族優越感；以土著爲夷、爲蠻、爲獸，因此，每以「獞」、「猺」、「猓玀」、「狪」、「狼」等名稱之。但若拋開這一類具有高度鄙夷意味的字眼，仍能在眾多的漢人史料中，尋得當年土著漢化以及漢人土著化的一鱗半爪。至於土著的壯化，則有賴民族學、考古人類學的發現。⑯壯化在先，漢化隨之，緊接著彼此互動，最後終於相互融合，而爲土著化。

　　漢化始自秦朝。秦始皇三十三年（紀元前二一四年）開南越，設立桂林、象、南海三郡。⑰南海郡治番禺，即今之廣州。至於桂林、象郡，其治地以及勢力範圍雖不甚清楚，但桂林郡大體應括及紅水河、柳江、黔江、郁江、潯江、賀江諸流域，及今廣東

肇慶至茂名一帶。桂林位居桂東北，方便漢族的統治。自此以後，漢人勢力進入嶺南地區，廣西成爲中國的一部分。⑱

漢武帝元鼎六年（紀元前一一一年）滅南越，設置南海、蒼梧（治梧州）、鬱林（治布山）、合浦（治合浦）、交趾（治河內）、九眞（治淸化）、日南（治廣治）、珠崖（治瓊山）、儋耳（治儋縣）九郡，區域較始皇略大，編制更爲細緻複雜，統領五十五縣。⑲其中在今廣西境內者共有二十二個縣。⑳顯見漢族勢力進一步伸張。漢人農耕的工具與方式——鐵犁牛耕——此時傳入鬱林、蒼梧、合浦三郡，並由官方教民耕稼。漢人以農爲主的生產方式逐漸輸入廣西。

三國、兩晉與南北朝，整個中國進入民族大混血時期；北人南下，「胡漢混淆不可復。」㉑漢人亦被迫南移，與南方土著通婚。這期間，廣西的州郡更置頻繁。到了南朝的宋、齊，廣西境內已增爲十二郡。及梁、陳時期，州郡更置越形複雜。㉒隋在廣西設有賀、藤、封（梧州）、尹（貴縣）、象、簡（橫縣）、安（欽州）、祿（合浦）等州。大業三年（公元六〇七年）再改州爲郡，設鬱林、治安、蒼梧、永平、桂平、晉興等郡，後又更改。其政制不穩的程度，甚至高過南朝。

唐朝國力再興，在今廣西境內，設郡、州、縣三級。共八郡、㉓三十八州、二七八縣。㉔同時上設嶺南道統領。此外，更對當地土著實行羈縻政策，使各族道領世襲羈縻州的官吏。在桂西、桂北的土著聚居區，設有思恩、思同、左、思城、萬承、萬形、思明、思陵、石西、西原等二十一個羈縻州。以與當地土著妥協，同時相互尊重的方式來進行統治。但仍遭遇邕州一帶部族的反抗，唐末（公元八六二年）不得不將嶺南道再分爲二：以廣州爲東道，邕州爲西道。㉕

　　從秦朝到唐末，可以說是廣西漢化的上一階段。在這段時期，除了州郡制度更置紛如之外，漢人的政治軍事中心也多所更動。由布山（今玉林）、到梧州、到合浦、桂林，最後到達邕寧，亦即由南部移向東北，再移到西南。之所以移動，恐與漢人移居地點的改變有關。這段時間移入廣西者，以湖南、江西、山東、江蘇、浙江、福建為主，居住區域，以湘江上游的桂東北為主，西江進入廣西的門戶梧州次之，西南部的邕寧一帶更次之。㉖東南的富川縣即漢族南來的門戶，開化甚早，唐玄宗開元年間（八世紀初）即有中進士者。㉗

　　在同一階段，更有許多種族自咳南半島東移來桂。先秦時期，廣西為百越的一部分，人種十分複雜。戰國至兩漢期間，甌駱人在左江沿岸地區的79個崖壁上，繪上280組的壁畫，㉘顯示其為該地的土著民族。但不曾被稱為「僮」。

　　「僮」的族稱，最早見於南宋時期。㉙僮名的出現，是由當地的僚、土、俍、儂等土著所改稱。是廣西一帶各地的各種不同名稱趨向統一的表現。到了明代，此一族稱已擴大使用到桂林、龍勝、柳川、雒容、平樂、荔浦、平南、藤縣、陽朔、蒼梧、賀縣、容縣、懷集、北流等三十多個縣的範圍。㉚及至清代，「已遍及廣西境內」。就是鄰境的貴州、湖南、廣東等，也使用這個族稱。㉛似乎從南宋開始，當地的土著已被廣泛視為一個民族。在漢人的史書中，時常以「僮」、「獞」稱號出現。而漢人對桂用兵較頻仍，亦始於宋。特別是狄青出征。也因為這樣，廣西土著的少數民族似乎從宋朝開始，因外力入侵，必須團結，被迫逐漸統一合併，意外地形成「壯化」的現象。

　　廣西的漢化，自宋代進入另一階段；以「廣西」作為行政區域，即始于宋代。至道三年（公元九九七年）將全國劃分為十五

路，並將嶺南東、西路，定名為廣南東西路。今之廣東、廣西，
為當年廣南東路與廣南西路的簡稱。而「廣」字則來自蒼梧的古
稱「廣信」。㉜廣南西路治桂州臨桂縣。宋狄青征桂，帶來大批
漢人遍布桂西北、桂西以及桂西南。這些人，絕大部分來自山東。
至於桂東北、桂東以及桂東南，多有漢民，移自湘、贛、閩、粵、
豫、鄂、川等地。從廣西通志館調查各地的報告，祇有桂北、桂
中尚少漢人足跡。㉝對於當地土著，宋朝一仍唐制，繼續羈縻政
策，廣泛設置土知州、土知縣，廢棄所置諸郡縣，㉞任用當地民
族的首領，並由所在的府州軍加以節制。總計廣南西路的羈縻州
縣峒數，高達七十一處。

　　明朝對桂用兵最頻，而漢民的移入亦勝前代。宋朝來桂漢民，
多係山東從戎士兵；明朝征伐更多，移民更多，但泰半來自鄰省，
湘、贛、粵、閩來者均眾，而以粵省為最多。其他各省，如浙、
鄂、川、滇、黔、豫、魯，亦有來人。而省內的遷徙也較往者活
絡，如百色居民移往武鳴，㉟南丹居民移往來賓，㊱東蘭居民移
往羅城、融縣、百壽一帶；㊲漢人遷徙者更眾，如修仁縣，除有
大量漢人於明末從廣東遷入外，來自省內各縣者，亦有二十一姓，
其中大部分來自桂林與平南。㊳忻城則為另一種範例。世襲忻城
土官達452年之久的莫氏土司，㊴據悉於元朝自江南大倉州移至
廣西，原在鄰近的宜山落籍。後因功由知縣賞給「千戶」的職位。
明弘治年間，莫保以千戶身份奉檄，到忻城協剿之功，當上忻城
協理知縣，後來成為土司，世襲了23代，成為當地一個大家族。
㊵

　　宋到清末的九百五十年間，漢人不以邕寧，仍以位在東北的
桂林，作為廣西首府。這種作法代表了若干意義：第一，以最靠
近中央政府所在地的桂林，而不以離中央較遠的邕寧為首府，顯

見中央能在政治與軍事上有效控制廣西；第二，以漢人較密集的
桂林而不以土著較密集的邕寧爲首府，代表漢化較土著化更受重
視；第三，漢化優於土著化的政策又持續進行達一千年之久。在
這個時期之中，土著地位一再降低，原先獨霸桂地的壯族、瑤族，
經過宋、明兩朝多次征伐，㊶不是漢化，就是遯入山林。漢化優
勢，從明朝實行改土歸流以後，更加明顯。唐宋以來的羈縻政策，
明以後逐漸放棄。唐宋開始施行的土司、土官制度，到明代達到
顚峰，也從明朝轉向式微。改土歸流制度，正透露漢長土消的信
息。

　　漢長土消的現象，不祇從地方制度的變革可以看出來，而且
也可以從官方登記的戶口數上，找出更明確的軌跡。

叁、人口膨脹與社會結構的變化

　　廣西的人口在西漢末年（公元二年）約有二十四萬人，東漢
後期（公元一四○年）則有九十多萬人。等進入魏晉南北朝，戰
亂極多，人口大量散失，到了南朝（公元四六四年）降到十多萬
人。盛唐時期，廣西人口才突破百萬。但貞觀以後，安祿山倡亂，
廣西人口再降，唐末祇有五十多萬人。宋朝開始，廣西人丁滋生。
自北宋至南宋，前後不到四百年的時間，再創歷史的新高點，突
破了兩百萬人。（參見近著：從變亂到軍省：廣西的初期現代化，
1860～1937，臺北，中研院近史所，民國84年，頁577，附表一，「
廣西歷代戶口升降全表」。）

　　元、明兩朝情況似又逆轉。廣西人口一直低於兩百萬。但廣
西土著的反對力量似乎較前昇高，㊷壯、瑤之「亂」頻傳，王陽
明的出征、㊸韓雍等的征服大藤峽「僮亂」、㊹俞大猷的平定「
古田僮亂」、㊺殷正茂的弭平府江、右江一帶的「傜僮之亂」㊻，在

在顯示中央與地方以及漢人與土著之間的衝突不絕如縷。㊼而多次征代無效，也使明朝了解，對待土著，仍以綏靖和綏為上。王陽明出征，以撫為主，其用意即在此。不過，在撫的政策背後，漢化依然持續。因此，雖然在政府統治地區的人口數，並未超出三百年前，㊽但是有明已開始實行新的統治政策：以漢官漸次取代土司土官。當然，其步驟漸進，範圍亦較局部。㊾

清朝統治廣西，人口成長顯著。清初為數不及百萬，經康熙、雍正、乾隆三帝，而有驚人的發展：在康熙末年（一六八五）有一百七十萬人口，乾隆初已突破三百萬。㊿二十年內竟能加倍成長！所以如此，原因必多。生育率驟然提高的可能性不大，或許因為大量移民，或戶口統計方式改變，或者當地土著大量受編等等，也未可知。51人口急劇成長的現象，乾隆以後仍持續達一百年。百年之間（一七四九～一八五〇）廣西人口，再從三百萬跳昇到八百二十多萬。

有明人口數字停滯，有清人口大量成長，二者差別實大。可見兩朝的桂事，其性質完全不同52。在明朝，漢人與當地原住民之間的衝突屢興，中央對桂時常用兵。漢人移民，為的是屯田，53軍事性高於經濟性。所移漢人，除與用兵有關者外，應以貶謫流放為主。

原來在明朝，原住民的數量仍居多數，如三江縣，明洪武初年（一三八〇年代），「苗傜侗僮占多數，餘為『三甲民』，即今之漢人。時有七苗三漢之稱」，54嘉靖二十六年（一五四七），其縣治──老堡──的廂民祇有二百餘家，環治而居者，都是傜人。55「讀史方輿紀要」亦稱：「昔人言廣西之境，大約俍人半之，瑤、僮三之，民居三之。」56在這樣的人口結構之中，地方衝突多生在居統治地位但人數較少的漢人與人數眾多的原住民之間。明朝

一代，廣西省即有一百八十餘次叛亂事件，平均每兩年就有一次。⑤

　　清朝大量移民徙邊⑱之後，情況就完全不同。原住民很快降為少數。其中大批與漢人雜居同化，少數退返山林，與漢文化隔絕。地方上的社會問題，主要的就發生在漢人與漢人之間。因此清代地方動亂的根源，較少生在壯、瑤、苗等族，而在大批由漢人領導的土寇與土賊。⑲地方上因人口結構在比率方面變動，而產生治安重點的變動，可謂各地皆然。西南重鎮的邕寧就是例子。嘉慶十五年（一八一○），縣民沈惠平、蘇義興等，以添弟會倡亂。⑳

　　一旦人口的種族比重改變，整個社會的性質也有了重大的改變。從這一點看來，則秦漢以來，漢人移入廣西的人口大遷移，應以清朝這個階段為最成功。㉑廣西的漢化運動，因漢人湧入而強過壯化，使原居大多數的壯族退居第二位。加上宋、明兩朝的深度征伐與羈縻，在政策與政治制度上奠穩基礎，壯族文化已無法在河谷平原立足。到了清末，「僮族」幾已不復為中國人所注意，雖然其人口顯然高過蒙古、滿州、西藏、回族、苗族和傜族。相對於中國版圖內的其它邊週省區，廣西的漢化應算相當成功。

　　一八○○年前後的廣西，人口為七百四十多萬人，在十八省中排名十六；人口密度為三十四人，在十八省中排名十五。㉓這個時候桂林與柳州兩府為當時廣西最繁榮的地方。鬱林一地亦不惡。其次為平樂、梧州、潯州與南寧。人口的密度則以東半部為多，西半部明顯較少。桂林所以仍為中心，主因與中央政府控制方便。惟自西方進入桂省的同一時期，南寧逐漸取代桂林，而梧州的重要性也重新回復。南寧與桂林地位的升與降與梧州的再興，涉及粵西整個政、經、社、文結構的大轉變。

　　嘉慶初葉漢人在桂省人口中所佔比率，以及與原住民在地方

的分佈情形，無法明確得知。不過，仍能肯定廣西的每個府（州）均有土著存在。土著種類最少者，爲平樂府，其次爲太平府、鎮安府、鬱林直隸州，再次爲桂林府。平樂府、桂林府，以及鬱林直隸州漢人群居較密，原住民或者同化，或者被迫向山區遷移，而與原來住在山區的其他種族的原住民相混雜；太平與鎮安府原住民的族類較單純，或因距離漢人較遠，所受民族遷移的壓迫較輕。這一點，可從各府之內設縣的情形看出來，到一八○○年，桂林府已設有十個縣，府內全境盡入漢人有效統治範圍。鬱林直隸州更然。它在一八○○年以前已全部設縣。太平、鎮安兩府不同：太平府境內今天已設十三縣，在當年祇有六縣；鎮安府境今天有八縣，當年則僅設兩縣，而且多係清初新設。政治制度常尾隨社會需求，漢化的制度，自隨漢人的需求而來。縣設得少，表示實際仍無需要。

肆、民風混雜

從種族分佈來看，一八○○年壯人所據地區，幾與漢人所據區域相當，人口均較稠密；苗人爲數更少，居處又較分散，但多數在桂省北部；瑤人住處與壯族所在的位置相當，但分佈更廣；琅人多在西南，以鎮安與太平兩府爲主。其他土著爲數再更少些，分佈在西南、西部、西北的邊界。

在這麼一個漢人與土著雜處的省份裡，其風俗習慣與宗教信仰又是如何？風俗方面，從當年漢官看來：桂林一帶，「風氣清淑，習俗醇古，俗尚質樸，不事浮靡」；柳州方面，「風氣與中州不少異，人少鬥強，喜嬉樂」；平樂地區「風氣聲習，視沅湘猶伯仲」；而鬱林的住民也「知學務耕，民俗儉樸」，言下之意似與中土習俗相差不遠。這是漢化程度較高的地區。其餘各府則

多保留原來習氣：慶遠府「人風獷戾，常持兵甲，禮異俗殊」；
太平一帶，「椎髻蠻音，衣寇不正，飲食亦殊」；鎮安地區，「
性情梗執，情義乖疏」；而泗城地方，「民居架木爲巢，或結茨
山頂，依傍巖穴」，與中原文化的距離較遠。⑭

　　宗教方面，則「篤信陰陽，尙巫卜」（桂林府）、「疾病惟
事巫覡」（思恩府）、「俗尙雞卜，輕醫藥，重鬼神」（南寧府）、
「病鮮求醫，專事巫覡」（太平府）。整個說來，篤信鬼神、輕
視醫藥、特重「雞卜」，⑮是桂省宗教上的特色。巫教可以說是
桂省宗教的主流，⑯居民迷信鬼神的程度十分之高。鬼神是他們
精神生活重要的部分，被認爲可以治病。⑰

　　就風俗與宗教來看，即使漢人與土著已有將近兩千年的接觸，
社會風尙的改變依然相當緩慢，各個地區土著的特色仍然保留著。
似乎，從官書亦能看出，漢文化的影響，也對漢人產生影響。

　　前已言及，廣西社會自清朝統治以來，已進入快速變化的階
段。由於改朝換代，更由於南明抗清的勢力進入廣西，前後達十
年之久。⑱吳三桂反滿，廣西也受波及。這兩大政爭運動，使廣
西成爲交戰之地達四十年，廣西人民接受了較多的反滿情緒，反
滿的社會組織也在積極地成立起來。使得清初的廣西，成爲統治
當局特別留意的地區之一。⑲

　　康熙初年，有計劃地開始移民廣西。如梧州，在一六六四年
夏秋間的半年中，即有數千移民自粵湧入。並由知府查給錢米，
隨地安插，歲時並予賑卹。⑳移民中，如願往其他地區，亦由官
方量給路費。治安穩定，官府又予資助，進一步帶來大量移民。
雍正二年（一七二四），廣西提督韓良輔，鑑於廣西土曠人稀，
外來人口日益增加，而地方資源未得開墾，日久將滋生問題，乃
具摺奏請招徠墾荒闢地，以盡地力。韓氏之奏奉准，外省貧民遂

成群結隊進入廣西，並且依靠同鄉，聚集成村。不過，移民容易
撫民難，由於流入人口多屬貧民、飢民，為了生活，自然滋生糾
紛，帶來許多問題。雍正七年（一七二九）廣西的情況已不樂觀，
學政衛昌續奏稱：

> 粵西民情大抵嗜利而無恥，尋仇而輕生，健訟而喜妄作。
> 一切姦淫偷盜忿爭劫殺干名犯分之事，皆悍然行之而不顧。

衛氏更指出，領導此種惡行的，竟然是各地的紳士。他接著說：
⑫

> 其畏官也，不如畏紳士。……彼見姦淫偷盜……之事，紳
> 士一一為之，無其漸染成風，寖以惡薄也。且愚民無事之
> 日，畏強橫之勢力，甘聽指揮。奸民有事之時，又仗紳士
> 之神通，曲加黨庇。其積害不可勝言。

於是乎民風漸變，社會問題的性質亦變。早期糾紛多來自漢人與
原住民間的對抗，清以後變成漢人中部分不肖之徒煽惑移入之貧
民以及文化程度較低的原住民，來對抗官府或當地富賈。壯、漢
之間的隔膜，已不若漢人社會內部的衝突嚴重。誠如史官所書，
壯人性頑悍但「頗聽約束」，而且更重要的是「頗畏法」、「凶
年亦不為患」。⑬最大的壯族如此，其他替族亦然，在土司或部
落酋長約束下，較之犯法之事。廣西社會的亂源，此後即不再以
原住民為主角。明末永曆王流亡桂地，即見土賊、土寇群出。他
們不但領導漢民，也招誘瑤壯為兵，自稱「義師」，實則「紛出
劫掠，民不聊生」。⑭使得「反清」的活動，不祇與「復明」結
合，亦與地方土霸魚肉百姓不可分。

伍、移墾社會的變數

十九世紀的廣西，具有濃厚的移墾社會性格。由於它本身比

較落後，其資源與財力均會被開發程度較高的地區所吸引，⑦其社會組織結構，也受到這些地區的影響。⑦廣西的外來人口，以廣東、湖南為最多。飢民就食廣西，開始時均由省府設法安插，並照保甲之例，每十家設一甲長，滿百家再設一總甲。廣東與湖南人移入之後，常以地緣為分界各成村落。地緣性的結合，強化了同鄉的意識，優點是視同鄉如骨肉，患難相助，缺點則在於「各有畛域，偏狹的地域觀念異常濃厚，各分氣類」⑦。嚴重時，移墾集團之間，互相凌壓，尖銳對立。再者，移墾社會男女比例懸殊，單身男丁過多，也形成壓力，社會治安受到危害。各集團之間或村落之間缺乏協調，社會問題相對增加，分類械鬥、或土客械鬥案件層出疊見。結果結盟拜會大興，各式會黨如雨後春筍，四處林立。⑦

一八六〇年以前，廣西的秘密會黨，主要可分為一般會黨與拜上帝會兩大類。為了對抗，廣西民間自己成立了團練

一、一般性會黨

秘密會黨在廣西，以天地會為最普遍，平樂、上林、向武土州、來賓、藤縣、平南、容縣、岑溪等等，均有它的足跡，其他如添弟會、良民會、忠義會等，亦可在融縣、富川、南寧、恭城、遷江、蒼梧等縣發現。⑦這批秘密結社成立時間，多在十九世紀初葉的二十年。天地會的倡立者及重要成員，多籍隸廣東。由湖南人領導的秘密會社，則有忠義會、棒棒會、靶子會等。著名的雷在浩、李沅發均是湖南人，所領導的即是棒棒會。後來還有三合會，以及光緒年間自貴州、湖南傳入的哥老會。⑧

天地會到一八〇七年已有「總大哥」出現，一八一〇年更有林崇二在武緣拜會，自稱「重華大王」，並且封官設職。後來又有「龍華會」，設「總理掌部」、「行御護國總師」。興隆土司

一帶也有天地會黨員，自稱「萬戶侯」等，政治性的意味均極強烈。從嘉慶中葉至嘉慶末年，天地會在廣西發展迅速，活動地區不斷擴大，在上林、天保、武緣、興隆土司、思恩、南丹土司、宜山、鬱林、荔浦、恭城、賀縣等州縣，均有人「糾黨拜會」。道光年間，清廷艱加鎮壓，天地會還是不斷的發展與積極的活動。

在組織結構上，不但有總大哥、大哥、二哥等稱謂，並且出現「重華大王」、「萬戶侯」、「總理掌部」、「總理」、「香主」、「白扇」、「先鋒」、「紅棍」、「草鞋」、「將軍」、「元帥」、「軍師」等，[81]具有濃厚的政治色彩。但均係中國的模式，仿自三國演義的桃園結義、水滸傳的梁山泊聚義。特別是水滸傳，其內容較簡單，人物組織則較複雜，正係天地會模仿的最好對象。[82]更值得注意的是，他們又與「復明」、「興漢」以及「驅除韃虜」等具有反抗當朝意味的口號結合。[83]這一來，原先爲求自助自救所發起的小型組織，隨著會員的大量擴增，以及組織的擴大，結構的分化，意識形態的參雜，而逐漸離開原來的宗旨，從自保到具有侵犯性，從小型戒鬥，演變成有組織的武裝衝突。[84]

到了道光末年，也就是太平天國起義的前十年，廣西的秘密會黨開始四處作亂。除上述雷在浩等人於湘桂邊界滋事之外，尚有堂匪、會匪及一般土匪的案件，難以計數。從蘇鳳文的圍剿統計中，可知作亂的區域，並非壯、傜、苗等土著密集的西部與北部，而是漢人群聚的東北、西部與南部。較著名的，如陳亞貴在一八四八年舉事，縱橫廣西黔、潯兩江地區，並曾攻克修仁、荔浦縣城，迫近桂林。[85]如羅大綱與邱三娘，一八四七年組天地會，滋擾荔浦、貴縣、桂平、武宣、來賓一帶，[86]以及活動在黔、潯兩江的水上武裝力量，會合其他各地的零星匪類，縱橫潯州、桂林、

平樂、南寧、鎮安、柳州、太平、慶遠、思恩諸府。⑧太平天國
咸豐元年舉事以前，他們運用傳統中國小說裡的行為模式，加上
反清情緒與自助動機，所組成的會黨，具有高度的侵犯性。俟太
平軍舉事金田，直搗中原，廣西的天地會也震起幾多波瀾，在兩
廣一帶，成立了昇平天國、大成王國、大洪王國、延陵國等政權，⑧
蔚成另外一種景觀。

二、宗教性會黨：拜上帝會

從組織的觀點看，一般會黨與太平軍所屬的拜上帝會，有相
當大的差異。拜上帝會的成員之所以入會，並非為了相扶持的經
濟性目的或自救自保的社會性目的，而是為了要拜上帝，要信天
主、皈依基督教。若用「地主與農民階級對立的激化」，強調「
在階級對立中農民的極度苦難」，來詮釋加入拜上帝會的動機，
也就是以馬克思階級鬥爭說來分析，是與史實不合的。⑧因為拜
上帝會「不僅組織了客家人，同時還組織了壯族，瑤族，以及客
家以外的土著人民──包括像胡以晃這樣的漢人土著地主」，還
有像韋昌輝、石達開、曾玉珍等中小地主，顯見並非單純的「農
民起義」，而是客家的地主與土著的地主（有瑤人、壯人、也有
漢人）對立爭奪的結果。⑨基本上是土客之爭，爭的是地盤，而
非階級。

拜上帝會在活動方面，仿效一般教會，招收信徒入會之後，
即分之任事，四處宣傳教義。除以紫荊山內之拜上帝會為總會以
外，其他地方若聚有相當人數，即設立分會。⑨各會之中有「主
任人」，有教徒。⑨主要的活動，除了聚集在教堂做禮拜，男女
分座聽講唱讚美詩以外，還要出外宣傳新教，同時破壞偶像。教
義極簡單，大旨不外是「勸人敬拜上帝。」「勸人修善。」「若
世人肯拜上帝者，無災無難；不拜上帝者，蛇虎傷人。」「敬上

帝者，不得拜別神。拜別神者有罪。」⑬

　　拜上帝會與外國教士似有密切連繫。歐洲來的郭士立主持下的福漢會，亦有會員若干人在桂，其中亦有人加入太平軍。⑭馮雲山甚至曾經接受郭士立的洗禮，由福漢會的會員傳過福音，且起事後所用的中文聖經，是郭士立主持下的翻譯本。⑮此外，據澳洲學者Clark研究，郭士立在兩廣內地工作的助手，其數目確實驚人，「遠遠超過了所有其他傳教士所吸收的教徒人數的總和；據說一八四八年（福）漢會在廣西有六個點。」⑯其中的一個據點就在桂平。

　　從組織的形式、領導人與郭士立的關係、福漢會以桂平為重要據點、以及太平軍的聖經並非馬禮遜而是郭士立的譯本，還有福漢會的會員也加入太平軍五點看來，拜上帝會是盡可能在模仿來自荷蘭的福漢會。⑰其結社性質，與天地會、三合會、棒棒會或者其他堂匪、土匪的結義與堂會迥異，改採基督教教會形式，雖然不可能學得像。祇是俟太平軍節節勝利之後，組織膨脹過快，已經大大變質，宗教性漸失，最後變成政治組合了。但無論如何，太平天國的組織仍深具基督神權的性質，⑱其所頒發的對聯、詩歌、論文等等，亦無不深具宗教味道。⑲

　　成員方面拜上帝會的參與者來自各種階層、各種職業，甚至各種知識程度，顯見拜上帝會的包容性比一般會黨更廣。就組織言，拜上帝會確非傳統中國所有的，與各種秘密會黨深具家族或地域色彩，以及各種會館之特具同鄉性格（Landsmann- schaften）⑳者大異。他如首領多係廣東人（或湖南人），特別是客家人，參與者多為貧苦農民，土客之間衝突極多等等，則拜上帝會與秘密會黨並無不同。

　　可是這兩支武力，卻有兩大不同點。第一，太平天國有能力

直入中原，而天地會政權不能；第二，太平天國雖然曾經建立一個龐大的神權政府，但十幾年工夫即被擊潰，從此不復振作。而天地會等的活動，則能夠連綿不斷達數百年，歷久不衰。⑩這種會黨生命力之頑強，直非太平天國所能望其項背。

　　拜上帝會則⑩這兩股力量，使廣西社會添加了許多變數。爲了對抗，民間自行籌組了團練。可以說是明顯西化了的，雖然化得不澈底。

三、防衛性組織：團練

　　在一八五〇年代，西式社會組織並未成形，其衝擊於中國者，除開宗教團體，似乎並不多見。時人用以對抗太平軍以及天地會武力的，仍然是傳統中國式的團練。咸同年間，中國知識分子爲了維繫傳統綱紀倫常，抵禦太平軍，由江忠源、曾國藩等發起，組織地方勇營。經過多年的努力，終於發展出足以對抗太平軍的湘軍及淮軍（同時藉重西方的洋槍隊）。⑩廣西團練初時並不可用，⑩兵餉兩厥的局面使劉長佑不得不先引入湘軍，成立水師，將艇匪擊潰。俟西江通暢，再用由蘇鳳文等所統率的桂勇，配合蔣益澧、劉坤一、李明惠、江忠義楚勇，逐步擊潰石達開、陳開、陳金剛、吳凌雲，將廣西穩定下來。⑩

結　語

　　從人口學的觀點來看兩千年來廣西社會的變化，可以發現許多頗饒趣味的現象。首先是數量上的變化，請看下表：⑩

廣西歷代人口升降簡表

西元(A.D.)	時　　期	人口數(千人)	備　　　　　註
2	西漢末年	240	應係以漢人爲主的人口數
140	東漢後期	900	一百多年之間人口滋生三倍
464	南朝（劉宋大明 8 年）	100 以上	人口流散
640	盛唐（貞觀14年）	1,900 以上	人口滋生
813	唐憲宗（元和 8 年）	500 以上	人口流散
1223	南　宋	2,000 以上	人口滋生；另一資料指出是 1,3004 千人
1290	元	2,500 以下	人口漸減
14～17世紀	明	2,000 以下	對廣西展開多次征伐
1664	清初	1,000 以下	明末人口流散
1685	康熙末年	1,700 以上	人口漸增
1749	乾隆14年	3,000 以上	六十年人口滋生
1850	道光末年	8,200 以上	一百年間人口滋生

　　近代以前人口數量的增加，以東漢、唐朝、南宋、以及清朝爲最多。在比例上，則清朝最高，漢朝居次，再次爲宋朝與唐朝。這種比例的升降，是統治成效高低的一種相當客觀的指標。從這些數據，可以證實漢、唐、宋、清四個朝代，最能規定與繁榮廣西。在這四個朝代之中，又以清朝的成績最優。

　　人口數量的減少方面，則以南朝、唐末及明末清初爲最顯著。⑩其中最劇烈的是南朝，其次是唐末，再次是明末。都剛好是改朝換代的動亂時期。

　　人口數量應增而未增甚至下降者，有元代與明代。推其原因，

自與蒙古王朝的種族歧視以及朱姓王朝對桂勤於用兵有關。

　　整個比較起來，在君主專制時期，由滿洲人所領導的清朝，對廣西的統治功效應是最好、最高的。清朝對廣西實施改土歸流，並鼓勵大量移民，使得在明代與中國統治中央離散無常的廣西，在人口數量上有了最大的突破。大量的移民當中，自以鄰近的廣東和湖南移入者爲最多，特別是廣東。請粵話與客話的廣東人，遂成爲主導廣西社會的主要力量。

　　換言之，在人口的數量上產生重大變化之後，人口質量上也自然地跟著變化了。特別是乾隆朝以返的鼓勵移民墾荒，使廣西的社會結構發生許多變化。首先是壯人等土著的漢化，以及漢人的當地化。壯民族原由許多不同民族爲了對抗漢民族而形成。但到了清朝，在兩百六十八年之中，壯與漢之間有了高度的交流與同化，漢人的當地化與壯人的漢化，使廣西的人民形成獨特的地方色彩。其次是當地化的內涵。由於壯人的漢化是以廣西省爲主的漢人移民爲主要方向，廣西人口在質的方面，就有了與中國其他漢人不同的特色：他們較爲樸拙。樸也者，易於刻苦耐勞；拙也者，言行舉止較爲粗獷。刻苦耐勞加上粗獷，使廣西社會，在平時，治安方面會有較多的糾紛，盜匪易於滋生；在特殊時期，由某些具有特殊意識形態者領導之後，則形成十分堅強的一股力量，來摧搗其他的統治勢力。

　　洪秀全的太平天國，以廣西爲根據地，並以廣西人作爲太平軍與太平天國政府的主要成份，就是最佳明證。稍晚的幾個天地會政權，也以廣西作爲主要的活動地區，是另一重要證據。而摧討太平軍的主力，由湘軍將領劉長佑所率領者，自以廣西地方士紳所籌組的團練爲骨幹。其後是廣東人康有爲的領導公車上書，結合了廣西舉人，廣東人孫中山的領導多次武裝起事，把會黨與

新軍、知識分子結合起來，都對當局產生實質的影響。李宗仁、白崇禧的領導第七軍參與蔣中正的北伐，並成爲北代勝利的一股主幹力量，也是明證。後來中國進入對日抗戰的堅苦的八年，廣西人又能將入侵該省的世界一流的日軍打出廣西，再一次地證明這股樸拙民氣的力量。

　　總之，本文以人口學及社會結構分析等研究方法，運用大量歷史資料，切入廣西民族融合的研究當中，發現廣西社會在過去的兩千年裡，完成了一個當地土著與外來漢人的高程度融合的工作。其融合的結果，使廣西人口，在數量上飛躍擴大，從二十四萬人變成三、四千萬人，在質量上增添若干性格，使原先壯文化的特質，又加上以粵人、客人爲主，湘人等爲輔的文化習性，成爲一個在平時具有拓荒精神，在亂時足以衝鋒陷陣義無反顧的民族。漢、壯兩民族的融合，至此已達極高境界。但是，也從這個時候開始，西方的衝擊大量進入廣西，使廣西在極短的時間之內，又進入突變的階段。

【註　釋】

① 朱浤源，從變亂到軍省：廣西的初期現代化，1860～1937，臺北市：中央研究院近代史研究所，民國84年。

② 李炳東，弋德華，廣西農業經濟史稿，南寧，廣西民族出版社，1985，頁20。

③ 徐松石，東南亞民族的中國血統，香港，平安書店，1959年，頁2。

④ 同上。

⑤ 同上，頁3，73～75。

⑥ 同上，頁75。

⑦ 同上，頁99～107。徐氏在頁100～101詳列晉書、隋書、嶺外代答、

　　桂海、虞衡志、赤雅、炎徼紀聞、嶺南雜記、天下郡國利病書等，
　　關於蛋人瀕海南居的記載。

⑧　侯雅雲，「梧州的蛋民」，梧州文史資料選輯，輯13，1988年6月，
　　頁45。

⑨　胡耐安，中國民族志，臺北，商務，民國63年，修訂初版，第九章。

⑩　同上，第八章。

⑪　事實上，壯人多有拔尖人才，且曾在廣西等地有過傑出貢獻。與漢
　　族對抗，以明代最烈，宋代次之，清代更次之。

⑫　廣義的苗族，包括了苗、瑤、壯、黎⋯⋯等族。詳見：鳥居龍藏，
　　苗族調查報告，國立編纂館：民國25年，翻譯初版，頁19。

⑬　陳壽民，「廣西民族的分佈與語言的分析」，廣西文獻，期16，民
　　國71年4月，頁32。

⑭　同上，頁32〜36。

⑮　參見：柳林風，「海競強先生傳」，廣西文獻，期30，民國74年12
　　月，頁19。

⑯　廣西壯族自治區民族學研究所在這方面做了許多蒐證考察與研究的
　　工夫。數年來出版許多研究成果。其考古學方面亦成績斐然。挖掘
　　之古物，多藏於區博物館中。

⑰　史記，秦始皇本紀。

⑱　李炳東、弋德華編著，廣西農業經濟史稿，南寧，廣西民族出版社，
　　1985，頁4。

⑲　漢書，卷二八下。

⑳　李炳東、弋德華，同上，頁5。

㉑　柳詒徵，中國文化史，臺北，正中，民59，臺三版，冊中，頁83。

㉒　柳詒徵，中國文化史，臺北，正中，民59，臺三版，冊中，頁83。

㉓　南朝分地方政權為州、郡、縣三種，但統屬關係並不清楚。

㉔ 謝啓昆，廣西通志，嘉慶6年（同治4年補刊），臺北，文海，民55年，總頁231～240。這八郡以嘉慶朝的廣西疆界所領部分計算。

㉕ 以今日廣西自治區所轄者計算。轉引自李炳東、弋德華，前書，頁7。

㉖ 新唐書，卷一九，「懿宗紀」；另參見資治通鑑，唐紀，懿宗咸通3年5月之敕文。

㉗ 劉介編著「氏族㈡：各縣市氏族」，廣西通志館編印，廣西通志稿，民38年6月，卷一六。（以下簡稱：廣西通志稿，「氏族㈡」）。

㉘ 同上，頁17。

㉙ 廣西壯族自治區民族研究所編，廣西左江流域崖壁畫考察與研究，南京：廣西氏族出版社，1987，頁21～22；138。

㉚ 同上，頁153。

㉛ 同上。

㉜ 范宏貴、唐兆民，「壯族族稱的緣起和演變」，民族研究，1980年第5期。轉引自：同上。

㉝ 詳見顧炎武，日知錄；江藩炳，燭室文集，轉引自李柄東、弋德華，前書，頁9。

㉞ 廣西通志稿，「氏族㈡」。

㉟ 陳耀祖，土司制度之研究，政大政研所，民國50年碩士論文，頁16。

㊱ 廣西通志稿，「氏族㈡」，頁62。

㊲ 同上，頁34。

㊳ 同，頁30～32。

㊴ 同上，頁22。

㊵ 覃桂清，廣西忻城土司史話，廣西民族出版社，1990，頁3。

㊶ 同上，頁3～9。

㊷ 明應檟修、劉堯誨重修，蒼梧總督軍門志，明萬曆9年廣東布政司

刊本，臺北：學生書局，民國59年景印。

㊸　遍閱梧州府志（同治12年）卷二四之「紀事志」，頁1～26，可以看到漢壯、漢瑤間的衝突不絕。

㊹　李振英，「王陽明與廣西」，廣西文獻，期15，民國71年1月，頁3～4。

㊺　蒼梧總督軍門志，卷二八。

㊻　李振英，「俞大猷平定古田僮亂」，廣西文獻，期16，民國71年4月，頁4。

㊼　李振英，「弭平府右江傜僮之亂設置昭平縣治」，廣西文獻，期25，民國73年7月，頁3～4。

㊽　明永樂17年，廣西象州巡檢建議收「獞兵」二百者爲兵，帝不許。（象州志，同治九年，下，紀故，頁15）。

㊾　弘治4年（1491）的戶數，爲洪武26年（1393）的2.18倍，人口數爲1.13倍，此時戶口數確較明初爲高。但從弘治15年（1502）開始，戶口數即大量流失，因此，整個來說，有朝的人口平均數，並未高過宋末及元明之交。參見：梁方仲，中國歷代戶口、田地、田賦統計，上海：人民出版社，1980，頁206～207。

㊿　王守仁，「議處思恩田州事宜」、「處置八寨斷藤峽以圖永安疏」等文，蒼梧總督軍門志，卷二四，頁15～31。

51　參見附表一：乾隆14年已有三百八十萬人。

52　這三種之中，以大量移民的可能最高。

53　朱浤源，「小政府治大社會：明清之際廣西的個案研究」，中央研究院近史研究所，近代中國初期歷史研討會論文集，民國77年8月。

54　參見附表一。

55　三江縣志，卷七，「大事記」，頁1。

56　同上。

⑤⑦　轉引自：李炳東、弋德華，同前書，頁21。

⑤⑧　Diana Lary, Region and Nation: The Kwangsi Cligue in Chinese Politics, Cambridge University Press, 1974, p.23.

⑤⑨　如康熙三年五月至十月間，單是梧州一地，即湧入廣東徙民數千人。（梧州府志，卷二四，「雜記（上）」，頁31）。

⑥⓪　梧於府志，同上，頁32～37。但非全然無之。天地會政權之一的延陵王國，即是凌雲所創。吳是廣西壯族的附學生。劉永福即係吳的部下。詳見：吳映華，黑旗軍與中法越南之爭執，臺灣師大歷史所碩士論文，民72，頁50。

⑥①　邕寧縣志（民國26年），兵事志，頁106。

⑥②　清朝大刀闊斧地用移民徙邊之法，將政治力量自廣西中部延伸到西南及四部邊區。請參考：朱浤源，「中國現代化的區域研究：廣西省， 1860～1937」，國科會研究報告，民國76年，第一章，附圖三：「一八〇〇年以前廣西省設縣情形」。

⑥③　關於人口統計，由於資料殘缺不全，而且統計的可信度也不相同。使用起來要十分小心，必要隨時加以考證。莊吉發，「清代社會經濟變遷與秘密會黨的發展：臺灣、廣西、雲貴地區的比較研究」，中研院近史所，近代中國區域史研討會論文集，民國75年8月，頁343～351。

⑥④　李紹昉，蔣立鏞，嘉慶重修大清一統志㈨──廣西，臺北：商務，民55，各府（州）「風俗」之部。

⑥⑤　龐新民，兩廣猺山調查記，頁99～100。

⑥⑥　胡耐安，中華民族志，頁273。

⑥⑦　壯族簡史，頁122～6。

⑥⑧　朱浤源，「小政府治大社會」，同前，頁332。

⑥⑨　？？？漏，請補資料，謝謝！

⑦ 梧州府志（同治12年），卷二四，「雜記」，頁31。

⑰ 謝啓昆，廣西通志，臺北，文海，卷一，訓典一，頁27，總頁144。

⑰ 同上，卷一，訓典一，頁28，總頁145。

⑦ 同上。

⑦ 梧州府志（同治12年），卷二四，頁28～38。

⑦ 許倬雲，「傳統中國社會經濟史的若干特性」，食貨月刊，復列11：5，民國70年8月，頁1。

⑦ 王業鍵，「清代經濟」（Some Reflections on the Economy of China under the Ch'ing, 1644-1991），食貨月刊，復刊2：11，民國62年2月，頁6。

⑦ 莊吉發，「清代社會經濟變遷與秘密會黨的發展：臺灣：廣西、雲貴地區的比較研究」，同前，頁16～17。

⑦ 同上。

⑦ 同上，頁18～19。

⑧ 黎斐然，「廣西天地會與太平天國起義」，史式等合編，羅爾綱與太平天國史，重慶，四川社科院，1987，頁268～269。

⑧ 同上。另參考：陸寶千，論晚清兩廣的天地會改變，臺北，中研院近史所，民國64年，頁87、92。

⑧ 陸寶千，同上，頁95。

⑧ （英）德庇時著，貢久諒、劉郁若譯，「戰時與締和後的中國」（按締和指締結1842年的中英南京條約），第六章「混亂中的中國——南方叛亂」，太平天國史譯叢，北京，中華書局，1983，輯2，頁277。

⑧ 黎斐然，同前，頁269。

⑧ 壯族簡史，頁58～67。

⑧ 同上，頁68～71。

⑧ 同上，頁71～120。

⑧ 陸寶千，同前，第一章。

⑧ 小島晉治著，何培忠譯，「試論拜上帝教、拜上帝會與客家人的關係」，太平天國史譯叢，輯2，頁292。

⑩ 同上，頁299。

⑪ 簡又文，太平天國全史，香港，猛進書屋，1962，頁74。

⑫ 同上，頁111。

⑬ 同上。轉錄自「忠王供詞」。

⑭ 彼得·克拉克著，曾學白譯，「上帝來到廣西」，太平天國史譯叢，輯1，1981，頁227～228。

⑮ 同上，頁229～230。

⑯ 這六個點是：桂林、柳州、梧州、潯州（桂平）、南寧與太平。資料來源爲「荷蘭布道會檔案」中一封1848年12月26日寫於香港的信，信的題目是："Namen der Stationen und der Arbeiter des Chinisischen Vereins am Ends von 1848"（1848年底福漢會各教堂名稱及工作人員名單）。另有Quartel-Berichte der Chinesischen Stiftung, 1850年3月的一篇文章，特別提到福漢會在桂林、梧州以及桂平活動的地區。轉引自：曾學白譯，「上帝來到廣西」，頁231之註二。

⑰ 王元深，「聖道東來考」，德華朔望報，期2，香港，1980，頁17～21。

⑱ 盧瑞鍾，太平天國的神權思想，臺北，自版，民國74年。

⑲ 羅邕、沈祖基，太平天國詩文鈔，臺北，文海，民國56年。

⑳ Ping-ti Ho, "The Geographic Disteribution of Hui-Kuan（Landomannschaften）in Central and Upper Yangtze Provinces,清華學報，新五卷，期2，民國55年12月，頁120～153。

⑩　黎斐然，前文，頁281。

⑩　（英）A. F. Linley（呤唎）著，（TI Ping Tien Kwoh: the history of the Ti-Ping Tevolution, including a narrative of the autheor's personal adventures, London, Day & Sons, 1866）王維周譯，太平天國革命親歷記，太平天國史料譯叢，北京，新華書局，1961，上、下冊。

⑩　Prosper Giguel, A Journal of the Chinese Civil War, 1864, Translated from French by S. A. Leibo and D. Weston, Honolulu, Univerisity of Hawaii, 1985.

⑩　早期的團練因三元里抗英運動之後，粵督琦善主撫，沒海防衛盡散，再加以漁船蜑戶因上海開埠，生意北移而無所資以自贍，遂有艇匪之生。而地方團練以天地會黨四處滋事，官府駕御無力，性質亦變。「聚則仰食于練餉，散則結黨竄踞山谷間，肆其劫掠，浸尋至於拒捕戕官」。詳見謝山居士，粵氛紀事，臺北，文海，卷一，頁2。

⑩　朱浤源，「同治中興在廣西：劉長佑巡撫的治績」，中研究，清季自強運動研討會論文集，民77年6月，頁520～523。

⑩　參看拙作：從變亂到軍省，附表一，「廣西歷代戶口升降全表」，頁577～586。

⑩　在衝擊到來之前，西人亦曾進入廣西。永曆王朝退據廣西時，其太后、皇后、王子均領洗於天主教士瞿紗微（Andr'e Koffler）。西教士在1650年代即有多人出入廣西。參考：黃玉齋，「明永曆帝皇太后致羅馬教皇詔書」，臺灣文獻，20：1，民58年3月，頁12～14。

傳統原始部落觀光休閒的社會學
分析——以臺灣蘭嶼雅美族爲例的探討

謝政諭

東吳大學政治系副教授

壹、前 言

在「現代化」張力驅動下，全球絕大部分地區朝著工業化、都市化、資訊化的方向運轉，農業的、鄉村的、人際的傳播等傳統生活方式逐漸縮小與式微，「工業——資本——都會」與「機械化——功利化——繁忙緊張化」或爲現代人生活與工作領域的寫照，在如此規格化與枯燥化的心理生活方式下，結合了現代化所帶來的有錢與有閒的前提，「觀光與休閒」形成現代社會中人活動的一項需求。而具有「原始的、傳統的、神秘的、自然的」的部落——少數民族村就形成熱門觀光據點之一。現代人爲何喜歡到「原始部落」觀光？其觀光休閒特質何在？對觀光地及觀光客又具有何意義？種種問題，深值得探討。

本文以發展社會學、休閒社會學的角度，探討現代人觀光與休閒的需求及其行爲模式爲何？並嘗試以美國已故社會學大師帕深思（T. Parsons）五組「模式變項」（Pattern Variables）理論，及其宗師韋伯（M. Weber）神聖——世俗等做爲現代化社會人士到傳統原始部落的觀光行爲提出反思，並以臺灣蘭嶼島雅

美族做個案分析，敬請多予指正。

貳、邁向現代社會的「觀光與休閒」的學理分析

一、「觀光」的概念解析

在不同社會經濟條件及心理認知差異下，對「觀光」可能有不同的理解，卅年前，臺灣社會處在經濟發展剛剛起飛之時期，「觀光」一詞意味著奢侈與消費的簡單與消極意涵，試看一段當時國人的觀念可知：

1966年，蔣廉儒先生初任臺灣省觀光事業管理局局長時，有位朋友送他一首「對聯」：

　　右聯是「觀些什麼無非風花雪月」

　　左聯是「光臨何事不外吃喝玩樂」

　　橫聯是「不成格局」

這首以「觀光局」為題的對聯正可以代表「觀光」給當時一般人的印象。（薛明敏，1982：4）

依據《韋氏國際辭典》（Webster's International Diction-ary）對於觀光所作解釋如下：「舉凡為商業、娛樂或教育等目的的旅行，旅程期間在有計畫的拜訪數目的地後，又回到原來的出發地。」（1961：2417）

Alister Matheiesns在《觀光對經濟、自然與社會之衝擊》一書中說：「觀光是人們短暫離開工作與居住的場所，選取迎合其需要之目的地，做短暫的停留並從事有關之活動。」（1984：10）

觀光（tourism, the traveling for recreation）絕不只是玩玩而已。它含有遊歷選擇性的他地，視察其風土、人情亦雜著貿易、宗教、朝聖、休養、運動、娛樂及教育等目的的一種新體驗。

隨著現代化工商業發展交通運輸的便捷，物質生活等基本需求滿足後，大眾觀光（Mass tourism）已成第二次大戰之後，地球村所呈現出來的一項熱烈性的活動。1950年一年全世界觀光人數約兩千五萬人。到了1970年已增至一億八千萬人。到了1982年增至二億八千萬人，如包括國內或地區性的旅遊的數字，世界觀光組織以1981年為例所做的粗估為一年應在兩兆人次之譜。（Murphy, 1985：3）這麼龐大數目的觀光人口，影響所至的旅館業、餐飲業、交通服務業等職業結構勢將引起很大的變化。

　　社會學家也積極地探討一套學理的模式來審視觀光業的種種現象。觀光客的社會心理需求就是其中的一項重點。柯罕（Cohen）及泰勒（Taylor）兩人就認為觀光客在度假時通常採取一種角色超越（role-distancing）、自我認知（self-awareness）及適應環境（accommodation-to the situation）的方法。也就是說：觀光客能在一種設計過的觀光環境，表面上投入這樣的環境，而實際上卻將自己超脫出來；更進一步地，他們能從一些上演的地方儀式及歌舞中，真正將自我建立起來，也就是在一些假造的環境中，洞悉到真正的自我，並且比較自己的親身經驗和那些構設出來的，並進而在心理上救得安適。（引自Philip L. Pearce著，劉修譯，1990：21）在觀光行為中，觀光客角色的再認知，觀光體驗後對人格、價值觀的影響，是值得觀光客與社會學者進一步體驗與分析的。

二、「休閒」的概念解析

　　社會學家對於「休閒」的探討亦有著極濃厚的興趣，廿世紀初美國社會經濟學家韋伯倫（Veblen）在他所著《有閒階級論》一書中說：工業社會初期，中產階級往往在各種休閒活動中，炫耀財富，表現自己的社會地位，這代表廿世紀以前，休閒是有錢

有閒階級的專屬品。（Veblen, 1925）曾幾何時，臺灣地區勞工已從假日要求加班，帶著微笑上生產線到近十年普遍勞工要求事業主應每年排長假——補助各種休閒旅遊活動。自開放大陸探親旅遊以來，近年到大陸各地觀光的臺灣旅客，每年超過一百萬人次，就是一個明顯的例子。

同樣地，「休閒」一詞絕不是傳統農業社會所認知的「小人閒居，常不善」，「游手好閒」以及宋朝三字經一書中所言：「勤有功，戲無益」的理念。從字源上看，休閒（leisure）源於希臘字schole 的語詞，是後來英文school, scholar 的語源，意指「學習活動」之意，因此休閒在古希臘是一種學習活動且是自由狀態以及具精神啓蒙作用的積極意義（M. Kando, 1980：21）。另一位社會學家開普蘭（Kaplan）在他的《休閒：理論與政策》一書中亦說：休閒是一種相當由自己決定（relatively self-determined）的活動經驗，它能提供娛樂，個人發展和服務他人的機會（Kaplan, 1975：26）也就是說，休閒除了是放鬆自己，尋找娛樂之外，更有其積極意涵，那就是發展自己與服務他人甚而達到社會成就（Social achievement）的目的。

社會心理學家馬斯洛（A. H. Masolw）就曾說明一般人類的活動，舉出人類行爲的基本需求有七項（F. G. Goble, 1970：50），如圖一：

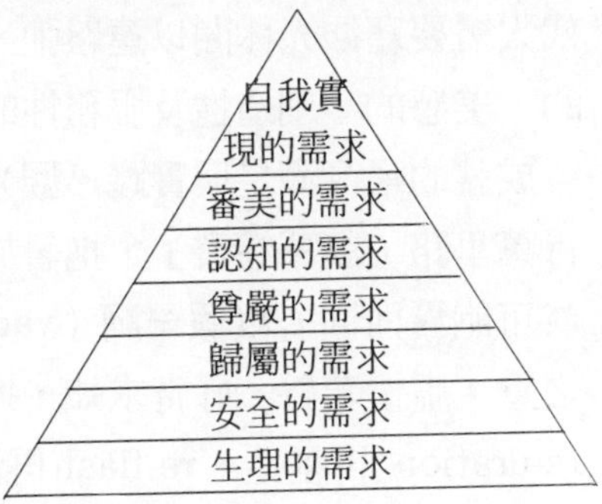

圖一　馬斯洛的人類
　　　需求層次圖

自我實
現的需求
審美的需求
認知的需求
尊嚴的需求
歸屬的需求
安全的需求
生理的需求

　　人類行爲在生活的各個層面中，物質的與身體生理的因素是基本的，也可說是低層的需求（生理與安全）。社會與環境的因素所欲求的可說屬於中層的（歸屬與尊嚴），知識的文化的因素所要達到的，是屬於高層需求（認知與審美）以至於能夠自我實現，增強潛能，則有賴各層因素的昇華與發揚，這是馬斯洛的人類需求層級。筆者多年前曾簡化馬斯洛的需求層級爲五級，並依休閒活動的種類及人們參與活動的層次建構一關係圖如下：（謝政諭，1989：248）

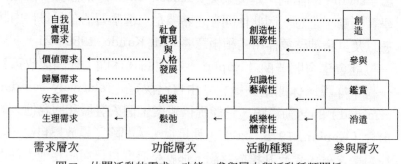

圖二　休閒活動的需求、功能、參與層次與活動種類關係

　　人類行爲漸式的發展，無論在動機需求上，或參與功能顯現上都需要有「欲窮千里目，更上一層樓」的自我要求與提昇。現代人需要藉觀光休閒以達鬆弛、消遣的愉快面，人更可透過知性的、美感的、創造性及服務性的觀光、休閒以達到人格發展，社會成就的最高滿足與實踐。觀光、休閒可以只是玩玩，但語云「行萬里路，讀萬卷書」，抱著放鬆謙虛、求佑的異地觀光休閒，眞可飽囊而回。渡假一詞（vacation）是由vacate——使空出來之意，虛懷若谷，好奇求知，進而使自己精神爲之一新，以達到re-cration 再創造，re-flash再清新，re-birth再生的生命活力，

應是休閒的深遠意義。

由以上介紹，觀光與休閒除了型態有差異外，對象上難做區分，勉強分之，休閒範圍大些，泛指自由時間一切非為營利，非為賺取所得的各項活動，而觀光，則指到外地遊歷，休閒，有時兼有貿易考察，商務會議等性質。兩者共同具有放鬆，娛樂及提昇個人與內涵之作用。

叁、臺灣蘭嶼島雅美族的自然、社經情境與觀光發展

一、蘭嶼島的自然環境

蘭嶼島原名「紅頭嶼」，西歐人稱之為Botel Togago或Orchid Island，當地居民雅美族人稱Poso no Tan「人之島」是一個位於臺灣與菲律賓之間串連之火山列島之一，位於東經21.5度，緯22度。孤懸於臺灣東南海面，北距臺東49公里，西距鵝鑾鼻約40公里，南與菲律賓之巴丹島遙遙相望，島周圍長 38.45公里，面積在海潮時為45.74平方公里。此外在本島之東南方約5.3公里處有另外一個小火山島小蘭嶼，舊小紅頭嶼，比嶼之海潮面積為1.57平方公里，周圍長4.96公里，因缺乏水源及耕地而無人居住。

清康熙六一年（1772年）御史黃叔敬著《臺海使槎錄》一文中，以「紅頭嶼」稱之，此名沿用126年之久，至1947年，由於島上盛產蝴蝶蘭，始命名「蘭嶼」至今。蘭嶼原住民全部者屬雅美（Yami）族，根據古老的傳說他們祖先來自「南方」的島嶼，考其語言及習俗與馬來系統巴丹群島之族系關係密切，生活習慣也頗多雷同之處。

二、雅美族的社經情境

雅美族的傳統是一種自給經濟（self-sustainted economy）。

他們從大自然中取得各種原料，過著簡單自給自足的生活型態，他們的獨特文化與蘭嶼的生態體系條件有不可分割的關係。雅美人的主要生產方式以農漁兼而有之，並有小規模的畜牧和採集野生植物，農業包括灌溉定耕的水田（以生產水芋爲主）及燒墾游耕的旱田（主要作物爲甘藷、小米及一些山芋、檳榔等）。漁業是雅美人另一項生計活動，其捕魚、叉魚分爲飛魚的捕捉與一般魚兩種，飛魚的主要捕魚季節是三月到七月，其餘時間所捕捉的魚類包括鰻、鯛、鮪、鮨等。

社會人類學者衛惠林、劉斌雄卅年前研究蘭嶼社會時就指出，水芋與飛魚不僅是雅美族文化中兩個不同的食物類別而已，它具備了社會整合的象徵性意義。由於水芋的種植乃以個別家庭的勞動力行之，因此水田成爲個別家庭的財產，擁有水田寡與饋贈他人芋頭的慷慨成爲社會地位判準的基礎之一；至於飛魚捕捉在部落集體作業的方式下進行，更是集合他們部落社會重要因素。……每一個部落有特定的漁場與使用陸地的疆界，在此疆界內未經人力開發之自然（如山林、水泉、河川與漁場）都歸屬於部落共同擁有。部落亦節制著如捕捉飛魚與其他械鬥等集體行動。（引自臺大建築與城鄉研究所，夏鑄九等，1989：8）

相對於臺灣本島其他原住民首長制的階級制部落社會，蘭嶼雅美族（又稱韃韃鳴人Tau）爲一民主平權，沒有統一權力的社會領袖之部落社會。因爲沒有酋長或頭目，所以每一個鳴人就被訓練要參公共事務的決策（女人除外），並且依年齡、社會望適時地表達個人的意見（古韃鳴，1994：35）。這樣一個民主平權的原始社會，二千多名雅美人何等悠遊自在，但是當面臨「外力」（如觀光資本集團侵入時）也就毫無抵抗自助自營之能力了。

三、蘭嶼島觀光事業的開發

　　二次大戰後，蘭嶼即時地被納入中國版圖，並在1946年設鄉，1951年開始的「臺灣省山地改進運動」，在「山地平地化」的浪潮下，從語言、衣著、飲食、居住、日常生活、風俗習慣上，全面改造臺灣的「山地同胞」。1986年「臺灣省加強社會福利計畫」中，在「社會救助」的名目下，特別增列的「改善蘭嶼山胞生活」四年計畫，共分為三期，從衣著改善、飲食及衛生改善宣傳、改良農業、獎勵副業、改進漁撈、社區教育、生活教育以及國宅興建計畫，來改善「過著原始生活的蘭嶼雅美族人」。這些措施，帶給雅美人一些改善，如 1966年～1980年總計在蘭嶼建了五百六十六戶「現代化」國宅，但由於各級政府疏於監督，使得「國宅」流於「海沙屋」而有逐漸腐蝕之現象，激起了雅美人對漢人政府的不信任。

　　由於1950年代因治安等理由而設的「臺灣省山地保留地管理辦法」的限制，使得蘭嶼和臺灣呈現某程度的隔離，此辦法修訂後，自1967年才有外來民間資本以「觀光業」形式進入了蘭嶼，原先於1950年代管訓隊服完刑的隊員及退休公務員與雅美女性通婚，取得保留的使用權，開設以觀光為主的商店。到了1970年代，台灣社會旅遊觀光趨勢日益高下，1968年蘭嶼開元港開設，1972年輪船飛機定期飛航，1973年機場擴建，1973年環島公路開通。兩家主要旅館，紅頭村蘭嶼別館與椰油村的蘭嶼大飯店，屬於同一財團「蘭嶼觀光開發企業股分有限公司」，在「蘭嶼是一個神秘島」，「獨木舟雕刻精緻、色調強烈、富有原始氣息」、「天然景色秀麗奇特」、「飛行安全可靠」，「車輛暢行無阻」、「有一流豪華飯店、餐廳」……在這些原始景觀加上現代化設備的語詞強力宣傳下，一批批的「觀光客」進入蘭嶼，這種現象，就如法國後現代學者傅高（Michel　Foucault）所言

的從一「偏離的差異地點」（hetrotopia of deviation）轉變成另一類型的空間「幻想的差異地點」（hetrotopia of illusion）（1986），蘭嶼的觀光性格於焉成立。

肆、以派深思「模式變項」及韋伯神聖－世俗理念解析蘭嶼觀光行為

絕大部分臺灣旅客（漢族）到蘭嶼（雅美族）觀光，是一種「異族觀光」（ethic tourism）的情境，Berghe & Keyes指出異族觀光係指：以被訪地區居民及其工藝品（包括衣服、建築、戲院、音樂、舞蹈、及造形藝術等）之「異文化情調」（cultural exoticism）特性爲吸引觀光客之主要策略的活動。被觀光者基本上是一個表演者，他最重要的任務，就是取悅或娛樂前來觀賞演出的消費者。由於追求眞實性（authenticity）是多數觀光客到一特定族群社區或異文化地區的最大目的，被觀光地區的觀光商業從事者甚或大部份居民，即會努力表現出讓對方得以感受到或接受的眞實性。這份眞實性，一般被稱作「舞台上的眞實性」（staged authenticity）。……眞實性在異族觀光的意涵上，就是指該異族的「傳統」或「原始的文化」。（謝世忠，1994A：2）由以上論述，可知台灣旅客到蘭嶼觀光，重點在於欣賞此傳統的、原始的文化，本段嘗試以派深思的「模式變項」（Pattern Variables）做爲「過去－後來」（before and after）從傳統到現代的行爲模式變項（parsons，1968：46-67， 752），做爲蘭嶼觀光行觀察、分析與反省的指標。

一、情感作用——情感中立（affectivity-affective neutrality）

　　派深思原意是說，傳統社會人做事以情感作用爲主，現代人則是秉情感中立，以理性判斷爲主。基本上觀光客可看出雅美人情感作用很濃厚，不太願意相信新事物，如生病是「惡靈」侵入體內所致，想要恢復健康，就必須驅逐「惡靈」、打敗「惡靈」，「最好的方法就是餓肚子將它餓死」，「事實上，天常不從人願，雅美人反倒先餓死自己」（鄭元慶，1995：23～24）。不願接受農業新品種一稻米的栽種，雅美人認爲芋頭那麼大都吃不飽了，稻米那能充飢，而鄉公所發下來的花生種子，雅美人則先吃爲快。這都說明雅美人需要理性的再開發，但「餓死惡靈」是否有一種「反求諸己」的作用，則值得現代社會事事往外找往外推的心態，值得反省。

二、擴散性用──特定性（diffuseness-specifficity）

　　派深思的原意是指傳統社會往往是一個團體，機關承擔多樣事物，不斷擴散，現化社會則是特定機關有特定功能。由於雅美人數不多，生活物質還可在自足經濟下溫飽，因此其擴散性、特定性的分野不大。面臨臺灣社會各種特定分工、專業的團體入侵後，雅美人自然樣樣落後了，連雕刻精緻的獨木舟者由部分受刑人取而代之。

三、特殊性──普遍性（particularism-universalism）

　　派深思的原意是指傳統社會人的身分角色具有特殊性，現代社會則基本上人人擁有普遍相同的權益與角色。這在雅美社會也遭到反證，雅美族沒有酋長、頭目等社會階層之分，社會上只有年長者應受尊重之別，有好的食糧──飛魚等，則長者先食，如此而已。這種文化特質，敬老以及日常角色的平權化，則是大部分傳統落後階層森嚴，以及現代社會「科層體系」（bureaucracy）密佈在種種工作場域，似乎在雅美族文化裡，雅美人得到

更多的解放。

四、先天──後天成就（ascription-achievement）

派深思原意認為傳統社會重視人生下來就繼承的種種社會地位，而現代社會講究個人應依後天能力與努力取得成就。雅美人只有男、女地位不同外，別無太多先天地位之文化，而土地的狹小貧瘠也無太多後天成就差異可言。自然環境影響人文社會在這裡可以看出一些端倪。在某個意義上而言，雅美人臣服於自然（people as subjugated to nature）的價值觀則是明顯的，或許因為如此，雅美人1987年發起了第一波反核廢料運動，1993年又發起反對設立國家公園（或者因其打獵、捕魚、自然採集之行為不能接受國家公園法之限制）。臣服性的環境意識，使得蘭嶼至今保持了較原始自然的觀光風貌，免於人超越自然、征服自然之下的環境迫害與污染，或許是許多原住民族群比好稱現代人的民族生存在一較好的自然環境裡。但任由大自然的成、住、壞、空，是有些消極，因此新生態觀範型（New Ecological Paradigm），強調人與萬物互賴生存，永續發展的觀念，應是原如部落與現代化社會的折中點。

另外，此點模式對重視「後天」的大部份觀光客而言，可說生活在現代生活設備後，對於到「非文明」的原始部落，常呈現抱怨生活的不便，風俗習慣不同之下的焦慮不安，或者是「花錢是大爺」的心態與行為出現，這些行為模式是現代人的進步還是退步？值得觀光客三思。

五、集體取向──自我取向（collective orientation-self orientation）

派深思原意是指傳統社會人的行動以集體利害為主，現代社會人的行動以自我利害為行為之主要準則。雅美人大部分生活以

自我取向爲主，每年飛魚季（三月至七月）則集體出海捕魚，而種植農作則有一小部分是屬於公有部落所有，如此特性，說明雅美人不似原始集體性強的社會，反而有幾分現代自我取向的社會性格。

　　除了派深思的「模式變項」分析外，再以派深思宗師的德儒韋伯（Max Weber）所開啓的神聖──世俗（sacred-secular）的論述，做爲此段結語分析。傳統社會，許多習俗都披著神聖的外衣，雅美人的「飛魚祭」、「開墾祭」、「獨木舟下水禮」、「雅美武士裝」、「長髮舞」都有其神聖的意義，大部分的觀光容，恐怕只從世俗化的娛樂，鮮艷的色彩等觀賞而已，這也是休閒學者所言，現代人將傳統舉行神聖儀式的日子Holyday，淡化爲Holiday只剩假日（加滕秀俊著，彭德中譯，1989：105～106）純觀光享樂的感官滿足而已。

　　過渡的神聖化行爲固不可取，將一切行爲都世俗化視之，同樣不可取。異族觀光中的神聖性儀典，其認眞、虔敬、奉獻及族群共同參與融合的行爲，是現代觀光客的心靈饗宴。

　　研究者將到蘭嶼的觀光客分爲六類：其一，當天往返，走馬看花，乘車環一趟，甚至在車上放映風土介紹的影帶。其二，住一夜，在旅館用餐，也是乘車環一趟。其三，住三天二夜，租乘機車，邊走邊看，找時間與村民聊天。其四，學生利用假期來，自備營帳，住三、五天。其五，從事人文、科學、地理研究的學者，會待比較久。其六，傳播公司或廣告公司，爲了拍廣告而來。（謝世忠，1994B：78～79），絕大部分的初來者，其觀光凝視（tourist gaze）是在搜尋新奇的「丁字褲」以滿足某種「文明爲我，落後爲他」的不正常宰制心理。筆者於1976年暑假與三位好友，帶營帳在蘭嶼漫遊五天，其中與雅美青年一同潛水叉魚、

吃野菜、游泳、徒步全島一週，了解其社會人文生態的印象，以及日後研究一點休閒文化，都是促使筆者撰寫本文的因緣，樂天知足的雅美人，景色秀麗自然的蘭嶼島給予筆者不少深思與成長的空間。

派深思與韋伯的論點，用於說明蘭嶼的觀光休閒行為，說明現代人在工作與生活環境的舒適卻又煩躁的空間中，總想走向原始的部落去擺脫現代社會理性的枷鎖，去享受那份純真、質樸的感覺。這有趣現象說明了人的生活夢想就如同光譜般（spectrum）在傳統與現代中不停的擺盪。

伍、結　語

蘭嶼雅美族的觀光休閒，對現代人而言，是一趟旅行，亦可以是一趟學習與成長。R. Rapoport等人在分析後工業社會的文化價值變遷方向是：1.從成就（achievement）走向自我實現（self-actualisation）。 2.從自我控制（self-control）走向自我表現（self-expression）。3.從獨立（independence）走向互相依存（interdependence）。 4.從苦惱的忍受（endurance of distress）走向享樂的解力或包容（capacity for joy）（R. Rapoport 1978：358），這種以自我實現，互相依存，享樂中有包容，不正是異族觀光的態度嗎？東吳大學傑出的卑南族學者孫大川亦指出，在進行部落溝通，個人應準備：1.自我確認：對自己的生命我有沒有一個承諾（commitment）？我的承諾和我即將進行的工作有什麼關係？2.自我虛空：「無功、無已、無名」──「生而不有，為而不恃」→我「the "I"」排除「意志萬能主義」──聆聽原則。3.自我充實：「工具」與「心量」的翻升。（孫大川，1994：312～313）研究當代觀光現象的社會科學家Smith ed.

Swain, Me Kean, Nash, Graburn, Van Den Berghe 與 keyes 等人，均發現到，從工業化國家或都會地區到非工業化國家或鄉村部落社區遊覽，顯然是各種觀光形式中的主流。（謝世忠，1994A：1）「異族觀光」、「傳統部落觀光」時代的到來，惟有先自我確認、虛空、開放之後，才能自我充實，眞正享受到「異族觀光」的樂趣與成長空間。

蘭嶼觀光休閒的反省，可分爲三類：

㈠**經濟衝擊**（Economic impact），雅美人組織起來，將自己文化特色呈現出來，唯有擴大雅美人的參與。才會使蘭嶼的觀光產業嘉惠到全島居民身上。

㈡**實質環境或生態衝擊**（physical or ecological impact）觀光客學習雅美人順應自然，雅美人也適度走出來迎接環境挑戰與互動，使「國家公園」或今日山地法規更適合雅美人的今天與明天的發展。

㈢**社會和文化衝擊**（social and cultrual impact），雅美青年如同主爲原住民族群一樣，流入都會區中，因此，蘭嶼社會以老弱婦儒爲主，雅美社會與文化在流失中，能否藉由觀光的發展，使蘭嶼展現新春氣息，經由雅美人自己的覺醒與提昇，整理出自己的傳說、藝品、習俗、舞蹈等文化活動，以吸引更多觀光客，從事較深刻的族群文化觀光等深度休閒內涵。雅美人的眞，表現在其年長婦女的髮舞（不以年輕貌美的女子吸引觀光客），及拒絕觀光客的擅入穴居屋，這份「後台」眞實景象，需要觀光客以尊重的態度以文化多樣性與相對性與之溝通，以達共存共榮的和諧對話。

最後，主導政府、國家機關的多數族群，更應以立法的方式及眞誠的態度與措施，來保障原始部落一如蘭嶼的生存與發展，

給人類在生活、休閒、觀光上多存一份平等，互惠的空間。人類
學家克羅孔（kluckhohn）曾說：所有人類社會，從最原始到最
進步的，構成一連續體。（1949：266）觀光休閒文化基本特質
就在於悠遊自在的從上下四方，古往今來的時空中爲藝術眞誠感
動，爲山川壯麗而驚嘆，爲體育娛樂活動而宣洩，爲服務與創造
活動性而展現人性光輝，在異族觀光中，更流露出人類共存共榮
的生命連續體，……這一切活動，交相輝映在有意義，有深度的
觀光休閒體驗中。

參考書目

古韃文　1994，划向自由的孤舟──蘭嶼聚落重建的困境與展望，臺北：
　　　　山海文化雙月刊，1994年11月。

孫大川　編94，會落的組織與溝通，載中華民國臺灣原住民族文化發展
　　　　協會編譯，原住民文化工作者田野應用手冊。

夏鑄九等　1989，蘭嶼地區社會發展與國家公園計劃，臺北：臺大建築
　　　　城鄉研究所。

鄭元慶　1994，蘭嶼的史懷哲──田雅各醫師，載鄭元慶等編著，臺灣
　　　　原住民文化㈡，臺北：光華畫報雜誌社。

謝世忠　1994A，觀光過程與「傳統」論述──原住民的文化組織，載
　　　　行政院文建會編印，民國83年度全國文藝季系列活動原住民文
　　　　化會議論文集。

謝世忠　1994B，「山胞觀光」：當代山地文化呈現的人類學詮釋，臺
　　　　北：自立晚報。

謝政諭　1989，休閒活動的理論與實際──民生主義的臺灣經驗，臺北：
　　　　幼獅加藤秀俊著，彭德中譯　1989，餘暇社會學，臺北：遠流。

Philip L. Pearce著，劉修祥譯，1990，觀光客行為的社會心理分析，台北：桂冠。

Alister Mathieson，1984, Tourism: Economic, Physical and Social Impact, New York: Longman Inc.

Fcoucault, M.，1986, A Critical Peader, edited by David Couzens Hoy U. K. Oxford University.

Goble, F. G., 1970, The Third Force: Psychology of A. H. Maslow, N.Y.: Gross Man Publisher.

Kando, T. M., 1980: Leisure and Popular Culture in Transition, Saint Louis: The C.V. Mosby Company.

Kaplan, Max, 1975, Leisure: Theory and Policy, New York: Wiley.

Kluckhohn, C., 1949, Mirror For Man, McGraw--Hill Paper--beck.

Murphy, P., 1985, Tourism: A Community Approach, New York: Poutledge.

Parsons, T., 1968, The Structure of Social Action, New York: The Free Press.

Rapopart Rhona and Rapoport Robert, 1978, Leisure and the Family life Cycle, London: Routledge & Kegan Taul.

Veblen, T. B., 1925, The Theory of the Leisure Class, London: Allen & Clnwin.

雲南少數民族社會經濟發展
概要及研究狀況

陳慶德

雲南民族學院教授

壹、多層經濟結構是雲南少數民族社會經濟總貌的基本特徵。

這種多層次性，反映了各民族之間多種經濟——文化類型的相互影響、滲融與承續的密切聯繫，正是這種聯繫，使這種多層次的民族經濟結構表現爲一種不完整的狀態，對任何一個民族經濟體而言，其實際經濟狀況並非可由某種單一的經濟形態概括，而是以其強烈的不穩定性和極其易變的特點，融新舊經濟因素於一體，構築了一個劇烈跳躍式的過渡性經濟形態，表現出豐富的民族內容。

這種多層次社會經濟結構的民族特點或內容，可概括爲三個基本類型：

㈠與漢族交錯雜居的回、滿、蒙古族，其社會經濟形態與漢族大致相當，極具等同性。

㈡聚居於同一地區的藏、獨龍、基諾、景頗、水、布依、阿昌和蒙古族等8個民族的社會經濟形態，表現出較強的民族整體性。呈現出在不同民族之間，社會經濟的多層次結構狀態。

㈢分布於不同地區的彝、白、哈尼、傣、壯、苗、傈僳、怒、納西、瑤、拉祜、佤、布朗、德昂、普米等15個民族，在其眾多的支系與不同的居住區域之間表現出大跨度的差異，展示了同一民族內部社會經濟的多層次結構狀態。

時至20世紀50年代社會轉型改制時，雲南少數民族社會經濟可劃分為四個基本類型：

㈠回、滿、蒙古族以及白、納西、彝、壯、傣、布依、苗族之一部（主要為居住於內地者）約300萬人口，占當時全省少數民族人口的60％，其社會經濟結構同中國漢族主體經濟結構大致相同，屬地主經濟形態。

㈡屬領主經濟形態的，主要有藏、阿昌族以及傣、哈尼、拉祜、普米族之主體和白、彝、納西族之一部。約145萬人，占當時全省少數民族人口的 29％。其中又有三種狀態：

　1.以西雙版納的傣族為典型的直接在原始村社公有制軀殼上生長起來的領主經濟。其領主制度保持著較強的系統性和完整性。

　2.以德宏州和思茅的孟連、臨滄的耿馬兩縣的傣族地區，迪慶藏族地區，和寧蒗永寧區的納西族地區為主要代表，表現出由領主經濟向地主經濟的過渡狀態。

　3.主要分布於紅河的元陽、紅河、綠春和思茅地區的瀾滄、江城等縣的哈尼、拉祜、彝族地區，領主經濟已處於基本體的狀態。

㈢以寧蒗縣境內的小涼山及其鄰近的永勝、華坪山區的彝族為主，占當時全省少數民族人口1％的大約5萬人。處於奴隸制經濟形態中。

㈣分布在國境邊沿一線山區的獨龍、傈僳、怒、景頗、德昂、

佤、布朗、基諾等民族和拉祜、哈尼、瑤等民族之一部，人口約50萬，占當時全省少數民族人口的10%，則處於原始部落社會的過渡轉變過程中。這裡亦有兩種情況，一是基本處於原始公社階段，如布朗、基諾、獨龍族以及拉祜族之一部等；一是其公社解體業已開始，私有制開始確立並產生了階級文化。

在上述多層次的結構狀態下，生產力水平的極端低下和社會組織的原始初級狀態便成為雲南少數民族社會經濟形態的總體基本特徵。

貳、中華人民共和國成立後，雲南少數民族社會經濟的發展可簡要劃分為三個階段。

第一個階段（50年代～60年代），這是一個根本性的社會轉型改制期，其轉型改制又以和平協商、合作互助為基本手段，從而實現了社會轉型改制的平穩過渡，使雲南少數民族社會經濟面貌發生了根本性的改觀和巨大的飛速發展。

對雲南各少數民族社會經濟而言，這一轉型改制的核心內容是土地改革。在雲南，自1952年開始的土地改革，針對少數民族社會經濟形態的四種類型，而採取了不同的方法。

㈠土地改革最先以從處於地主經濟形態的少數民族開始，土地改革方式與內地漢族大致相同。但對少數民族聚居地仍以內地山區和土改緩衝區的劃分形式，採取了更為和平的方法。當時內地山區400多萬人口，大多數是少數民族，對地主的鬥爭採取了協商、調處、法院起訴等方式，而不是急風暴雨式的群眾性階級鬥爭方式，對少數民族的富農則全部保留。當時土改緩衝區共100萬人口，政策更為寬鬆，如只設收地主土地、房屋、耕畜及

多餘糧食，但不追底財、不分浮財等。至1954年，這一區域的土改順利完成。

㈡從1954～1956年開始對邊疆線和緩衝區之間主要處於領主制經濟形態下的各少數民族進行和平協商的土地改革，主要涉及了傣、哈尼、拉祜、阿昌等民族約128萬人，其核心是以贖買方式實現耕者有其田的目標，對剝削階級採取背靠背的方式，不打、不鬥、不殺，並對民族上層人物實行政治安排和生活照顧的政策。

㈢對邊境沿線的獨龍、基諾、傈僳、怒、布朗、德昂、景頗、佤等民族以及拉祜、哈尼之一部份，則是以開展互助合作的形式。直接過渡到社會主義。如在景頗族聚居區，自1953年開始，便以互助合作形成幫助其發展生產，並在其區位較好的中心地建立生產文化站，使其逐漸成長為一個多範圍的政治、經濟、文化中心，使人民政權的行政效力，在平穩的發展中有效地扎根於社會基層單位。

到1957年，全省少數民族社會轉型改制基本完成，除迪慶藏族地區和寧蒗彝族地區進行了軍事平叛外，和平協商、平穩過渡成為這一重大社會變革的基本特點，正是這一基本特點，保證了少數民族經濟的迅速發展和社會的高度穩定。從1950～1956年，少數民族聚居的邊疆各縣，糧畜生產增長了50%，工業總產值比1952年增長了15倍，從某種程度上說，這一社會轉型改制，能在高度平穩的過渡中完成根本性的社會變革，並取得巨大的發展成就，堪稱史無前例。

從政治角度來看，這一變革第一次使中國中央政權的行政效力深深扎根於每一民族的社會基層單位中，各民族人民的日常生活同整個中國社會的統一政治體制結為密不可分的有機整體，由

此奠定了中國社會總體性發展統一協調的深厚基礎。

從經濟意義上說，這一變革直接的實際後果，是賦予了各少數民族農戶獨立小生產者的地位，並以此作爲其社會經濟發展的新起點，由此導向社會主義集體農業的發展方向，並以國家的財政支持爲這一發展提供現實幫助，如 1956～1958年，僅對「直接過渡」的少數民族生產資金下達的國家撥款就達 896萬元。至1957年年末，邊疆民族地區建立農業生產合作社1728人，入社農戶占邊疆地區總農戶的9.83％，其中和平協商土改區1316戶，入社農戶爲 10.89％，直接過渡區412社，入社農戶占7.25％。在發展過程中，全國農村人民公社化的總背景也曾致使雲南邊疆少數民族地區盲目建社，並出現直接建立人民公社的「一步登天」的做法，使邊疆少數民族農戶入社比重在1959年猛升爲93％，經60年代初的調整，並重新改人民公社爲農業生產合作社，入社農戶比重降至53％。從總體上說，這一階段的發展，爲雲南少數民族社會經濟的發展提供了前所未有的積極健康的條件和影響。

第二階段（60年代中期～70年代末）。這一階段的發展表現出強烈的政治色彩，經濟發展速度有所減慢。在此階段中，邊疆少數民族地區曾在1969～1970年間進行了第二次人民公社化進程。遺憾的是，所獲成果儘是形式上的，它並未隨之給少數民族生產組織和生產力水平帶來實質性的改變和進一步的發展，從經濟上說，這一階段給雲南少數民族社會經濟發展帶來的負面影響主要是扼殺或壓抑了各少數民族經濟中並已存在或正在成長著的商品經濟因素——這一社會經濟發展的活性要素，強化了各少數民族社會經濟生活中的封閉性或自給性要素，在此階段中所發生的知識青年上山下鄉運動，雖極富政治色彩，但這些知識青年，作爲城市經濟文化的載體，作爲社會經濟發展要素的傳播者，以

如此巨大的規模散布到各少數民族聚居的廣大農村，其所發揮的
積極效應至今仍未被人們認識和理解。從某種程度上可以說，散
布到邊疆少數民族地區的數十萬知識青年，爲促進各民族之間的
文化交流與融合，爲城市文化與多村文化的溝通，發揮了不可磨
滅的社會學意義上的深刻影響，甚至可在一定程度上說，這一事
件爲廣大經濟落後的少數民族在80年代重塑市場經濟體系的又一
經濟轉型，作了一次廣泛的社會心理文化的準備。

　　第三階段（1978年至今），這是一個重塑市場經濟體系的
發展過程，這一新的發展方式的選擇，對不同經濟發展水平的少
數民族產生的影響是大不相同的。它提供了發展的機遇，也提出
了發展的新問題。

　　從總體上或對絕大多數少數民族而言，它使少數民族農村生
產組織擺脫了集體經營之名的形式桎梏，重構了以自我勞動爲基
礎的農村家庭生產組織，據 80年代末和90年代初的統計，雲南
全省農村生產性固定資產中，個體家庭擁有的份額爲72.8%，農
民的純收入來源於家庭經營的部分占88.7%，它的基本意義在於，建
立了各族農民獨立財產權的存在和發展，在此基礎上，各族農民
受追求自身利益傾向化的內在驅動，全面走向而成爲獨立的商品
生產者，這一改革對於激發各族農民的生產積極性，以農業的迅
速復興來支撐中國經濟的現代化過程具有不可泯滅的歷史貢獻，
對各族農民改變其貧困生活的面貌，亦具有不可忽視的積極作用，
是受到各族廣大農民的衷心擁戴與歡迎的，同時，這一改革對於
那些原處於原始公社經濟狀態，自50年代以來又直接以互助合作
形式走上社會主義經濟發展之路的少數民族，又提出了如何適應
新發展的問題。從生產組織方式的角度來看。50年代具有根本性
變革意義的社會轉型，並未向這些民族提出變更生產組織方式或

適應一種新組織的要求，但80年代的變革，卻向他們提出了去適應一種他們從未經歷過的生產組織方式，從而， 80年代初全國農村推行的家庭聯產承包責任制在他們中間的推行並不十分順利，如在西雙版納勐臘縣的拉祜族中，就產生了一個適應的過程，但令人欣慰的是，在此適應過程中，不少拉祜族家庭也勇敢地走上了市場，並從中產生了一批經商致富者，甚至出現了不少拉祜族的女企業家。在景頗族中，亦從植園、養殖、經商、玉石加工的各種專業戶的成長中，不儘出現了像瑞麗市戶育山的萬元戶村，而且出現了擁資數千萬元的企業家。德宏州的景頗族中，目前資產200萬元以上的企業家已有30多人。可以說，80年代以來，雲南少數民族社會經濟已迅速進入了一個全面發展的新時期。如德宏傣族景頗族自治州在改革10年中，在邊境貿易的帶動下，全州經濟發展速度不僅超過了雲南全省平均水平，超過了全國民族自治地方發展水平，而且比全國經濟平均增長速度亦高出5～6個百分點。其全國生產總值和國民收入的年平均增長率達到20%左右，形成超常規迅速增長。

　　但是，在另一方面，以個體家庭為重心的生產組織結構，已使雲南少數民族的經濟發展遭遇了自身經濟實力弱，社會生存環境波動大，市場參與程度低，資源配置效率差，生產活動細碎化等諸多方面的制約。因此，如何實現少數民族生產組織結構的創新，發展規模經濟，實現分散小生產與社會主義大市場銜接的問題，已成為目前雲南少數民族經濟發展的關鍵所在。

叁、雲南少數民族社會經濟發展的研究現狀，有一個可喜可憂的局面。

　　從研究機構來說，可分爲兩大類型，一是直接進行民族研究
的機構，主要有：設置於雲南民族學院的雲南省民族研究所，雲
南省社會科學院所屬的民族學研究所以及雲南大學西南邊疆民族
經濟文化研究中心。二是以學科劃分的專業研究機構，如雲南省
經濟研究所、雲南省政府經濟技術研究中心、雲南省社會科學院
所屬的綜合經濟所、農業經濟所，以及德宏州經濟研所等。除上
述主要研究機構中，組成對雲南少數民族社會經濟發展研究隊伍
的，還有散布於全省各高校各系科的教師和科研人員。正是雲南
多民族構成的現實狀況，使這裡社會科學的各科研究都或多或少
地要涉及少數民族問題，但這支數量龐大的研究隊伍，因其多處
於單兵作戰的狀態，故難以形成多學科有機契合的綜合性研究整
體，固然在一些專業領域能取得可喜的研究進展，但目前進行大
型綜合性課題研究的能力尚覺薄弱。

　　就研究成果來看，首先值得一提的是50年代由全國各地學者
和其他工作人員組織的民族工作團和調查團所產生的研究成果，
不僅爲我們留下了千萬字的各民族社會經濟狀況的文字調查報告，
還留下了長逾10小時以上的實錄影片，這些資料，無論對經濟研
究還是對人類學研究來說，都具極爲寶貴的價值。爲這些調查資
料作出貢獻的前驅學者們，都是深深值得每一個今天對雲南少數
民族經濟社會發展進行研究的人們所深深敬仰的。正是在這些堅
實基礎上。80年代已產生了一批以馬曜等撰著的《西雙版納土地
制度與西周井田制比較研究》爲代表的一批理論分析專著。

　　80年代，對少數民族社會經濟發展問題研究的熱潮再度高漲。
這在根本上得力於全國以經濟建設爲中心的戰略轉移的推動。在
各種報刊上出現了大批論述少數民族經濟發展問題的文章，涉及
了民族經濟發展差距的問題；對前 30年工業化進程的特殊方式

對少數民族經濟影響的反思，如國家工業的外部嵌入與當地少數
民族經濟的脫節等；少數民族商品經濟發展問題；近代以來少數
民族社會經濟的變異；政府扶貧與少數民族經濟的發展、經濟發
展中的投資、利益分配、發展戰略選擇諸方面。可以說，這一時
期對少數民族經濟發展問題的研究，涉及範圍最廣，參與研究的
人數最多。但從研究成果來看，都普遍存在著一個致命的缺憾；
就是這一研究大多是作為宏觀經濟的一個附帶成分而加以研究的，
究其原因，可能來自於以下幾個方面：

　　第一，在建國後前30年的經濟發展中，中央政府作為發展的
主體或主導性力量，一直在謀求全國經濟高度統一的協調發展。
由此淡化了經濟發展中的民族性問題，而轉變為一體的區域性經
濟問題。80年代以放權讓利為特點而展開了一系列改變，並未改
變政府作為發展主體的基本面貌，所不同的只在於，各級地方政
府此時亦作為重要的另一發展主體迅速崛起，於是在區域利益的
比較中凸顯出了少數民族經濟問題，但涉及於此的大多論說，均
以政府行為和要求為核心，以區域關係協調為基點。

　　第二，中國國民經濟這種高度一致性的歷史發展現實，以及
市場經濟導向社會經濟一體化的趨勢，使得經濟學純理論分析的
專業傾向再度強化，這樣，在經濟一體化發展趨勢的幻覺下，使
得相當多的專業經濟學者，只把民族經濟問題認同為區域經濟的
問題，至今拒不接受民族經濟學的提法，只接受少數民族地區經
濟問題之說。而隱含在這一提法之中的一個基本觀點就是，在一
個特定區域中，民族經濟不可能成為獨立單元。這便抹煞了經濟
發展中的民族差異問題。

　　正是在這些因素的交互作用下，中國西南少數民族社會經濟
發展問題研究，雖論著頗豐，卻難以深化。

　　自80年代末以來，愈來愈多的學者已日益覺察到民族文化與
經濟發展關係研究的重要意義。並感受到以民族爲基點來論述衆
多社會經濟發展問題的必要性。90年代初，雲南大學中國西南邊
疆民族經濟文化研究中心提出了文化轉型與少數民族經濟發展的
大型研究課題，調動多方面的研究力量，試圖以民族爲基點，進
行制度變遷與少數民族經濟發展，市場體制的建立與少數民族的
文化適應與演變，民族交往與經濟發展的比較、經濟發展中的民
族同化與認同等方面進行協同研究。此外，中心研究人員還於
1994年出版了國內第一本直接以《民族經濟學》命名的專著，
綜合經濟人類學、發展經濟學等多學科理論工具，對民族經濟學
的理論構建作出了初步的探索並得到國內學術界的重視。

　　目前，以民族爲基點，綜合民族文化、社會組織與經濟發展
多種學科研究爲一體，力圖以民族文化的差異性。以及各民族在
經濟發展進程中參與方式、地位、利益分配等綜合角度來進行少
數民族社會經濟問題研究，構建和完善民族經濟學的理論體系的
研究力量正在蓄積，隨著這支研究隊伍的壯大，可以預言，中國
西南少數民族社會經濟發展的研究，將在不遠的將來，在現在已
有的，前人研究的豐碩成果的基礎上，躍上一個新的更高層次。

中國少數民族為繁榮祖國的經濟、
文化和科技所作出的傑出貢獻

周錫銀

四川省民族研究所學術委員會主任、研究員

　　我們偉大的祖國，是一個統一的、多民族的國家。生活在這塊土地上的各兄弟民族，都是勤勞、勇敢、智慧的民族，都對祖國歷史的發展作出了卓越的貢獻。也就是說，我們偉大的祖國是各民族共同締造的，中國燦爛輝煌的文化是各民族共同創造的。本文將以眾多的事實來說明，我國各少數民族和他們的領袖人物、科學家、文學藝術家們，為繁榮祖國的經濟、文化和科技所作出的傑出貢獻，並就教於海峽兩岸的學者。

壹、少數民族發展、繁榮了祖國的經濟

對畜牧業的貢獻

　　我國蒙古族、滿族、藏族的先民以及歷史上許多少數民族都以發達的畜牧業經濟著稱於世。早在商周時期，內蒙古地區就出現了專事畜牧業的氏族部落如「鬼方」、「獫狁」、「戎、狄」等，其中北狄以養馬業發達和善騎戰而聞名。戰國末期，匈奴族的畜牧業生產在社會經濟中已占主導地位，他們食畜肉、飲湩酪（即乳汁）、衣皮革、被毯裘、住穹廬（即氊制帳幕）。那裡畜

群繁盛，不僅有馬、牛、羊、駱駝、驢、騾，還有珍貴的駃騠等「奇畜」。到西漢時，匈奴曾擁有騎兵三十餘萬，足見養馬業之繁榮。

春秋戰國以前，華夏族（漢族的先民）只知用牛車，不會養馬騎馬，後來北狄族將騎術傳入。隨著養馬術和驢、騾的迅速傳播中原，對漢族地區的農業、畜牧業、交通業以及騎兵的發展都產生了重大影響，大大提高了生產力。到西漢時，政府在太僕一官管理下的牧苑就有36所，養馬36萬匹。匈奴休屠王的兒子金日磾曾爲漢朝的馬監，爲漢武帝養馬，傳授養馬術。

南北朝時的突厥族，畜牧業也很發達，啓民可汗自言：羊馬遍滿山谷。唐初，由於長期戰亂剛剛平息，中原地區「民乏耕牛」，突厥族賣給唐朝大量耕畜，解決了內地生產生活之急需。唐朝每年用於交換馬匹的絲帛即達數十萬匹之多。唐宋時期蒙古族、藏族培養的蒙古馬、河曲馬，「烏蠻」、「白蠻」（今彝族、白族等少數民族的先民）養殖的「大理馬」以及青藏高原的犛牛都是著名的畜種。

少數民族所創造的畜牧業經濟和草原文化，對中華民族經濟文化的發展起了重要的促進作用。

對農業發展的貢獻

秦漢時，在今新疆塔里木盆地周圍的綠洲和天山北麓一些地方，分布著由突厥語民族組成的「西域三十六國」。他們主要從事定居農業，除盛產大麥、小麥、黍、稷、菽等「五穀」外，已開始種植棉花並生產葡萄、苜蓿、石榴及其它瓜果、藥材。公元十一世紀時，回鶻族（維吾爾族祖先）已從金嶺引水灌漑田園，用水磨代替人力杵臼。

居住在嶺南的駱越族，早在秦代就已開墾農田。漢武帝平定

南越後，分在在這裡的壯族先民開始使用鐵製農具，他們除了「男子耕農；種禾稻、紵麻，女子桑蠶織績」外，還種植載譽中原的荔枝、龍眼等亞熱帶珍果。唐代，在桂林附近開鑿出一條人工渠，既溝通了桂江與柳江的運輸，又利於灌溉農田。嶺南的各少數民族還推廣圍塘蓄水、水稻育秧、中耕除草、煆石施眼等技術。到宋代，壯族的一些地方已「種稻似湖湘」。

在漢代，居住在今雲南省的哀牢夷已種植「五穀」、營蠶桑；滇族已能「開通灌渠，墾田千餘頃」，被譽為「有鹽池、田、魚之饒，金銀畜產之富」。隋唐時，今西雙版納、德宏一帶的金齒、銀齒等族，養象作為畜力耕田，普遍使用犁耕。唐宋之際的白蠻和烏蠻等族在蒼山、大理、滇池等地興修了很多蓄水池和灌溉工程。大理地區的「橫渠道」等水利工程，引導十八溪的水澆灌了整個大理壩下的萬頃良田。農業生產技術已接近中原的水平，耕地分旱地和水田，採用二牛抬杠犁耕。

就連進入我國較晚、以善經商而兼事農牧業的回族，明清時的農業生產也達到相當高的水平。在寧夏地區，他們和漢族一道興修了大清渠、惠農渠等許多水渠，開墾了大片農田。「塞外江南」、「黃河萬里富寧夏」的贊譽，就是歷史上回漢人民利用黃河水利，開發黃土高原，並同「河崩沙壓」、湖坑鹼灘等不利自然條件進行頑強鬥爭取得輝煌成就的見證。

生活在世界屋脊的西藏高原上的吐蕃人民（藏族先民），七世紀初已使雅魯藏布江兩岸牛羊追野，農田彌望。在藏南河谷農業區，已有青梨、麥、豆等作物，耕作技術上已使用鐵犁和二牛抬杠式的犁耕，並有專用的水利灌溉系統。九世紀時，農民已知薅草積肥。

各少數民族除了在自己居住地區發展農業生產、繁榮經濟外，

還對中原農業發展出了貢獻，為漢區輸送了許多作物品種和栽培技術。如高粱、玉米、芝麻、蠶豆（胡豆）、葡萄、石榴、核桃（胡桃）、扁豆、黃瓜、茄子、菠菜、胡蘿卜、西瓜等瓜果、蔬菜的種子及栽培技術，都是先後從少數民族地區特別是從西域各族那裡傳入的。棉花則是新疆人民和廣東、海南黎族人民首先種植，後來才傳入渭水、黃河及珠江、長江流域普遍栽種。新疆植棉比內地要早五、六百年。

對手工業和商業的貢獻

具有特色的少數民族手工業對漢族影響尤深。早在漢代、新疆各民族中已出現與農業相結合的家庭手工業，如釀酒、製玉、棉花紡織及銅、鐵、銀等金屬冶煉加工。當時龜茲產的鐵，足以供給西域「三十六國」之用。隨著農、牧業各手工業的發展，交換也開始興旺起來，聞名世界的「絲綢之路」就是在這時逐漸繁榮起來的。到明、清時，新疆少數民族一些地方已形成定期的「巴札」（集市）。著名城鎮如葉爾羌、喀什噶爾、阿克蘇、哈密等已初具規模。哈密已是「商賈雲集，百貨俱備」的大都會；阿克蘇則各地商人匯合，「每逢八柵會期，摩肩雨汗，貨如霧擁」；葉爾羌經常有外地客商遠道而來進行貿易，「第逢會期，貨若雲屯，人如蜂聚，珍奇異寶，往往有之，牲畜果品，尤不可枚舉」。

嶺南百越族地區的手工業出現較早，秦漢時，番禺、蒼梧就有鹽官專管鹽業。《漢書》栽，越地「多犀象、毒瑁、珠璣、銀、銅、果、布之湊」，加上近年兩廣出土的許多漢代銅器，技精器美，足見其手工業之興盛。隋唐時，桂州出產的布、都落布，容州的蕉葛布，富州的斑布，玉林的土貢布等，都很美觀，被列為貢品。壯族、布依族、土家族等先民鑄造的銅盤、銅鏡、銅鼓、銅鐘，圖案多姿，刻工精巧，尤銅鼓以其特色而形成單獨的「銅

鼓文化」。賀州銅鼓，大者廣一丈「全用銅鑄，其身遍有蟲、魚、花、草之狀，通體均勻，厚二分以外，爐鑄之妙，實有奇巧」。壯族的製陶工藝土家族對丹砂、水銀的開採提煉都有較高水平。尤其值得稱道的，還有黎族人民的植棉和紡紗織布，不僅歷史悠久而且技藝高超。元代著名的漢族紡織家黃道婆，她製造的一手能紡三支紗的腳踏紡車，就是從黎族人民那裡學來紡織技術，然後加以改進完成的。

嶺南的商業在漢代已發展起來，到唐代更加興旺。陽朔已是「士官胥吏、黎民、商賈夾川而居」的圩鎮，有「籍戶五千，其稅緡錢二十萬之多，形成了附近壯、瑤、漢各族人民進行商品交換的中心。唐代詩人柳宗元在《柳州峒氓》詩中，有「青箬裹鹽歸峒客，綠荷包飯趁圩人」的詩句；劉恂在《嶺表錄異》中，有「夷人通商於邕州石溪口，至今謂之僚市」的記述，都反映當時桂州、柳州、邕州一帶的圩市已經形成。

宋元時期，雲南大理一帶的白族煅打的「大理刀」，芒刃不鈍，成為大理政權與內地貿易的主要商品之一。白、彝、傣、景頗各族的手工藝品也都暢銷國內市場。輸入內地的商品主要有畜禽、刀、氈、甲胄漆器以及麝香、藥材。貿易集鎮如陽苴咩（大理）、拓東（昆明）、永昌（保山）、鐵橋（麗江北塔成）、鎮南（景洪）等都有較大的發展，銀生（今屬西雙版納）和永昌已成為我國與南亞留易的重鎮。

回族人民向來以多能工巧匠和善經商而聞名於世。明清時回族的製香料業、製藥業（回回膏藥和藥錠）、製瓷業以及銅、銀礦的冶煉都很著名。元代時，回族商人已活躍於全國各大城市。元大都北京和東南沿海的杭州、泉州、廣州等地是他們經商的據點，香藥、珍珠和寶貨是他們的主要商品，加之海上貿易很賺錢，

所以元初回商交納的稅款在全國財政收入中占有一定的地位。元中統四年（1263年），在首都的回族已達2,953戶，其中「多係富商大賈勢要兼併之家」。

回族對於海外交往的貢獻很大，著名的航海家鄭和就是傑出的代表。從永樂三年（1405年）到宣德八年（1433年），鄭和率船隊七次「下西洋」，訪問過亞洲、非洲三十多個國家。這一空前壯舉，促進了中外交通的發展，以及國際經濟文化交流和中國沿海居民的海外活動。

貳、創造了豐富多彩的文化藝術

豐富了中華民族的語言和文字

我國少數民族現有六十來種語言，它們分屬五個語系、十個語族、十六個語支；現有文字約三十種，分屬象形文字、漢字及其變體、音節文字和拼音文字等四種類型；另外還有二十餘種古文字，即突厥文、西夏文、契丹文、東巴文等，它們都有豐富的文獻資料。

各少數民族的語言文字雖然各有特點，但都含有相當多的漢語借詞，漢族的語言文字也吸收了許多少數民族語文詞匯而豐富起來。例如，匈奴語滙在漢代用漢語音譯保存下來的有單于（最高首領），閼氏（妻妾）、居次（公主）、潼酪（乳汁）、祁連等。各民族兼通幾種語言文字的現象較普遍。在郭沫若寫的歷史劇《孔雀膽》中，主人翁阿蓋公主寫下的一首挽詩，就包含漢、蒙、白三種語言：

　　吾家住在雁門深，一片閑雲到滇海。

　　心懸明月照青天，青天不語今三載。

　　欲隨明月到蒼山，誤我一生踏里彩。

> 吐嚕吐嚕段阿奴，施宗施秀同奴歹。
>
> 雲片波粼不見人，押不奴花顏色改。
>
> 肉屏獨坐細思量，西山鐵立風瀟灑。

詩中的「踏里彩」是錦被名，「吐嚕吐嚕」是可惜、可惜，「奴歹」是不幸（遭慘殺），「押不蘆花」是傳說中能起死回生的靈草，「肉屏」是指駱駝背，「鐵立」是松林，都屬蒙古語。「阿奴」則是白語中對丈夫的愛稱。

為祖國文學寶庫增添了異彩

少數民族的民間文學豐富多彩。匈奴詩歌「失我祁連山，使我六畜不蕃息；失我燕支山，使我婦女無顏色」。反映出匈奴人民對奴隸主階級挑起戰爭帶來災亂的譴責，詩名深沉、悲壯，是我國早期文學的佳作。公元六世紀出現的敕勒族民歌：「敕勒川，陰山下，天似穹廬，籠蓋視野。天蒼蒼，野茫茫，風吹草低見牛羊」。為歷朝文學研究者重視，被收錄進古詩選。在我國藏、蒙地區已流傳千年的《格薩爾》史詩，則是迄今世界最長的一部英雄史詩。它共有110部，60餘萬行，場景壯闊，詩文絢麗，故事曲折，是研究青藏高原古代社會的一部珍貴的百科全書。此外，柯爾克孜族史詩《瑪納斯》、蒙古族史詩《江格爾》、維吾爾族敘事長詩《福樂智慧》、彝族敘事長詩《阿詩瑪》以及苗族古歌《開天闢地歌》、納西族史詩《創世紀》、畬族古歌《高皇歌》等都具有很高的思想性和藝術價值。

在清代，我國文壇上出現了著名小說《聊齋誌異》和《紅樓夢》。《聊齋》為蒙古族（有說是回族或女真族）文學家蒲松齡所著書中描寫了近五百個狐仙鬼怪的故事。他以辛辣的筆觸，揭露和抨擊了當時政治的腐敗，反映了人民的疾苦和願望。同時，在寫作手法上很有特色，被譽為「短篇小說之王」。《紅樓夢》

為清代滿族文學巨匠曹雪芹所著書中塑造了賈寶玉、林黛玉等眾多的人物群象，揭露了封建家庭、社會必然滅亡的命運，並對當時社會關係、禮節、衣食住行，以及醫藥、建築、植物、器皿等都作了生動的介紹。該書早已享譽全球，曹雪芹則被列入了世界偉大作家之林。

少數民族的現代作家，可以蜚聲中外的滿族文學大師老舍為代表。他生前曾任中國作協副主席，文聯副主席，主要代表作有《四世同堂》、《茶館》等。他的作品擅長於表現城市下層人民的生活與願望，特別是表現了北京城市貧民的生活與願望。此外，蒙古族詩人納‧賽音朝克圖，滿族作家端木蕻良，彝族作家李喬，維吾爾族作家賽福鼎‧艾則孜等，都為繁榮祖國的文學事業做出了貢獻。

傳入了具有民族風格的音樂舞蹈

我國音樂、舞蹈藝術的發展，受少數民族音樂、舞蹈的影響尤深。首先是西域各族優美動人的樂曲和樂器傳入中原。例如羌笛，本是古羌人發明的一種管樂器，西漢時傳至黃河流域，經過京房改進，成為完整的五聲音階樂器。古羌笛吹奏的曲調，頗負盛名，有《折楊柳》、《落梅花》等。又如羯鼓，為北方少數民族「五胡」之一的羯人所發明的打擊樂器，現今京劇中演奏的小鼓即是羯鼓。再如胡琴，是唐宋時期由西北和西方傳入中原的一種少數民族拔弦樂器，元代時用於宴樂，後發展為二胡、京胡、板胡、四胡多種。此外，從少數民族地區傳入中原的樂器還有胡笳（管樂器）、鼗鼓、橫吹、琵琶（撥弦樂器）、箜篌、三弦、嗩吶、銅鈸（打擊樂器）、蘆管等。

漢朝著名的傳世樂舞「巴渝舞」，本是居住在巴郡渝水（嘉陵江）邊「性勁勇、善歌舞」的賨人所創作，故名。漢高帝劉邦

看後愛其舞姿英武，命樂工學習，從而傳入漢區。隋唐盛世，國家統一，社會安定，具有強大生命力的西域音樂舞蹈在中原十分流行。隋代制定了「七部樂」、「九部樂」，唐代又擴充爲「十部樂」，其中西域音樂都占很大比重。即使當時內地創作有曲調，也多吸收了西域音樂的成份。唐詩中「涼州七里十萬家，胡人半解彈琵琶」，「洛陽家家學胡樂」之名，都生動描繪了當時少數民族音樂舞蹈在內地流傳的盛況。當今爲世界矚目、絢麗多彩的中華民族的音樂舞蹈，是由56個當代民族及歷史上已消逝民族的傳統歌舞組成的。動作柔韌，伸展優美，內在含蓄的朝鮮族農樂舞和長鼓舞；詼諧、爽朗、明快的蒙古族安代舞和筷子舞；雙手不停顫動、雙腳隨之徐徐移步的達幹爾族罕伯舞；被譽爲維吾爾音樂之母，多達一、兩百首曲牌和樂曲的《木卡姆》；融說唱、舞蹈和雜耍爲一體的藏族熱巴舞等都很有名。而土家族的擺手舞、苗族的蘆笙舞、壯族的春堂舞、傣族的孔雀舞、侗族的多耶舞、彝族的阿西跳月、景頗族的總姆戈舞、羌族的鎧甲舞、瑤族的長鼓舞、黎族的打竹舞、高山族的杵舞、布依族的織布舞、納西族的笛子舞以及哈尼族的扇子舞等等，也都頗有特色。這些民族歌舞，爲祖國的文化藝術寶庫增添了異彩。

創作了優秀的戲劇和美術

元代蒙古族雜劇作家楊景賢，一生共寫作《西湖怨》、《天台夢》、《鴛鴦宴》、《西遊記》等雜劇十九種，雜劇《西遊記》描寫唐僧西天取經的故事，全劇長達六本二十四折，後來吳承恩在此劇基礎上完成了長篇小說《西遊記》。元代還有一位精通漢文的維吾爾族散曲作家貫雲石，他創作的曲調主要流傳於浙江澉浦一帶，後稱這「海鹽腔」。傳到明代，成爲昆腔之先驅。

各少數民族在民間文學、音樂、舞蹈發展的基礎上，形成了

本民族的戲劇表演藝術。流行於青藏高原廣大地區的藏戲，演出時，先由專人向觀衆介紹劇情，然後演員在鐃鈸和鼓的伴奏下進行演唱，後台伴唱、幫腔，很少道白。唱腔多達二十餘種，傳統劇目有《文成公主》、《卓瓦桑姆》等。白族戲劇吹吹腔起源於明代，分爲生、旦、淨、丑四大行，再細分爲十六行，每行根據年齡、性格使用不同的服裝和臉譜。唱腔有二十多種，劇目有《三國演義》、《血汗衫》等二百餘個。壯戲，由於地域、方言和音樂唱腔、表演藝術的不同，分爲師公戲、北路壯戲和南路壯戲。主要劇目有《儂智高》、《劉四姐下凡》等。傣戲起源於山歌對唱，至近代模仿滇劇發展而成。過去本來屬統治者的宮廷娛樂，現已成爲深受群衆喜愛的一種藝術。此外，布儂族花燈劇、侗戲、維吾爾族戲劇等，也都富有民族特色，劇目豐富，發展迅速。

在少數民族的繪畫藝術中，廣西花山崖壁畫以其氣勢雄偉、畫幅寬廣、內容複雜和繪製艱難而舉世罕見。崖畫分布在左江和明江兩岸二百多公里範圍內的石灰岩峭壁上。各幅畫大小不等，最大的人像高2.4米，最小的人像僅30厘米。畫由朱紅顏料繪成，雖長年經風雨侵蝕，仍十分清晰。在衆多的人物群像中，既有處於中心地位的首領及雙腿劈開、雙手向上武士，也有敲擊銅鼓、載歌載舞、歡慶勝利的群衆。還有大量的鳥、獸、船、刀、劍、銅鼓、銅鑼等圖象。崖畫表達的內容包括：狩獵圖、戰爭圖、歌圩圖、集會或歡樂歌舞圖、文字符號、慶功圖、祭禮祖先圖以及鎮壓水怪圖等。這些宏偉場面是古代壯族先民與自然和社會進行鬥爭的眞實記錄。

新疆千佛洞石窟、敦煌莫高窟、雲南劍川石窟等，都是各族人民共同創造的藝術寶庫，以其精美的古代塑像和壁畫聞名於世。莫高窟壁畫中許多世俗人物都各以本民族衣冠服飾出現。除漢族

外，還有回鶻、吐蕃、西夏人的裝束。塑像多突出了高鼻深目、修長勁健的特徵。各民族藝術匠師所塑造的不同民族的人物形象，其神態舉止、冠袍佩戴，均細膩準確，絕不雷同。這些藝術珍品和曠世之作足以證明：燦爛輝煌的中華民族文化是各民族人民共同創造的。

叁、促進了科學技術的進步

農業和天文地理

元代傑出的維吾爾族農學家魯明善撰寫了農學專著《農桑衣食撮要》，該書與官頒的《農桑輯要》、王禎的《農書》並列為元代三大農書。它的內容非常廣泛，凡氣象物候、農田水利、作物栽培、蠶的飼養，家禽家畜的繁殖、飼養、役用，養蜂採蜜、糧食種子的保管、副食品工以及衣物保管等等，無不詳細記述。

《農桑衣食撮要》一書和以往農書不同之處，是它對江南某些特有的農業生產項目，按月令進行了記述。例如四月做乾筍、煮新筍，七月栽木瓜，八月取漆，十二月收鱖魚等。魯明善十分注意推廣新的農業技術，如書中總結了「騸（音善）樹法」，即將果樹老根截去，促使毛根生長，使果樹獲得新的生命力，增加水果產量。又如溫室催芽法，陽床育苗法等，都是以前的農書所沒有的。他還繼承發揚了我國農業科學的優良傳統，提倡農林牧副的多種經營、綜合利用和因地制宜。魯明善的貢獻，歷來受到科技界的高度評價。

元代著名回族天文學家札馬魯丁，於公元1267年撰寫了萬年曆，又稱回回曆，並在北京建立觀象台，製做渾天儀、方位儀、平緯儀、天球儀、地理儀和觀象儀等七種天文儀器。同一時期，契丹族學者耶律楚材也創作了《庚午元曆》，引進里差概念，始

創了我國經度概念。他已能較準確地推算日蝕和月蝕的時間。明代白族學者周思濂的《太和更漏中星表》、陳洞天的《洞天秘典注》，都較詳盡地記載和總結了古化天文學方面的經驗。此外，藏曆於九世紀已見於文字記載，基本與夏曆相同。傣曆紀元始於公元638年；水曆以陰曆九月爲歲首；彝曆以十月爲歲首。

　　元朝政府主持編纂的《大元一統志》，是較完整的記述全國地理的書籍。藏族學者楚心沁藏布和蘭木占參加測繪的西藏地圖中，已有珠穆朗瑪峰之名，是這座世界最高峰載入地圖之始。明代，鄭和下西洋的隨員馬歡（回族）所撰《瀛涯勝覽》一書，記錄了亞、非二十多個國家的地理、王城、建築、物產、風俗、文化、華僑以及他們與中國的關係等情況，是一部研究中西交通史的重要著作。清康熙皇帝主持編撰的《皇輿全覽圖》，其精確程度遠遠超過了前朝。乾隆皇帝派人勘測繪製的《乾隆內府皇輿全圖》，則是我國第一次採用近代科學方法繪製的全國大地圖。

數學和醫學

　　清康熙主持編修的《數理精蘊》，是一部較早的科學著作。清初滿族數學家博望，精於勾股和較之術，用勾股形中所容納的方邊、圓徑和垂線分配和較，別創新法。同一時期的蒙古族學者明安圖、明新父子撰寫了《割圓密率捷法》，用簡便、迅速、準確的方法計算出圓周率。明安圖是我國微積分學的先驅，用解析方法對圓周率進行研究的第一人。他還把數學理論研究的成果，運用到天文、曆法、繪圖等實際工作上。

　　藏醫學歷史悠久。公元八世紀名醫宇陀·元凡貢布，經過幾十年的努力，編成《四部醫曲》及《實踐明燈》等13部醫書，使藏醫有了較完整的理論基礎。千餘年來，這些醫著一直是我國藏、蒙古族地區治病防病的依據和指南。公元十七世紀，藏醫又編出

《四部醫典》的注釋本《四部醫典藍琉璃》。同時，丁津諾布還繪製了一套完整的醫藥彩色掛圖，共79幅及近千張附圖，分人體解剖、藥物、器械、尿診、脈診、飲食衛生等六個部分。十九世紀中葉，帝馬·丹增彭錯所著《晶珠本草》，記載了藥物二千餘種，集藏醫本草學之大成。

蒙古族醫學也很有名。《蒙藏合璧醫學》、《蒙醫學大全》、《脈決》、《醫學四部基本理論》等都是醫學名著。清代外科專家墨爾根·綽爾濟對醫治骨傷有獨特技能，他「精岐黃之術」，用推拿法治療關節僵直。有一次，清軍都統武拜在戰場上身中三十餘矢，昏厥過去。綽爾濟「令剖白駝腹，置武拜於其中，遂蘇」。他治愈的傷病員很多，被時人稱之爲「當代的華陀」。

彝族人民對防治疾病也有許多經驗。雲貴流傳的《尋藥找醫》、《齊書蘇》都記載了傳統的彝醫學。曲煥章發明的白藥對治療刀傷、槍傷、創傷出血、止血消炎有奇效。植根於彝族民間醫藥的這一寶丹，贏得了國內外的贊譽。匈權族後裔劉禹錫所著《傳信方》，收入了幾十個藥方，其中芒硝再結晶的工藝爲最早記載。契丹族針灸妙手耶律迭里特，用針刺給遼太祖治心臟病，太祖嘔出瘀血後病愈。元代維吾爾族學者忽思夢編寫的《飲善正要》一書，對營養衛生、食物中毒、妊娠、食忌等都有詳細記述，是我國早期的飲食衛生與營養學專著。

建築學

隋朝新都、元朝大都和布達拉宮以及頗具特色的鼓樓、風雨橋等，堪稱世界奇迹，都出自少數民族建築大師之手。

鮮卑族建築家宇文愷，史稱他「多技藝，有巧思」。公元582年，隋文帝認爲舊都長安狹小，命宇文愷修建新都，即大興城，爲唐代世界名城長安打下了基礎。隋煬帝時，宇文愷又受命

規劃東都洛陽並著有《東都圖記》等書，對後代建築學影響較大。規模宏大，布局嚴整的北京城和巍峨雄偉的故宮建築群，是在元代回族建築大師亦黑迭爾丁領導設計的元大都的基礎上興建起來的。他設計元大都時，拋棄了過去那種支架廬帳的辦法，採取中原地區建房方式，設立街巷，全城共建十一道城門。大城正中前方是朝廷宮闕，後面是商業市場，左邊是太廟，右側是社稷壇。並結合地形特點，把瓊華島及中海、北海作為設計的中心，讓三組宮殿列在湖泊兩岸，周圍環以蕭牆（後來的皇城），成為都城之核心。元大都的精心設計，為舉世聞名的北京城市建設打下了基礎。

　　馳名中外的布達拉宮以及藏區許多雄偉的寺廟殿堂，是藏族人民智慧的結晶，在我國建築史上寫下了光輝的一頁。布達拉宮始建於公元七世紀，當時只修建了山上宮殿，後來毀於戰亂。公元1645年開始重建。重建後的布達拉宮主樓13層，高113米，東西長400餘米，面積約13萬平方米。宮宇重疊，巍峨聳峙，氣勢磅礴，壯麗輝煌，向來為古今中外人士所稱贊。它具有濃郁的民族色彩。房屋外觀樣式、室內圖案、雕刻等均以藏式為主，依山為樓，把人工建築和自然地勢巧妙地結合在一起。同進，又吸收了漢族的某些建築形式，如金頂斗拱、雕花梁架和藻井等，與藏族形式配合得十分得體、和諧。

　　此外，侗族的鼓樓和風雨橋，羌族的碉樓和索橋等，也在建築學上占有重要位置。

哲學、歷史學和宗教學

　　傑出的回族思想家李贄（公元1527—1602年），著有《李氏藏書》、《續藏書》等。他拋棄了伊斯蘭教信仰，敢於向封建禮教宣戰，揭露其罪惡；他認為宇宙的構成，是由於物質性陰陽

二氣的變化所致。李贄的叛逆精神起到了解放思想的作用。彝族哲學著作《宇宙人文論》，用問答形式來論述自然觀，對於天地形成、萬物生長、日月運行、日月蝕成因、曆法推算、人體構造等，都作了說明，是一部具有樸素唯物主義思想的自然觀著作。

少數民族留下的歷史文獻相當豐富。我國史學巨著二十四史中的《宋史》、《遼史》、《金史》的編纂工作，就是在蒙古族史學家脫脫、西夏人斡王倫徒。維吾爾族學者廉惠山海牙等的領導下完成的。用滿文寫成的官修史學《滿文老檔》和成書於乾隆年間的《滿洲源流考》，是研究滿族和清代歷史的重要文獻。《蒙古秘史》、《蒙古黃金史》和《蒙古源流》，則是有關蒙古族的歷史名著。藏族、白族、彝族、傣族、苗族等，也都有大量記載本民族歷史的書籍。

少數民族有不少宗教典籍和宗教學者。《甘珠爾》和《丹珠爾》是藏文《大藏經》的兩個組成部分，爲巨型佛教叢書。前者包括顯、密、經、律，有書1,108種，公元14世紀由噶舉派（白教）的袞噶多吉編訂；後者包括經律的闡明和注疏，密教儀軌和五明雜著，有書3,461種，公元14世紀由格魯派（黃教）的布敦編訂。大藏經的完成，是對東方文化的重大貢獻。伊斯蘭教的重要經典，則有《古蘭經》的多種譯本及伊斯蘭學者所著《正教眞詮》、《清眞大學》等。

論彝族人民對祖國的卓越貢獻

周錫銀

四川省民族研究所學術委員會主任、研究員

　　我們偉大的祖國，是一個統一的、多民族的國家。生活在這塊土地上的各兄弟民族，都是勤勞、勇敢、智慧的民族，都對祖國的歷史發展了出卓越的貢獻。也就是說，我們偉大的祖國，是各族人民共同締造的，中國燦爛輝煌的文化，是各民族共同創造的。本文以眾多的歷史事實來說明，素以歷史悠久、勤勞勇敢著稱的彝族人民和他們的領袖人物、民族英雄、科學家，在我國多民族大家族的形成、發展與鞏固的過程中，爲開拓西南邊疆，繁榮祖國的經濟、文化與科技，爲維護祖國的統一和主權的完整所作貢獻，並就教於海峽兩岸的學者。

壹、為全國大統一所作的貢獻

一、彝族人民是祖國大西南的開拓者之一

　　勤勞勇敢的彝族人民是我國西南滇、川、黔、桂廣大地域的最早的開拓者之一。他們的祖先自古就辛勤勞動、繁衍生息在「雲貴高原」之上。彝族地區向來便是祖國疆域不可分割的部分之一。

　　半個世紀以來，彝族地區先後發現了一些舊石器時代和新石器時代的文化遺走，爲我們研究彝族地區的原始社會提供了物質

資料，特別是1965年在金沙江、龍川江江畔的楚雄彝族自治州
元謀縣上那蚌村發現的「元謀猿人」化石，意義重大。據古地磁
法測定，元謀人的生活年代距今170萬年，比藍田猿人、北京猿
人還早100萬年。1973年，又發現舊石器17件、炭屑和火燒過的
骨頭，說明元謀猿人已經學會製造工具和發明用火。製造工具標
誌著人類真正勞動的開始，用火則擴大了居住範圍和可以熟食，
這些對於元謀人自身的生存、繁衍及其社會的發展、地域的開拓
起到了積極的作用。另外，在雲南省路南彝族自治縣板橋河沿岸、
貴州省黔西縣沙井鄉觀音洞、水城特區藝奇鄉硝灰洞等地都出土
了舊石器（包括打製石器），說明距今1萬年以前，滇、黔等省
一些彝族地區就有人類在那裡勞動生存了。

至於新石器時代的文化遺址，則在川、滇、黔、桂等彝族居
住區到處都有發現。雲南有滇池周圍、官渡、晉寧海源寺10餘處
及昭通閘心場、元謀大墩子等；貴州有威寧中河、赫章可樂、平
霸白雲、華節青場、清鎮、盤縣等；四川有安寧河流域，特別是
西昌禮州遺址最具代表性。從滇池周圍遺址中存在著大量螺螄殼
來分析，當地原始居民是以采集滇池中的介類作爲食物的重要來
源之一，又從陶器內壁的谷物痕跡清晰可見來看，他們已開始經
營農業，使用的工具則有長方形石斧、有肩石斧、石錛等。元謀
大墩子新石器遺存距今約3500年，保留很完整，其中有一個村
落遺址——房屋15座、墓葬37座。該遺址爲我們提供了當時人
們的社會、文化生活的具體材料。他們在平地上建築房屋，採用
四周挖溝、排列柱洞的建築方式；經濟生活以農業爲主，種植業
主要是種粳稻；狩獵和畜牧業也較發達，家畜有豬、羊、狗等；
手工業，不僅有陶器，還會用玉石、骨料制成各種裝飾品。墓葬
出土有生產工具、石鏃、陶器和裝飾品等。

　　上述考古文化，同時得到了彝文典籍和歷史傳說的佐證。《西南彝志》等文獻都記載，彝族由猿猴逐漸變成人，由狩獵，採集而農業、畜牧業、手工業，由母系氏族的血族群婚到對偶婚。可見眾多的文化遺存和彝文典籍、歷史傳說都證明：彝族地區和祖國許多地區一樣，曾經歷過漫長的舊石器時代和新石器時代，說明彝族地區很早就有人類的活動，很早就有人在這裡勞動、生息和繁衍。他們用非常簡陋的生產工具，在生產技術極其低下的條件下，用自己辛勤的勞動最早開拓了祖國的西南邊區。

　　到了秦漢時期，居住在滇池地區的彝族先民的社會經濟已有很大的發展。《史記‧貨殖列傳》載：蜀地的商人常把巴蜀地區出產的礦產品和手工業品輸入南中地區，換取筰馬、髦牛、奴隸人口。大商人卓王孫、著名文學家司馬相如夫婦都在臨邛（今邛崍）鑄造鐵，並把他們所鑄造的鐵質生產工具，賣給彝族的先民等少數民族，促進了彝族地區社會生產的發展。在西漢時，滇池彝區就已逐漸學會了自制鐵器的技術。到了東漢時。臺登（瀘沽）、會無（會理）、不韋（保山）及賁古（蒙自）等都能開礦冶鐵，魯甸也出土了東漢鐵製工具。解放後，在普寧石寨山考古發掘，出土了大量文物，表明兩漢中葉至西漢末葉（公元前2世紀到公元前1世紀），滇池地區已處於青銅器高度發展，並向鐵器時代過渡。出土文物中，有生產工具700餘件，絕大多數為銅質的、鐵質的90件，此外有少數石質工具和陶紡輪。銅器的鑄製都極精美，有的銅器上鑄塑刻畫著耕種、放牧以及在奴隸主虎視眈眈的監視下，奴隸群眾從事勞動生產大進行紡織的場面。有一件儲貝器上則鑄塑著一個貢納的場面。從出土器物及青銅器上的藝術造型來看，當時滇池地區的農業耕作已是主要生產部門，畜牧業很發達，手工業也不錯，分工已較細，出現了金屬、玉石、皮革、

紡織等專門手工藝生產。社會生產活動中已普遍使用奴隸。「滇王之印」的出土和滇王對漢使發出「漢孰與我大」的詢問①，可以判斷滇王直接統治的地區已不算小，已是一個相當強大的政治實體。漢代時期，邛都地區（今西昌一帶）滇池地區在經濟文化及生產水平上基本相似，史載，其他平原，有稻田，農業已較發展，奴隸制也出現②。這些史實都說兩漢時期雲南、四川彝區的開拓已達到了與蜀、楚等內地相近的水平。

近幾年來，國內外學者關注的「南方陸上絲綢之路」一始於成都，北與中原相聯，南分東西兩道，西道沿「犛牛道」而行，經雅安、漢源、越西、西昌、會理、攀枝花、大姚而至大理；東道經樂山、犍為至宜賓，跨金沙江，沿「五尺道」經鹽津、大關、昭通、貴州赫章、宣城、曲靖、昆明、楚雄而抵大理。兩道匯合後，又經保山、騰衝、德宏而至緬甸，抵達印度。從印度則可遠抵中亞以及歐洲、非洲諸國。史料證明，秦漢時，蜀地的絲綢蜀布，邛竹杖、鐵器等就沿著這條通道，遠銷東南亞和西亞地區，印度和中亞的玻璃、寶石、海貝以及佛教藝術、哲學思想等也沿著這條古道傳入我國③。這條重要的古代交通大動脈，經過的主要地區都是今日的彝族分布區。它說明，彝族的祖先為開鑿這條道路付出艱辛的勞動，為發展西南的經濟和交通事業，為密切彝區與中原地區的聯繫乃至中外關係的發展，都做出了不可磨滅的貢獻。

彝族人民對西南邊陲的開發和彝區經濟文化的發展以及與中原地區聯繫的加強，為我國統一的多民族國家的形成奠定了初步的基礎。

二、南詔地方政權的建立為全國大統一做出貢獻

唐朝初年（公元7世紀），在今雲南省西南部的西洱河地區，

除了居住著眾多而分散的「白蠻」（白族先民）村社之外，還有更多的「烏蠻」（彝族先民）部落和「白蠻」交錯雜處。「烏蠻」中最大的部落有六個，稱爲「六詔」。他們是：

蒙舍詔，位於其他五詔之南，故又稱南詔，住地在今雲南省大理自治州巍山彝族自治縣一帶；蒙雟詔與蒙舍詔「同在一川」，住地在今漾濞縣一帶；澄賧詔，在今洱源縣南部的鄧川一帶；浪穹詔，在今洱源縣一帶；施浪詔，在今洱源、鄧川之間；越析詔，又稱么些詔，在今賓訓縣。④

「六詔」中，除越析詔是么些（今納西等民族先民）族人組成外，其餘五詔都是滇西彝族的祖先。公元736年（唐開元25年），南詔首領皮羅閣（公元679～748）在唐王朝的扶持下，逐「河（和）蠻」（哈尼族），襲破「鄧賧詔」、「浪穹詔」，隨即「合六詔爲一」，完成了洱海地區的統一大業。次年，皮羅閣被唐王朝冊封爲「雲南王」。公元752年，南詔王閣羅鳳（公元712～779）與吐蕃結成聯盟，被吐蕃贊普封爲「贊普鍾」（王弟），「南國大詔」，「賜爲兄弟之國」。南詔雄踞雲南的局面初步形成。

隨後，閣羅鳳又率軍攻占了會同（今四訓會理縣），率兵「西開尋傳」，征服金齒、銀齒、繡面（傣族先民）、「尋傳蠻」「裸形蠻」（阿昌、景頗族先民）、「樸子蠻」（布朗族、德昂族先民）、「望蠻」、「外喻部落」（佤族先民）等等。當時，這些民族居住區都是長期閉關自守，經濟文化落後。閣羅鳳便派人「刊木通鄉首，造舟爲樑」，軍隊也就隨著進駐，統治範圍遠達今天的緬甸伊洛瓦底江西岸的甘高山一帶，這就把雲南中部和西部眾多的民族部落大都納入了南詔政權的統一領導之下。

南詔在征服了尋傳地區的各民族之後，又轉而向東方釁地擴

展，先後征服了蒙氏統治下的「白蠻」（白族）、「烏蠻」（彝族）的各部落以及紅河周圍地帶的「和蠻」（哈尼族）、「僚子」（壯族先民）、白衣「棠魔蠻」（傣族）等民族居住地區。公元765年，閣羅鳳命其長子鳳伽異統兵至昆川（今昆明市），築拓東城。城築好之後，便以南詔副王的身份，坐鎮東方，控制了東北自曲、靖州（今昭通、東川至貴州威寧一帶），南至步頭（今紅河州南部）的廣大地區。公元794年著名的南詔王異牟尋（公元754～808）與唐王朝訂立了和盟以後，水趁勢攻占了吐蕃所屬的今劍川、鶴慶、麗江及鹽源一帶，兼并了散居在這些地區的么些（納西族）、「施蠻」、「順蠻」（傈僳族先民）和吐蕃、「烏蠻」的一些部落和人口。接著異矣尋調兵南下，向今西雙版納上下周圍地帶開拓，征服了「茫蠻」、「穿鼻蠻」、「棟峰蠻」等部落，把南部疆界擴展到「女王國」（今泰國北部南奔一帶）之北。至此，南詔的統轄範圍，北部越過了金沙江北岸，西部抵達麗水（今緬甸伊洛瓦底江），東至今貴州西部，南與女王國接壤，儼然以東南亞洲強大的地方政權而出現在祖國的西南部。

　　南詔政權還學習唐王朝的政治、軍事制度。初設「六曹」，即兵曹、戶曹、客曹、法曹、工曹、倉曹，與唐朝的州府官制基本相同。只不過唐朝的州府六曹，亦稱「六司」，即「司功」、「司倉」、「司戶」、「司兵」、「司法」和「司土」。到公元9世紀以後，由於南詔奴隸制經濟的繁榮與發展，政治制度也作了相應的變革，即將「六曹」改為「九爽」，「爽」者，「猶言省也」⑤，是唐朝中央官署「省」的譯音。九爽即：募爽（管軍隊）、琮爽（管戶籍）、慈爽（管禮儀）、罰爽（管刑罰）、勸爽（管人事）、厥爽（管手工業）、萬爽（管財政）引爽（管招待）、禾爽（管貿易）。後來，由於畜牧業和農業的發展，牛馬

成群、倉稟充實，南詔又設「乞托」（主馬）、祿托（主牛）、巨托（主倉廩）三官職，另在這三官職之上設「督爽」以統管之。南詔的軍事制度是在自由民中實行鄉兵制這很類似唐代內地的府兵制。「鄉兵」每年11、12月農閒時進行操練，戰時每人自帶武器按指定時間地點集結出徵。

　　上述材料可知，南詔統一政權及其整套政治軍事制度的建立，是雲南彝族為代表的，包括白族和其他各民族的奴隸制長制發展的必然結果。南詔統一以前，長期的「部落支離」「酋領星碎」的奴隸主貴族你爭我奪，生民塗炭，嚴重阻礙著社會經濟文化的發展。因此，適應時代前進需要的居於各部落之上，統一各部落人民的南詔奴隸制政權便應運而生了。南詔統治雲南時期，和唐王朝中央長期保持著密切的臣屬關係。南詔不斷地向中央稱臣入朝納貢，13個王中，有10個王受到中央政權的委任和冊封，曾兩度和唐皇庭議婚，並且締結了舅甥關係，立誓「子子孫孫永為唐臣」⑥。南詔統一時期，雲南各少數民族人民與中原人民之間的經濟、文化交流和友好關係，都有了長足的發展。這一切，為後來雲南划為元朝的一個行省，實現全國的大統一奠定了基礎。

貳、彝族人民為繁榮祖國的經濟、文化和科技所做出的貢獻

一、彝族人民為發展經濟所做的貢獻

　　彝族先民早在距今2000年前的漢代就有了發達的畜牧業。當時居住在滇池周圍的昆明部落雖然已有發達的農業，但同時也養牧了大批牛、馬、豬、山羊和綿羊。這在晉寧石寨山出土的文物中都有表現。中原皇朝對雲南地區的歷次戰爭中，掠獲牛羊每

次可達數十萬頭之多，足見當時彝族地區各族人民畜牧業之規模。隋唐時期，爨氏統治下的彝區也多從事畜牧業，史稱「土多牛馬」、「土多駿馬」。僅烏撒就有良馬24種之多，不論男女，「皆衣牛馬」。直到近代，山區的彝族人民仍然以畜牧業爲一項重要的副業，千百年來，彝族牧民在生產實踐中積累了豐富的經驗。如彝諺所說：「買馬要試騎，買牛要試犁」、「駿馬看轉彎，豬種看腰身」等。

彝族人民養羊的經驗最豐富。羊的生活習性宜冷不宜熱，所以牧人總是熱天把羊趕到高山，冷天趕回低處。每天清晨趕羊上山，中午趕羊到陰涼處，晚上不關羊圈以便空氣流通。彝族人民十分注意選種，配種和產羔時期的飼養，他們常餵母羊以辣椒、木姜子、桔梗等藥材，以促交配提前。產羔後對母羊和羊羔都要精心飼養。

彝族人民對於治療牲畜疾病也有一套科學的方法。他們每月要給牧畜餵一次鹽巴，以增強免疫能力。牧畜受了溼氣、受了熱、吃了毒草、生了肺病、折斷骨下、肝臟有了蟲以及牛癆病與嗆水等畜病，都能用土法治癒。如骨折，是將一種稱爲「斯其疊」的樹皮、嫩枝、樹葉舂、熱敷在骨折處，再加以夾板，每日換藥，短期可癒。如患了腸寄生蟲病，就用一種叫「博都次克」的草熬水治療。如母羊產後患病。就以大麻的籽和葉調鹽水來治療。若牛、馬瘦弱，就用大黃熬水，或用一種叫「莫莫仔耳」的草熬水來餵。對於牲畜的另一些疾病，則往往採取放血的爲法，如牛馬羊患了四肢無力或蹄趾炎、扭傷等，就用刀尖在牧畜的一定部位劃破一道小口，放點血就可治癒。彝族人民治療牲畜疾病還有一種特殊的針刺療法。這種針是鐵制的，其頂部呈梭子狀，梭尾部銜接一條長針，針的尖部非常鋒利。當牛、馬患病不能行走時，

一般是在離馬蹄稍高的脛部，或牛的靠近蹄子的脛部，用針刺穿，即可奏效。

彝族人民經營農業的歷史悠久，經驗豐富。遠在新石器時代，滇池地區的居民就已能從事農業。到漢代，滇池地區和邛都地區的居民均已「耕田有邑聚」，⑦在晉寧石寨山出土的文物中，可以看到當時人們荷犁出外播種、上倉以及為了祈求豐收舉行各種宗教儀式的景象。南詔時期，滇池以西地區，農業已很發達。農田分為水田和旱地兩種，使用鐵製農具三尺犁，牛耕則行「二牛抬杠」──「耦耕」已經知道引用泉水灌溉農田，以致可以「水旱無損」。懂得了復種，每年兩熟，即四、五月種粳稻，八月收獲，十一和十二月之交在稻田種大麥，次年三、四月即成熟。農作物品種除粳稻、大麥外，還有小麥麻、豆、黍、稷之類，皆種於崗陵的旱地裡。史書稱贊彝族先民們的治山田等的耕作技術「殊為精好」⑧足見其農業生產技術已相當高了。

彝族人民在長期的生產實踐中，積累了豐富的農業生產經驗。在改造土壤方面，貴州大方一帶彝族農民，三百多年前就知道用乾土草皮來改良低溼窪地。威寧一帶的彝族農民，則用石灰來改造酸性土壤。滇東北彝良一帶彝族則將黑沙石磨碎後放在地裡，讓它慢慢風化，這既可改造土壤又可增加肥力。在引水灌溉方面，雲南峨山一帶彝族農民，能根據山勢，地屋構造、土壤和岩石的顏色等情況準確地判斷出水源所在以便利用。祿勸一帶彝民更能從觀察蚊蟲的活動情況，找到打井的最好位置。貴州大方彝族農民，將地下泉水引上地面後，再讓它流過漫長而曲折的水溝，利用日光照射來增高水溫，使水稻不會因地下泉水太涼而受損傷。涼山彝族農民早就總結出「雨未落，理堰溝；水未來，疏堰邊」的經驗，甘洛田霸、喜德米市、昭覺附城等灌溉農田的人工水渠

都很實用、科學。在選育良種方面，彝族農民早就懂得「本好利好，壓糞不如選種」，「好種谷滿倉，壞種丟種糧」的道理。滇東北永善彝族農民將傳入的馬鈴薯加以細心培育，變成質量好，產量高的「永善大洋芋」，爲附近彝漢人民所歡迎。彝族農民還善於用接技法，把優良品種昭通犁接引到大方一帶。在判斷季節時令方面，涼山彝族人民，當聽到布穀鳥鳴叫或樹木長出的嫩芽能包住一顆種子時，就知道下種季節到了。雲南武定一帶彝民認爲，水多瓜的嫩芽能包住三顆蕎子的時候時播種蕎子的最好時節。祿勸一帶彝民則掌握了一套物候的經驗，如「背背籮」鳥一叫，就要撒秧運糞，蝗蟲飛螞蚊出，就要大力種包穀，攀枝花樹開花、「鳥露」鳥一叫，趕快栽秧，蚯蚓出現或馬蜂嗡嗡作響，就種蠶豆等。

上述事例說明，彝族人民積累、創造的畜牧業、農業生產方面的豐富經驗，不僅是彝族人民的重要財富，也是我國經濟的一個重要組成部分，對中華民族經濟的發展起了促進作用。

二、繁榮了祖國的文化

彝族文化，是輝煌燦爛的中華民族文化的重要組成部分。無論是古老的彝文，浩如煙海的典籍和民間文學，還是獨具特色的音樂、舞蹈和美術，都在我國乃至世界文化寶庫中占有自己的位置。

彝族文字古老而獨具特色。在史書上稱之爲「爨文」或「韙書」。近年有的學者研究認爲，西安半坡出土文物上刻畫的古老文字，就是彝文，彝文是一種超方言的音綴文字，歷史上曾流行於川、滇、黔、桂四省（區）的廣大彝區。書寫方法一般是自左至右直書，也可自左至右橫書。黨的十一屆三中全會以後，經過規範化的彝族文字在四川等彝區推廣，效果極好，迸發了它的青

春活力。最著名的彝文典籍是《爨禮叢刻》和《西南彝志》，這兩部彝文巨著囊括了彝族明代以來許多彝文古籍，是研究彝族文化歷史的重要材料。加上其他典籍如《爾比爾言》、《瑪本特衣》、《勒俄特衣》和《阿莫尼惹》等，都是彝族古教文明的見證。

　　彝族的民間文學豐富多彩。各個彝族地區都有自己的民間詩人，有許多優美動人的史詩、長篇敘事、民歌和傳說故事。雲南的《阿細的先基》和《梅葛》，涼山的《勒俄特衣》等，是以記述古老的神話爲主要內容的詩集，是史詩一類的作品。彝族文學中更多作品是以階段社會爲背景，揭露奴隸社會和封建社會的罪惡與黑暗，生動描寫被壓迫剝削的勞動人民痛苦生活和反抗，以及對美好生活的憧憬，如涼山地區流行的《阿木呷之歌》、《孤兒（「居齒」）約呷》、《一個奴隸的故事》、《媽媽的女兒》以及雲南彝區流行的《婦女出嫁訴苦情》、《嫁了不願在夫家的姑娘》。彝族撒尼人的敘事長詩《阿詩瑪》，塑造了一個美麗、善良、勤勞、智慧、熱愛生活、嚮往愛情、不畏強暴、勇於反抗的阿詩瑪的藝術形象。整理出版後受到全國人民的喜愛，已被譯成十多種外國文字，得到國際文學界的重視。彝族文學具有鮮明的民族風格，內容曲折複雜，語言上則非常善於運用比喻和誇張的手法。其中詩歌一般是五個音節一句，每句押韻，非常易於流傳，膾炙人口。

　　彝族是能歌善舞的民族。漢代司馬相如在其名著《子虛賦》中曾經提到「顛歌」，後人注解，「顛歌」就是居住滇池周圍包括彝族先民在內的少數民族的歌曲⑨。晉寧石寨山出土滇人文物中，有不少是以表現當時歌舞爲內容的，有的女俑作翩翩起舞之狀，有8人樂隊合奏的場面。南詔時期，「驃國（今緬甸）樂」就先在南詔流行，然後再傳入長安的。同時，南詔統治者也向中

原朝廷獻上自己的音樂（「夷中歌曲」），經過劍南西川節度使書皋的提煉和加工，編成「南詔奉聖樂」，曾在長安宮廷上演。彝族傳統的樂器也富有特色，如葫蘆笙、馬布、巴烏、口弦、月琴、笛、三弦、編鐘、銅鼓、大扁鼓和克些覺黑等，都豐富著祖國的民族器樂藝術寶庫。

　　新中國成立後，彝族人民在傳統音樂舞蹈基礎上創作了一大批具有民族特色和時代信息的優秀節目，受到國內外人士的贊譽。其代表作品有阿細人的舞蹈《跳月》、涼山彝族舞蹈《快樂的諾蘇》、《喜背新娘》、貴州彝族歌舞《盤歌》、廣西彝族舞蹈《女民兵》、圭山彝族的抒情歌曲《遠方的客人，請你留下來！》、葫蘆笙獨奏《彝家喜慶歌》等，都獲得國家級和省級獎勵。1985年彝族歌舞參加了土耳其舉行的第22屆國際舞蹈藝術節演出，深受國際友人的好評，被譽爲來自遙遠的東方的「最美麗動人的藝術」。1989年創作的輕喜歌舞劇《穿紅裙子的表妹》參加 1990年四川歌劇調演，奪得了全部五項一等獎中的三項一等獎。1990年在四川省首屆少數民族藝術節以及1992年在昆有舉行的全國第三屆藝術節上，彝族歌舞也都十分引人注意，獲得多項獎勵。

　　彝族的造型藝術也很突出，漢唐時期的青銅器圖像，所表現的人物和動物，都形象逼真、藝術價值很高。南詔時期留下的《中興國史畫》，生動地記述了南詔的歷史和神話傳說故事。劍川石寶山歷代修鑿的石窟，昭覺博什瓦墨石刻以及眾所周知的彝族漆器等都稱得上是精美之作。

三、促進了祖國科學技術的進步

　　彝族人民在科技領域裡的創造發明已經越來越引起國內外的注目。彝族科學家除在農牧業生產方面的創造發明外，還在天文、

曆算、醫學、哲學、歷史等領域，給我們留下了珍貴的文獻，有
力地促進了祖國的物質文明和精神文明建設。

　　天文曆算。在豐富的生產實踐中，彝族人民在中國的天文史
學上曾經寫下了光輝燦爛的一頁。據專家們研究，中國歷史上著
名的天文學家　弘、葛冠子、落下　等，都是彝族先民，四川閬
中縣的靈台遺址，便是彝族先民建立的最早的天文台之一。彝族
先民早就具有獨立的星座知識和觀測系統。可見彝族天文學在我
國上古時代就已經很發達了。彝族古代使用的十月太陽曆也極富
特色。該曆一年爲十個月，一月爲三十六天，以二十生肖循環不
記日，每月三個生肖周，一年三十個生肖周，合計三百六十天，
餘下五至六天爲過年日，不計在月內。每年有大小兩個新年，漢
族稱星回節和火把節。星回節在農曆十二月，火把節農曆六月中。
這種十月太陽曆很具特色，古老而科學，它與上古夏民族的《夏
小正》和出於戎狄之間的《詩·幽風·七月》中的曆法相同的性
質，它的發現與研究，無疑在科技史上也占有重要的地位。

　　彝醫學。它是彝族人民與疾病長期鬥爭的經驗總結，也是祖
國傳統醫學寶庫的一個重要組成部分。雲南楚雄彝族自治州先後
掘出彝文醫藥書籍達28本，涉及到內、外、婦、兒、生理、針灸
各科。其中一本成書於明代嘉靖年間（1522～1565），記述了
56個病種，87個處方，324味藥物，大抵一病數方，一方數藥，
一藥多用。彝醫藥中有許多偏方和驗方治病十分靈驗，且就地取
材，簡便實用。如用「蛇卡得」治療毒蛇咬傷，用「季敲詩」治
療支氣管炎和黃膽型肝炎，用「肉己勃齊」治療跌打損傷，都有
奇效。貴州華節一帶的《尋藥找醫》和雲南祿勸一帶的《齊書蘇》
（意爲配藥方的書），也搜集了大量的藥物和處方。涼山彝族在
實踐中對劇毒藥（用於漁獵和攻防）的創造，對骨折和刀槍傷藥

的創造，對於節育、流產藥的創造以及對於興奮中樞神經藥物的創造都有突出的成就。著名的雲南白藥的發明者曲煥章就是雲南川縣的彝族。「白藥」在治療刀傷、槍傷、創傷出血、跌打損傷、止血消炎等方面，效果顯著，1916年立案批量生產，定名「百寶丹」，抗日戰爭時期，國民黨政府逼迫曲煥章交出秘方，曲拒絕，死於重慶。解放後，對白藥進行了分析鑑定、臨床觀察等研究工作，實現了生產工藝機械化，使植根於彝族民間醫藥的這一寶丹，更普遍地為人類健康服務。

哲學。彝族的哲學著作《宇宙人文論》，在中國哲學史上也占有它的位置。全書28章10萬餘字，用回答方式來論述自然觀，對於天地的形成，萬物的生長，日月的運行，日蝕月蝕的成因，年界月界的劃定，曆法的推算，風霜，雨露，雲霧，雷電的形成以及人體的構造等等，都作了較詳細的說明，還附圖多幅。這是一部具有樸素唯物主義思想的自然觀著作。《勒俄特哀（創世經）》中還以樸素唯物主義觀點和豐富的想像力相結合的藝術手法，敘述了人類進化發展的歷史。它雖然也寫「上帝」造世界，但這個神並非基督教中所宣揚的那種「上帝」，而是彝族人民心目中理想化了的祖先形象。它還體現了通過勞動創造了工具，從而與自然進行鬥爭，進而開闢了世界，發展了生產。

史學。彝族人民很早就開始用彝文記錄歷史。《華陽國志·南中志》記載，彝族先民早在晉代便使用彝文記載「夷經」。公元14世紀以後，彝文史書開始多起來。其中最重要的是《西南彝志》。該書被稱為研究彝族古代社會的「百科全書」，其內容涉及了哲學、歷史、自然科學以及宗教等各個方面，而記述歷史部分的篇幅特別大，諸如彝族遠祖仲牟由及「六祖」故事，古代彝族的社會經濟狀況，彝族各地各支系的分布及其活動情況等等，

是一部研究彝族歷史必讀的史書。除《西南彝志》這樣綜合性的著作外，還有許多歷史專著。如以記述各種古老傳說（其中包括仲牟由的傳說和洪水故事）爲主要內容的《洪水泛濫史》、《洪水前後軼事》專門敘述一個家族或相近幾家族世系和事跡的史書《德布氏史略》、《德施氏史略》、《德慕氏史略》、《阿者後裔遷徙考》以及《武定風氏本末》和《水西傳全集》等。至於用漢文記載彝區政治、經濟、文化（包括習俗、宗教）的地方志著作或專著則有檀萃撰寫的《農部瑣錄》、《邛嶲野錄》。樊綽的《蠻書》，雲南、四川、貴州、廣西的一些縣志以及《南詔野史》等等，（至於二十四史中更詳細記錄了彝區的歷史，這裡就不再贅述）所有這些彝漢文歷史書籍，對於研究彝族歷史具有很高的價值，也是研究中華各民族歷史的寶貴資料。

叁、彝族人民為反抗民族壓迫和
帝國主義的侵略作出了貢獻

一、彝族人民英勇地反抗統治者的階段壓迫、民族壓迫和外來的侵略

彝族人民不儘以刻苦耐勞著稱於世，同時又是一個酷愛自由，富於革命傳統的民族。

早在公元14年，彝族先民就踴躍地參加了若豆、棟蠶領導的西南少數民族反抗王莽暴政的大起義，形成「三邊盡反」的局面，鬥爭一直延續到王莽政權的最後覆滅新莽政權垮台後，西南各族在舊附東漢政權以後，受到了他們原來意想不到的搜刮和奴役。皇室以爲西南夷地區「金銀寶貨」很多，經常派官吏「侵犯蠻夷」、「掠奪蠻夷」而「富及累世」，包括彝族先民在內的各族

人民無法生存，被迫起義。公元42年（東漢建武十八年），滇池地區的連然（今安寧）、滇池（晉寧）、建伶（昆陽）和洱海地區的姑復（華坪）、碟榆（大理、劍川）、弄棟（大姚、姚安）一帶的昆明諸部落，在渠帥棟蠶的領導下舉行武裝起義，殺了朝廷的「長吏」。益州太守繁勝率兵前往鎮壓，被打得大敗，退保朱提「今昭通」。次年，東漢光武帝又派「武威將軍」劉尚徵調廣漢、犍為等4郡官兵1.3萬人，渡瀘水（今金沙江）進益州，妄圖一舉殲滅起義軍。義軍經過三年奮戰，沉重地打擊了官府的統治，終因寡不敵眾而失敗。

世居於雲南的「哀牢夷」由其王柳貌率55萬人內附，初時賦稅很輕，「邑豪歲」輸布貫頭衣二領、鹽一斛，以為常賦，夷俗安之」，可是不到10年，政府便變卦了。哀牢王氣憤不過，於公元76年殺掉守令，舉兵反抗，進攻唐（雲南永平西）、博南（永平南）等縣，永昌太守王尋逃向碟榆。東漢王朝募集了越巂、益州、永昌3郡 9千官軍才勉強把起義鎮壓下去。公元118年（東漢安帝元初五年），越邛都（今西昌）彝族又發動武裝起義，得到益州、永昌、蜀都「夷人」的響應，發展到10萬餘人，攻打20多縣，焚燒官府、誅殺官吏，震撼東漢王朝在西南地區的統治。

唐朝天寶年間，奸 楊國忠掌權時，對南詔轄地的「烏蠻」（彝族）、「白蠻」等少數民族人民屢加侵侮，以至激起各族人民的武裝起義。著名詩人白居易在其名著《新豐折臂翁》一詩中，曾對這場戰爭進行抨擊，其中有這麼四句：

> 天寶宰相楊國忠，欲求恩幸立邊功。
> 邊功未立生民怨，請問新豐折臂翁。

詩人借一位老翁爲躲避戰爭而撞斷自己膀臂的故事，抨擊了唐朝對南詔的不義戰爭，表現了對彝族人民反抗的同情。

元朝統治時期，苛索和壓榨迫使彝族人民多次進行反抗，其中以（公元1302年9大德六年）的反抗規模最大。起因是元將劉深出徵「八百媳婦」（今緬甸撣邦）途經水西彝區，橫行勒索，「虐害居民」，甚至強向水西土官奢節「求金三千兩，馬三千匹」。奢節「因民不堪，舉兵圍深於窮谷，首尾不能相拯（救）」。水東土司宋隆濟也率從響應，「隆濟因詒其衆曰：官軍徵發汝等，將盡剪發黥面爲兵，身死行降，妻子爲虜。衆惑其言，遂叛。」⑪這場反元統治的鬥爭一直堅持了一年多。

明朝正德年間，貪官橫徵暴斂，地主殘酷剝削，「民不堪命」，被迫起兵反抗。師宗彝族人民在阿本的領導下舉行了暴動，彌勒十八寨的彝族人民在阿寺的領導下起兵。萬曆年間，蕎甸彝族反抗堅持了60多年。明末清初，李定國在雲南進行的反清鬥爭，也得到彝族人民的廣泛支持，「衆至十餘萬人」，攻克臨案、寧州易門、蒙自等城。公元1856年（清咸豐六年），雲南大理地區爆發了杜文秀領導的以回族爲主體，彝、白各族人民踴躍參加的大起義。與此同時，雲南哀牢山爆發了以彝族爲主。漢、哈尼、白等族人民參加的農民起義。足智多謀的彝族青年李文學被推舉爲義軍首領，號稱「夷家兵馬大元帥」。起義軍先後控制巍山、彌渡、南華、楚雄等10縣的全部或大部，在三萬平方公里面積、50萬人口的地區內建立了農民革命政權，帥部就設在彌渡縣密滴村。農民政權自始至終堅持「爲民除暴謀利」的目的，並明確規定，「吏有擾民者，可斬之不赦的嚴明紀律；制定了一系列的政治、經濟和軍事措施，如廢除雇擁兵制度，輕徭薄賦，獎勵農耕，興辦鐵廠，鉛廠以製造農具和軍械，組織土特產品購銷換回鹽鐵

等。因此，在農民政權轄區內，人民「皆相聚而喜曰：不圖今日復見天日，德勒米（彝語意為大元帥，指李文學）可王矣！」這場反封建鬥爭先後堅持了20年之久，狠狠地打擊了地主階級和清王朝的統治，從而推動了我國社會的不斷向前發展，彝族農民革命的經驗也就構成了中華民族寶貴歷史遺產的一部分。

作為中國近代史的開端，在抗擊英國侵略者的鴉片戰爭中，彝族人民同其他各民族人民一道，拋頭顱、灑熱血，為捍衛祖國的領導士完整和民族尊嚴，做出了寶貴的貢獻和永載史冊。1841年5月，四川第一批彝、藏、羌少數民族士兵輾轉抵達廣東抗英前後，理伏於西寧炮台。英國侵略軍見我守禦空虛，便有數百人登岸。突然之間「發伏，退不及登舟，我兵湧出……迎刃皆斃無存者」。時已深夜，沾滿中國人民鮮血的英軍頭目義律聞攻殺聲，「不知何處有兵，咫尺之間調遣不及，自夷館踉蹌走出呼小舢板渡上夷」，僅以身免。次年春天，又有一批四川建昌、松潘兩鎮的彝、藏、羌各族土屯兵丁抵浙江前線抗戰。「至寧波，與英軍遇，敵雖有槍炮，然困於湖沼，故土兵斬獲百餘人」⑫。但是，由於清統治者指揮失誤，各族將士未能取勝。然而中國各族兵丁的英勇奮戰卻給驕橫不可一世的英國侵略者以應有的懲罰，大長了中國人民的志氣，大滅了敵人的威風。

帝國主義侵略者勢力深入彝區後，彝族人民立即予以痛擊。1985年，雲南元陽、金平等地彝族、哈尼族人民曾多次抗擊侵入滇南的法軍。1900年5月，昆明人民抗議帝國主義偷運軍火入慎，包圍了法領事館，趕走了領事。師宗、陸良、大關、蒙自等地彝漢各族紛紛響應。搗毀「洋關」（稅關）和領事署，擊斃帝國主義分子。1903年，個舊錫礦各族工人不堪帝國主義、官僚和資本家三重壓迫，舉行起義。他們提出「官逼民反，除暴安民」

的口號，得到附近彝、漢、哈尼等族農民支持，隊伍發展到七八千人，占領了個舊和建水縣城，驅逐了官吏，釋放了獄中受害的人民，給清政府的統治和帝國主義勢力以沉重打壯。

三、辛亥革命時期彝族人民的反清鬥爭

辛亥革命推翻了清王朝，結束了我國數千年封建帝制的統治。在這場偉大鬥爭中，彝族人民的貢獻也是不可磨滅的。貴州郎岱縣（今六盤水市）彝族安建，痛恨清王朝的黑暗統治，接受了孫中山的革命思想和主張。1905年在東京成爲首批同盟會會員，受孫中山派遣回國在西南各省開展革命活動。他參加過欽、廉起義、河口起義和廣州起義，宣傳共和，提倡民族平等。當時上海報刊有「土人安健，文章震驚海內」的評語。廣州起義失敗後，安建再赴日本，擔負起同盟會本部與貴州自治學社之間的聯絡工作。敦促該社張百麟等發動反清起義，爲貴州省辛亥革命的勝利做出了卓越貢獻。辛亥革命後，孫中山先後任命安建爲中華革命黨貴州支部長、貴州討袁軍總司令及川邊宣慰使等職。他還深入大小涼山及甘孜藏區宣傳孫中山五族共和、團結救國的思想，爲彝、藏地區民主革命的開展起著積極作用。⑬四川敘永縣彝余健光早年留學日本，參加同盟會，在推翻清王朝的辛亥革命中作出了積極貢獻。袁世凱稱帝時，余投身於討袁護國的戰爭，北洋軍閥賣國獨裁，破壞臨時約法，孫中山1917年號召護法，並組織護法政府，余健光被任命爲湘西靖國聯軍前敵總指揮，轉戰於沅豐、鄂蜀之間，屢建功勛，1919年6月病座於上海。孫中山先生特爲胡漢民所著《余健光傳》作序曰：「惟健光則固以奮鬥而死，自有志於革命以來，眞所謂一息尚存，未嘗稱懈者。……即經奮鬥進取之精神，已足以移傳於多數後起之青年而不朽。」高度評價了余健光戰鬥的一生。

在孫中山革命思想的影響下，1911年11月，四川省寧遠府（今西昌）爆發了彝、漢、藏、回人民的聯合起義。起義軍響亮地提出了「推翻滿清、廢除『新政』，殺貪官，滅洋人」的革命口號。安寧河兩岸的群衆熱烈響應，隊伍迅速壯大到5000餘人，兵分三路直搗清廷鎭邊要地西昌，處決縣令，人心大快。消息傳到成都，「總督三憲皆驚愕，各縣相繼攻城逐令，清廷震動。」⑭在西昌反清起義的鼓舞下，隨著涼山彝族奴隸社會內部階級矛盾的激化，1913年爆發彝族近代史上最大的一次奴隸起義——拉庫起義。因爲這次起義的高潮是在1914年，即彝曆的虎年，彝語叫拉庫，故名。起義者提出「廢除抽子女爲奴的制度」、「取消無償勞役」、「反對吃絕業」「取消『雜布達』」等口號。起義迅速席捲了金礦、冕寧、越西的大部地區和普雄、九龍的部分地區。站起了的奴隸們處死了一批萬惡的奴隸主，部分奴隸主逃往涼山腹地，來不及逃跑的不得不投降，威風掃地。歷時兩年多的奴隸起義在奴隸主武裝和官府的聯合鎭壓下失敗了。

長期以來，彝族人民在反抗統治者的階級壓迫、民族壓迫和外來侵略的鬥爭中前撲後繼，不屈不撓，沉重地打擊了帝國主義、封建主和奴隸主，動搖了封建制度和奴隸制度的基礎，在中國近代史上寫下了光輝的篇章。

【註　釋】

① 《史記·西南夷列傳》。

② 《史記·司馬相如傳》。

③ 《南方絲綢之路文化論》，雲南民族出版社，1991年第一版。

④ 參見《資治通鑑》卷二一四。⑤ 《新唐書》卷二二二《南詔傳》。

⑥ 《新唐書》卷二二二《南詔傳》。

⑦　《史記‧西南夷列傳》。

⑧　《蠻書》卷七。

⑨　《史記‧司馬相如傳》。

⑩　陳元金、盧央、劉堯漢：《彝族天文學史》，雲南人民出版社1984年版，關於彝族十月太陽曆，目前學術界尚有爭議，一些專家否認彝族曾經有過這種曆法。

⑪　《元史‧成宗本紀》。

⑫　四川省志‧近百年大事記述編輯組：《鴉片戰爭中川軍抗戰簡況》。

⑬　林仲明：《安健》，載《貴州地方志通訊》1983年第3期。

⑭　民國《西昌縣志》卷四《政制志》。

第三章 經 濟

臺灣原住民經濟的依賴性發展

沈宗瑞

國立清華大學通識教育中心副教授

壹、分析觀點

臺灣原住民的研究過去比較著重在以人類學爲主的角度分析其固有的文化與社會結構，近廿幾年來則由於山地社經發受展到外來貨幣經濟之衝擊，產生了重大的轉變，使得此一原住民領域之研究有了更多樣化的發展。然而對於少數原住民社經情況之研究，西方主流的研究以往又可分爲三大類，包括分析實證少數民族之不利與不平等之現況、強調種族之基本差異並以之作爲其社經劣勢之原因，以及傾向於解析偏見與歧見。上述研究皆先將既存體制視爲當然與合理，並採現代化理論及同化的立場將少數民族視爲整個社會之一部分，忽略了社會結構剝削及權力因素之課題。一九七〇年代後則逐漸有了以左派爲主的理論，如內在殖民論及世界體系論，來分析整體社會結構的不平等內涵①。臺灣近廿年來的原住民研究取向多少亦依循著此一學術流派之遞嬗軌跡，唯相關研究較少，故在趨勢上並不明顯。

本文試圖採較偏左的發展理論角度分析一九五〇年後國家政府的政策如何將原住民的社經結構從傳統的型態發展到目前之現

狀。因為政府的角色從初步觀察確實是原住民結構變遷最主要的因素。而原住民的經濟情況若比諸過去確實有所改善，但這種發展實際上是一種結構性的依賴，這種依賴層面甚廣，甚至及於心理層次，然若剋就經濟而言，主要表現在原住民農業經營型態及勞動力供給的問題上。

貳、原住民社經變遷與政府角色

概略而言，臺灣原住民的生活型態大體依著三個時期而發展：②

一、山田燒墾移耕及漁獵的生產方式：為廿世紀初葉以前之主要型態，以自然資源尚足，而其社會制度也依此生產方式安排，一般而言，部落內個人都有土地使用權，但所有權利則屬於部落或大家庭群體所公有。

二、水田定耕及畜牧：由於漢人的入侵，原住民可耕地逐漸縮小。日據時山地資源被開發，為配合新「理番政策」，將高山村落集體移向山麓平地，並倡導水田定耕及畜牧，一九三○年後以此型態經營之家戶已達半數。

三、以非農業生產收入為主的型態：主要係一九六○年代後，貨幣經濟逐漸普遍，山地勞工流向平地都市謀生，據歷年調查數據，平地原住民非農業收入在七○年左右達致半數，而山地原住民亦從七○年代中期後，以非農產業為主要家戶收入來源。

上述的生活型態轉變，主要係受到政府（無論是日據時代或國民政府）的重大影響，然前後期的政府角色仍有同有異。日據時代水田稻作之推廣主要在安定山地社會，俾利日人開發山地資源，主要為樟腦與森林，而原住民則從原先使用的160萬公頃地被強制限聚在20萬公頃的範圍之保留地內，成閉鎖之局。二次戰

後，臺灣重回中國的領土，但在初期的原住民的統治與支配政策
而言，政府基本上是延續著兩種特質來進行著：其一是政府賡續
日據時期對原住民的殖民與武力控制轉化爲威權的控制，也就是
透過國家的機制在政、經、社各層面管理原住民；其二是遵循著
孫中山的民族思想，即同化與平等方式堆動少數民族政策③。但
是更深一層地觀察，政府雖作爲一個影響原住民社會的主要的角
色，但實際上仍受到整個國際環境的強大制約。因此光復後山地
社經變遷，雖然政府角色是決定性的，但若能配合整個臺灣社經
發展來看則其歷程更爲清晰。

　　緣於政府在收復山地後，沿襲舊制，按原有日人之理蕃區域
來劃編，建立村辦公處、鄉民代表會及鄉公所。一九四六年民政
處接管了原由警務處主管之山地行政業務，然而截至一九五〇年
以前政府並無暇積極推動山地政策。由於一九五〇年六月韓戰爆
發，臺灣才在美援支持下，推展工業化及平地農村重建。在局面
安定之下，五〇年代間，政府係以農業培養工業爲主要目標至力
於經濟發展，同時亦開始積極經營山地。此即著名的三大運動，
包括山地人民生活改進、定耕農業及育苗告林，這是政府以保護
和扶植山地之同時以達同化（漢化）之政策。相對而言，日本政
府係以剝奪資源及統治作爲施政的出發點，而國民政府係將山地
原住民作爲國家的當然成員，比較尊重原住民生存發展的權利。
然而透過五〇年代的三大政策，山地卻漸被納入臺灣整體經濟體
系運作的一環。

　　定耕農業和育苗造林政策可說是日據時代政策的延長。然若
以育苗造林政策而言，相對於平地社會的「以農業培養工業」政
策可見得政府主要在安定原住民生活爲主旨，而未曾考慮將原住
民農業經營納入整體的臺灣經濟體系之中④。雖然林業資源的開

發為當時政府考量的山地經濟重點項，而然對承租林地的原住民而言，由於回收期長，風險高，故經濟價值高的果樹乃為政府積極推廣者。但一九五一年政府實施獎勵定耕農業育苗造林後卻發現對土地資源分配狀況之資料有限，遂在一九五八年至一九六七年間對山地保留地進行全面調查（即山地保留區政策）。這一行動確立了山胞土地私有權概念，使得山地土地脫離原住民傳統社會制度的控制，成為具交換價值的商品。雖然根據當時之山地保留地管理辦法，為了保障山胞生活權益，山胞仍不能自由地處置所擁有的保留地，土地所有權歸政府，個人則擁土地使用權，此與平地情形大不相同，當時規定使用保留地之最高限額為水田0.4頃或旱田0.8公頃⑤。政府則負責提供樹苗、教導移植管理，引進新作物，這些舉動加強了家庭財產權及私有化概念，也由於土地使用權確定，原住民不但無法再合法利用血緣與地緣的傳統關係來使用別人墾耕地，同時獵場之傳統使用權與所有權亦已無作用，狩獵之報酬也由分配性，改為由勞力來評估⑥。

而由於土地所創造之剩餘確比過去增加，這也促使原住民發現可以透過貨幣這一媒介，來換取平地所生產的貨品。在此一過程中，原有的生產關係及分配方式也漸受影響而改變，而資本主義的貨幣交換、市場運作方式及背後的若干經濟概念漸深入山地社會，而成為其日後之行為準則⑦。

一九六三年政府頒布「山地行政改進方案」，強調視軍事情形許可，並配合山地社會進步及發展觀光事業、開發山地資源之需要，逐步放寬山地管制，為日後平地漢人入侵山地社會埋下伏筆。這一政策制定的背景為當時美援之投入及一九六五年「美軍來臺渡假」影響。這政策推動了臺灣觀光事業的發展，並使得部份山地保留地取消了山地入山管制而逐步開放為觀光地區。

一九六六年，政府公布實行山地保留地管理辦法，其中對土地部分修正重點如下：㈠實施地籍整理並賦予山胞農作耕作權及建築用地地上權，於登記後繼續耕作滿十年時，准其無償取得上述土地所有權，㈡准許合法公私營企業或個人使用（承租）山地保留地，開發礦產、採取土石、設施交通、發展觀光及開設工廠。同年政府頒布「現階段扶植臺灣省山地同胞政策調查」的實施要點中第一項——開發山地交通開闢產業道路，更加速了山地地區納入整體臺灣經濟結構的步調。造成這一結果的因素有二：一九六五年是臺灣四年經濟建設計畫第四期的第一年，該期的經建計畫是由「進口替代」轉爲「出口擴張」，同時該年也是外資開始大量流入的第一年，是臺灣納入世界經濟體系中最明顯的一年。從此年之後，外銷出口勞力產業爲主的產品以賺取外匯成爲當時的重要財經政策，在此同時，山地的開發自然成爲創收的一環。當然，此一政策的確立，與美援之終止（1965），促使蔣中正將其優先目標從軍事轉移至經濟的獨立自主有關⑧。另外的一個原因是由於人口增加頗速，臺灣農地利用比例逐提高且相當集約，乃走向邊際土地開發的發展，亦即開墾山坡地、設置水土保持，改良耕作技術，以及選定尚未利用之山地從事開發⑨。

不過山地保留地管理辦法的修正中雖允許平地企業組織租用及使用保留地，但在另一法規「山坡地保育利用條例」中卻規定「山坡地設置山地保留地，放租、放領以山胞爲限」，很明顯出現了牴觸現象。另一事實是，在山胞所有權尚未合法移轉之前，已發生非法轉讓、交換、設定其他負擔或預期轉讓所有權的問題。根據調查承受人與轉讓之關係以不相識居多，顯見平地漢人介入者不在少數⑩。

山地開發與保育同時兼顧是相當困難的，政府內部各機關間

亦因此兩個目標孰輕孰重而爭執不下。雖然根據調查平地漢人及
企業截至一九八九年止所利用的山地土地佔可開發之山地保留地
土地總面積約 5％，不算太高⑪。但事實上對原住民經濟生活卻
造成相當的影響，也就是說，政府的政策及平地漢人的企業經營
型態已將原住民納入了整體的經濟結構當中。

一九七〇年代國際政經局勢上連續發生一些大事，舉舉大者
包括國濟經濟涉入衰退期，兩次石油危機，政府退出聯合國及與
美斷交等。而蔣經國總統亦在一九七二年出任行政院長完成權力
轉移並不大進行行政改革。因此一九七四年「山地保留地管理辦
法」再次修訂，揆其精神在於更細緻地落實山地保留地的原初政
策。茲後至一九八〇年代間仍有多項與原住民有關的行政法令或
施政計畫。綜觀此一時期之山地保留地政策，在一九七四至一九
八二年間較偏重林業的發展，而一九八五至一九八九年間則係重
視農牧工商等業之輔導⑫。蓋林業發展雖有資源保育與國土保安
之作用，也具觀光遊憩價值，但對原住民而言造林回收效益不高，
回收期長且又易受市場波動影響。反而是專業性、高經濟價值之
農作物栽培及工商業之開發，才較有利於山胞之生活改善。政策
的轉型說明了原住民的經濟窘境，但事實上這也不過是臺灣農業
經濟發展的真實局面的縮影，祇不過對原住民而言是更為不利罷
了。

叁、原住民社經地位與臺灣經濟結構變遷

在一九五三年至一九七二年中，政府的五期四年經建計畫，
促使工業發展，經濟結構發生基本性的變遷。土地改革、肥料換
穀及隨賦收購的手段，將農業資本轉移至工業部門，山地由於保
留地制度及豁免賦稅等因素初期並未受波及。另一方面工業急速

發展雖吸引了平地農村社會隱藏性失業人口，惟對山地原住民而言，至少在六〇年代以前未有立即之影響。

　　唯在這時期之間，市場經濟已漸進入山地。非農業收入已漸增加，如果以非農業人口的比例以及非農業收入所佔百分比當作經濟變遷的重要指標，則臺灣山地經濟變遷的分期點應在一九六七年。自此而後，變遷速度愈快，而其成長曲線與一般平地社會的發展呈現平行的狀況，山地社會總是在較低的水平下隨著全社會變遷而變遷⑫，這一現象說明了原住民的生活條件雖較日據時代改善，惟在一九六七年後則呈現了一種依賴性的發展，這種發展很顯然與臺灣整體社會的變遷以及政府角色有著相當密切的關連。六〇年代中期，臺灣確立出口擴張，爭取外匯的目標，以加工出口方式的邊陲地位納入世界資本主義市場；幾乎與此同時，臺灣山地的經濟也納入了臺灣的經濟體系並處於邊陲地位。

　　根據臺灣省民政聽經濟調查顯示，平地山胞在一九六九年時外出謀生人口僅佔平地原住民總人數百分之三·五，山地原住民在一九七二年時外出謀生人口則僅占總人口數百分之六·〇五⑬。這說明了原住民經濟變遷是逐漸進行的，原住民大量擁入都市謀生大抵發生在七〇年代之間，此時期臺灣中小企業工商部門發展已臻成熟，而農業部門成長則呈萎縮之態。農業的萎縮自然促使山地農業危機湧現。在此一情況下，外出都市謀生以及濫墾種植高經濟價值作物遂成為必然的選擇。另方面，除了兩次石油危機的幾年，臺灣的勞力需求在七〇年代皆高過前時，尤其是次級勞力市場更是需才孔般。七〇年代，原住民競往都市謀生結果造成大規模移民，攜家帶眷者眾；至七〇年代末期，臺省各都市皆已出現社區型態的都市原住民群居地。根據調查顯示，以遷移至北臺灣四縣市（基隆、北市、北縣、桃縣）的原住民絕大部份（九成

以上）皆來自遙遠中央山脈生產環境貧瘠的花、東兩縣阿美族平地原住民⑭。另據一九七八年民政廳調查，山地原住民約有百分之六・〇三外移至都市，平地原住民則達百分之十一・七左右。當中男性高過女性，並以年輕人為普遍。平地原住民人數高過山地原住民相當大的理由是前者大多數已無房地產，因為未在山地保留地內所以無法受山地保留地政策庇護之故⑮。

一般都市原住民所從事行業集中在工廠工人和建築工人兩大項，當司機、運輸工人、從事服務業者亦多，亦有當船員及礦工者。這類行業比較而言危險性高、工作不安定、待遇差，同時這類行業要求較低，勞工需求最大，技術層次較低⑯。很明顯原住民的勞動報酬率是相對的低，在臺灣經濟結構中處於底層的位置。

另外高經濟價值農作物亦是八〇年代以後山地開發的重點，在政府政策的指導下，蔬果專業區在各部落推廣。由於原住民大抵缺乏資金，平地企業家遂進入提供資金，利用原住民為人頭向鄉公所承租大量土地耕種，並僱用原住民為工人出售勞力。平地企業不僅壟斷出產更能以其關係網路控制銷售，一般原住民的產品極難與其擷抗。目前山地的產業道路建設以及建全的農產運銷管道應是原住民所企盼政府致力改善者⑰。唯運銷管道的改進較為困難，因為此一問題在平地農產的經濟體系亦是一個長期以來無法改善的課題。

一九八七年，臺灣解除戒嚴，社會運動如雨後春筍的開展向政府提出他們的心聲及權益主張。而原住民在一九八八年及一九八九年也發動兩次大規模的「還我土地運動」。這兩次運動的發起在八三年已見其端倪，揆其宗旨在於要求政府正視原住民經濟上的依賴地位與困難，承認原住民族是這塊土地的主人之歷史事實，以推動並達成還原住民土地，保障原住民生存權」，並具體

要求政府歸還（增編）保留地、公布保留地實際使用情形（即政府機關使用及平地漢人租用等）以及反對「山地保留地開發整理辦法」。這一呼籲事實上促成政府在一九九〇年修正通過「山胞保留地開發管理辦法」及決定增編劃編山地保留地給原住民。上述的「管理辦法」之修正，其實遠在一九八〇年，臺灣省政府即已發現法令不符現實，必須加以修訂。一九八〇年是臺灣在歷經第二次石油危機、中美斷交、中壢暴動事件後的一次重要中央民意代表選舉年。該年省府召開山地行政檢討會議與選舉應有相當之關連。唯一九八〇年提出修正的意見卻在十年後才落實，說明了八〇年後政權在國內的合法性的危機已逐漸為政府所體認並以重視民意以為因應。該辦法隨後即進入研議階段，在一九九〇年三月由行政院正式核定。雖然此辦法已由省政府升為中央政府的層次，然而仍然是屬於一個行政命令的位階。

然而修正法令二十三條、二十四條仍允許「公、民營企業或非山胞為開發山胞保留地內各項資源，得申請租用山胞保留地。」論者以為山地開發乃謀求原住民及山地之繁榮，在山地資金缺乏之時，使原住民「負債於國家」遠比「負債於私人企業」來得公平合理，這才是政府「山地保護政策」的真義所在[18]。

肆、結　論

本文以依賴發展論的角度簡析了政府的角色以及整體社經結構在一九五〇年後對山地經濟發展的決定性型塑及制約。國家角色從表面上看似乎有極大的決定能力，但若深一層觀察，其行為仍受整個國際及國內社經環境的影響，我們祇要看有關山地經濟的政策制定及修改，皆有其特定的背景即可得知一二。政府雖有心改善原住民的生活條件，但在諸項因素的考慮下，仍不免要兼

顧平地漢人的利益及山地保育，這些考慮實際上亦與原住民的經
濟利益諸多牴觸⑲。另外臺灣的資本主義經濟體制的介入山地，
使得一九六〇年代中期後，山地經濟整個地納入了這一體系之中，
並處於邊陲及底層的位置。無論是產品或者是勞動力之提供，乃
至於教育文化資源的獲取皆處於不利之地位。因此，從長遠以觀，
「現代化論式」的思考，也就是原住民內部的自我調整是緩不濟
急的，從依理論的角度看，我們覺得政府的角色仍是決定性的，
如何以整體結構的角度來考量並透過立法的途徑，來保護原住民
的利益，相信仍是未來朝野及各族群應致力的方向。

【註 釋】

① 瞿海源，〈臺灣山地鄉的社會經濟地位與人口〉，中國社會學刊第
七期，民國72年7月。頁157～8。

② 廖文生：臺灣山地社會經濟結構性變遷之探討，臺灣大學社會研究
所碩士論文，民國73年6月，第二、三章。

③ 陳宗韓：〈戰後臺灣原住民政策之分析：國家與社會的觀點〉，臺
灣大學三民主義研究所碩士論文，民國73年6月，頁163。

④ 林英彥：〈臺灣原住民之經濟結構〉，《臺銀季刊》第二二卷第二
期，1971，頁233。

⑤ 李建堂：〈山地保留地土地利用變遷之研究——屏東縣霧臺鄉個案
研究〉，臺大地理學研究所碩士論文，民77年。

⑥ 黃應貴：〈東埔社土地制度之演變：一個臺灣中部布農族聚落的研
究〉，《中央研究院民族所集刊》52，149，民國71年，頁124～
126。

⑦ 廖文生，同註②，頁118。

⑧ 李佳哲譯，Chalmers Johnson著：〈政治制度與經濟成就〉，《亞

洲四小龍的政經分析》，臺北：駱駝出版社，1990年，頁131。

⑨ 陳卓勳，〈臺灣山地農牧的開發及問題〉，《臺灣土地金融季刊》，第五卷，第三期，1988，頁11～55。

⑩ 陳宗韓，同註③，頁79。

⑪ 洪泉湖：〈臺灣地區山胞保留地政策制定之研究〉，政大三民所博士論文，1992，頁155。

⑫ 瞿海源，同註①，頁159～170。

⑬ 郭秀岩：〈社會變遷與山地行政發展〉，《社會福利月刊》第十九期，民國74年3月，頁11。

⑭ 林金泡：〈臺灣北部地區的都市山胞〉，《中國論壇》第十二卷第七期，頁24～25。

⑮ 傅仰止：〈都市山胞研究的回顧與前瞻〉，《思與言》第二三卷第二期，1985年7月，頁177～181。

⑯ 同前註，頁182。

⑰ 悠蘭・多又；〈收成靠雙手，運輸造上帝〉，《中國時報》十一版，民國84年。

⑱ 吳豪人：〈山地政策立法實體內容初探〉，臺北：國家政策第四期，1989年，頁96。該文還提及由於山地資金欠缺，「賣青」情況普遍，在山地保留地採原住民私有財產制的現行體制下，一種將「經營權」及「所有權」分開的山地合作農場模式可能是原住民經濟發展可考慮的，唯其產銷能否經得起平地漢人企業及財團的挾殺仍是問題。

⑲ 又政府在八〇年代末開放外勞後，目前已廿四萬合法外勞在臺工作，在九〇年代建築業長期不景氣之下，更給原住民的工作權帶來相當的威脅，因為外勞的薪資遠比原住民勞工低，雇主自然選擇前者。

後工業轉型中臺灣原住民
經濟發展的方向

劉阿榮

臺灣：國立中央大學通識中心副教授兼輔導中心主任

壹、研究目的

臺灣地區的原住民族，經歷一番「正名」運動（夷將・拔路兒， 1985；謝世忠，1987；瓦歷斯・尤幹，1922：20～29）的努力後，終於在1994年「修憲」時，正式定名爲「原住民」（indigenes）（夷將・拔路兒，1995：114～122）。此一「自我命名」不僅是符號象徵的意義，也標誌著原住民在「翻越一座高山」之後，橫亙面前的又有兩大峻嶺：血緣文化的保存與族群社經地位發展，而且兩者又呈現著動態的辯證關係。

長久以來，臺灣地區原住民社會經濟的發展，較之於平地漢人的資本主義化，處於相對落後的情況，這雖然與歷史因素、地理環境有關，然而歷年來統治階級（主要均爲漢人政府）的政策走向，卻扮演著關鍵角色。換言之，當漢人大量移入後，其對原住民的政治經濟邏輯，雖有不同之詮釋觀點，但至少表現在：(1)原始掠奪——包括土地、人力、資源的掠奪；(2)資源分配邏輯——透過山地政策的保護，山地實施農業定耕的獎勵、山地育苗造林的辦法、山胞創業貸款要點……等，在原始立意上，雖然對原

住民資源的分配、保護、獎勵有其作用及貢獻，但終究平地／山地生活水準的差異，造成了人口變遷（王人英，1967）並引起了「山胞」遷移都市的社會流動（孫瑞霞，1992）及適應問題（傅仰止，1987；謝高橋，1991）。所以在資源分配上的「保護」，有時未必產生良好效果（甚至還有反效果）；至若採取(3)資源競爭邏輯──雖符合自由資本主義的「效益極大化」觀點，然以目前臺灣原住民的社會經濟結構及資本、技術條件，顯然仍未具備競爭能力，暴露出力有未逮之勢，此乃專就資本主義工業生產的基本因素去考量。

　　事實上，如果我們能換一個角度去思考，以「後工業轉型」（postindustrial transition）的若干特質：彈性生產、非泰勒主義的工作組織，個人品味化的追求……等，並採取類似當年（1898年）日本治臺的兒玉總督及民政長官後藤新平的「生物政治學」理論①：根據生物學「適者生存」的原理，選擇適合生存競爭的經濟發展模式（Ramon H. Myers，1979：183～199；劉阿榮，1986：311～315），則對原住民社會經濟的發展，或許能跳脫傳統的原始掠奪邏輯、資源分配邏輯、資源競爭邏輯諸困境，重新思考「後工業轉型的適存邏輯」，從而開啓經濟發展與文化傳承的一片生機。

　　綜括上述，本研究之後設理解以為：原住民之社會經濟發展，處於相對落後的情境；社經結構如能調適得宜，對於族群文化的認同與保存，具有積極意義，因此，原住民經濟之發展，不能以傳統的政治經濟邏輯去思考，也不必然持悲觀的態度，如能掌握如下趨勢：世界經濟之轉型（後工業社會之來臨）→國內後工業社會之轉型→原住民經濟發展之調適，則由國際經濟體系變遷，影響國內經濟社會，再導引原住民經濟發展，層層推移，環環相

扣，轉型成敗之關鍵，實繫於能否與潮流脈動合拍俱進，基於此。
本文的主要目的有三：

首先，在闡明由「福特主義」（fordism）到「後工業主義」
（pos tindustrialism）的變遷歷程。近代資本主義的發展，經
歷了德國桑巴特（W. Sambart）所指的三階段之變遷：初期資
本主義、盛期資本主義、新資本主義（羅時實，1995：2～8；
劉道元，1962；4～22）新資本主義在一大戰之後盛行，1960年
代以前還是以福特主義（工業主義）為重心，自1960年代以後
則邁向後工業時期。

歐洲自中世紀末，人口增加，商品交易日盛，新大陸發現，
新航路開闢，金融機關的建立，貿易公司的出現，商業資本主義
興起。十八世紀以降，工業革命帶來迂迴生產的延長，生產結構
的複雜化，工業資本主義成為主流，十九世紀末，金融資本進一
步控制工商業授信活動，不僅形成國內的壟斷獨占，同時又形成
帝國主義的擴張，（Nikolai Bukharin著，呂智明譯，1988）
為了因應此種資本主義的擴張情勢，福特主義的機械化、快速化
大量生產，泰勒主義的標準化、同質化生產，乃成就了近代資本
主義擴張之企圖。然而 1960年代後工業社會或後福特主義（
postfordism）的出現，彈性特殊化（flexible specialization）
生產、個人品味的追求、自然原質的崇尚……正標誌著一個新的
時代趨勢來臨，也是本文所欲掌握的方向。

其次，面對後工業社會的若干特性，擬具一套新的解析架構，
作為分析理解的基本指涉，乃至政策行動的實踐方略。傳統文獻
上對原住民問題的探討，是建立在一般工業主義的架構中，去觀
照理解，擬定策略；目前既然國際、國內後工業轉型已成為社經
發展的主要方向及普遍現象（李國鼎，1985；Block，1987，

1990；Bih- Hearn Lee，1991；李碧涵，1992，1994，1995），
則對於未來臺灣地區原住民（乃至各國少數民族）的經濟發展方
向，就不能再以工業主義的觀點去立論，而必須重新思考後工業
社會的分析架構，這是本文第二、三節所陳述的要點。

　　第三，後工業社會的諸多特色，有些固然較有利於原住民經
濟發展，如彈性特殊化、個人品味追求、崇尚自然原質之美、觀
光服務業的盛行、休閒旅遊的重視⋯⋯；但也有不適於原住民經
濟的特性，諸如：工業升級、金融業的擴張、資訊科技的發達、
高級人力資源的運用⋯⋯這些不利因素或對原住民經濟發展的侷
限性，也必須冷靜考量、客觀對待，從而取其利，去其弊。本文
在第四、五節中將加以探討。

貳、文獻探討

　　本文所謂臺灣地區之「原住民」，在不同歷史時空下，曾被
稱之為蕃人（溫吉編譯，1957；藤井志津，1987）、高砂族（
上杉允彥，昭和61年）、高山族（王人英，1967；黃應貴，
1974；李亦園1982；蔡瑞明，1984；蔡明璋，1986）、山胞（
傅仰止，1985，1987；吳堯峰，1989；謝高橋，1991；孫瑞霞，
1992；鄭詩華，1991，1993）、臺灣土著（中國人權協會，
1987；阮昌銳，1994）、先住民（鍾青柏，　1990；王嵩山，
1992，洪英聖，1993）⋯⋯等等不同名稱②事實上它們指稱對
象大致相同，即指「在臺灣地域裡的固有族群：包含阿美族、泰
雅族、太魯閣族、布農族、排灣族、卑南族、魯凱族、賽夏族、
曹族、雅美族、邵族、平埔族等族群。（夷將・拔路兒，　1985）
或統稱「先於漢人定居在臺灣的各族群。」（中國人權協會，
1987：3）本文採目前普遍通用的「原住民」為名稱，但如有引

述各項文獻時，仍難免出現以上不同的稱法。

一、多面向的原住民研究：

關於臺灣原住民的學術研究，有從人類學、社會學、政治學、經濟學……各種不同領域去探討，就筆者所見之資料，大致可以歸納如下：

㈠從人類學的觀點，探討原住民的家庭結構、宗教禮儀、部落組織、乃至巫術等。（丘其謙，1962，1964，1968；石磊，1971，1977，1984；吳福蓮，1986；李亦園，1982；陳其南，1975；黃應貴，1983，1984，1989；阮昌銳，1994）人類學者的研究，常深入山區部落，從事「田野調查」工作，因而他們的研究方法常採實證經驗，以支持建構其理論。此類研究者以中央研究院民族學研究所、臺灣大學考古人類學系、所之學者為代表。

㈡從社會學或人類學的角度，探討原住民的社會組織（劉斌雄、衛惠林，1962；王人英，1966）、社會階層及社會流動（衛惠林，1960；王長華，1984；蔡瑞明，1984）社會經濟結構的變遷（黃應貴，1974；廖文生，1984；夏春祥，1992）等問題。晚近「現代化理論」及「都市社會舉」盛行，因此研究原住民的現代化、都市化適應問題也更受重視（張曉春，1972，1974；林金泡，1981；黃美英，1985，1988；李亦園、許木柱，1985；傅仰止，1987；謝高橋，1991；孫瑞霞，1992）。此類研究成員，大都為各大學社會學系、所的教授或研究生論文為主，也有部分人類學者。

㈢從政治學的政策分析、公共行政、山地選舉、政治參與、人權保障……各領域，去研究原住民的行政組織、政策運作、各族人權現況（郭秀岩，1975，1985；蔡明璋，1984，1986；高德義，1984；中國人權協會，1987；洪泉湖，1992）。政治學

研究政府山地政策的目標、重點、政策演變及山地自治的實施，固然有其進步的一面，也提出許多改進建議，但對於原住民政治地位的低落，感受「相對剝奪」的不平，政治效忠度的變化，個人人權及「族群人權」之保障，似乎僅能做到同情的理解，仍無法提出具體有效的解決辦法，因為這牽涉到最實質的經濟條件問題，於是又有些學者從經濟課題去關心。

二、原住民山地經濟的論述

　　原住民的經濟問題之研究，據筆者所見資料而言，似乎很少純從經濟學的立場出發，換言之，臺灣地區經濟學者對國際、國內、大陸經濟之研究興趣與成就，遠甚於對原住民經濟問題的理解。其中原因可能與原住民經濟的統計資料闕如，而現代經濟學又以數理經濟、計量經濟為主流，當缺乏精確的數據做研究材料時，自然不易引起實證經濟學者之興趣。另外，臺灣原住民經濟佔總體經濟的比例甚低，或許也是未受重視的原因之一。經濟學者對原住民的關懷可能比較偏重於環保問題，如蘭嶼廢核料貯存問題，屏東魯凱族好茶村瑪家水庫興建問題、南橫高速公路興建等等問題。

　　雖然如此，但就原住民的整體發展而言，經濟問題的解決實應居於關鍵地位，因為生活的的改善，經濟現代化的實現，將有利於「族群意識」的提高，「文化多元主義」的浮現（Walker Connor, 1985；劉阿榮，1981，1992；95～96）對原住民社經地位的提昇、血緣文化的存續都具有重大影響。因此筆者發現圍繞著「原住民經濟」課題，仍有許多不全然以經濟學觀點去闡釋——他們或從經濟適應與發展，或論社經結構之變遷，或重生活素質之調查，或就經營模式之研究，或以貧窮問題為關鍵……。這些論述頗富創見，對本研究之文獻回顧也具有直接的意義與價

值，因而略陳其要義：

㈠**經濟適應與發展**：黃應貴（1974）以一個臺灣中部高山族聚落的經濟人類學研究為主題，他首先指出一般土著生產食物的兩種主要方式——山田燒墾與水稻耕作，當一個民族文化由前一生產方式（山田燒墾）轉變到後一種生產方式（水稻耕作）時，就發生了「適應問題」，於是作者以三個主要變項：⑴傳統文化⑵外來文化⑶社會形成的性質，來考察生產方式變遷的因素，並且以生產、分配與交易、儲蓄與投資等經濟過程做為分析討論的脈絡。

文中論及傳統的山地保護政策，「固可保護高山族避免經濟剝削與衝突，卻也加重其孤立與封鎖而遲緩了經濟的發展，⋯⋯本質上山地保護政策只是以安定高山族人的生活為主旨，並未考慮將山地經濟納入整個臺灣的經濟體系中。」（頁21～22）此一問題確實是造成今日原住民經濟相對落後的主因之一，因而筆者在本文第一節主張要將國際經濟→國內經濟→原住民經濟「層層推移，環環相扣」的原因即在此。

㈡**山地社會經濟結構性變遷**：廖文生（1984）以長期的歷史演變來探討臺灣整體社會經濟變遷的過程。他分別論述了清代以前山地的社會經濟及其變遷（第二章）、日本統治下的轉變（第三章）、光復以後臺灣的經濟發展及山地的資本主義化（第四章），最後提出變遷的效應及問題（第五章）。他不但注重歷史脈絡的變遷與影響，「尤其強調外部結構變遷對山地社會經濟的影響，也就是說我們企圖把山地社會經濟放在整個台灣，甚至是更大的國際政治經濟變遷的脈絡內，從山地所處的結構關係位置來探討造成山地社會經濟變遷的動力來源，其過程及其遭遇如何。」（頁3）

　　因此，他批評傳統研究臺灣初民社會的人類學者「往往著重在一、二個村落或部族的個案研究，而忽略了對整體少數民族在大社會中的結構位置，以及這種結構位置對變遷的影響及限制等問題的探討。」（頁23）於是作者將其視域擴及到整個歷史時間、歷史空間的理解（F. Braudel，1980；高承恕，1982；104～111），並藉用現代化發展理論、依賴理論、世界體系理論等「發展社會學」的觀點，來闡明山地社會經濟結構的變遷，一方面是內在受到如H. Wolpe所稱：(1)生產力(2)生產關係(3)生產方式的再生機制（mechanisms of reproduction）的運作法則所制約；另一方面還特別著重於探討外部結構性變遷對山地社會經濟的影響。前者經歷了「山田燒墾」→「水田定耕」→「貨幣經濟體系納入」的三個時期生產方式；而後者則從外部殖民主義（帝國主義）→臺灣經濟→山地社會經濟的滲透影響去考察。整體而言，廖著在研究方法及架構上跳脫傳統「微觀」（micro）的個案（部落）研究，而從「宏觀」（macro）的視域去理解，並能掌握歷史的縱貫發展與社會的橫向互動，具有相當的價值。

　　㈢臺灣省山胞經濟及生活素質調查報告：這是由臺灣省政府民政廳（1986）於1985年8月到1986年6月完成的全省山地山胞及平地山胞之經濟及生活素質調查。其調查方法是採用分層隨機比例抽樣，就全省山胞住戶抽出樣本戶直接派員實地訪問方式進行調查。1991年又進行「臺灣省邊遠地區居民經濟及生活素質調查報告」（臺灣省政府民政廳：1992）。由近十年來官方調查報告發現一些重要問題：首先，原住民所得與臺灣省一般家戶所得相比，顯然偏低，原住民平均每人所得僅為一般國民的六成左右。

　　其次，山地土地所有權日漸流失或轉讓。臺灣省山胞保留地

（含增編保留地）共有26萬餘公頃，主要產業包括林業經營、作物栽培、高冷蔬菜栽培、冷水養殖、花卉栽培及畜牧業等傳統農業生產，而原住民傳統工藝、森林遊樂場開發、山地民宿之經營等較符合「後工業」之生產，正日漸興盛。一項基本危機是山地人口老化，年輕人力外移，而山地保留地「非法轉讓」情形相當嚴重，根據 1990年行政院頒：「臺灣省山胞保留地開發管理辦法」第十五條規定：山胞保留地僅限於「繼承或贈予於得爲繼承之山胞、原受配戶內之山胞或三親等內之山胞外，不得轉讓或出租。」但因原住民經濟生活較低，平地人進入山區開發有利可圖，因而山胞保留地被非法移轉，根據臺灣省政府研考會委託鄭詩華教授的研究調查報告（1993：31～32）指出：山胞保留地非法轉讓之原因以需要金錢居第一位，佔53.7%，而土地轉讓後未離村的有58.1%，可見山胞保留地非法轉讓以後，許多人並未出外就職，只是充當臨時僱工（37.6%），或未就業（13.6%），此對山胞經濟將產生惡性循環（見表2）。

第三，關係原住民社會經濟發展極爲重要的一項指標厥爲教育人力投資，不論工業主義或後工業轉型都必須重視人力資源的開發利用，在臺灣省政府對邊遠地區（原住民）生活素質的調查，發現他們對子女受教育的「負擔能力」分別爲唸完：初中（約12%），高中（約40%），專科（10%），大學（15%）。換言之約有五成左右的家庭能培養子女受完中等教育，而不到三成的能負擔大專子女教育費。然而同樣調查又發現，他們對子女「教育程度之期望」卻有20%希望有專科畢業，30%希望子女受完大學教育，充分顯示對子女受大專教育程度的期望達五成以上，其中對兒子的期望又比女兒的期望來得高，重男輕女觀念依然存在。

官方的調查資料係以經濟及生活素質爲範圍，偏重於「實然」層面的呈顯，而非「應然」方向之表述。不過由於臺灣省政府自1967年辦理第一次山地山胞經濟選樣調查以來，每隔五至七年均有調查報告，從長期縱貫的比較中，對整個發展脈絡也能獲得相當理解。

㈣原住民貧窮關係的社會建構：陳心怡（1993）在撰寫（臺灣原住民貧窮關係的社會建構──兼論族群政策與福利政策的界限）時，試圖超越傳統「本質研究」（essentialist）的框架──把原住民「貧窮問題」視爲個人因素（如人力投資、生產資源、工作意願……）及結構因素（如區位經濟結構、都會邊陲的不等價交換及結構性剝削、就業市場的族群歧視……）──她認爲原住民「貧窮」的「事實存在」，不僅是個人和結構的「本質問題」；更重要的是「貧窮關係」的「社會存在」──在社會人際網絡或族群關係上，國家透過政權合法性的社會經濟政策、教育政策、文化政策，不露痕跡的瓦解原住民的經濟資本、文化資本、象徵資本，使他們失去了更多的「資源取得」和「資源轉換」的機會，所以陳心怡從「關係研究」（relati- onalist）出發，試圖以方法論上的關係網絡（relational network），來架構個體主義（個人因素）與結構主義（社會結構因素）間的樑橋，因此她在「理論建構」的各種模式比較，及「方法論」上的分析架構，著墨較多。

論文第一章即點出「處於貧窮關係中的原住民」，事實上是「雙重弱勢」──主流社會中的弱勢團體；弱勢團體中的弱勢族群。這是因爲他們不僅在結構上的弱勢；又是在「關係」上的雙重弱勢所致。其次在第二章及第三章她考察了五種有關貧窮理論及在臺灣的相關研究：

⑴Oscar Lewis （1959，1966，1968）的「貧窮文化」（
Culture of Poverty）

⑵Gary S. Becker（1975）的人力資本論（Human Capital Theory）

⑶P. M. Blau and O. D. Duncan（1967）的地位取得模式
（Status Attainment Model）

⑷許嘉猷（1981）的新結構論（Neo-Structuralism）

⑸Pierre Bourdieu （1979）的文化資本論（Culture Capital Theory）

對上述各種理論研究取向與限制加以評述後，作者提出其分析架構，即⑹社會關係的分析。並且進一步將六種理論模型、方法論的基礎、分析架構形成與侷限，列表比較之（見表3）。最後她認為在國家統治階級「民族同化」論的解構下，原住民的經濟資本、文化資本、象徵資本被不著痕跡的在社會關係的生產與再生產中消溶殆盡，因此目前國家所採行的「社會福利政策」，並無法有效的解決原住民貧窮問題（也未必是原住民真正的、唯一的需要），必須輔之以國家的「族群政策」才能奏其功。

　㈤以「國家──社會」為主軸的原住民政策分析：陳宗韓（1994）以歷史與結構性的整體動態分析架構，持國家──社會的觀點，分析戰後（1950年～至今）臺灣地區國家的原住民政策，及其對族群形成與發展的影響。論文中除了回顧以往相關文獻的研究取向、價值與限制之外，並探索國家（the state）的運作邏輯──「透過各種政策之制訂與實施，而達到政治的統治與合法性、經濟的持續累積，以及社會資源的分配。」相對地，「市民社會」（civil society）在不同時空條件下，也有其自主性，並與國家呈現著辯證的關係。Bob Jes sop（1982）指出：當國

家定義社會的身份時，國家本身的身份即被各種力量所競逐；儘管國家自身有策略性的能力防制外來的控制，但社會不同領域也有自己的邏輯與能力，阻止國家的直接控制。

　　作者除對1950年以前的臺灣原住民背景（清代、日據、國民政府時期）略作鳥瞰，便透過戰後遷臺的兩個主要歷史階段——(1)工業主義、威權支配階段（1950～1980年代中期）；(2)後工業轉型階段（1980年代中期→今）——來分析國家的原住民政策及其影響。作者的以工業主義→後工業主義之區畫，並由國家與社會關係之歷史變化來分析原住民政策之發展及影響，是頗新的一種分析方式。它迥異於社會學者將臺灣近幾十年來的社會變遷視為：政治力主宰→經濟力控制→社會力突破的過程（蕭新煌，1988：30；劉阿榮，1990：417）；也不同於經濟學家將臺灣經濟（工業）發展區分為：進口替代、出口擴張、第二次進口替代三階段（費景漢，1976；杜文田主編，1976；葉萬安，1976；劉阿榮，1986：343～359）。相反地，陳宗韓以工業主義→後工業主義來畫分，隱含於現代→後現代主義（pos－tmodernism）的哲學文化氛圍（Ihab Hassan，1987；Jean－FrancoisLyotard，1984；Steven Best & Douglas Kellner，1991；詹明信，1994；王岳川，1993；羅青，1993；廖炳惠，1994），此一新的歷史發展脈絡，頗能體現當代思潮中後現代與後工業的思考方式。

　　陳著第三章指出，在威權體制與工業主義時期，國家採行支配性的原住民政策，透過山地三大運動——定耕農業、育苗造林、生活改進——固然提昇了原住民經濟生活，但也隱含了同化（漢化）之目的，尤其在國家本身利益之考慮下而推動，因此由山地管制保護政策，移轉到平地資本的介入開發及發展觀光事業，是

以國家支配的利益考量，而非以原住民社會主體性、自主性爲施政方針，「一直到都市原住民之問題產生且變得嚴重時，才發現這種開發的困境。」因此，作者在第四章中特別指出，臺灣地區在1980年代中期以還，後工業轉型的「國家──社會」關係轉變：威權轉型、經濟自由化與企業擴張、社會運動的開展，以及文化意識型態的解構與重構。在此後工業轉型時期國家之原住民政策必須調整，以符應原住民運動（作爲社會運動的一種）的訴求。不過，作者在結論中也指出雖然在 1980年代開始，「國家對原住民之支配關係產生變化，但是事實上在很多時候，國家仍具有相當的自主性、支配性而制定出很多不利於原住民之政策。」（頁173）因爲國家還是必須制訂出適當的政策，以避免資本累積的危機與政權正當性的兩難困境，例如：水泥產業東移政策即是基於取國家經濟利益，捨去原住民生態之政策。

綜括以上相關文獻的回顧，除了人類學、社會學，政治學不同領域的研究，提供我們對原住民各個不同面向的理解外，專就經濟方面而言，本文不厭其煩的闡述以上五種著作，主要具有兩項意義：

第一，藉以彰顯臺灣地區原住民研究的變遷歷程。它不僅反映著作者的個別品味和與趣，也顯現出1970、80、90年代原住民研究的主要趨向，透過這一變遷歷程，提供吾人對原住民經濟政策與發展脈絡的理解。

第二，在理論架構與方法論上，以上各種研究清楚的標誌著：經濟人類學、現代化與依賴理論、文化多元主義及社會關係論、國家和社會的觀點。本研究在學理與方法上則藉用西方「後工業轉型」（postindustrial transition）的理論，並承續前述各項研究之成果，做進一步的探討臺灣地區原住民經濟發展的方向。

叁、分析架構

　　本文所謂後工業社會的觀念，最先由Colin Clark及Jean Four astie所提出（羅青，1993：313），他們認為後工業社會的特色是：㈠農業部門的沒落；㈡製造業的沒落；㈢服務業的成長。其後法國的Alain Touraine，美國的Daniel Bell，分別在1969及1973年著書討論後工業社會的問題。此後許多學者也提出類似的概念，如Halal（1986）新資本主義的後工業典範，Block（1987，1990）的後工業趨勢，Lash and Urry（1987）的解組資本主義（disorganized capita lism），Harvey（1989）的彈性累積（flexible accumulation），Hall的後福特主義（post－fordism）與後現代主義（銘如：1989），Peter F. Drucker（1993）的「後資本主義」（Post－capitalist society）……這些新概念的提出，都在詮釋由工業社會向後工業轉型的趨勢。

　　歐美及日本社會在1950、60年代服務業快速興起後，前述學者紛紛討論後工業社會發展情況；而做為學術邊陲的臺灣地區，其服務業的產值與就業，也在1980年代後期超越製造業，進入後工業轉型，因此相關的學術研究也日漸增多，不過其中偏重於政治的威權轉型（田強茂，1989；朱雲漢，1989；王振寰，1993；若林正丈，1994）或思想文化的後現代研究（蔡源煌，1992；羅青，1993；廖炳惠，1994；詹明信，1994）……等等。而針對後工業之社會經濟面則較少被注意，就筆者所知，李國鼎（1984，1985，1986）及Bih－Hearn Lee（1991），李碧涵（1992，1994，1995）算是國內（臺灣地區）倡導較多的人。

　　如能對後工業轉型有進一步的理解，則運用此一概念做為分

析原住民經濟發展的架構，將比較能被認知及接受。本節分別從後工業社會之背景與畫分、內容和特色兩方面闡述之。

一、後工業社會的背景與畫分

從歷史的意義來看，「後工業社會是工業社會所展現的種種趨勢的繼續，而且許多發展是很久以前就已預見到的。」（Bell，1973）換言之，後工業社會雖然到第二次世界言大戰後1950年代才逐漸浮現，但其歷史背景必須追溯到工業社會時代。

根據西方社會科學家的研究，西歐國家在1750～60年代，便開始脫離農業社會，走向工商社會。早期工商社會的發展，從1760年到第一次世界大戰的一百五十年間，有幾項重要的開創：首先，在思想上，1817年黑格爾提出辯證法，1826年孔德開始宣講「實證主義」，1859年達爾文發表「物種原始」，1867年馬克思「資本論」第一卷出版，馮德及巴甫洛夫的實驗心理學，佛洛伊德的精神分析論都在19世紀末20世紀初奠基。這些都標誌著一個新時代思想的形成。

其次，在經濟及政治上，英國的工業革命帶來整個生產力的躍昇，從而改變了生產關係，經濟的發展成就了中產、資產階級取代傳統貴族封建階級，因此1789年法國大革命及1830、1848年歐洲革命的影響，民主政治與民族思潮瀰漫歐美，同時也賦予了資本主義加速累積，急劇擴張的性格。

第三，在科技發明更呈日新月異之勢，「十七世紀時，數學的創新與近代物理學的奠基，十八世紀時化學的革新以及十九世紀生物科學的邁進，就其對科學思想的發展而言，均可稱之為革命。」（王曾才，1993：758）19世紀後，自然科學仍繼續邁進：物理學方面，如熱力學，電學、光學均有長足進步，1904年愛因斯坦「相對論」，普朗克「量子論」提出，修正了牛頓古典力學；

數學方面「非歐幾何學」的出現，懷黑德及羅素的「數學原理」在1913出齊，成為當代數理邏輯的代表作。其他的科技發明如1870年發電機上市，　1876年電話的使用，1895年X光之應用，1898年居禮夫人發現釙和鐳……（羅青，1993），帶給工業社會極大的影響。懷黑德（A. N. Whit ehead）在《科學與現代世界》（Science end the Modern World）一書中（傅佩榮譯，1991）曾詳細討論了十七世紀以來科學發展對世界的影響，而二十世紀的科技，更與福特主義與泰勒主義共同締造了「工業社會」生產高峰。

由以上歷史背景可知，後工業社會是承續工業社會轉型而來的，而工業社會又由「前工業社會」（農業社會）變遷而來，Bell（1973）特別把社會畫分為：

前工業社會→工業社會→後工業社會

並且Bell以每一種社會的意圖（design）不同，來區別三種社會。他說：

> 前工業社會的意圖（design）是和自然界的競爭（game against nature）：它的資源來自採掘業，它受到報酬遞減律的限制，生產率低下。工業社會的意圖是和虛擬自然界的競爭（game against fabricated nature），它以人與機器之間的關係為中心，利用能源來把自然環境改變成為技術環境。後工業社會的「意圖」則是人與人之間的競爭（game between persons），在那種社會裡，以資訊為基礎的「智識技術」和機械技術並駕齊驅。

其次，由於這些不同的意圖，使得在經濟部門的著重和職業高低也有變化。Bell接著指出：前工業社會著重初級產業及採掘業之農、礦、漁、林，故農民、礦工為主要職業（按：由中國古

代「重農抑商」及依士農工商之排列可得印證）；工業社會著重在次級產業之生產，如製造業及加工業，因而半技術工及工程師為工業生產主力軍；後工業社會則以第三級產業（交通運輸、公用事業）、第四級產業（貿易、金融、保險、房地產）與第五級產業（衛生保健、教育、研究、政府、娛樂）為主。（按：此係依Bell的五級分法，一般採三級分法，則將初級、次級之外統稱為第三級產業，而以服務業為主）為了使前工業、工業、後工業之變化能有清晰的展現，Bell特以（表5）區畫之。

另外，詹明信（F. Jameson）根據社會學家David Riesman所寫《孤獨的人群》（The Lonely Crowd）一書所畫分的三個歷史時刻：傳統的社會、市場資本主義社會、今日社會，而提出他「文化分期」三階段與資本主義發展三階段的對應（詹明信，1994：8、24、65；廖炳惠，1994：73～97）：

　　資本主義發展：(1)國家資本主義→(2)壟斷資本主義→(3)晚期資本主義（跨國資本主義）。

　　文化發展：(1)寫實主義→(2)現代主義→(3)後現代主義。

以管理思想聞名於世的彼得‧杜拉克（Peter Drucker）在其《後資本主義社會》（Post－Capitalist Society）一書中也提出：「生產力革命」興起於十九世紀，在二次大戰後，於已開發國家達到顛峰。一九五○年代，已開發國家中的製造業工人似乎已主控了政治與社會，但隨之而來的「管理革命」，卻使製造業的藍領工人數量、權力急遽下降，於是在後資本主義社會中「真正有支配性的資源、絕對有決定性的生產要素，既不是資本、土地，也不是勞動力，而是知識。在後資本主義社會中，社會主導階級不是資本家，也不是無產階級，而是『知識工作者』與『服務工作者』。」（傅振焜譯，1995：11～13）

　　總之，後工業社會，不論其爲後現代文化的一支（王岳川，1993：122～143），或獨樹一幟，或與後資本主義名異實同，在諸多學者論著中，已很清晰的顯示它的來臨，以下進一步闡明其內容和特色。

二、後業社會的內容和特色

　　後工業轉型既然成爲目前世界變遷的主要方向，因此學術研究正方興未艾，茲列舉數位重要代表人物及學說，再歸納其特色。

　　首先，提出「後工業社會」（post－industrial society）一詞的 Bell曾說：「我反對人們嚐試以服務業社會（service society）、資訊化社會（information society）或知識社會（knowledge society）等詞語來標示這些剛出現的特徵。」因爲這些雖然是後工業的主要因素，但均有片面性，因此Bell（1973）列舉了後工業社會的十一種面向：⑴理論性知識的首要性；⑵新知識技術的產生；⑶知識階段的擴展；⑷從商品轉變到勞務；⑸工作性質的改變；⑹婦女的角色；⑺科學的蛻變；⑻工作地點成爲政治單位；⑼功績主義；⑽匱乏的終結；⑾資訊經濟學（1976年版序言）。

　　此外，Bell在1976年出版了另一本相關著作：（資本主義的文化矛盾）（The Cultural Contradictions of Capitalism），他認爲（後工業社會的來臨）與（資本主義的文化矛盾）兩書「具有辯證的關係」，前者在說明技術（包括知能）以及理論知識如何重塑社會的階層體系；而後者在討論現代化社會價值觀強調慾望，不加節制下如何管理複雜的政治形態？資本主義創造享樂文化，而享樂價值觀又主導我們的社會。這也是後工業社會的文化特色一：追求個人品味與個人興趣。

　　其次Halal（1986）提出新資本主義的後工業典範。此種新

資本主義與傳統舊資本主義的生產與管理方式不同（Harvey，
1989；李碧涵，1995；3）

舊資本主義 （工業典範）	機 械 式 結構組織	威權命令 決策方式	操作式的 經營管理	利潤導向的 大企業	資本主義與社 會主義對立
新資本主義 （後工業典範）	市場網路 的組織	參與式領導 決策方式	策略式的 經營管理	民主經營的 自由企業	資本主義與社 會主義混合

　　由上面比較可知，新資本主義的後工業取向，揚棄了傳統機
械、威權、利瀾導向的大企業，而走向民主、參與、策略式的經
營，並重視市場網路（這也意味著資訊的依賴）。

　　第三，Hirschhorn指出，西方資本主義在1970年代面臨了
停滯性膨脹的危機，要改善這種狀況，必須有新的生產力投入再
生產，不過這些勞動力再生是必須付出一些成本：對新技術的再
教育，提高學習及工作訓練的效果，社會保險與社會福利支出的
增加等等。而且要使後工業轉型成功，尚有賴於(1)更有彈性與變
化的成人生命過程，而非單直線的發展（即一生中有更多工作學
習的變動，而非從畢業一直工作到退休），(2)廣泛採用非泰勒式
的生產（而是以彈性生產取代。本文稍後將論及），(3)社會支持
與制度化（包括政府的政策，如良好的托嬰制度，對職業婦女就
業的幫助）（李碧涵，1995：3，16）。

　　第四，Block（1987，1990）對後工業主義內容闡述甚為清
晰，他認為後工業社會的浮現，是基於原有工業主義無法充分解
釋實際社會現象而興起的新概念，在歐美已開發國家自1960年
代出現了一些新趨勢：(1)服務業在國民生產與總體就業結構的重
要性日增，而工業部門以貨品生產為主的國民生產與就業比例遞
減；(2)以電腦為主之自動化與高科技發展之出現；(3)父權制的沒
落與單線之成人生命過程的破壞。這些現象與工業主義時代的製

造業所佔比重甚高，威權主義（尤其是父權）支配，有著根本上的不同，所以Block認為不能再以工業主義模式去理解，應從後工業的架構去詮釋。

第五，Lash和Urry（1987）考察了西方社會受到強權影響力的式微、多國公司的發展、金融體系的國際化、國家對利率、匯率控制力的降低⋯⋯等因素，因而出現了解組資本主義（disorganized ca pitalism）的觀點。他們認為：後工業時代資本主義的解組方式具體表現在三個層面的變遷(1)工業的解組──表現在製造業的產品必須導向資訊化、市場多元化，講求個人品味與自然主義；而製造業的利潤下降必須外包生產或縮小公司規模以從事彈性特殊化（flexible specialization）的生產。代之而起的是服務業全面性的發展，使得製造業不再以大型化、單一產品、大眾市場導向為主。(2)金融方面──1960年代歐洲金融體系的發展與金融國際化凌駕了美國的金融影響力，加上一九七三年美國改採浮動匯率，更造成國際資金流動快速與國際金融的不穩定性，而且企業也紛紛要求政府解除對其資金進出的管制，因此，在工業與金融均國際化的趨勢下，政府對其國內經濟的控制大幅降低。(3)國內政治方面──新社會運動與地方主義（localism）的興起，政治發展不全然基於階級（class），而是依多元因素，如種旅、宗教、意識形態（如環保、婦女運動、反戰）而組成社會群體來影響政治，並常以地區性的需求而決定選票政治發展（李碧涵，1995：4～5）。

第六，英國左派理論家S. Hall提出兩項新時代的指標：後福特主義（post－fordism）與後現代主義（post－modernism）。前者主要是在說明當前資本主義生產領域的經濟特徵，後者試圖解說的，則是湧現的文化環境之趨勢。就後福特主義而言，它有

別於福特工業時代大量生產的四原則：(1)產品必須規格化；(2)工具母機要以每種產品的特定模式為對象而不能挪作其他用途；(3)泰勒式的「科學」化管理，將工作流程區隔細分，以限定勞工重複執行有限的一項或幾項的動作，增進熟練程度；(4)生產線的出現，貨品放置在輸送帶上通過勞工面前求其能快速作業，提高效率，不是讓勞工游走於不同產品之間徒然浪費了生產時間。簡言之，福特式生產也就要有同質化，泯除個性的大眾消費型態以作配合；如此，產銷才得以連結一氣，推動整個體系的進展。（鉻如，1989）

　　然而，福特主義與人性有許多扞格之處，如：人性好動，不願被綁在生產線上，於是罷工、怠工時有所聞；人要追求獨特品味，標新立異，因此摒棄大量化的同質性生產，而要求彈性生產（flexible manufacturing）。

　　資訊科技的進步，正解決了後福特主義的雙重困難（個別品味，成本高；大眾化，價格低），因為資訊科技帶來了一些「利基」──掌握地理優勢、重塑組織優勢、發揮人力優勢「徐炳勳譯，1994），而具體後工業生產的是：(1)「彈性生產系統」，藉著電腦指令一改，程式一換，立即可以執行迥然有別的工作，推出標新立異的產品；於是生產的經濟規模與所需的資本可以降低，但產品的範圍與種類卻能夠擴大，滿足個人品味追求。(2)及時性（just－in－time）生產，透過→電腦與電子通訊的配合，使「及時產銷」理念得以實現，藉著貼在商品上的碼條（bar-cobe），電筆一刷而可以立即登錄銷售狀況，然後匯整資料，透過專線或電傳，回總公司做為次日出貨的依據，困擾福特式生產的「庫存」問題，因此而獲得舒解。

　　第七，Harvey對轉型的理論（theorizing the transition）

做出了歸納，並提出他的見解。他考察三種轉型理論並以列表方式將Hal（1986）的新、舊資本主義對比；Lash和Urry（1987）的「組織的」與「解組的」資本主義對比；Swyngedouw（1986）的福特主義和彈性累積對照。然後，Harvey認爲這三種理論太強調斷裂性、差異性（Harvey，1989：173～179），事實上從福特主義到彈性累積，並不像Lash及Urry所講的是資本主義「解組」（disorganized），反而是資本主義力圖轉化危機的一種新趨勢，此一轉型是資本爲包容、控制自身發展中不可避免的過度累積而出現的新變化，並不是資本主義生產方式基本矛盾的消失或變化，因此彈性累積本質上是資本累積總體邏輯中已有因素的特殊甚至新型組合，其目的便是資本爲防止自身過度累積而必須實行的「時空轉移」（temporal and spatial displacement）。

　　姑且不論彈性累積是資本主義的解組，抑或是資本主義的延續轉化，Harvey所指陳的幾個方向正是後工業特色：(1)在生產組織方面：彈性生產強調「即時性生產」與「外包制」而且透過全世界地理和生產過程的分散而整合資本主義累積的體系；(2)在勞動力市場方面：企業減少核心員工的雇用，而增加雇用彈性員工從事彈性工作或暫時性的工作；(3)在消費方面：彈性累積也同時伴隨著不斷變遷的消費文化而調整其生產。（Harvey，1989：147～156；李碧涵，1995：5）

　　在國內，推動臺灣經濟科技發展頗有貢獻的李國鼎先生，經常以前瞻性的眼光，探索時代潮流的脈動，例如他強調經濟發展的非經濟因素，看出工業轉型的必然趨勢，「今天我們正處於第三波資訊革命的時代，也就是由工業社會轉入資訊社會的時期。」（1985）另外，他在一篇文章中指出服務業作爲第三級產業的

六大範疇：交通業、商業、金融業、住宅服務、政府服務、其他服務（1986：26），並且斷言服務業為主導未來經濟的必然趨勢，其理由包括：(1)企業服務化；(2)產業分工細密化；(3)企業行銷觀念的改變；(4)服務業貿易成長快速；(5)企業經營大眾化與大型化；(6)國民價值觀念的改變；(7)勞動市場女性人數增加；(8)人口結構變化；(9)政府對社會安全維護的責任加重（同前註：29～31）。

另外，積極從事後工業轉型的理論探究，並落實在本土化研究的李碧涵教授，從其博士論文（1991），到近年來的重要論著，大都集中在臺灣地區後工業轉型的主題上（1992，1994，1995）。她認為臺灣地區後工業轉型的特色大致可歸納成四方面：(1)第三級產業（即服務業）的興起，與第一、二產業的比重相對下降，不論就總體的就業人口結構或國內生產毛額而言，均屬如此；(2)工業升級，電腦資訊業與高科技的發展，以及自動化的採行；(3)國家具擴張性角色，尤其強調以總體經濟政策與社會政策（社會福利政策與醫療政策）來介入經濟與社會；不過國家之權威控制減低，而民間社會之自主增強；(4)較有變化與非單線發展的成人之生命過程，以及父權制的相對式微（李碧涵，1994：254）

綜括以上國內、外學者論點，可以肯定：後工業轉型在1950～1960年代歐美社會，已然形成；而臺灣地區在1980年代也步趨其後，日漸浮現。其內容特色雖表述不一，但不外乎：服務業比重的增加、資訊科技的發達、知識權力的躍昇、彈性累積與及時性生產、婦女就業人口的增加、國家威權轉變為支持性職能、民間社會自主性的增強（表現在多元化的社會運動上）、彈性的生命過程與教育訓練的重視、個人品味的追求與回歸自然原

質的審美觀……。

從上述的內容特色中，我們發現有些對原住民經濟發展具有極佳的美景與價值，必須配合潮流脈動，積極開發；反之，也有些可能使原住民經濟日漸萎縮的因素，必須及早因應，掌握轉型的契機，以取其利而避其害。此即為本文藉用後工業轉型的分析架構，欲以探討原住民經濟發展的方向，所必須認知的條件及其侷限。

肆、戰後到1980年代原住民經濟生活與困境

關於臺灣原住民的經濟，有些學者曾遠溯到明鄭時期、清治階段、日據時代（黃應貴，1974；廖文生，1984）等，本文著重在後工業轉型的經濟發展，故不擬探討早期經濟，僅就國府遷臺（1949年）後，近半個世紀的情形論述。

隨著時空環境改變，學者對臺灣原住民經濟的分期，也有不同的看法，黃應貴（1974）認為1960年左右為分界，因為山地農業式微，貨幣或市場經濟介入，且1958年省政府對山地保留地地籍調查，使「山胞對於土地有權概念有了新認識」。不過，更多的學者則認為應延後幾年，約1967年左右為分期（瞿海源，1983；廖文生，1984；傅仰止，1985），他們主要是根據歷次「山胞調查的各項經社指標」來畫分。

筆者以為，就前述各項文獻發表的時間來看，他們都未經歷臺灣政治經濟大轉型（1987年解嚴，1991年修憲，終止動員戡亂時期，1980年代臺灣邁入後工業）時期，因此以他們當時的畫分大致是合適的。然而，1980年代中期的威權轉型，原住民的正名運動、還我土地運動……等一連串的社會運動，更足以作為研究臺灣原住民歷史分期的指標，因此本文以1950～1980年

代爲一時期；1980年代中期以後爲後工業轉型期——此後工業社會是以臺灣整體社會經濟條件而言，事實上，原住民經濟是否能由初級產業，邁入第二級產業都還深受地理環境所限制，更遑論「後工業」。不過，根據後現代學者Lyo tard（1984）所言：「後現代不是現代的末期，而是現代主義的初期狀況」，也就是Douwe Fokkema所謂「未來（post）的先在（modo）」這一悖論來理解。因此原住民經濟不一定要先通過工業主義，再轉入後工業，而是他們可以掌握後工業的特性，如彈性生產、個人品味、自然原質、觀光遊憩……等有利條件去發展。——本節先論1950～ 80年代社會經濟發展及其困境，以做爲下一節的指涉背景。

一、初期的保護、管制、扶植政策

臺灣地區的原住民經濟，經歷了山田燒墾及漁獵時期、水田定耕及畜牧時期，非農業生產收入時期三階段（廖文生，1984；傅仰止，1985）。大抵而言，1950年代初期，水田定期的比例佔最多，還是屬於傳統農林牧初級產業階段，這時候政府透過所謂山地「三大運動」：(1)生活改進，(2)定耕農業，(3)育苗造林，對原住民的文化與生活頗有影響（郭秀岩，1975：97～100；李亦園，1982：397；蕭新煌，1983：126；陳昭郎：1991：55；陳宗韓，1994：52～85）。

首先，在生活改進方面：以往原住民的語言、生活、衛生條件均保存較原始形式，因此政府即從語言、衣著、飲食、居住、日常生活、風俗習慣等六個方面加以改進。其中關於生活方面「灌輸時間及經濟觀念，倡導勤勞儲蓄，獎勵生產，指導副業」這些都在提高原住民的經濟生產力；根據《臺灣省通誌》所載，1950年初期符合生活改進成績甲等的戶數佔4.15％，到了1960

年代已達31.46％；同時期乙等的由21.14％增加到47.75％，相反的，丁等及戊等的由46％降到4.2％，可見達到相當的效果（陳宗韓，1993：58）。

其次，就定耕農業而言：傳統山田燒墾的方式，只能養育少數的人口，隨著人口增加，必須採更進步的定耕方式，事實上，在日據時代（1930年代）後期，水田定耕方式的山胞家戶已達半數左右，山田燒墾及畜牧退居次要地位（王人英，1967；傅仰止，1985）。政府遷臺之初，繼續推展山地定耕農業，以提高農業生產力。不過，在1950、60年代山地定耕農業的推展雖有績效，但也面臨兩大問題：⑴是原住民對農業經營所需之生產資材及新推廣之耕作技術，皆甚為保守，被廣為採用之比率甚低，對於有關作物優良品種的採用，肥料合理的施用，正確使用農藥及耕種技術改進等，根據1958年的調查資料顯示皆不到10％（洪文卿，1991：92～93）。⑵是農產品運銷問題，當山地農業發展而產量提高後，由於山地所能提供的消費市場有限，必須運銷到平地市場銷售，然而偏遠山區的地理位置與交通狀況，又影響其成本及時效，因此生產力增加後，「形成供需不平衡的現象，而進入兩難的困境。」（陳昭郎，1991：55）

第三，山地育苗造林方面：山地的育苗造林具有雙重功能，一方面是水土保持；另一方面則為木材的經濟價值。專就後者而言，自清廷治臺時期，即有樟腦、茶葉之種植（連橫，臺灣通史：卷27，農業志），日本殖民經濟時期對臺灣經濟掠奪更甚。國府遷臺後，由於人工合成樟腦的使用，減低天然樟樹的依賴。於是對山地林業改為「工業用材」的開發上，隨著臺灣經濟發展，木材需求日益增加，1950年代初期用材需求量約在70萬立方公尺；到1960年代末期已擴增到210萬立方公尺，增加了兩倍，除

了國內需求外，「夾板工業」外銷也是主因。當時林業政策是「伐植平衡」，所以在1953～1968的第一至第四期經建計畫中，山地保留地每年造林約達2600公頃，十餘年間共植了約四○萬公頃，不過有些存活率並不太高（陳宗韓，1993：61～63）。

由以上生活改進、定耕農業、育苗造林三大運動來看，政府的基本經濟政策是採取保護、管制的措施，換言之，透過山地保留地的設置，使原住民與外界隔離，因為根據當時法令，山地保留地之所有權屬於國家，使用權、耕作權才歸原住民，且保留地除繼承或贈予同為山胞之外，不得轉讓或出租。由此觀之，政府的政策本意是保護原住民的土地及國家資源，免於受平地人之干擾侵占。蕭新煌（1983：128）指出：當光復之際，政府有兩個經濟體系的生產方式（平地、山地）「一旦任其放任接觸，處於劣勢的山地經濟，必當被優勢的平地資本主義所併吞。山地保留地制度的適時提出，乃使得這個過程較為緩和。」他還指出這是一種「控制性的資本主義化」。不過，這種保護，管制措施還是有其困難，因為當平地資本主義經濟發展到相當程度，對山地資源的汲取與開墾就成為另一種「開發」的聲音。

二、山地開發放策與原住民的困境

1960年代中期，臺灣原住民政策有了新轉向。國家當局因應出口擴張時期的經濟策略，一方面需要大量資金，另一方面，人口增加後平地之土地資源、自然資源不敷使用，因而政府在1966年修訂了山地保留地的管理辦法，其中對山地經濟影響最大的有二：

(1)是實施地籍整理、辦理土地總登記，賦予山胞「農作耕種權」及「建築用地地上權」，在登記後繼續耕作滿十年，准其無償取得上述土地所有權。

　⑵是准許合法公私營企業或個人使用山地保留地，開發礦產、採取土石、設施交通，發展觀光及開設工廠。平地人民已耕使用的山地保留地得繼續承租……。

　　由這兩項修訂條文看來，前者是奠定了原住民擁有土地所有權的法源依據，但也開啓後來貨幣市場經濟入侵，山地土地非法轉讓的先例（見表2）；再就後者來看，開發山地保留地的礦產、土石，主要作用是因應平地經濟發展及外銷之需求，而交通設施，觀光事業的發展除了改善原住民的生活之外，最主要還在配合政府觀光政策，賺取外匯，挹注國際貿易的收支逆差，這些保留地的開發大部分是平地人投資經營，因此，對原住民經濟而言，雖有開發之利，然眞正享其成的還是平地人居多。有人因而稱呼這些在山地開店舖、經營觀光旅遊業、山林物品買賣者爲「山地平胞」，甚至斥爲「山地吸血蟲」（陳永興，1977：12）。

　　根據描述，在1970年代，有位「山地平胞」以不到一萬元資金，換得原住民種植五年的杉林，四年後出售得36萬元，以當時幣值而言，何止「暴利」。另外，以南投信義鄉爲例，雖有政府的山地管制政策，但全鄉經濟大權卻明顯的操縱在「山地平胞」的手裡──95％的店舖、97％的交通運輸工具，均是由平地人擁有及經營，而山胞只是以受僱者身份從事幫工的角而已，有些甚至離鄉背井，流入都市謀生。

　　政府除了修訂經濟上的開發政策外，在原住民的教育政策上，也繼續採取推行「國語」的同化政策。對山地青年鼓勵升學，對投考大專院校者給予加分或降低錄取標準，此種措施，對原住民確實有所保障扶植，然而，當原住民知識青年日增後，對族群問題的反思、原住民權益的考量也不斷的被喚醒。此預示了1980年代後工業轉型，原住民運動勃興的歷史必然（當然這與1980

年代後期臺灣的整體大環境變化也有關係）。

總言之，山地的經濟開發，固然有其必要和價值，但客觀的環境與發展事實，也暴露了諸多缺失。遷臺初期「進口替代」階段的平地經濟尚屬稚嫩，平地、山地差距雖然存在，並未懸殊；然而，到了出口擴張的發展階段，「拉」（平地的有利條件）「推」（山地的不利因素）合作之力（張曉春，1974；李亦園，1982：403），終於造成了原住民經濟之匱乏，導致平地、山地失衡之勢，也顯露了原住民的諸般困境。

總括而言，1950～1980年代原住民的困境大致有以下數端：

(一)**每戶平均土地面積縮減**：根據歷次原住民經濟及生活素質調查報告（臺灣省政府民政廳，1969，1986，1993）之資料顯示：原住民每戶平均之土地面積為：

	1957	1962	1968	1985	1990
山地山胞	5.59	5.43	4.35	3.36	3.22
平地山胞	0.89	1.00	0.79	0.71	0.78

（單位：公頃）

以上山地原住民每戶平均土地面積銳減，由5.59公頃降到了3.22公頃，只剩五成多。而平地原住民的面積沒太大變化。每戶平均土地的縮減雖與「戶數」逐年增加有關，但就原住民經濟而言，將造成不利的影響。

(二)**社會經濟相對落後**：原住民的教育程度、職業地位與平地人均有相當的差距，因此，表現在國民所得上也就呈現著相對落後。根據前項調查報告顯示，1960～70年代，山地山胞／臺灣國民所得之比率約為30～40%；平地山胞／臺灣國民所得之比，在同時期約為25～45%。（見表4）一般而言，農村及偏遠地區

由於就業機會及農業所得不如工業之利潤，故農家／非農家所得之比在75/100（即3/4）被視爲大致合理的，然原住民所得僅佔一般的三成左右，比農民所得也只占五、六成左右，確實偏低。當然這與儲蓄習慣、勞動方式、工作性質……有關。但不容忽略的是此一問題將影響到山地人口外流（都市原住民）問題乃至人口買賣（雛妓）問題。

　　㈢山地人口外移（都市原住民）問題：中國人本是安土重遷的民族，原住民雖有狩獵之習，但大抵還是以部落附近爲核心，若非迫於形式也不輕易遷徙。然而，隨著山地開發，平地貨幣市場經濟進入後，財富觀念起了重大改變，從前以牲口、作物、部族地位爲價值衡量之標準，讓位給財富、貨幣爲唯一判準，於是一方面山地謀生不易（推力）；另一方面平地繁榮多金（吸力），推拉合力造成了人口外移（張曉春，1974）。而這些外移人口就成爲「都市原住民」族群，他們既不再是山地或平地的原住民，也還無法融入一般平地人的生活之中，因而產生了種種生活適應問題，也引起了許多人的關心及研究（張曉春，1974；林金泡，1981；黃美英，1985，1988；李亦園、許木柱，1985；傅仰止，1985，1987；謝高橋，1991；孫瑞霞，1992）。

　　㈣語言文化的失落：最讓原住民知識分子憂心的還在於母語及文化的失落。社經弱勢地位還可以逐漸提昇，而族群語言文化的消失則難以回復。藉用原住民學者孫大川（1995）的話：原住民經濟的（物質存在」已消失，而「文化存在」也受到殘酷的摧夷，產生了「空殼」與「空心」的原住民文化──前者是指山地開發使原住民文物被蒐購一空，無以保存，而少數觀光景點或民俗節慶，竟有捨棄原住民歌舞，而大放東洋歌曲或平地流行歌曲，形成「空殼」現象；至於後者，原住民各族有語言無文字，

日據時代的日本殖民政策，使老一代原住民有的使用日本語文，
國民政府推動「國語運動」，又使年輕一代運用中國語文爲主。
各族的生活經驗與文化內涵，也隨時日而崩解。因此他提出原住
民母語教育必須積極落實。（孫大川，1992：33～43）。

伍、後工業轉型的原住民經濟發展方向

臺灣地區的原住民，作爲世界少數民族的一支，基本上是處
於社會經濟相對弱勢的地位（瞿海源，1983）。許多研究少數
民族的文獻中，都強調了弱勢族群不僅在全國人口上比例甚低，
而經濟水準、生活條件也遠遜於其他主流（支配）族群，以美國
印第安土著爲例，「自與美國人和美國社會發生交往後，先是喪
失生命和土地，現在則要丟失文化傳統，日趨美國化了。」（黃
兆群，1993：120）此種現象，對臺灣的原住民情形頗爲相似，
原住民學者甚至稱自己族群「人口縮減、土地空間狹小……語言
的失落與社會制度、風俗習慣的瓦解，使原住民新生世代完全失
去了他們的歷史性」，而陷於「黃昏的處境」（孫大川，1995：
243～44）。在這些沈痛的描述之後，學者皆呼籲要積極採取有
效措施，改善少數民族的經濟生活，維護其歷史文化，並促進族
群和諧。中國大陸有五十多種少數民族，根據費孝通所言：「建
立新的體制和運行機制，推動少數民族地區經濟、文化事業的發
展，改變貧窮落的面貌，具有刻不容緩的緊迫性。」因而他倡議
「邊區少數民族地區發展研究」，於是大陸學者有從事黑龍江、
內蒙古、甘肅臨夏、新疆維、漢民族、四川羌村、西藏等邊區開
發研究（潘乃谷、馬戎編，1994）。臺灣地區在經濟開發與政
治改革上已推進了相當時期，並取得了一定的成果；而在族群問
題上，似乎陷溺於統、獨之爭而難以自拔。另一方面，原住民主

體意識的覺醒，隨著後工業社會來臨，威權轉型，意識形態解構而日益呈顯，如何解決原住民經濟，進而維護其文化問題，成為重要的族群課題。

由本文第一節所提：(1)原始掠奪(2)資源分配(3)資源競爭三種經濟邏輯，以檢證四十餘年來的實證經驗（第四節），已呈顯出的這些此策困境，於是(4)適存邏輯——掌握後工業轉型中有利於原住民部分，就成為值得（也必須）一試的方向了。

本文第三節「分析架構」中已指出，後工業社會有些適合於原住民的經濟發展，也有些不利於他們的條件；吾人必須避開這些不利因素，而發展有利的方向：

大抵言之，原住民的經濟因為還沒有發達到工業主義金融資本的境界，因此知識教育的質與量、資訊科技的運用程度、金融保險業的擴張、諮詢顧問服務業的提供……等「後工業社會」的重要項目，以目前原住民經濟條件而言，並不適合，例如：在教育的質與量方面，雖有進步，但與目前臺灣全體國民教育程度的質量相比，則差距頗大。另外，後工業時代重視的資訊科技運用，金融保險與諮詢顧問的服務等，均不適於原住民山地經濟的特性。

然而，後工業社會也有許多適合原住民經濟發展的因素，如能掌握趨向，順勢而為，必將事半功倍。下列數項較適於其發展：

(一)**山地觀光遊憩**：現代人的生活步調緊張，活動空間狹窄，都市化所帶來的交通紊亂，空氣污染、綠地不足，迫使工業及後工業社會的人們「上山下海」，徜徉於山水之間，滌盡塵市煩囂，因此發展山地觀光遊憩事業，不僅為時勢所趨，也是最適於原住民經濟的項目之一。一般而言，山地觀光資源可分為幾個重點：

1.**山地民俗文物**：由於原住民各族均有其族群歷史與建築、文物之特色，因而發展的重點應包括：(1)原住民之建築與聚落；

(2)傳統文物、衣飾、生活工具；(3)宗教儀式慶典……等等。

　　2.山地自然景觀：包括(1)特殊地質地形景觀；(2)生態（蟲魚鳥獸、花草林木）景觀；(3)水體景觀，如溫泉、高山湖泊、瀑布、泛舟……等。

　　3.山地民宿：配合山地旅遊觀光，發展住宿休息場所，並供應具有山地特色之餐飲，招徠顧客。

　　以上發展方向甚爲合理可行，然仍須克服一些困難，或有相關條件配合，諸如：國土保安與水源保護，自然生態及野生植物之保育，交通運輸與公共設施之改善，教育訓練之實施……等。（陳水源，1991）

　　山地觀光遊憩，固然可以增進原住民的經濟活力，改善其生活，進而維護其傳統民俗文化與族群認同。然而可慮的是：如果推展不合宜，將會導致：(1)經營大權與利潤爲少數平地人所控制；(2)山地自然景觀、生態環境、水資源遭破壞；(3)原住民文物的大量流失；(4)原住民儀式節慶的庸俗化、商品化……。不但無助於原住民社會經濟與文化，恐將貽無窮之患。

　　㈡發展具原住民特色或個人品味的文化藝術品：原住民人口只有三十多萬，而今移入都市的「都市原住民」亦達四、五萬人。就「年滿十五歲以上有業人口」的就業類別來看（見表6），從事第一級產業（農林漁牧）的人口，逐年下降，以山地山胞爲例，1967年（90.15％），1972年（78.82％），1978年（75.45％），1985年（62.66％），1991年（62.21％）。反之，從事第三級產業（商業、運輸通信、工商服務，社會及個人服務等），人口逐漸增加，在1967年（9.60％），1972年（8.60％），1978年（14.65％），1985年（20.41％），1991年（18.35％），這些趨勢與臺灣後工業轉型相符合（見表7）。不過原住民經濟不僅

在總體上比平地經濟弱勢，即使在第一、二級產業轉入第三級產業的比率，也遠低於平地經濟（約20％比50％）。

　　既然如此，原住民若採「資源競爭邏輯」，絕非平地經濟之對手，只有「適存邏輯」或將有一片生機（見本文第一節）。由於後工業與後現代文化氛圍息息相關（見本文第三節」，而Lyotard（1984）指出後現代是現代主義的初期狀態，D. Fokkema更提出「未來（post）的先在（modo）」之悖論，因此後工業社會人們的心理傾向：揚棄同質化、大量化、虛華性的商品；轉而追求個人品味、特殊化、原質自然之美，原住民本具有質樸自然之美，其雕刻、編織、器物，如能凸顯族群特色（承續舊制又能研究創新），將能引起人們的喜愛，深具開發價值，尤其配合前項山地觀光事業之發展，更有潛力，揆之世上，瑞士固以其湖光山色吸引世人，而其鐘錶手工藝品之配合，更是相得益彰。美麗寶島常自比為「東方瑞士」，原住民經濟發展，借鏡其一、二，誰曰不宜？

　　此一構想如欲實現，則培養原住民文化人才與相關教育訓練厥為成敗關鍵。後工業社會的國家組織必須「去官僚化」（debureaucr atization），政府威權消褪，但扮演支援、支持的角色日增（李碧涵，1995：6～7），傳統對原住民教育政策的「加分」保障之外，今後更應培養適合其族群經濟發展特色的教育訓練，及管理行銷人才。

　　㈢**專業區的規畫與推展**：專業區的構想，並不限於那一種產業，農林漁牧初級產業，製造加工業，乃至金融服務業均可採因地制宜的方式規畫。李國鼎（1985）曾謂：「在後工業社會時代中，一個國家可以同時存在農業、工業及資訊三種社會階段，但所佔的比重則依各國的開發程度而有所不同。」

以臺灣目前情形而言，花蓮鶴崗的茶葉專業區，臺東池上的栽桑養蠶，初鹿的畜牧乳酪業，均頗受市場歡迎，只是這些皆為「臺灣土地銀行」的相關事業機構，如能輔導原住民從事類似的規畫經營，不但可以留住人民在土地上，還能徠來更多相關人員或事業。

當然，依筆者之構想，後工業社會之原住民經濟決不以農業專業區為已足，事實上以臺灣地狹人稠而言，交通產業道路尚稱便捷，如能針對地方條件與需求，規畫諸如新鮮或高冷蔬果專業區、花卉園藝專業區、農產製造加工專業區、礦石工藝品開採製造事業區（以上為一、二級產業）、休閒遊憩風景區、民俗文化精緻手工業區、教育訓練及會議區（類似過去廬山、峨眉訓練團），或是結合以上兩種乃至數種而形成的核心區域，並以此為「點」，對內連結山地構成原住民經濟面；對外配合平地經濟乃至國際經濟而互動。此種專業區的規畫及推展，某種程度上符合後工業時代的彈性累積、市場多元、自然主義、外包制（outsourcing）……等（Lash and Urry， 1987；Harvey, 1989），見本文第三節所述。

以上構想如欲成立，有賴於國家扮演積極性的角色功能，並需原住民的覺醒與配合。就前者而言，目前政府推展各項農、漁、老弱殘障之福利乃至社會救濟，所需經費龐大而依賴日增；若使施政方向朝公共服務，原住民社區發展與經濟社會教育，則所費不多且能扶助自力更生，政策取捨，優劣立判。再就後者而言，短期內留在山地之原住民之收入可能不如流入平地就業來得豐厚，然就長期觀之則未必遜色，且都市山胞的增加，不僅坐失族群土地、文化流失，淪落都市邊緣人的悲哀，甚至社會問題的困擾，均是無形的成本，因此原住民也必須覺悟，放棄短利，配合發展。

㈣其他新興而合適之事業：後工業轉型，將有許多新興事業出現，其中有些不適於原住民經濟，有些則可能提供良好的利基，本文無法（也不必）窮盡列舉，只是指出一個方向而已。

陸、結 論

昔孟子有言：「雖有智慧，不如乘勢；雖有鎡基，不如待時。」（公孫丑上）臺灣地區原住民經濟的發展，亦如世上許多少數族群一般，處於相對落後狀況，且情勢每況愈下，除非吾人不去關懷與理解，若欲關注並思解決此一課題，則孟子所言「乘勢」而為，方能事半功倍。今世界潮流由前工業進入工業，再進入後工業社會（Bell語），歐美各國在1950～60年代，臺灣地區於1980年代中期均紛紛邁向後工業轉型，原住民經濟不圖振興則已，如欲發展，何不順此國際、國內經濟轉型之勢，掌握潮流趨向，採行「適存邏輯」，成就其族群存在與經濟發展之斐然；擺脫那歷史命運之必然。

本研究探討臺灣原住民經濟發展的方向。首先，指出傳統的原始掠奪、資源分配、資源競爭三種經濟邏輯的不適切，並提出本文採後工業轉型之適存邏輯。其次，透過文獻的回顧，追溯以往從事原住民研究的人類學、社會學、政治學、經濟學之橫面觀點，再集中於經濟課題上，注意歷史縱向的研究發展趨勢，並接續本研究之開端。第二，在分析架構上，對新興的「後工業社會」之背景與畫分、內容與特色，做了必要的解析與詮釋，以提供本研究的理論基礎與分析方法。第四，在實證經驗上，透過原住民經濟的統計調查資料，建立觀察述語（描述語言），並與前項理論述語（分析架構）進行符應檢證，以區辨其利弊因素的合理性及實踐性——從傳統時期至後工業期。

　　經歷以上論證，本文初步結論認為：

　　一、臺灣原住民經濟為國際、國內經濟中的一環，不能自外於經濟體系而獨立思考；也不能脫離經濟潮流而獨自運作。世界及臺灣地區的後工業轉型，原住民經濟亦須順勢發展，開創新機。

　　二、原住民經濟的「雙重弱勢」（本文第二節）不僅為歷史條件、地理環境所制約，人為（政策）因素，實具有重要的影響，亦難辭其咎。自清治、日據而至國府遷臺，政策取向雖有不同，但皆未立基於原住民主體地位去思考，則一也。當一個支配民族以自己觀點去看待被支配族群，則不論殖民主義、同化主義，少數民族的生存發展空間日益狹窄是可以預期的。

　　三、國家（the state）在原住民經濟發展中，扮演極重要的角色，且須隨著後工業轉型而調整，其政策作為，反映在不同的歷史階段：從早期「山地三大運動」的保護、管制，到1960～70年代的開發策略（本文第四節）國家角色與原住民社會經濟呈現著辯證的發展關係：一方面國家政策支持並保護原住民的生計與文化；另一方面又同化、開發山地，使其失去了生存與尊榮（關曉榮，1991）。後工業時期來臨，國家角色也須轉型：由以往的保護、管制、開發角色，轉變為支持、服務、資源提供的角色。

　　四、原住民經濟的改善，不僅對「物質存在」（借用孫大川語，1995）具有貢獻，對於「文化存在」亦起了促動作用，因為原住民的民族自尊與認同，土地轉讓與人口外移，相當程度的受經濟條件所制約。因此，若能改進原住民經濟社會生活，則不只在經濟面有所保障，在族群文化的認同和保存也獲得間接的助益。

　　五、轉型成敗關鍵，必須多方面的配合：國家角色的支持、

服務、資源提供，固然重要；原住民本身的自覺與配合，自我的努力與提昇，同樣重要；而一般非原住民之社會大眾，也必須以「斯我族類」（他是我兄弟），並存共榮的平等心、兄弟情去相待，如此才不致於強凌弱，眾暴寡，族群和諧與社會進步，乃期於可成。

　　總之，本文只是一個方向的嘗試，筆者不敢以過分樂觀的心情去期待，因為政治權力中，少數族群（尤其只有30餘萬人）常為政治利益的取捨而犧牲。但作為一個知識分子，所應思考的是正當合理性，而非太多的政治現實性。

表1 臺灣原住族群名稱及分佈地區、人口數

族　　　　　名	分　佈　地　區	人　口　數	
平 埔 族	1.凱達加蘭族(Ketagalam)	淡水、臺北、基隆一帶，現已近絕跡。	合 計 約 十 餘 萬 人
	2.雷朗族(Luilang)	臺北、中和一帶，現已絕跡。	
	3.噶瑪蘭族(Kavalan)	宜蘭、羅東、蘇澳一帶，以及移往花蓮市附近及東海之豐濱鄉與臺東縣長濱鄉等地。	
	4.道卡斯族(Talias)	苗栗、新竹一帶。	
	5.巴布拉族或稱拍布拉族(Papora)	大甲一帶。	
	6.貓霧揀族或巴布薩族(Babuza)	彰化附近。	
	7.巴則海族(Pazeh)	豐原附近。	
	8.洪雅族(Hounya)	彰化、嘉義和南投一帶。	
	9.西拉雅族(Siraya)	臺南至屏東一帶，以及移住地花蓮縣富里鄉，臺東關山、池上等地。	
	10.邵族(Shao)	日月潭附近。	
高 山 族	1.泰雅族(Arayal)	臺中、埔里、花蓮一線以上之山區，包括臺中、南投、苗栗、新竹、桃園、臺北、宜蘭、花蓮諸縣境內。	約七萬餘人	合 計 約 三 十 四 萬 人
	2.賽夏族(Saiaiat)	新竹縣屬的五指山和苗栗屬的大東溪一帶。	約五千人
	3.布農族(Bunun)	中央山脈兩側、南投、花蓮、高雄、臺東諸縣境內。	約四萬餘人
	4.鄒族（曹族）(Tsoa)	南投、嘉義和高雄縣境內。	約五千人
	5.排灣族(Paiwan)	南部知本山之南以迄恆春兩端。包括高雄、屏東、臺東縣境內。	約五萬餘人
	6.魯凱族(Pukai)	臺東、屏東、高雄等縣境內。	約九千餘人
	7.卑南族(Pyuma)	臺東縣境內。	約六千人
	8.阿美族(Ami)	花蓮、臺東和屏東縣境內。	約十二萬人
	9.雅美族(Yami)	距臺東之東四十海哩的蘭嶼島上。	約三千餘人

說明：(1)平埔族居住在西部平原地區，與漢人接觸已久，已失去其固有語言文化。
　　　(2)高山族居住在山區及其附近，與漢人接觸較晚，漢化較淺，大部分保有其固有文化特質、語言及傳統習俗。
　　　(3)有些學者將日月潭之邵族及花蓮之太魯閣族納入高山族。
　　　(4)廣義的原住民係指上述平埔及高山各族；但狹義的也有僅以高山之九族或十族、十一族為範圍。

資料來源：本文作者依下列資料而整理，李亦園，1982；阮昌銳，1994；原權會，1987；中國人權協會，1987。

表 2　山胞保留地非法轉讓情形

		臺北縣烏來鄉	新竹縣關西鎮	五峰鄉	苗栗縣南庄鄉	泰安鄉	臺中縣和平鄉	南投縣仁愛鄉	嘉義縣阿里山	屏東縣霧台鄉	春日鄉	獅子鄉	牡丹鄉	花蓮縣秀林鄉	卓溪鄉	臺東縣海瑞鄉	延平鄉	卑南鄉	太麻里鄉	金峰鄉	平均
非法轉業原因	需要金錢	60	30	80	40	60	20	80	70	50	60	50	50	80	50	80		60	80	20	53.7
	出外謀職		25		10	10	5	1	10			20	10	8	5	20			5	20	7.8
	遷離居住地			10		10	5	5	1			5	5	5	5	10			2.5	15	4.1
	勞力不足無力經營	20	10		25			3	20		5	30	20	10	8	10	60	20	2.5	10	13.3
	經營利潤低	20	15	20	15			15				10	5	15		10	10	20	10	25	10
	其他		10				25	70		50				2			40			10	11
非法轉讓格計算方式	一次付清永久轉讓	40		10	30	50	60	60		80			80	50	75	80	60	60	60	80	52.1
	分期付清永久轉讓	50	2	10		20	40	30		20			25	15	20	10	40		10	25	16.7
	一次付清限年承租	5	8	80	60	15		5		80			20	15	10		5		10	30	18.1
	分期付清限年承租	5	50					5					8		25		40			25	9.4
	其他		40		10	15								2						5	3.8
轉讓後人離村非法轉讓情形	轉讓後後即離村		50		10	5		2	90			20	20	10	10	20	15	60		40	19.1
	轉讓後經一段時間後才離村	20	2		15	85		3	10		60	10	10	15	70	5			25	5	22.9
	無離村	80	48		75	10		95			20	70	80	75	10	80	40		35	85	58.1
轉讓後轉讓人就業情形	公營機構上班		4				15	30	1				5	5	1				5		3.5
	私營機構上班	15	50			30	20	30	20		15	20	20	40	50			20	10	30	19.5
	自營商業		1					2				2	25	1					5	15	2.7
	臨時僱工	60		5	50	20	50	20	50	60	80	30	50	30	30	5	30	60	60	25	37.6
	尚未就業		30	50	60	5	30	15	20		5		15		2	5			10	15	13.5
	其他	25	10		20				2			50	8		16	90	70	20	10	20	23.2

資料來源：鄭詩華，1993：32。

表 3 貧窮社會關係的理論架構與方法論

理論、模型	方　法　論　基　礎		經　濟	分析架構的形成與局限
	個 人 主 義	結 構 主 義	供需面	
貧 窮 文 化	個人心理特質 （個人主義）	不是理論核心	供給面	強調貧窮文化是經濟因素產生
人 力 資 本	個人資本累積 （個人主義）	不是理論核心	供給面	強調貧窮是個人教育與訓練缺乏的結果，忽略族群因素
地位取得模型	個人出身教育 （個人主義）	不是理論核心	供給面	強調個人出身、教育對經濟地位（貧窮）的影響
結 論 構 論	缺　　　乏	勞 力 市 場 （結構主義）	需求面	強調貧窮是勞力市場因族群因素而有區隔所產生的
文 化 資 本	文化資本和經濟資本 跨越個人主義與結構主義		供需面	強調階級決定經濟資本與文化資本，而文化與經濟資本又決定其階級。族群與階級
社會關係分析	關係主義替代個人主義與結構主義		供需面	國家、象徵、文化與經濟等資本，在社會場域中相互運作和轉換

資料來源：根據陳心怡，1993：36，並略加修改

表 4 原住民佔臺灣國民個人平均所得之比率

（單位：％）

原住民	山地山胞與國民所得相比	平地山胞與國民所得相比
1967年	33.12	24.46 *
1972年	27.67	29.69 **
1978年	36.95	39.37
1985年	37.60	39.37
1991年	42.67	44.71

資料來源：(1)臺灣省民政廳：1985年與1991年「山胞經濟及生活素質調查報告書」。
(2)主計處1991年中華民國臺灣地區國民所得統計。
(3)陳心怡，1993：52。

表 5　D. Bell畫分之前工業、工業、後工業社會

	前 工 業 社 會	工　業　社　會	後　工　業　社　會		
地　　區	亞洲 非洲 拉丁美洲	西　歐 蘇　聯 日　本	美國		
經濟部門	初級產業 採掘業 農業 礦業 漁業 林業	初級產業 生產商品 製造業 加工業	第三產業 交通運輸 公用事業	第四產業 貿易 金融 保險 房地產	第五產業 衛生保健 教育 研究 政府 娛樂
職業高低	農民 礦工 漁民 非技術工人	半技術工人 工程師	專業人員與技術人員 科學家		
技　　術	原料	能源	資訊		
意　　圖	和自然界的競爭	和虛擬自然界的競爭	人與人之間的競爭		
方 法 論	常識 經驗	經驗主義 實驗	抽象理論：模式，模擬， 　　　　　決策論，系統分析		
時間觀念	面向過去 特定反應	特定適應 猜測	本來取向 預測		
軸心原則	傳統主義：土地 ／資源的局限性	經濟成長：國家私人 對投資決策的控制	理論知識的重要性與具體化		

資料來源：Bell, 1973。

表6　原住民滿十五歲以上有業人口按行業別分

單位：人、%

類別	年底	項目	合計	農林漁牧業	礦業及土石採取業	製造業	水電燃氣業	營造業	商業	運輸倉儲及通訊業	金融保險及不動產業	工商服務業	社會個人及服務業	公共行政業	其他
山地經濟及山胞生活調查	六十七年底	實數	60,832	45,897	219	4,622	118	1,065	569	1,282	141			6,721	198
		百分比	100.00	75.45	0.36	7.60	0.19	1.75	0.94	2.11	0.23			11.05	0.32
	七十四年底	實數	66,582	41,718	555	7,532	372	2,819	916	2,165	447			7,749	2,309
		百分比	100.00	62.66	0.83	11.31	0.56	4.23	1.38	3.25	0.67			11.64	3.47
	八十年底	實數	79,085	49,200	899	6,620	154	7,701	1,386	2,452	111	131	5,135	3,599	1,697
		百分比	100.00	62.21	1.14	8.37	0.19	9.74	1.75	3.10	0.14	0.17	6.49	4.55	2.15
平地經濟及山胞生活調查	六十七年底	實數	47,368	27,077	179	6,478	240	2,744	441	849	640			8,534	186
		百分比	100.00	57.16	0.38	13.68	0.51	5.79	0.93	1.79	1.35			18.02	0.39
	七十四年底	實數	62,897	28,507	1,625	11,075	577	5,560	1,246	2,441	594			7,777	3,495
		百分比	100.00	45.32	2.58	17.61	0.92	8.84	1.98	3.88	0.94			12.37	5.56
	八十年底	實數	53,472	25,412	264	4,857	287	10,737	2,090	2,111	154	681	4,245	1,824	811
		百分比	100.00	47.52	0.49	9.08	0.54	20.08	3.91	3.95	0.29	1.27	7.94	3.41	1.51
都市經濟及山胞生活調查	七十四年底	實數	7,386	1,487	597	2,274	84	548	147	306	49			1,474	420
		百分比	100.00	20.13	8.08	30.79	1.14	7.42	1.99	4.14	0.66			19.96	5.69
	八十年底	實數	17,373	1,140	166	6,709	78	4,068	1,093	1,533	56	164	1,436	507	424
		百分比	100.00	6.56	0.95	38.62	0.45	23.42	6.29	8.82	0.32	0.94	8.27	2.92	2.44

資料來源：臺灣省民政廳，《臺灣省偏遠地區居民經濟及生活素質調查報告》，1993：28

表7：臺灣地區三級產業之就業結構比與成長率　　　單位：%

期　　　間	總 就 業	農　　業	工　　業	服 務 業
結　構　比				
1953–60	100.0	52.6	18.9	28.5
1961–72	100.0	43.1	24.6	32.3
1973–79	100.0	27.7	36.9	35.4
1980–87	100.0	17.9	41.9	40.2
1988–93	100.0	12.7	40.7	46.6
1986	100.0	17.0	41.5	41.5
1987	100.0	15.3	42.8	42.0
1988	100.0	13.7	42.6	43.7
1989	100.0	12.9	42.2	44.9
1990	100.0	12.8	40.9	46.3
1991	100.0	13.0	39.9	47.1
1992	100.0	12.3	39.6	48.0
1993	100.0	11.5	39.1	49.4
成　長　率				
1953–60	2.2	0.7	4.7	3.2
1961–72	3.0	–0.5	6.9	4.6
1973–79	3.8	–2.3	8.0	4.5
1980–87	2.8	–1.4	3.1	4.5
1988–93	1.5	–3.3	–0.1	4.3
1986	4.1	1.5	4.1	5.1
1987	3.7	–6.9	6.9	4.9
1988	1.1	–9.3	0.6	5.3
1989	1.9	–4.2	1.1	4.5
1990	0.3	–0.1	–3.0	3.5
1991	1.9	2.7	–0.4	3.7
1992	2.3	–2.6	1.5	4.3
1993	1.3	–5.7	–0.1	4.3

資料來源：李碧涵，1995：23。其資料來自：
(1)中華民國八十一年臺灣地區人力資料統計年報，行政院主計處，1993。
(2)中華民國臺灣地區人力資源統計月報，1994年1月。
(3)中華民國八十二年經濟年報，行政院經建會，1994。

【注　釋】

① 1895年中日馬關條約簽訂，臺灣割讓給日本統治，當時臺灣同胞激烈反抗，使日本人爲了統治臺灣而耗損不少人力和金錢。東京方面還討論「把臺灣賣給法國或德國的可能。」也有人張「以一億圓賣還給中國。」

日本治臺前三任總督：樺山資紀、桂太郎、乃木希典，均無法使這個殖民地的財政獨立，一直成爲日本財政上的負擔，到了一八九八年春，第四任總督兒玉源太郎及其民政部長官後滕新平，才擬出一項策略使臺灣成爲庶饒的殖民地。兒玉的作法是「由政府帶頭從事不同先驅建設計畫以改善臺灣的內陸交通和海上運輸，並增加農業生產力。」在這個發展計畫下「糖、茶、森林、畜牧和糧產受到特別的重視。」這些政策的實施，實有賴民政長官後滕的經營，而其理論則爲著名的「生物政治學」理論。

後滕新平爲留德之醫學博士，崇拜俾斯麥，素有科學家治事之嚴謹，他提出的治臺策略：「生物政治學」或稱「生物學的政治」是日本統治臺灣五十多年的基本藍圖，後任駐臺總督的措施幾乎都不出他的構想。此項構想可以從後滕致兒玉的一段備忘錄中得知：「殖民地行政任何計畫，在目前科學進步之下，必須根據生物學的原則。這如何說法呢？就是要促進科學與發展農業、工業、衛生、教育、交通與警察。如果以上各項能夠很滿意地完成，我們就可以在生存競爭中獲得保全，並在『適者生存』下獲得勝利。動物之生存是由於克服熱與冷，忍受饑與寒；而這是因爲動物能適應環境之故。像這樣，依時間與地方的情形，我們應採適當措施而設法克服所面臨的各種困難，才能在臺灣的行政上日後有輝煌的成就。」（Ramon H. Myers（馬若孟）著，陳其南譯，1979：183～199；劉阿榮，1986：311～315）

② 關於原住民的名稱，最早漢人稱其爲蕃，番人，日據時代則稱爲「高砂族」，高山族，國民政府遷臺之後稱「山胞」，人類學者較常用臺灣土著或先住民、早住民。而今通用名稱爲「原住民」。

其中，「先住民」一詞可能較符合史實，因爲眞正臺灣島上的「原住民」，曾留下若干文物或儀式，其中「矮黑人」即爲一個考古學家研究，目前臺灣原住民各族的風俗習性雖不相同，但大都有關於「矮人」的傳說，賽夏族至今仍有「矮靈祭」之儀式。有邵族頭目曾指出：日月潭建水庫、淹沒了山洞，活埋了這群早住民族。

至於臺灣原住民的來源問題，到目前爲止並沒有定論，不過大體可分爲三種說法，其一爲北來說，認爲臺灣山胞來自北方；其二爲西來說，認爲臺灣山胞來自中國大陸；其三爲南來說，認爲臺灣山胞來自南方海島。從語言、體質和文化層面來看，許多學者贊成南來說（即馬來西亞系的印度尼西亞族及尼格羅西亞族）然而從地下出土的陶片、石器以及若干古文物來看卻證明其來自西方，屬大陸系的成分較大。至於北來說，僅少數分布於恆春瑯嶠一帶的移民，有學者以爲是自琉球遷來。

臺灣考古學的工作可說已有很大進展。考古學者發現居住在臺灣最早的史前人類文化，是在臺東縣八仙洞所發現的長濱文化，係屬於舊石器時期，是一萬年以前的遺物。距今約六千餘年前，繩紋紅陶文化傳入臺灣。自四千五百年前又有兩種文化自中國大陸傳入，其一爲臺灣龍山形成文化，類似中國龍山文化，有各種形式的彩陶、黑陶，主要分布於西南沿海平原，其二爲圓山文化，以臺北盆地爲中心，有各形陶器及磨製石斧。另一文化爲泰源文化，它以巨石文化稱著，發現於臺灣東海岸與臺東縱谷，泰源文化與太平洋島嶼的巨石文化似有關聯。有些學者亦認爲巨石文化與排灣族有關，也有學者認爲與阿美族有關，亦即排灣族或阿美族或許是巨石文化的子

孫。

　　由於臺灣地區史前文化與今日各族的明確關係尚待更多的考古學上的證據來闡明，因此，到目前為止，我們不能說全部臺灣山胞來自中國大陸，或來自南方海島。而且，其遷來的時間亦有先後的差別。大體上，我們或許可說，今居於山區的泰雅族、布農族等是早期遷入者，其文化較近大陸系，其大約在六千五百年前至四千五百年間自大陸遷入，可能與繩紋陶和龍山形成期有關。至於居住在平地的諸族如阿美族、卑南族、噶瑪蘭族等，遷入較晚，其文化接近南島系。然而，南島系的民族，經考古學家與民族學家的研究，其祖居地亦在中國華南地方，所以，無論是自中國大陸直接來臺，抑或由大陸到南洋，再由南洋移臺灣，臺灣原住民與中國民族仍有其直接、間接的關係。（以上參見阮昌銳，1994：1）

　　然而，也有認為臺灣原住民語言屬於南島語族（Austronesian），又叫馬來玻里尼西亞語族（Malago Polynesian）。阿美語、排灣語、魯凱語、泰雅語，還有其他的「山地語」乃至目前已消失的平埔族各族語言，也都屬於南島語族。此一南島語族是世界上最重要，分佈地區最廣的語族之一。根據美國耶魯大學語言學家戴安（Isidore Dyen）教授的研究，臺灣很可能是整個南島語族的人民往南太平洋地區遷移分布最早的居留地之一，臺灣甚至可能是南島語族的發源地。（王志明：1985）

　　由此推論則臺灣原住民是否為中國民族之一支？或「過分強調這種聯繫可能需要相當謹慎」（陳其南，1981：10）。筆者以為，臺灣地區的平地各族群（本省人、外省人），來自中華民族的一支殆無疑義，而臺灣原住民的起源：北來、西來、南來，乃至本土說，均有待更多證據支持才能定論。

參考書目

一、中、日文部分

王人英　1966〈臺灣高山族的社會文化接觸與經濟生活變遷〉，臺北：中研院《民族所集刊》，第二十二期，頁183～214。

王人英　1967《臺灣高山族的人口變遷》，臺北：中央研究院民族學研究所專刊(11)。

王志明　1985〈山地話與原住民的起源〉，載原權會：《原住民》(1)。

王岳川　1993《後現代主義文化研究》，臺北：淑馨出版社。

王長華　1984《魯凱族階層制度及其演變》，國立臺灣大學考古人類學研究所碩士論文。

王曾才編著　1993《西洋近世史》，臺北，正中書局，初版第七次印行。

王振寰　1993《資本，勞工，與國家機器：臺灣的政治與社會轉型》，臺北：《臺灣社會研究》叢刊～04。

王嵩山　1992〈臺灣先住民專輯〉，臺北：《歷史月刊》第五十一期，頁 1～61。

中國人權協會（委託中研院民族所研究）　1987《臺灣土著的傳統社會文化與人權現況》，臺北：大佳山版社。

田弘茂　1989〈大轉型：中華民國臺灣的政治社會變遷〉，臺北：時報出版。

丘其謙　1962〈卡杜布農族的親屬組織〉，臺北：《中央研究院民族學研究所集刊》，第13期，頁133～194。

丘其謙　1964〈布農族卡社群的巫術〉，臺北：《中央研究院民族學研究所集刊》，第17期，頁73～94。

丘其謙　1968〈布農族郡社群的巫術〉，臺北，《中央研究院民族學研究所集刊》，第26期，頁41～66。

石　磊　1971〈筏灣——一個排灣族部落的民族學田野調查報告〉，臺北：《中央研究院民族學研究所》專刊。

石　磊　1977〈馬蘭阿美族宗教信仰的變遷〉，臺北：《中央研究院民族學研究所集刊》，第41期。

石　磊　1984〈排灣族的家庭結構：原始及其演變〉，臺北：《中央研究院民族學研究所集刊》，第54期，頁71～84。

瓦歷斯・尤幹　1992〈對立與瓦解：歷史彰顯下的臺灣原住民「正名」呼聲〉，載《島嶼邊緣》第五期「原住民專輯」。

臺灣省民政廳　1986《中華民國七十四年臺灣省山胞經濟及生活素質調查報告》。

臺灣省民政廳　1992《民國八十年臺灣省邊遠地區居民經濟及生活素質調查報告》。

Walker　Connor著，任元杰譯　1985〈「族國建立」理論的反省與重佔〉，載臺北：《憲政思潮季刊》，第七十一期。

朱雲漢　1989〈寡佔經濟與威權政治體制〉，臺北：臺灣研究基金會《壟斷與剝削：威權主義的政治經濟分析》。

夷將・拔路兒（劉文雄）　1985〈原住民：我們為什麼選擇這個名稱〉，載原權會：《原住民》(1)輯入臺灣原住民族權利促進會：《原住民——被壓迫者的吶喊》，1987年出版，頁27～30。

夷將・拔路兒（劉文雄）　1995〈從「山胞」到「原住民」的正名運動史〉，載《臺灣史料研究》第五號。

阮昌銳　1994《臺灣土著族的社會與文化》，臺北：臺灣省立博物館發行。

吳堯峰　1989〈都市山胞政策之回顧與展望〉，《思與言》二十六卷第五期。

吳福蓮　1986〈花蓮吉安阿美族禮俗與宗教變遷之探討〉，臺北：《臺

灣省立博物館年刊》，第29期，頁28～74。

呂智明譯，Nikolai Bukharin著　1988《帝國主義與世界經濟》，臺北：
　　南方出版社。

李亦園、許木柱　1985〈臺灣高山族的現代適應問題：一些初步發現及
　　其理論意含〉，臺北：《科學發展月刊》，第13卷第11期，頁
　　1413～1425。

李亦園　1982《臺灣土著民族的社會與文化》，臺北：聯經出版公司。

李國鼎　1984〈我國管理科學應努力之方向〉，臺北：《卓越雜誌》創
　　刊號。

李國鼎　1985〈迎接二十一世紀的電信挑戰──從資訊觀點談ISDN〉，
　　編入《工作與信仰：臺灣經濟社會發展的見證》，臺北：天下
　　叢書，1987年一版，頁282～289。

李國鼎　1986〈從服務業的發展談民生主義的實踐〉，載臺北：國立臺
　　灣大學：《中山學術論叢》第六期，頁23～32。

李碧涵　1992〈臺灣的公營企業與國家資本主義之論爭〉，清華大學、
　　中研院民族所、中國社會學會合辦：《臺灣民主化過程中的國
　　家與社會》，臺北：清大月涵堂，1992年3月7～8日。

李碧涵　1994〈臺灣地區後工業轉型之國家與社會〉，載臺大：《中山
　　學術論叢》第十二期，頁245～282。

李碧涵　1995〈後工業轉型與臺灣企業經濟之結構調整〉，中研院歐美
　　所主辦：《社會結構與社會變遷──世界體系觀點之應用》，
　　臺北：中研究歐美所，1995年5月19日。

杜文田主編　1976《臺灣工業發展論文集》，臺北：聯經出版，頁137
　　～213。

若林正丈著，洪金珠，許佩賢譯　1994《臺灣──分裂國家與民主》，
　　臺北：月旦出版社。

林金泡　1981〈臺灣北部地區的都市山胞〉，臺北：《中國論壇》，第
　　　　12卷，第7期。

洪英聖　1993《臺灣先住民腳印》，臺北：時報文化初版二刷。

洪泉湖　1992《臺灣地區山胞保留地政策制定之研究》，臺北：國立政
　　　　治大學三民主義所博士論文。

洪文卿　1991〈臺灣省山地農政措施及未來營農方向〉，載：《臺灣經
　　　　濟》第一七〇期。

徐炳勳譯，Peter G. W. Keen著　1994《企業大轉型——資訊科技時代
　　　　的競爭優勢》，臺北：天下文化，第一版第四次印行。

孫大川　1992〈有關原住民母語問題之若干思考〉，臺北：《島嶼邊緣》
　　　　第二卷第一期。

孫大川　1995〈臺灣原住民的困境與展望〉，編入：民族主義學會：《
　　　　族群問題與族群關係》，臺北：幼獅文化公司。

孫瑞霞　1992《都市山胞的社會流動》，臺北：國立政治大學社會研究
　　　　所碩士論文。

高承恕　1982〈布勞岱與韋伯——歷史對社會學理論與方法的意義〉，
　　　　載瞿海源、蕭新煌主編：《社會學理論與方法》，臺北：中研
　　　　究民族所。

高德義　1984《我國山地政策之研究——政治整合的理論途徑》，臺北：
　　　　國立政治大學政治研究所碩士論文。

陳心怡　1993《臺灣原住民貧窮關係的社會建構——兼論族群政策與福
　　　　利政策的界限》，嘉義：國立中正大學社會學研究所碩士論文。

陳永興　1977〈山地經濟面面觀〉，載：《夏潮》第三卷第四期。

陳其南　1975〈光復後高山族的社會人類學研究〉，臺北：《中央研究
　　　　院民族學研究所集刊》，第40期，頁19～49。

陳其南　1981〈臺灣山地居民及其文化處境〉，臺北：《中國論壇》第

十二卷第七期。

陳宗韓　1994《戰後臺灣原住民政策之分析：國家與社會的觀點》，臺北：國立臺灣大學三民主義研究所碩士論文。

陳昭郎　1991〈農民組織與山地之農業發展〉，載：《臺灣經濟》第一七〇期。

張曉春　1972〈臺北地區山胞大專學生社會適應之研究〉，國立臺灣大學：《社會學刊》，8期，頁63～99。

Raman H. Myers（馬若孟）著，陳其南、陳秋坤編譯　1979《臺灣農村社會經濟發展：1644～1965》（The Development of Agricultual Economy of Taiwan 1644～1965），臺北：牧童出版社。

Raman H. Myers（馬若孟）著，陳其南、陳秋坤編譯　1974〈臺北地區移民調適初步調查研究〉，載：《思與言》，11卷第6期及12卷第13期。

郭秀岩　1975〈山地行政與山地政策〉，臺北：《中研院民族所集刊》，第四〇期，頁97～106。

夏春祥　1992《臺灣原住民社會文化變遷與危機——就世俗化與涵化過程之探討》，臺北：國立政治大學社會學研究所碩士論文。

傅仰止　1985〈都市山胞研究的回顧與前瞻〉，載《思與言》第二十三卷第2期。

傅仰止　1987〈都市山胞的社經地位與社會心理處境〉，臺北：中國社會學會主辦：《變遷中都市的社會福利問題與發展》研討會論文。

傅佩榮譯，Whitehead著　1991　《科學與現代世界》，臺北：黎明文化公司。

溫吉編譯　1957《臺灣番政志》，臺北：臺灣文獻會。

詹明信（Jameson F.）著，唐小兵譯　1994《後現代主義與文化理論》，
　　　臺北：合志文化，增訂二版。

黃美英　1985〈都市山胞與都市人類學：臺灣土著族群都市移民的初步
　　　探討〉，臺北：《思與言》；第23卷第2期，頁82～107。

黃美英　1988〈異鄉的邊緣人：原住民的都市適應與文化認同〉，臺北：
　　　《文星》雜誌，118期，頁80～87。

黃應貴　1974《經濟適應與發展──一個臺灣中部高山族聚落的經濟人
　　　類學研究》，臺北：國立臺灣大學考古人類學研究所碩士論文。

黃應貴　1983〈東埔社的宗教變遷：一個布農族聚落的個案研究〉，臺
　　　北《中央研究院民族學研究所集刊》，第53期，頁105～132。

黃應貴　1984〈東埔社布農人的家庭〉，臺北，《中央研究院民族學研
　　　究所集刊》第54期，頁85～144。

黃應貴　1988《臺灣土著社會文化研究論文集》，臺北：聯經出版公司。

黃兆群　1993《美國的民族與民族政策》，臺北：文津出版社。

藤井志津　1987《日據前期臺灣總督府的理蕃政策》，臺北：國立臺北
　　　師範大學歷史所博士論文。

廖文生　1984《臺灣山地社會經濟結構性變遷之探討》，國立臺灣大學
　　　社會學研究所碩士論文。

廖炳惠　1994《回顧現代：後現代與後殖民論文集》，臺北：麥田出版
　　　社。

葉萬安　1976〈臺灣經濟發展階段性的回顧〉，載中研院經濟研究所：
　　　《臺灣經濟發展方向及策略研討會》，頁25～59。

費景漢（John C. Fei）著，石義行，邊裕淵合譯　1976《開放雙元性經
　　　濟社會過渡時期經濟成長──理論和東南亞國家之經濟研究》，
　　　臺北：臺銀經濟研究室。

銘　如　1989〈新時代：後福特時代與後現代〉，臺北：《當代》，第

四十三期，頁4～10。

蔡明璋　1984〈臺灣山地社會選舉參與之研究〉，《中研院民族所集刊》，第
　　　　五十八期，頁153～192。

蔡明璋　1986〈高山族政治參與的現況與困境〉，臺北：《中國論壇》，
　　　　第二十三卷，第五期，頁41～44。

蔡瑞明　1984《臺灣高山族社會流動之研究》，臺北，國立臺灣大學社
　　　　研所碩士論文。

蔡源煌　1992《從浪漫主義到後現代主義》，臺北：雅典出版社。

鄭詩華　1991〈臺灣山胞保留地資源利用及產業發展〉，載：《臺灣經
　　　　濟》，第一七九期，頁33～79。

鄭詩華　1993《臺灣山胞保留地輔導共同合作及委託經營模式之研究》。

劉阿榮　1981〈非經濟因素與民生經濟發展之互動及其取向〉，載：國
　　　　立臺灣大學：《中山學術論叢》第二期，頁146～166。

劉阿榮　1986《民生主義在臺灣經濟發展過程中扮演的角色》，臺北：
　　　　正中書局。

劉阿榮　1990《意識形態與社會變遷》，臺北：弘文館出版社。

劉阿榮　1992〈民族主義與國家整合〉，載：國立中央大學：《人文學
　　　　報》第十期，頁91～110。

劉阿榮　1994〈政治經濟整合中的國家與社會──「金權政治」的宏觀
　　　　試探〉，載：國立中央大學：《社會文化學報》創刊號，頁
　　　　193～222。

劉道元　1962《新資本主義論》，臺北：世界書局。

劉斌雄、衛惠林　1962〈蘭嶼雅美族的社會組織〉，臺北：《中央研究
　　　　院民族學研究專刊》

潘乃谷、馬戎編　1994《中國邊遠地區開發研》香港：牛津大學出版社。

衛惠林　1960〈排灣族的宗族組織與階級制度〉，臺北：《中央研究院

民族學研究所集刊》，第九期，頁71～96。

鍾青柏　1990《臺灣先住民社會運動研究——以還我土地運動爲個案分析，臺北：國立政治大學碩士論文。

蕭新煌　1983〈臺灣山地經濟政策與經濟發展問題〉，載臺北：《臺灣銀行季刊》第三十五卷第一期，頁126～161。

謝世忠　1987《認同的污名：臺灣原住民的族群變遷》，臺北，自立晚報社。

謝高橋主持　1991《臺灣山胞遷移都市後適應問題之研究》，臺北，行政院研考會編印。

瞿海源　1983〈臺灣山地鄉的社會經濟地位與人口〉，載《中國社會學刊》第七期，頁157～175。

關曉榮　1991《尊嚴與屈辱》，臺北：時報文化出版。

羅　青　1993《什麼是後現代主義》，臺北：學生書局，二版一刷。

羅時實　1955《現代資本主義透視》，臺北：中華文化事業，二版。

上杉允彥　昭和61年《日本統治完成期の「高砂族」の生活狀況》，臺北：中央圖書館臺灣分館藏書。

二、英文部分

Bell, Daniel　1973*The Coming of Post-Industrial Society — A Venture in Social Forecasting.* New York: Basic Books, Inc.

Best Steven & Kellner Douglas　1991 *Postmodern Theory: Critical Interrogations.* The Guil-ford press.

Block, Fred　1987 *Revising State Theory.* Philadelphia: Temple University Press.

Block, Fred · 1990 *Postindustrial Possibilities — A Critique of Economic Discourse.* Berkeley, CA: University of California Press.

Braudel F.　1980 *On History,* London: Weidenfeld and Nicolson.

Harvey, David *The Condition of Postmodernity.* Cambridge, MA: Basil Blackwell, Inc.

Hirschhorn, Larry. 1977 *Social Policy and the Life Cycle: A Developmental Perspective. Social Service Review* (September).

Hassan Ihab. 1987 *The postmodern Turn, Essays in Postmodern Theory and Culture.* Ohio State University press.

Jessop Bob. 1982 *Putting States in Their place: State Systems and State Theory.* Oxford: Martin Robertson Press.

Lash, s. and Urry, J. 1987 *The End of Organized Capitalism.* Cambridge, UK: Polity Press.

Lee, Bih-Hearn（李碧涵） 1991 *State and Socio—Economic Development in Taiwan. 1950～1989: The Transition from Early Industrialization to postindustrialism.* Ph.D. dissertation, Temple Unversity.

Lyotard J. F. 1984 *The Postmodern Condition: A Repor on Knowledge.* Manchester University press.

Rainbown, paul 1987 *Tradition and Alienation.* The Chicago Press.

試析西藏自治區十年經濟發展
（1980 － 1989）

林至善

東吳大學政治系講師

　　在宏觀上，中共自十一屆三中全會後，宣稱暫停一切階級鬥爭，在「對外開放，對內搞活」政策下，以經濟建設為工作中心，並預期到2000年，國民生產所得要達到成長兩倍的目標，人均所得達到800-1000美元。為達此目標，中共依經濟條件、地理環境將大陸地區劃分成東部、中部、西部三地帶。在經濟發展理論上，採不平衡成長理論。在經濟發展策略上，則採梯度理論亦即東部加速發展，中部加快發展、西部加緊準備。因此確定目前中共採取東部沿海地帶優先發展策略，以便帶動大陸其他地區產業之發展。

　　在微觀上，西藏經濟發展隨大陸經濟政策之轉變而改變，在整體經濟上，以東部沿海地帶優先發展策略前題下，西藏憑藉著廣大牧區林區；礦產豐富；獨特的自然環境和人文景觀，有利發展旅遊事業；中共中央及各省大力經援等經濟發展有利條件下，社會總產值、人均國民收入方面（見表5－1）呈現大幅度成長。

　　社會總產值方面，由1979年的10.28億元，到1989年的29.60億元，增加率287％，，年平均成長率26％；人均國民收入方面，由1979年的215元，到1989年的785元，增加367％，年平

均成長率33％，但同時仍有生產力發展緩慢、人口素質低、經
營管理不善、資金嚴重短缺、商品經濟觀念淡薄、交通不便等不
利因素。雖然如上述在縱方向觀察在社會總產值、人均國民收入
等方面有顯著的成長，但以橫方向與同時之其他民族自治區相比
較，相對地，經濟發展速度十分緩慢。如工農業總產值、全民所
有制獨立核算工業企業勞動生產率發展速度。（見表5－2、圖
5－1）

表5－1：社會總產值、人均國民收入

	社會總產值 （億元）	人 均 國 民 收 入 （按轄區人口計算）（元）
1979	10.28	215
1980	9.71	259
1981	10.70	318
1982	10.98	309
1983	11.17	290
1984	17.51	467
1985	22.24	637
1986	20.31	551
1987	22.09	599
1988	27.53	746
1989	29.60	785

資料來源：國家統計局綜合司編，全國各省、自
　　　　　治區、直轄市歷史統計資料匯編，中
　　　　　國統計出版社，1990年 8月第一版，
　　　　　鄭州，頁783-4。

表5－2：自治區工農業總產值發展速度

地　區	1989年以前各年%				平　均　每　年　增　長　%	
	1978	1980	1985	1988	1979－1989	1981－1989
全　國	312.4	267.8	159.1	107.5	10.9	11.6
內蒙古	244.6	233.3	139.9	107.9	8.5	9.9
廣　西	232.6	210.6	145.1	107.4	8.0	8.6
西　藏	144.7	128.9	108.1	103.1	3.42	2.86
寧　夏	248.7	239.8	157.4	114.0	8.6	10.2
新　疆	213.1	267.0	150.9	108.3	10.9	11.5

資料來源：如表5－1，頁48。

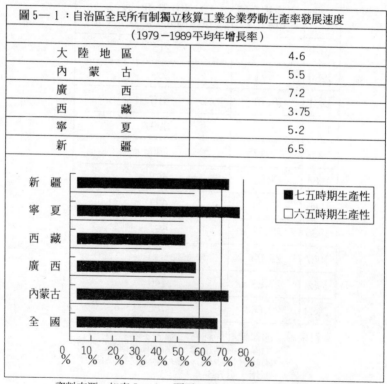

圖5－1：自治區全民所有制獨立核算工業企業勞動生產率發展速度

（1979－1989平均年增長率）

大　陸　地　區	4.6
內　蒙　古	5.5
廣　　西	7.2
西　　藏	3.75
寧　　夏	5.2
新　　疆	6.5

資料來源：如表5－1，頁五二。

工農業總產值發展速度方面，1981至1989年平均成長率僅2.86%，與大陸地區平均值比較，則低於8.74%，與內蒙古、廣西、寧夏、新疆比較則分別低於7.04%、5.74%、7.34%、8.64%；全民所有制獨立核算工業企業勞動生產力發展速度方面，1979年至1989年平均年增加率3.75%，與大陸地區平均值尚差0.85%，與內蒙古、廣西、寧夏、新疆比較則分別低於1.75%、3.45%、1.45%、2.75%。

筆者認為西藏經濟發展速度緩慢除經濟因素、非經濟因素、中共經濟發展策略原因外，可歸納為三方面：

一、西藏自治區成立最晚（西藏1965.9.1.；內蒙古1947.5.1.；新疆1955.5.1.；廣西1958.3.15.；寧夏1959.10.25.）影響中共從事西藏經濟基礎建設的時間，雖然近年來，中共中央給予西藏鉅額的補助，以及各省市支援各項建設，但在經濟結構十分脆弱下，經濟發展當然有其困難度。

二、西藏民族人口比例過高。以1988年為例，少數民族人口佔西藏總人口的96.2%；內蒙古17.9%；廣西3.9%；寧夏33.1%；新疆61.7%。由大陸地區第三次人口普查，證明少數民族的文化程度低於漢族許多，事實顯示，文化程度對經濟發展有直接的關係。

三、基本建設投資方面，非生產性投資比例過高。（見圖5－2）西藏是五個民族自治區中，唯一非生產性投資大於生產性投資的自治區。對一個經濟基礎薄弱的地區而言，將有限的資金如此揮霍，無疑是雪上加霜。

圖5─2：自治區六五、七五時期全民所有制單位基本建設投資比例

（以基本建設投資額爲100）

地 區	六五時期生產性	七五時期生產性
全　　　國	57.40 %	65.40 %
內 蒙 古	60.20 %	72.80 %
廣　　　西	56.50 %	56.90 %
西　　　藏	38.20 %	50.40 %
寧　　　夏	54.70 %	74.60 %
新　　　疆	57.20 %	67.90 %

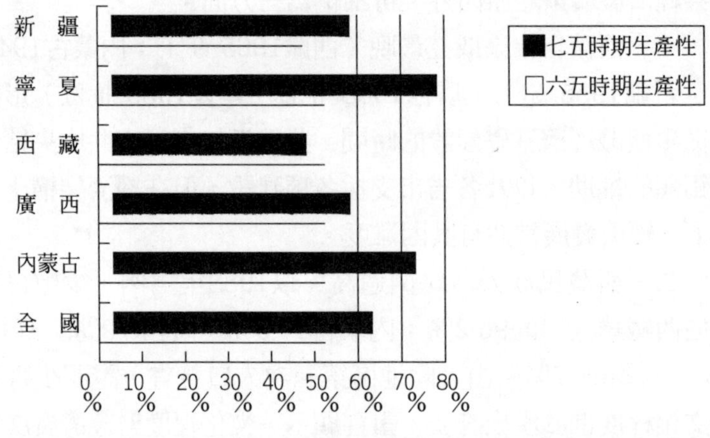

資料來源：同表5─1，頁六一

　　經濟發展需要投資，資金來源則有賴國民儲蓄額的提高，以及外來投資，依據西藏的財政收入情況，沒有中共中央資金投入，西藏經濟發展的盲點將難以突破。此外在力量支援西藏經濟成長，受到近年來中共實施以東部沿海地帶發展爲主的梯田推移理論，在中共本身資金匱乏下，是否能夠維持高額補助，有待商榷。因此要發展西藏經濟除依靠外在力量外，最重要的是如何刺激內在

力量的發揮。在尚屬自然資源開發之階段，要以何種產業來「帶動」經濟發展。在現有資金、技術、人才、外援下，西藏要如何發展，其投資報酬率才會最高。筆者以統計上迴歸觀念來探討人均國民收入與農業、工業、運輸業、商業、中共中央補助、旅客周轉量、進出口總額、旅遊業之間的關係。（資料見表5－3）

	Y 人均國 民收入 （元）	X1 農　業 （億元）	X2 工　業 （億元）	X3 運輸業 （億元）	X4 商　業 （億元）	X5 中央補助 （萬元）	X6 旅客周 轉量 （億人 公里）	X7 進出口 總額 （萬元）	X8 旅遊業 （萬元）
1980	259	5.32	1.53	0.60	0.51	60103.5	0.46	2491	130
1981	318	6.57	1.21	0.61	0.51	63686.1	0.18	3235	257
1982	309	6.34	1.38	0.60	0.47	67830.4	0.43	2074	196
1983	290	5.95	1.47	0.96	0.70	68655.4	0.13	3302	250
1984	467	7.92	1.93	1.05	1.82	77974.0	0.83	3257	182
1985	637	10.89	2.12	1.22	2.18	105771.9	1.67	8922	394.2
1986	551	999	2.02	1.36	3.41	94558.5	2.38	10119	2900
1987	599	10.38	2.16	1.64	3.90	100671.6	2.65	15060	5600
1988	746	12.95	2.65	1.72	5.06	103077.1	3.27	15219	6200
1989	785	13.58	2.86	1.80	5.26	123715.2	2.95	15510	1010.2

資料來源：1.西藏自治區統計局編，西藏社會經濟統計年鑑1990年，中國統計出版社，1990年10月第一版，石家庄，頁八三○、三八五。
　　　　　2.國家統計局綜合司編，全國各省、自治區、直轄市歷史統計資料匯編（1949-1989），中國統計出版社，鄭州，頁七八三、七八四、七九一、三七七。
　　　　　3.李竹青著，西藏經濟的發展與對策，民族出版社，1999年5月第一版，北京，頁二五五。

經過統計套裝軟體SAS進行分析，以Y代表人均國民收入；X1代表農業；X2代表工業；X3代表運輸業；X4代表商業；X5

代表中共中央補助； X6代表旅客周轉量； X7代表進出口總額；
X8代表旅遊業。因爲資料的測量單位不同，所得結果如下：

$$Y = -268.78 \quad + 49.32X1 + 57.13X2 - 18.23X3 - 0.3X4$$
$$- 36.42X5 - 6.06X6 - 126.86X7 + 158.98X8$$

再經過 $BK' = \dfrac{SK}{SY} BK$ 公式的轉換，所得結果爲

$$Yi = 0.7498X1 + 0.1588X2 - 0.6436X3 - 0.0029X4$$
$$+ 0.404X5 - 0.03183X6 - 0.3714X7 + 0.1883X8$$

因爲資料個數僅有10筆，所以用線性迴歸來推估，反應變數Y會
有誤差存在，不過此迴歸線依然可做爲未來西藏經濟發展重要的
參考依據。據此迴歸線顯示西藏經濟發展方向應以農業發展爲基
礎，中共中央補助使西藏經濟建設無後顧之慮，而未來發展重點
方面，根據迴歸線上的值旅遊業爲0.1883僅次於農業0.7498、中
共中央補助0.404，大於工業0.1588、運輸業-0.0436、商業-0.
0029、旅客周轉量-0.03183、進出口總額-0.3714。因此旅遊事
業應是西藏未來發展的重點。

總之，筆者認爲經濟發展應採循序漸進的方式，不能作超越
其能力的躍進，而安定的政局與持續性的經濟政策，乃是經濟發
展不可或缺的條件。西藏在中共大力支持下，人民生活水平有所
提高，有了初步的經濟建設成果。但要有突破性的經濟發展則有
賴於中共對影響西藏經濟發展之經濟因素、非經濟因素及特殊背
景做一客觀、充分的了解，並以經濟方法而非行政手段政治手段
解決經濟問題，否則僅把經濟建設成果當作對達賴喇嘛、香港、
臺灣進行喊話及鞏固政權的一個手段。則經濟建設成果將如同曇
花一現，難有成效，而西藏將永遠成爲中共的一座火藥庫。

扶貧開發理論意義分析

冉光榮

四川聯合大學歷史研究所所長

本世紀八十年代以後，我國大規模地推行了系列扶貧開發的政策和措施，十餘年來，成就斐然，可謂戰後世界反貧困鬥爭的最佳典型之一。但是由於種種主客觀原因，扶貧開發的豐富實踐尚未系統加以歸納和昇華，形成一種具有理論色彩的認識與模式。事實上，要想在社會主義市場經濟的原則下，爲本屬政府行爲的扶貧開發找到新的突破口，爲其進一步深化改革確定方向和路徑，也只有對扶貧開發作出深刻的理論分析，充分認識其蘊藏的最大價值後，才可能得出正確的結論。現我們僅根據所接觸到的部分資料，對四川少數民族地區的扶貧開發，作一初步討論。

壹、扶貧是貧困區，尤爲少數民族貧困區特殊的開發手段

扶貧不應理解爲單純的生活救濟，而是一種必不可少的基礎性開發，對群眾基本生活、生產條件都要全面性承擔責任。即從生存環境的保證，物質生活的救濟入手，在生產上組織，技術上培訓，管理上加強，經營上提高。這是貧困區經濟起步的最初發動，因而具有經濟與社會同步發展的綜合功能。

扶貧本質是開發，隨著時間、環境的變化，其發展層次跟著

提高，其內涵不斷擴大，其措施逾加進步，其生命力自然也更趨頑強。到1991年，四川省扶貧開發全面轉入以實現脫貧致富爲主要目標的階段。在此前後，扶貧開發更有了不少創舉和突破，其中最富深遠意義的是「對口支援」和「異地開發」——扶貧由此而演化爲促進少數民族地區發展市場經濟的重要手段。

在少數民族地區，一般是努力發展和鞏固初級市場，高級市場的建立尚有困難。但又不能消極地等待，而要在鞏固初級市場的同時，積極考慮以靈便方式籌建高級市場，出路就是異地開發。一方面，民族地區到外地，尤其是對口地區謀求發展，建立飛地特區。如白玉縣在廣漢市徵地75畝，籌建開發區，將該縣林、畜、有色金屬、民族工藝品等資源，列爲建設項目；廣漢市宣布免徵十年所得稅。稻城縣則在對口單位省農科院籌建基地，這是在一個單位內部建立特區，形成一院兩制局面。另一方面，外地，尤爲對口單位或地區，到少數民族區進行系列開發，建微型特區；搞專業、批發市場；承包工程項目，甚至勞力調濟，短期移民等。原則上講，少數民族區域市場經濟幼弱，主要結症是產品銷售困難，只有獲得外地的有力支持，其鄉鎮和國營企業才有望順利生存下去。事實已經證明，少數民族地區市場經濟的形成，必須依靠外地的全力支持，異地開發、對口支援便是至今最可取的辦法。

貳、扶貧開發是中國現階段協調城鄉、
工農、民族關係的有效方式

自改革開放以來，隨東西部發展差距的拉大，城鄉、工農、民族關係更加複雜化，構成當前人民內部矛盾最重要、最敏感的部分。但國家財力所限，各地條件有別，梯度開發不可不行，無

疑又增加了解決上述矛盾的難度。攀枝花市在對口支授方面有著極可珍視的創舉，為我們如何縮小城鄉、工農差別，促進民族交融打開了思路，其具體作法也是具有借鑑意義的。

　　攀枝花市原本誕生於一個地域空曠、土著居民甚少的環境中。在創業的最初指導思想上，由於當時的歷史原因，對四周地區種種關係考慮不多，隨著企業、城市規模的急劇擴大，與周邊農村逐漸產生矛盾。這主要表現在兩個方面，一是人地矛盾尖銳，二是由於大工業與小農業、高精技術與刀耕火種、較豐收入與不足溫飽局面的並存，加之其它因素的刺激、誘導，城鄉、工農、民族關係日趨緊張。面對如此嚴峻形勢，該市經過充分而周詳的調研後，把正確協調工農利益，處理好工農關係，加強工農團結和民族團結，作為政治穩定，經濟繁榮，攀枝花市建設順利發展的大事來抓。

　　實行「市帶縣，廠幫鄉」的對口支援活動，組織109個市級黨政機關、廠礦企業、社會團體參加，利用重工業城市優勢，以攀枝花鋼鐵公司、礦務局、冶金礦山公司、十九冶等數十家企業作為主幹力量，積極介入生產、經濟領域，如改善農業生產基礎，搞好綜合發展，推行科技，以及發展交通，興辦企業，培訓技術，傳授經營方法等。這是對過去只強調改變生產關係、忽視生產力發展的否定，真正奉行以提高生產力水平來達到推動社會進步的馬克思主義理論。

叁、扶貧開發是促進政府職能轉化及
幹部政策改革的有效途徑

　　圍繞扶貧開發，在組織機構、實施管理、監督檢查等方面，

都形成了一套完整的體系和規章，不但保證了扶貧工作的積極開展，更大的意義在於爲少數民族地區如何轉化政府職能、改革幹部制度創造了可貴經驗，甚至開闢了一條簡便可行的途徑。

> 普格縣三年內縣級黨政機構由65個精簡合併爲24個，減少63.1％。行政人員由原558人降350人，精簡31.3％。未造成其它副作用，這是巨大的成就。該縣進而著稱，到1995年全縣財政供養人口由2,909人降爲2,000人，減少31.2％。由此可見，普格縣的足迹，爲簡政放權，向小政府大服務的方向發展，開闢了一條實實在在的道路。

對各級幹部而言，扶貧開發是積極的培訓和鍛煉。要完成任務，僅僅是黨政知識、行政能力是不夠的，還要逐步懂得、掌握生產技能，造就爲既可領導，又會實踐，一專多能的復合型人材。這些幹部一旦離開黨政單位，完全可以在其他領域內立足、發展。

肆、扶貧開發的國際意義

中國扶貧開發取得的成績爲全世界所共睹，並受到有關方面的高度評價。1989年亞洲銀行北京會議指出，中國「消除貧困的經濟可供別國借鑑」。1992年世界銀行報告稱，中國扶貧產生了「經濟奇蹟」。中國「要比其他許多發展中所作的努力成功得多」。

中國扶貧開發是作爲一項綜合系統工程來對待的，至少在以下兩個方面作了較爲周詳的考慮。

一是經濟發展與社會進步結合。二戰後反貧困戰略原則上經歷了兩個階段。初爲傳統發展戰略，以經濟增長爲中心，單方面地強調工業化，對人的數量、質量問題比較忽視。至七十年代有所謂改良發展戰略，提出平衡理論，但只注意人的數量的控制。

在八十年代產生了新的發展戰略，對人的問題有了更全面、深刻的認識，衣食住行及文化價值諸方面，均要力求充分地安排。

二是扶貧開發與中國整個開放改革事業的結合。在一些國家，扶貧是項孤立的活動，而在中國則是四化建設中的重要環節了。一方面它得到了社會各方面的理解和支持，另一方面它也產生了廣泛的影響和作用，無論對支援者與被支援者，經濟生活與政治、文化領域，自然改造與人類進步等等方面，均具有著種種價值，扶貧開發的特殊地位及其綜合性功能，是中國歷史上鬥爭的重大特點，也是中國式社會主義的途徑。

第四章　法　律

中國法律在少數民族地區
實施的文化背景和現狀

張曉輝

雲南大學法律系教授

壹

　　法律作爲一種文化現象，總是與其他文化現象共存於社會之中，並以其他文化現象爲存在背景，相互作用，構成法律制定和運作的文化特徵。因此，分析法律的精神和效益，不能脫離法律賴以存在的社會文化背景。

　　民族國家的法律充滿著民族文化的氣息，並受著民族文化的其他領域影響。在單一民族成份的國家中。民族文化與法律的融合表現爲一種自然、和諧的關係。但是，在多民族的國家中，民族文化的多樣性，則會使法律在多元文化的格局中面臨選擇或協調不同民族文化的問題。

　　中國在歷史上和現實中都是一個多民族的國家，多種民族並存的情況深刻地影響著中國社會發展的歷史和趨勢，並形成了以漢文化爲主導，多種民族文化並存的多元一體的中華文化的格局。

　　中華文化是一種多元一體的文化系統。儘管漢民族文化在數

千年的中華文化的發展史中占主導地位，但漢民族文化並不能取代其他民族的文化。各民族的文化在保持和發展自身的傳統和特點的同時，相互交流，互相融合，是中華文化歷史演進中的基本趨勢。

中華文化是中國法律的基石。隨著民族意識的增強和社會發展過程中民族生存的需求，多元一體的文化格局還將長期存在於我國的社會之中，中國法律在這樣的文化背景中展現著其制定和實施的特點。

貳

多元一體的文化格局，使中國法律在少數民族地區的實施面臨著這樣的問題，即統一的國家法律與各民族文化差異及發展不平衡之間的矛盾。

與主體民族和非少數民族地區相比較，在少數民族地區實施法律會受到一些特殊的文化因素的影響。

㈠法律文化的差異，在50年代以前，中國境內的許多民族處於不同的社會形態中，各民族地區的社會制度和具有民族性的法律規範也有很大的差別。儘管經過民主改革和一系列的社會主義教育運動，消除了社會制度的差別，廢止了存在於各民族中的民族法律規範在形式上的權威，但是，作爲一種文化觀念和模式的傳統法律文化仍然以各種方式表現在社會生活中，並深刻地影響著少數民族成員的行爲選擇。民族法律文化的差異往往形成不同的民族對國家法律認識的差異，以致造成法律實施上的困難，在我國的法律實踐中，民族地區出現過的早婚、重婚、佩槍、婚前性行爲、村寨土地山林界定等受當地傳統民族法律文化認可和保護的現象，或多或少地影響著國家法律的實施。

㈡法律傳播的差異。我國的民族地區大多在邊疆和交通不發達的區域，客觀上與內地的交往有一定程度的封閉性，這種封閉性阻礙著民族地區與內地的文化交流和經濟往來，影響著法律的宣傳和法律觀念的普及，也給執法和守法帶來許多困難。在許多地區，由於交通不便，案件的反饋、證據的收集、法定程序的執行都產生了內地不曾出現的諸多困難。地域封閉性所造成的文化交流和經濟來的缺乏，又使新的法制觀念難以深入群眾，舊的法律傳統在少數地方仍然占據著主要行爲規範的地位，調整著人們的社會生活，以致出現傳統法律文化實際排斥國家法律的現象。

㈢法律調整對象的差異。我國的民族地區大部分處於經濟不發達的環境中，經濟生活相對來說比較簡單，許多在經濟發達地區必須或迫切需要法律調整的社會關係，在一些落後的民族地區尚未出現，而一些在經濟發達地區不突出的問題，在一些落後的民族地區則是迫切需要用法律來調整的社會關係。這種現象要求法律實施必須考慮對象的實在性，做到有的放矢。

㈣民族語言文字的差異。由於語言文字的創造和使用所具有的民族性，我國大部分少數民族都有自己的民族語言或文字，形成不同地區、不同民族的語言文字差異。這種差異直接導致我國的法律文本不可能使用不同民族的語言文字加以製作的事實，而以主體民族的語言文字爲文本製作的法律在多民族地區實施時，又必然產生因語言文字差異而引起的少數民族對法律和法律事實的認知和思維障礙。

㈤幹部素質的差異。與內地相比，由於經濟、文化的落後，民族地區相當一部分司法幹部缺乏系統的法律教育和專業培訓，而國家培養的高層次的專門人員又由於待遇、環境等因素難以到民族地區的基層司法部門工作，這就形成了許多民族地區的幹部

來源缺乏，幹部業務素質提高困難重重，執法質量不同的問題。

叁

從文化的角度分析，中華各民族在歷史上共同創造了中華文化，在地域上對祖國的認同感和共同維護中國疆域的精神，在民族關係上追求民族平等、共同繁榮的價值取向，在社會制度上以社會主義制度爲發展道路的同一性，奠定了中國法律在少數民族地區實施的現實可能性和必要性。

強調民族地區與非民族地區的差異，並不排斥法律在民族地區實施的可能性和必要性，而是爲了說明對於具有客觀差異的民族地區，應當採取一些特殊的立法、司法、行政措施，並使這些措施形成一個完整的系統，靈活生動地保護法律的實施。

中國的立法、司法、行政機關在保證法律在少數民族地區實施方面做了大量工作。

在立法上，我國憲法和法律確立了調整民族關係的七項基本原則，即法制統一原則、民族平等原則、民族團結原則、民族區域自治原則、民族語言文字原則，尊重民族風俗習慣原則，各民族共同繁榮的原則，並使這些原則體現在各種國家法律之中。我國民族自治地方的立法機關以自治條例和自治法規的形式對國家法律予以認同，確立了國家法律在民族地區的權威性。

在司法上，我國司法部門在全國建立了統一的司法機關，大力加強少數民族司法隊伍的培養，改善民族地區司法機關的執法條件，切實保障少數民族的訴訟權利，貫徹區別對待的政府，有針對性地開展專項活動，保證了國家法律在民族地區的有效實施。

在行政管理上，我國各級政府注意保障民族自治地方的政府機構行使自治權，充分發揮民族區域自治制度在行政管理上的作

用，根據民族地區的實際需要建設民族自治地方的政府機構，擡高行政效率，加強對民族地區經濟建設的法制管理，使民族地區的社會、文化、經濟建設都有了巨大的發展。

　　總而言之，中華文化的多元一體性是法律在少數民族地區實施的文化背景。民族地區與非民族地區存在的共性奠定了民族地區實施法律的基礎，而民族地區的差異性則是民族地區實施法律過程中採用靈活措施的依據，這兩方面的認識不可偏廢。

第四篇　教　育

臺灣原住民教育的現況與展望

洪泉湖

國立師範大學公民訓育系副教授

壹、前　言

　　現今全世界約有一百八十餘個國家，其中只有二十多個國家勉強可算是「單一民族國家」（mono-national state），其餘全是「複合民族國家」（multi-national state），在這些複合民族國家，呈現的是一種由多民族所共同呈現的「多元文化社會」（multi-cultural society）。即使在單一民族國家，也由於可能存在著不同的階級、地域、宗教……等等而產生不同的「次文化」（sub-cultrue），因此也呈現著「多元文化社會」的情景。因此，我們可以說，現今的社會，大體上都是一種「多元文化社會」。

　　臺灣的社會，大體上也是一種多元文化社會，即以族群來說，除了漢族的閩南人、客家人和所謂的「外省人」之外，還有人數約三十五萬人的「臺灣原住民」，他們的語言、宗教、舞蹈、音樂、服飾、雕刻，乃至價值觀等，均與漢人有著頗大的差異。處在這樣的社會中，不同的文化體之間應該如何相互對待？人類學家、社會學者均提出「文化相對主義」（cultural relativism）的觀點，認為不同文化體之間應該相互承認彼此的文化差異，相互尊重彼此的文化特質，相互瞭解、欣賞彼此的文化內涵，這樣方能化解族群或不同文化體之間的誤解、歧視與衝突，而共建和

諧安寧之社會。（Epstien,1987:6；Miller,1979:44； 詹棟樑，
民82:25～26）

　　本文即從多元文化社會的觀點出發，認為在臺灣的社會裡，
原住民的文化是值得漢人去承認、瞭解、尊重並加以欣賞的一種
「次文化」。因此，要探討臺灣原住民的教育問題，也必須從「
多元文化教育」（multi-cultural education, plural culture
education）的立場出發，方不致產生偏差。

貳、歷年來臺灣原住民教育的成果

　　臺灣光復以來的原住民教育，根據高德義的研究，約可分為
三期：從 1945年至1950年是教育體制建立期，1951年至1987
年是融合式教育政策時期，1988至今則進入多元文化教育形成
期（高德義，1995:14-15）。在這三個時期中，政府前後頒佈了
大約75種相關的教育法令，其中較重要者至少也有16種以上（
謝小芩、阿嬌，1994:2-3），可見政府對原住民教育的確也投注
了一番心力。然而，這五十年來的教育成果究竟如何呢？吾人從
下列各項分析中或可略窺一二：

一、學校數及學生人數

　　根據教育部的報告，截至去（1994）年為止，臺灣省現有
山地國小有　189所，分校36所，分班17所，山地國中則有20所，
就讀之原住民族學生約二萬多人。另有平地原住民學生約四萬人，
散居於全省各鄉鎮市區，均就讀於一般中小學。（教育部，民
83:61）

　　據吳天泰（1995）的調查，全臺灣地區（含北、高兩市）
各級學校之原住民學生人數，如表一所示。顯然，原住民之就學
率在國民中小學已具成效，但專科以上學校之學生則明顯偏少，

這也是未來應該努力的目標。

表一　臺灣原住民學生人數一覽表（1994年）

		阿美族	泰雅族	排灣族	布農族	卑南族	鄒(曹)族	魯凱族	賽夏族	雅美族	其他	總　計
大	學	148	184	98	57	23	16	12	8	6	2	554
學	院	174	167	188	62	43	16	25	4	4	6	689
專	科	996	618	526	313	58	53	80	40	5	8	2,697
高	中	1,598	787	315	544	89	45	49	39	16	11	3,493
高	職	1,527	1,257	913	490	140	60	103	59	23	24	4,656
國	中	5,028	4,002	1,527	1,796	367	176	285	268	253	31	13,733
國	小	12,385	8,871	5,101	3,640	731	292	760	410	348	137	32,675
總	計	21,856	15,886	8,728	6,902	1,451	658	1,314	828	655	219	58,497
各族總人口 (1994)		130,268	84,849	63,627	39,656	9,621	6,240	10,212	4,622	4,945	—	354,031

資料來源：1.學生人數資料引自吳天泰，中華民國原住民教師學生族籍調查報告，花蓮：國立花蓮師院原住民教育研究
　　　　　　中心，1995年，29-35頁。
　　　　　2.原住民各族總人口數資料引自內政部民政司，臺灣地區原住民人口統計，臺北：內政部，民84年。

二、師資培育

　　原住民教育之成效如何，也可從原住民族籍教師人數之多寡略窺端倪。以1994年為例，全臺灣地區各級學校之原住民教師人數，如表二所示。可見原住民師資培育已有初步之成果，但主要是國小教師，其次為國中教師，而大專院校之教授則明顯偏少，且就全體教師人數與原住民總人口數之比而言，亦顯不足。

三、校舍之修建、維護

　　原住民所居地區之國民中小學，一般均地處偏遠，校舍興建原本不易，經常性維護更屬困難。不過，據教育部（1993）報告指出，近年來政府已建校舍160校，涵蓋十五個縣市，誠屬不易。

表二　臺灣原住民教師人數一覽表（1994年）

	阿美族	泰雅族	排灣族	布農族	卑南族	鄒(曹)族	魯凱族	賽夏族	雅美族	其他	總　　計
大　　學	3	1	0	1	0	1	0	0	0	0	6
學　　院	0	0	3	1	0	0	0	0	0	0	4
專　　科	10	1	0	1	0	0	0	0	0	0	12
高　　中	12	6	2	3	1	2	0	0	0	0	26
高　　職	17	8	9	2	3	1	0	3	0	0	43
國　　中	94	54	9	12	12	0	2	1	2	0	186
國　　小	229	488	257	134	40	26	49	18	8	2	1,251
總　　計	365	558	280	154	56	30	51	22	10	2	1,528
各族總人口 (1994)	130,268	84,849	63,627	39,656	9,621	6,240	10,212	4,622	4,945	—	354,031

資料來源：1.原住民教師人數資料引自吳天泰，中華民國原住民教師學生族籍調查報告，2-27頁。
　　　　　2.原住民各族總人口數資料引自內政部民政司，臺灣地區原住民人口統計。

四、設置、辦理獎助學金

根據教育部（1993）之報告，除國民中小學係義務教育外，對於高中職原住民學生，發給獎助學金，人數高達50,000人。此外，並補助原住民學生學用費，受惠人數高達59,797人。

五、增闢原住民學生升學管道

政府曾訂有多項辦法，鼓勵原住民學生繼續升學，例如（教育部，1993:63）：

(1)報考高中職者給予增加總分35％之優待，就讀省立學校者，比照師範院校學生給予公費待遇　之獎學金（私立學校另按標準由省府發給）。

(2)報考大專院校者，給予降低錄取標準25％之優待。

(3)每年甄選350人原住民學生分發省立仁愛、內埔兩高級農工職校就讀。

(4)省立內埔、仁愛高級農工職校成績優異之原住民學生，保

送省立體專，每校每年三名。

(5)民國八十二年（1993）高中應屆畢業之原住民學生，保
送甄試升學國立師院者，共55名。

六、推行原住民母語教學與鄉土教育

近年來臺灣地區鄉土意識盛行，加上多元文化教育的呼聲普
遍，母語教學及鄉土教學乃漸受重視，在原住民方面，教育部已
委託中央研究院歷史語言研究所李壬癸教授研究完成一套「南島
語言符號系統」，並編撰「原住民母語（補助）教材大綱」，且
積極籌劃分組進行編撰原住民各族之鄉土暨母語文化教材，同時，
倡導舉辦原住民鄉土文化教師研習等活動，以推廣母語教學及鄉
土教育。根據教育部之報告，目前已舉辦過「原住民文化教材研
習」3班，「原住民鄉土文化教師研習」3班，「製作原住民鄉
土文化專輯」1冊。（教育部，1993:62）

七、其他方面

除以上所述各點外，近五十年來的原住民教育，無論是在國
語的普遍推行、國家民族觀念的培育、民眾補習教育的實施、山
地衛生教育的推廣，乃至家庭教育的提倡、鄉鎮圖書館的建立等
等方面，都有相當明顯的成績。（李亦園，民72:54-75）

叁、當前臺灣原住民教育的主要問題

臺灣的原住民教育，固然有前節所述的諸多成果，但這是否
意味著它沒有重大問題呢？答案當然是否定的。民國八十三年（
1994）吳天泰教授所主持的「山胞國民中小學訪視工作計畫」，
主要的目的，即在調查當前臺灣原住民的教育問題（當然僅限於
中小學部份）。另外，筆者走訪新新竹師院、花蓮師院及台東師
院的原住民教育研究中心，請教了高淑芬教授、吳天泰教授、浦

忠成教授，以及台東布農文教基金會的白光勝牧師和南王國小的鄭玉妹校長。從吳天泰教授的訪視報告及筆者一連串的訪問中，可發現當前臺灣原住民的教育問題，可歸納為下列數點：

一、經費與設備問題

經費與設備之不足，是臺灣地區中小學頗為普遍的問題，山地國中小學的情況則更為嚴重。早在民國七十三年（1983）李亦園教授主持「山地行政政策評估」時，即發現山地國中小學的經費與設備問題頗為嚴重，「第一是人事費所佔的比例過高，第二是行政費用不敷支用，第三是圖書及專科教室等設備嚴重不足。」（李亦園，民72：58）十年後的今天，情況並未見顯著之改善。根據吳天泰教授的訪視報告，山地中小學欠缺專科教室或教室老舊有待重修者，仍不在少數；體育、康樂器材與圖書有待充實者，也有很多。至於經費方面，行政業務、教材製作、教學器材等費用仍然不足，水電、維修等費用也極為欠缺，嚴重影響教學與行政業務之推展。（吳天泰，1994:44、104～105、143）

二、師資的問題

原住民中小學因地處偏遠，交通不便，資訊不足，生活單調，因此一般教師大多不願前往任教；即使前往任教，也會設法儘早調離，因而經常造成教師不足，只得雇用代課教師之窘境。留在山地中小學任教之教師，則有許多人因兼任過多的行政工作，而無法專心教學；另一些人則因不瞭解原住民的社會與文化，或不諳原住民語言，無法接納或融入當地社會，而感到挫折、孤獨、沮喪，因而無法熱心教學；也有人將山地學校當做養老之場所，這種人當然也不會認真教學。這些都是當前臺灣原住民教育中比較重要的師資問題。（白光勝、鄭玉妹，民84：訪談內容）

另外，根據吳天泰教授的訪視報告，也發現原住民小學有「

教師的流動率高」、「教師有老化的現象」、「教師兼辦行政業務過多」、「老師對原住民文化缺乏基本認識」、「代課老師比率偏高」、「教師進修意願雖高,但不易付諸實現」⋯⋯等問題,可謂所見略同。(吳天泰,民 83:106、141〜142)

三、親職教育的問題

所謂「親職教育」,內容包括「父母親對兒童及青少年身心發展的瞭解」、「父母親對教養子女的內容、方法與態度的認識」、「親子間的溝通技巧」、「家庭生活計畫與管理」、「親子問題的解決途徑」、「婚姻與家庭的知能」、「衣食住及休閒生活的管理」,以及「精力、金錢及時間的有效利用」等(楊國賜,民81:102)。根據多項研究顯示,親職教育的成功與否,直接影響著學生的學習態度與成效(張建成,民82;譚光鼎,民83;吳天泰,民83),可惜當前臺灣原住民社會的親職教育並不成功,其原因包括:㈠缺乏推動親職教育的專責單位或個人;㈡原住民父母為了生計無暇參與親職教育活動;㈢親職教育活動沒有完整的計畫;㈣缺乏經費。(楊國賜,民81:105)其實,筆者在訪談過程中,發現原住民籍的父母或許由於本身所受的教育有限,因而沒有認識到教育對子女的重要性,同時又誤把教育當作是學校的責任;或許由於其家庭環境窮困,既無力供子女上學,又希望子女能早日幫忙家務或協助做工。因此,有許多父母並不重視子女之教育,本身也不太願意配合學校共同督促子女唸書,或參加親職活動;另外,家庭失和、單親家庭,和父母子女間溝通不良等因素,也往往嚴重影響學生之學習態度與成效。(吳天泰,民83:23、 141〜142)

四、學前教育的問題

筆者訪問白光勝牧師及鄭玉妹校長時,兩人均同聲強調學前

教育的重要，他們認爲平地漢人之學前教育已很普及，且水準也大體不差，而原住民則限於種種條件，學前教育並不普遍，相形之下，已在「起跑點上」輸給漢人，將來一旦面臨激烈的競爭，勢必敗下陣來，而引發一連串的自卑、挫折、逃學等問題。因此，他們建議政府應積極協助原住民社區成立幼稚園，使兒童在幼稚園中不但可以學習一些生活知識，也可以練習母語，更可以培養人際關係。關於此點，吳天泰教授的訪視報告中，也有相同的意見反應。（吳天泰，民83：107）

五、學生課業及升學問題

根據多項調查研究，原住民學生之課業，一般而言均較平地漢人爲差，其中以中小學之國語、數學、英語爲最明顯，但體育、美勞、音樂方面則不輸漢人，甚至超之。（李亦園，民72；譚光鼎，民83；張建成，民82）至於其課業之所以較差的原因。不外：㈠家庭經濟不好；㈡家裡讀書環境不佳；㈢父母對子女的教育不關心；㈣原住民學校學生本身不想唸書；㈤其他～如學校設備不好、師資不佳。（李亦園，民72：70～71）到了高職乃至大專以上程度，原住民學生在學生方面，還面臨「文化適應」與「社會壓力」，也很容易造成他們的學習困難。（吳天泰，民83）

在升學方面，目前山地國小畢業生約有90％繼續升學，國中畢業生約有60％繼續升學，高中職畢業後繼續升學者則很少。原住民學生不能繼續升學的原因，則有經濟困難、家長反對及本身不想再唸等。（教育部，民83：71）另外，根據筆者之訪問結果，發現還有一個原因，就是原住民也覺得唸完高中高職後仍然找不到合適之工作，所以不如國中畢業就馬上進入就業市場，而不願再唸三年高中職。至於進入大專院校就讀，雖然也有降低

錄取標準和保送制度之優惠，但名額畢竟有限，難以廣泛提高大
專就學率。

六、技職教育問題

　　如果原住民學生一時之間無法全面提高教育程度，那麼在國
中、高中階段加強技職教育，似為另一條可考慮之途徑。目前高
中階段雖有職業技能訓練之課程，但大抵為選修課，又引不起學
生之重視，而國中階段則幾乎完全沒有落實此種課程。因此，有
人建議不如將國、高中與地區職訓中心合作，由職訓中心代授技
職課程，或請職訓中心教師巡迴至各校開班上課，效果可能更佳。

　　此外，在技職教育課程之設計上，也宜配合學生之族群特色，
分別規劃歌唱、舞蹈、體能、手工藝品……等方面之課程，使學
生學習起來更覺親切而有趣。（吳天泰，民83：23、107）

七、課程與教材問題

　　早期中小學的課程，是以「推行國語」、「加強族群融合」、
「培養國家民族意識」等為最高宗旨，因此課程內容中經常不自
覺地出現「漢族中心主義」，對原住民學生的學習造成文化上和
心理上的困擾。近年來，國立編譯館雖陸續推出各種新編教材，
但依然傳遞著不恰當的族群觀，例如把豐年祭描寫成觀光活動；
關於少數民族的討論，均以他們如何被「漢化」作為主軸；生活
與倫理課程也只強調漢人的價值觀、倫理觀……等等。（孫大川，
民82；吳密察，民82；李亦園、歐用生，民81）

八、母語教學與鄉土教學問題

　　隨著社會的開放和多元文化教育理念的盛行，臺灣的母語教
學和鄉土教學也蔚為風潮，頗受重視。但經筆者走訪之結果，發
現事實上並不那麼樂觀。以原住民部分而言，除了臺北縣、屏東
縣和宜蘭縣的若干山地國小在母語教學和鄉土教學上比較有所進

展者外，其他地區則不是那麼順利，主要的困難在於：㈠許多山地中小學之教師仍有百分之六、七十以上是漢人，他們不會說南島語言，甚至不認同母語教學或鄉土教學，因此師資成爲一個問題；㈡臺灣原住民九族之中，各族有其不同之語言，甚至同一族之內又分數種不同之語群。因此，在教材之選編上，就非常困難。加上原住民並無文字和語音記錄系統，目前用來注音的符號就有國語注音符號、變形注音符號和羅馬拼音三種，對原住民學生而言，眞是複雜又艱難；㈢學生在學習國語、英語上，已感吃力，如今再加上母語教學，壓力可想而知；㈣原住民父母爲了子女的升學，也不贊成母語教學；㈤學校鑑於所有科目均已排滿，只得將母語或鄉土教學列爲社團活動，聊備一格；㈥至於鄉土教材，究竟應該如何選編？也頗令人困擾，有待學者專家進一步研究、探討。（吳天泰，民83：96～97、101、107；謝小芩、阿嬌，民83：8～11）

九、生活教育和社會教育問題

除了學校教育之外，生活教育也爲個人人格成長過程中不可或缺的一環。原住民學生在生活教育方面，比較需要加強的有：㈠衛生習慣的培養；㈡戒酒、戒毒；㈢儲蓄、理財、勤勞、法治等觀念之建立等。（吳天泰，民83：42、100～101）

再者，學生之學習行爲深受父母態度之影響，因此，父母之教育甚爲重要。而學生畢業後踏入社會，本身也需不斷接受再教育，才能不斷充實自我，適應現代社會急遽的變遷，因此，社會教育的問題也頗爲重要。現今原住民在社會教育方面的問題有：㈠如何誘導父母親對子女教育的重視；㈡父母親的衛生習慣和儲蓄理財觀念等的培養；㈢親子間溝通技巧之學習；㈣夫妻對家庭之責任的強化等等。（吳天泰，民83：108；教育部，民82：70）

肆、當前臺灣的原住民教育政策

　　面對著前節所指陳的許多原住民教育問題，政府的政策爲何？這是吾人所最關心的。當然一般民主國家施政的最高依據是憲法。我國憲法第十三章「基本國策」中，對於教育文化政策及少數民族教育也有原則性之規定。例如第158條規定：「教育文化，應發展國民之民族精神，自治精神，國民道德，健全體格，科學及生活智能。」第159條規定：「國民受教育之機會一律平等。」第163條規定：「國家應注意各地區教育之均衡發展，並推行社會教育，以提高國民之文化水準。邊遠及貧瘠地區之教育文化經費，由國庫補助。其重要之教育文化事業，得由中央辦理或補助之。」第168條規定：「國家對於邊疆地區各民族之地位，應予以合法之保障，並於其地方自治事業，特別予以扶植。」第169條規定：「國家對於邊疆地區各民族之教育、文化、交通、水利、衛生，及其他經濟、社會事業，應積極舉辦，並扶助其發展，對於土地使用，應……予以保障及發展。」另外，憲法增修條文（民國83年公布）第9條規定：「國家對於自由地區原住民之地位及政治參與，應予保障；對其教育文化、社會福利及經濟事業，應予扶助並促進其發展。對於金門、馬祖地區人民亦同。」這些都可以算是臺灣原住民教育政策的基本依據，從這些條文的規定，也可以看出憲法係承認我國爲複合民族國家，故它主張多元文化的教育，強調特別扶助各民族教育文化之發展。（高德義，民84：16～17）

　　前曾述及，政府所頒有關原住民教育之法令，雖不下數十種，但以目前而言，原住民教育政策的主要依據應爲教育部於民國83年（1994）所修正頒布的「發展與改進原住民教育五年計劃

綱要」。茲將該計劃綱要簡介如下:

一、健全原住民教育行政與法規——比較重要者有:於教育部設置原住民教育司或將原住民教育委員會納入正式編制,於省市教育廳局設置原住民教育科,提高原住民學校教師編制,修訂各級政府有關原住民之法規,從寬訂定原住民學校之認定標準。

二、調整原住民教育教學制度——比較重要者如:選定若干學校做爲原住民語文藝術之重點發展學校,強化重點學校之師資,建立巡迴輔導制度,改進原住民職業教育,培育精緻農業人才,設置原住民職業重點學校,增設觀光、工商管理、山地藝術等類科以符合原住民專長或興趣,職業重點學交與職訓中心建教合作,加強各級學校之課業輔導等。

三、改進原住民教育師資培育、任用與進修——比較重要的有:改進保送制度,規劃學士後短期原住民教育師資班,研訂自願服務原住民學校之師範生公費或獎學金制度,規劃開設多元文化、原住民教育課程,研訂各種原住民教師進修辦法,研辦新進原住民教師文化講習,研究原住民教育師資供需情形,改進原住民學校師資任免遷調辦法,鼓勵優秀教師至原住民學校服務等。

四、建立原住民學生生活與教育輔導體系——比較重要者如:設置原住民學生生活輔導中心,廣建原住民學生宿舍並健全住宿制度,改善原住民學校膳食制度,指定高中職及國民中小學爲中心學校集中輔導原住民學生,輔導原住民學生參加才藝表演,加強原住民學生升學輔導,增闢原住民升學管道,加強失學原住民補習教育,規劃設立民族學院,加強原住民就業輔導,保障原住民就業機會,與職訓中心合作訓練學生就業技能等。

五、強化原住民教育與課程教學——比較重要的如:成立原住民學前教育及國民教育課程規劃小組研析調整課程,編訂原住

民語音符號系統，編製母語輔助教材，加強原住民學校藝能科教學，獎助教師自編教材等。

　　六、充實原住民教育設施——比較重要者有：整修或增建教室，增建專科教室及圖書館，增建教師及學生宿舍，充實原住民學校教學設備，成立原住民文物陳列室等。

　　七、加強原住民教育研究及學術交流——如：教育部成立專責單位推動原住民教育問題之探討，選定若干師範院校成立原住民教育研究中心，在大學及師院開設有關原住民與我國各民族之課程，定期與辦國內外原住民或少數民族教育研討會，成立世界少數民族教育資料檔，資助研究人員前往國外從事少數民族教育研究等。

　　八、提高原住民學校教師與學生福利——比較重要的有：提高教師薪金並補助交通費，提高服務加給並調整加給標準，改善教師生活需求，增建教師宿舍，辦理兒童免費學前教育，加強學生之補救教學，訂立傑出原住民學生培育辦法，改善學生生活及衛生環境，充實學生宿舍及設備，協助學校經營校車等。

　　九、推展原住民親職教育——比較重要者如：加強原住民親職教育之研究，以原住民母語輔助推行親職教育課程及教材之研編，訂定推行親職教育之相關辦法，成立親職教育諮詢輔導小組與執行單位，籌設親職教育專業機構，編製親職教育實施手冊等。

　　十、推展原住民社會教育——比較重者有：加強原住民社會教育之研究，研編社教課程及教材，研編原住民補習教育及成人教育基本教材、休閒教育教材及老人教育教材，訂定推行原住民社會教育之相關辦法，成立原住民社會教育諮詢輔導小組與執行單位，籌設原住民社會教育專業機構，辦理原住民之補習教育、職業教育、藝文教育、休閒教育及老人教育等。

伍、臺灣原住民教育的展望

從以上「發展與改進原住民教育五年計畫綱要」的內容來看，其實政府已相當周詳地處理了臺灣原住民教育的主要問題，但這項五年計畫，目前才實施了一年（1994～1995），效果如何？尚難評估。而且其內容包含了10個計畫項目、32個執行要項和153項執行內容，範圍龐大而複雜，政府能否在五年內一一落實這些內容，不無疑問。況且教育部在八十三年度（1994）的預算中，本綱要的經費只占一億七千萬元，八十四年度（1995）的經費也只有二億一千萬元，可謂杯水車薪，要達成上述計畫目標，恐有困難。不過，無論如何，政府對於原住民的教育，總算是開始重視了，而且是「有計畫」地加以處理，這一點總是值得肯定的！

以下，筆者就臺灣原住民教育的主要問題，提出一些未來的看法：

一、在學前教育方面：政府已計畫在原住民社區或小學設立幼稚園，這當然是件好事，相信原住民之父母也會贊成才對（幼兒沒有幫助家務之能力）。不過，另一方面也應鼓勵民間（尤其是原住民自己）興建幼稚園，方便能普及學前教育，政府只需善盡督導之責即可。

二、在提升師資方面：上述計畫大綱也已做了許多規定，例如提高教師待遇與加給，興建教師宿舍與設備，增加教師進修管道等等，但如果能確實改善下列狀況，則更能提昇原住民學校之師資：㈠平地學校之問題教師不可調至山地；㈡可考慮平地教師與山地教師輪調之辦法；㈢以公費或特別簽約之方式，鼓勵師範院校或有志於山地教育之一般大學畢業生志願至山地服務；㈣為

新任之教師舉辦原住民文化研習活動；㈤鼓勵原住民族籍之大學畢業生，於接受教育專業訓練後，分發回山地學校服務；㈥山地加給或獎勵金不宜採按身分一律發放之原則，而應以教學或研究之成果爭取這項獎助；㈦年齡已近退休者，原則上不予考慮調至山地學校服務。（蔡中涵、林天生，民81：162～165；楊孝濚，民81：191～192）

三、**在學課業輔導方面**：原住民學生之課業成績，一般而言，有比平地漢人差的現象，這主要是原住民學校之師資、設備、家庭環境、父母心態……等，有以致之。要改善原住民學生之課業問題，除五年計畫綱要所設計的提昇師資，研究調整原住民中小學課程，充實原住民學校教學設備等外，吾人認為若能同時從下列各點著手，或許更有助於學生學業之進步：㈠設立資源教室，輔導學生國語、英文及數學能力；㈡利用寒暑假委請各大學山地服務社學生上山進行課業輔導；㈢與地方上之教會或基金會合作，進行課後補習；㈣修改國語、社會科、自然科等課程，使其不與原住民文化相衝突；㈤加強小學課後輔導，國中則各年級均宜接受課後輔導；㈥加強親職教育，改變原住民父母親對子女的教育態度；㈦如能安頓父母之工作，則更可安定學童之學習環境。（吳天泰，民83：43、116、146；楊孝濚，民81：193、204）

四、**在學生升學方面**：保送、保障、加分的升學管道，雖可增加原住民學生升學機會，但也容易養成學生依賴心理，甚至會因漢族學生之歧視而產生自卑，所以也不宜長期實施。就長期而言，增設民族學院或與原住民文化相關的科系，並分區增設適合原住民學生就讀之專科學校（如體專、藝專、農專……），可能是值得考慮的途徑。

五、**在母語教學方面**：政府在五年計畫綱要中對母語教學也

有不少規劃，如由教育部編訂原住民語音符號系統、編製母語輔助教材、選定母語實驗學校等，而且也有了初步的成東。另外，有些縣市政府（如臺北縣、屏東縣、宜蘭縣等）對推動母語教學（不僅限於原住民母語，還包括河洛語、客家語），也頗為熱心，近幾年來分別邀請學者專家編製母語教材，甚至灌錄錄音帶，以利教學，這些都是值得讚賞的。不過，吾人如能同時解決下列問題，則母語教學之成效應會更大：㈠師範院校或一般大學之語文學系，應多培養母語教學人才，這可採用獎勵學金制或工作保障度來鼓勵學生研修母語教學課程；㈡由於中小學之課業繁重，加上又有升學壓力，所以無法將母語課程排入正課內，但目前中小學課程正朝向更活潑、更彈性的方向修訂，相信未來的課程架構應會更有選擇空間，母語教學的排課問題應可得到適度解決；㈢除了正式的課堂，母語教學可能更適合在社區中進行，政府似可結合教會、文化中心等單位，甚至聘請部落長老出面擔任語言傳承工作；㈣政府宜獎勵服務於原住民學校之平地教師，學習原住民語言，甚至支援母語教學；㈤原住民行政當局應設法邀請學者專家，長期研究各族群母語，就原住民而言，如有可能，似可設法將各族之語言稍做整理，以免各族之內又有語言分歧之現象，在學習及溝通上均極不便。

　　六、在鄉土教學方面：鄉土教學所面臨的困境，和母語教學是相似的，它雖然頗受重視，卻苦無師資，也缺乏良好的教材。鄉土教學的定義可以很寬廣，它可能是指各族群的歷史、神話、傳統、典故，也可能是民俗、祭典；它可以指本地的自然景觀、氣候、物產，也可以指本地的歷史沿革、民風、語文（姚誠，民84：76～78）。因此，當我們要選編鄉土教材的時候，究竟要如何取捨？在教材的繁簡難易程度上，又要如何決定？恐怕得請

學者專家多多研究才行。其次，在師資方面，更感困難，一個普通大學畢業生，如何能在本科系的專業知識外，還懂這麼多人類學、文學、歷史學、生物學、地質學、語言學……的知識？因此，吾人建議：㈠在師範學校中，應開設人類學、民俗學等與鄉土教學有關之課程，讓有志鄉土教學之學生研修；㈡鼓勵原住民教師製編鄉土教材；㈢政府按地區或族群分佈設立鄉土文化中心，製作、展覽、借用各種鄉土教材。（吳天泰，民83：39、115、120）

七、在技職教育方面：如果原住民學生不願升學，則技職教育正可提供適度的就業訓練。在五年計劃綱要中，政府已規劃要請各職訓中心於寒暑假開設職訓專班，或讓輟學不願升學之國中畢業生先入職訓中心，以學得一技之長，再輔導就業。此外，並計畫加強原住民學校藝能科之教學，且開設有助於原住民學生未來發展事業之課程，這些都頗有助於學生未來之就業。不過，有些人（如白光勝牧師、鄭玉妹校長等）則認為技職教育不應只在高中實施，而應從國中至國小高年級就開始實施。

八、在親職教育方面：在吳天泰教授的訪視報告及筆者個人的訪問中，均發現家庭環境、親子關係及父母態度等對子女的學習成效辭相當大的影響，因此，如何加強親職教育，使父母重視家庭教育、重視子女的教育問題，並認識到與學校教師合作共同教養子女的必要性，是決定原住民學生學習成敗的重要因素之一。在五年計畫綱要中，政府不但計畫加強親職教育之研究，而且要研編親職教育課程，訂定親職教育辦法，甚至成立諮詢輔導小組與執行單位等，不可謂不努力。不過，吾人認為這項工作如果能鼓勵民間來做，效果也許會更好。例如由部落長教來主導，或由社區教會來推動均可，如能透過母姊會、家長會、社區活動中心，

甚或扶輪社、婦女會等,成立父母教育輔導團,來舉辦親職教育,或許會更活潑、更吸引人。

九、在特殊才藝教育方面:原住民學生在體育、美術、音樂、舞蹈等方面,往往有其特殊之才華,政府應善加培育。(莊三修,民84:77)在五年計畫綱要中,政府已計畫將「特殊才藝及興趣」互為第二發展方向來輔導,並輔導及補助運動團隊及才藝表演活動,辦理舞蹈、音樂研習班等,但吾人認為下列事項可能是更重要的:㈠寬列民族藝術發展之經費;㈡鼓勵具有音樂、體育、美勞、舞蹈、雕刻、編織等專長之教師前來山地任教;㈢成立民族藝術展演廳,以供民族藝術表演、展示、保存及研究之用;㈣成立適合原住民特殊才藝之專科學校,或商請各體專、藝專、體育學院、藝術學院保留一定之名額,供原住民學生研習民族才藝。

十、其他:除以上所述各點外,像原住民教育經費的補助,應如何才算公平?所謂原住民學校,究應如何認定?所謂偏遠地區學校,又如何認定?還有,有關社會教育的問題,究應如何推動,才能落實五年計畫綱要的理想?也需要政府官員、學者專家與地方人士共同研商,才能一步一步落實。

陸、結　語

綜合以上所述,可見臺灣原住民教育的發展,已有了初步的成果,雖然其中困難不少,而原住民族籍的教育工作者之批評也很多,但整個社會總算開始重視此一問題了,而且政府也已訂定一套五年計畫來作為原住民教育的施政依據,這總是值得肯定的。尤其重要的是,政府已調整過去強調族群融合的一元文化教育觀,改採尊重各族群次文化的多元文化教育理念,的確是觀念上的一大進步!

　　最後，吾人須省思者，即原住民教育究竟是以促進原住民的現代化爲主？還是以維護並發揚原住民的傳統文化爲重？根據李亦園、歐用生（民 81）對大學教授、民意代表、教育行政人員，和中小學校長、教師所作之調查顯示，絕大部分之受訪者均認爲原住民的教育應該定位於「適應現代化生活，並維護傳統文化」（非常贊成者佔40.63％，贊成者佔50.00％，合計佔90.63％），可見原住民教育的方向或目標，應是「傳統與現代並重」的。那麼，教育部所頒布的五年計畫綱要，究竟能否達成這一目標呢？筆者認爲：如果五年計畫綱要的這些措施，均能一一付諸實現，且能持之以恆，那麼，未來當然可以達到這一目標。只是在推動此一計畫綱要時，政府應多善用民間力量，尤其是應多邀請原住民族群長老及年輕菁英加入規劃與執行的行列，方不致產生隔閡與偏差的現象。（瓦歷斯・尤幹，1994：6～7）

參考文獻

瓦歷斯・尤幹　1994，「體檢臺灣『山胞教育』——臺灣原住民教育的一些觀念問題」，原住民文化會議論文，屏東：臺灣山地文化園區。

內政部　民81，當前山胞政策，臺北：內政部。

李亦園　民71，山地行政政策之研究與評估報告書，臺北：中央研究院民族學研究所。

李亦園、歐用生　民81，我國山胞教育之方向定位與課程內容設計研究，臺北：教育部教育研究委員會。

李任癸、林英津　民84，臺灣南島民族母語研究論文集，臺北：教育部教育研究委員會。

吳天泰　民83，山胞國民中小學訪視工作報告，花蓮：花蓮師院。

吳天泰　1994，「師院原住民學生之壓力與調適」，原住民文化會議論文，屏東：臺灣山地文化園區。

吳天泰　1995，原住民教師學生族籍調查報告，花蓮：花蓮師院原住民教育研究中心。

吳密察等　民82，體檢小學教科書，臺北：臺灣教授協會。

姚　誠　民84，「鄉土意識與鄉土教育———一項理論建構的探索」，原住民教育論文，花蓮：花蓮師院鄉土教學資源研究中心。

高德義　1995，「邁向多元化教育」，原住民教育研討會論文，花蓮：花蓮師範學院。

孫大川等　民82，體檢小學教科書，臺北：臺灣教授協會。

莊三修　民84，「教育行政與原住民教育改革」，原住民教育研討會論文，花蓮：花蓮師院。

教育部　民82，「我國山胞教育實施概況」，臺灣原住民族文化發展協會編印，原住民政策與社會發展，臺北：原住民族文化發展協會。

教育部　民83，發展與改進原住民教育五年計畫綱要。

張建成　民82，光復以來山胞之教育及其家庭相關因素之探討，臺北：國科會研究報告。

楊國賜　民81，加強山胞親職教育之改進方案研究，臺北：教育部教育研究委員會。

楊孝濚　民81，臺灣地區山胞教育資料蒐集、整理與問題分析研究，臺北：教育部教育研究委員會。

詹棟樑　民82，「多元文化教育理論與實際探討」，載中國教育學會主編，多元文化教育，臺北：臺灣書店。

蔡中涵、林天生　民81，山胞教育師資之培育，臺北：教育部教育研究

委員會。

謝小芩、利革拉樂‧阿𡡾　1994，「臺灣地區原住民教育資源分配的探
　　　討」，原住民文化會議論文，屏東：臺灣山地文化園區。

譚光鼎　民83，臺灣山胞青少年文化認同、成就概念與學習行為關係之
　　　研究，南投：暨南大學籌備處。

臺灣地區中小學原住民
母語教學問題之探討

鄧毓浩

臺灣師範大學公民訓育系講師

壹、前　言

　　近年來，臺灣地區由於受到政治民主化、社會平等化、經濟自由化的影響，使得政治社會與產業經濟急速發展與轉型，文化多元化的問題，亦伴隨而生，應運而來。民眾對語文價值的反省，開始瞭解到不同的族群語言，應具有相等的價值，在社會上應受到同等的尊重。語言不僅是人類表情達意，互相溝通的工具，而且是文化保存的媒介，是人類重要的文化資產，更是族群認同的一個憑依。臺灣海島面積不大，但先期居民移自不同地區，復以海島山脈橫亙，交通往返不便，族群長時隔離，語言發展至為複雜。近來受多元文化潮流的衝擊，原住民自主意識的覺醒，更在社會正義的要求及伸張之下，語言的分殊及整合，遂成社會發展不容忽視的問題。

　　幾十年來，政府長期推行國語文政策，造就中小學生一口流利的國語，但是對本土語言及母語卻造成疏離及傳承上的斷層。一位天主教花蓮教區神父博利亞即慨然指出：社會變遷帶給阿美族部落最大的危機就是族群的絕滅！很多小孩不再說他們的母語，

只說普通話，久而久之，阿美族的語言可能消失。（自由時報，
1995，6，16）他的反應只是冰山的一角，「母語斷層」正意味
著族群文化的消失。也正是族群被消滅的警訊，原住民族群意識
到這種危機，近年紛紛發起母語研究及推廣的行動。因此，如何
透由語言發展的多元文化，讓人民認識自己的地方鄉土文化，進
而對本文產生認同感及歸屬感，再擴而至國家的認同，都是刻不
容緩的課題。

　　人之所以爲人在於它有語言文字。說母語本身就是一種權利，
也是一種基本人權，在民主社會裡推動母語教學，進行母語傳承，
即是維護人權的一種表現。臺灣自1987年解除戒嚴以來，社會
力迸放，文化多元發展，族群共榮和諧的訴求，正方興未艾，實
施母語教學只是起步的工作，其實施方式及衍生問題，都值得關
心與評估。

貳、臺灣原住民語文教育政策的發展

　　臺灣原住民族語文教育政策，起源甚早，明鄭、滿清及日據
等時代，都訂有若干實施辦法。不過，政治權力的介入，實施辦
法類多屬於強勢民族的同化政策，尤以臺灣光復之後，語言同化
至爲徹底。由於篇幅所限，謹以光復以後及解嚴前後的做法，來
說明語文教育政策的發展。

一、解嚴前的政策

1.1951年「山地施政要點」

　　1945年臺灣光復，政府遷臺，1951年臺灣省政府頒布「山
地施政要點」，其中有關教育設施政策的規定，包括獎勵國語文，
推展農業技能，推行社會教育等（臺灣省政府公報，1951春26
期），其中對語文教育的指示爲：

積極獎勵國語、國文。以各項有效辦法啓發山胞學習國語
國文的興趣，嚴格考核山地國語國文的推行進度。

並據此設置「山地推行國語辦法」，以實現「山地平地化」
的目標。 1958年山地國民學校停用山地課本，改用一般國校課
本，原住民教育逐漸與平地教育趨於一致。

　　2.1963年「山地行政改進方案」

1963年臺灣省政府續訂頒「山地行政改進方案」，提出「
促使山胞與一般社會融合」的目標，代替原本「山地平地化」的
目標，方案中有關語文教育，作如下的指示：（臺灣省政府民政
廳，1971：27）

確實加強山地社會教育，配合舉辦各項社教活動，灌輸國
家民族觀念，加強辦理補習教育，傳授生產技能及生活常
識，積極推行國語，加強國語推行員的工作，並嚴格考核
其執行成果。

以上舉證，都說明政府貫徹國語化語文教育政策的態度，無
形中阻絕了原住民母語的發展，此種強制政策直至解嚴後，才獲
得改善。

二、解嚴後的政策

解嚴以後，政府確實有意針對過去一些不當的措施，做必要
的調整。

　　1.1988年「山胞社會發展方案」

政府於1987年解除臺澎地區戒嚴，翌年訂定「臺灣省山胞
社會發展方案」，並於次年實施。方案中主要目標第一點，即明
白指示：（臺灣省政府公報，1988夏23期）「尊重與維護山胞
優良傳統文化，培養其自主奮發的精神與能力。」文中之「尊重」、
「維護」，意味著政府原住民政策的轉變，由嚴格要求平地化，

轉為尊重民意，維護文化傳統；由過去的專斷，變為民主開放，無形中蘊育了母語教學發展的契機。

2.1992年「發展與改進山胞教育五年計劃」

1988年2月教育部召開「第六次全國教育會議」，提出重視山胞教育的政策。首先成立「教育部山胞教育委員會」，專責規劃籌辦山胞教育相關事宜。旋召開「山胞教育研討會」，進行山胞教育專題研究，對多元文化教育的肯定。1992年2月復配合國家建設六年計畫，訂定「發展與改進山胞教育五年計畫」，在計畫綱要中，規劃實施母語輔助教學，其執行內容為：（教育部，1992：23）

(1)由教育部編訂山胞語言符號系統。

(2)成立委員會編製母語補助教材。

(3)選定母語輔助教學之實驗學校。

(4)評估實驗結果，研擬推廣之策略。

在各執行項目中，以第一項的成就最大。教育部為落實母語教學，委請中央研究院歷史語言研究所李壬癸教授，針對山胞各族語言之語言符號系統深入研究，1992年7月完成「中國語文臺灣南島語言的語音符號系統」，翌年又共同研擬「臺灣南島母語教材大綱」，有助於原住民母語的傳授。1994年復舉辦「臺灣南島民族母語研討會」，就母語的現狀、維護、結構，作深入的剖析，並檢討現行語言政策。

3.1996年計劃召開「原住民教育會議」

為照顧弱勢族群的權益，1994年國民大會進行第三次修憲，在增修條文第九條，除將山胞更名為原住民外，並對其教育文化、社會福利及經濟事業，應予扶助並促其發展。這是透過國家憲法這麼高的層次，對原住民名位及權益的維護。另外，教育部也計

劃在1996年召開原住民教育會議，草擬「原住民教育法」，該
法也計劃納入下列五大重點：（國語日報，1995a，4，26）

(1)重視原住民教育。

(2)規畫原住民教育行政體系及學制，配合教育優先區的實踐。

(3)落實各種優待及獎勵辦法。

(4)提升原住民教育品質。

(5)確保原住民傳統文化語言。

除此，原住民要求教育權和文化權下放的問題，將也成為會
議的焦點。

叁、臺灣原住民語言分布

一、臺灣原住民語言分布

臺灣的「原住民」，自光復以來一直沿稱「山胞」。為符合
這些原住族群並非皆屬於山區的事實，並尊重其社會地位，在第
三次修憲時，已正式更名為「原住民」。目前臺灣九個原住民族
總人數為卅五萬四千零七十三人（依今年五月份統計），占臺灣
地區人口總數的百分之二弱，可謂「少數民族」。分佈於全島廿
一縣市三十個山地鄉，但以花蓮、臺東二地居多。而九族中人口
最多的是阿美（Ami）族、約有十三萬人，其次是泰雅（Taiyal）、
再次為排灣（Paiwan）、布農（Bunun）、魯凱（Rukai）、
卑南（Puyuma）、曹（鄒）（Tsou）、雅美（Yami）、賽夏
（Saisiat）族，這九個族群同屬於非漢語的南島系民族（Aus-
tro-Nesjan），其起源學術上仍有爭議，而其語言分布是：（國
語日報，1995b，7，14；李壬癸，1992）

1.阿美族——分布在花蓮、台東、屏東一帶。可分為五個方
言群：(1)北部方言（南勢群），(2)馬太安，(3)中部方言（海岸群

與秀姑巒群），⑷南部方言（卑南群與恆春群），⑸撒其匝亞。
其中以中部方言通行的地區最廣。

　　2. **泰雅族**——分布在大半個臺灣的山地，包括臺北、桃園、
宜蘭、新竹、苗栗、臺中、南投、花蓮等八縣。可分為泰雅語和
賽德克語（包括太魯閣）兩支。泰雅又分為賽考利克與澤敖利兩
個方言群。前者通行範圍最廣，如臺北縣烏來鄉、桃園縣復興鄉，
使用人口也最多；後者則通行於苗栗縣泰安鄉。賽德克語又有三
個次方言，通行於南投縣仁愛鄉及花蓮縣秀林鄉、萬榮鄉。

　　3. **排灣族**——分布在屏東、臺東兩縣的十一個山地鄉，地域
遼闊，方言複雜，以臺東縣達仁鄉的古樓方言為代表。

　　4. **布農語**——分布相當廣，包括南投、高雄、花蓮、臺東、
屏東等縣的山地。依地區又可分為五個方言群（北部中部各兩種，
南部一種），以南部方言通行最廣。

　　5. **卑南語**——分布在臺東縣。又可分為南王及七村兩個方言
群。

　　6. **鄒語**——鄒族或稱曹族。分布在中部的阿里山區（嘉義、
南投），又可分為三個方言族。另外，「南鄒」還有兩種方言：
卡那卡那富語，沙阿魯阿語。

　　7. **魯凱語**——分布在高雄、臺東兩縣，計有六種方言，又可
分三個方言群：⑴大南、大武、霧台；⑵茂林、多納；⑶萬山。

　　8. **賽夏語**——可分為兩個方言群：東河和大隘，分布在苗栗
縣南庄鄉和新竹縣五峰鄉。

　　9. **雅美族**——分布在蘭嶼島上，共有六個部落，方言差異不
大，僅音韻結構略有不同。

　　二、臺灣原住民母語教學實施
　　近年臺灣地區受多元文化主義的影響，推動母語教學已成為

地方政府的目標，由於適處試辦階段，缺乏整體規劃，各地實施情況不一，成效亦視政府投入的心力而定，有些地區僅辦原住民母語教學，有些地區還擴大至閩南語（河洛語）、客家語。不過後兩者因社會資源多，人才濟濟，問題較少。而原住民母語則因族群林立，語系繁雜，困難度高，目前實施也僅及於原住民較多的國民小學，及少數的國民中學。臺灣地區的母語教學，起自於80年代，由宜蘭縣東澳國小率先實施，隨後臺北縣烏來鄉烏來國民中小學做母語教學實驗。接著，南投縣仁愛鄉親愛國小、新竹縣尖石、五峰等鄉也都有了母語教學。然後，花蓮縣花蓮中學有「美雅農」語言研究社、屏東縣八個山地鄉及臺東縣也從1991年起，陸續舉辦母語教學。下面就走訪研究所得，及一些文獻的彙整，舉數校說明之：

1.臺北縣烏來國民中小學泰雅母語教育實驗

臺北縣烏來國民中小學之母語教學規劃，始於1989年民進黨籍之臺北縣縣長尤清，在上任後把推行鄉土教材、母語教學列為施政重點之一。因該校學生有72％為泰雅族籍，故奉命試辦泰雅族母語教學，1990年試辦第一年，將全校自幼稚園至國中之年級，分成幼生、國小低、中、高、國中初級和高級等六班，翌年次第擴編，1993年又開設閩南語班。該校母語教學安排每週三下午13：20～14：00和週六上午8：40～9：20兩個時段，利用自習、說話、分組、社團活動的時間，全校從幼稚園到國中同步實施。教學方式則結合唱遊、音樂、美勞、社會、自然……等科，並輔以實物、圖片、錄音帶、錄影帶、幻燈片、投影片、部落訪視、會話對談等，教學儘量做到生活化、趣味化、活潑化。至於教材，則有系統整理泰雅母語之字彙語詞，編纂泰雅母語會話教材、為顧及學生起點行為、教材之注音符號，初期以國語注

音符號為主，1992年則參照教育部編訂之南島語言語音符號系統。另教學是延聘社區部落中，對泰雅母語深具造詣者為母語義工教師，學校也於每月第四個星期，定期與學者專家、地方仕紳、義工教師，檢討施行成效。目前，自實施母語教學後，也帶來若干附加成效，透由學校推行母語，使社區部落之族群，意識到泰雅文化已瀕臨滅絕，因之愈加重視社區民俗文化活動；而國中學生也因學習泰雅母語後，發現泰雅語音中有許多語音與英語雷同，引發學生學習英語興趣，對英語教學不無助益。（宋神財，1995：101）

2.臺東縣延平鄉紅葉國小母語教學實施概況

　　紅葉國小係布農語系地區的小學，曾因培養少年棒球隊聞名於世。其母語教學也相當有成效。該校以全校學生為實施對象，無年級之分，每週三、六為母語教學日，即利用週三第四節及週六第二節得實施。母語教學日當天，全校師生著布農族服飾，下課時鼓勵學生用母語交談，使語言生活化，以落實母語教學；除此，還利用每天早晨課間活動，甚或下課時播放母語教學錄音帶，以營造母語教學環境，教材則由鄉公所統一編印，輔助教材則由校長及該校四位布農族教師共同製作錄音帶，至於教課透過鄉公所聘請邱德明牧師擔任講師，授課期間由該校布農族四位教師協助教學。教學經費則由鄉公所報請上級補助，另為了解教學成效，該校每學期評量二次，每兩個月實施口頭式的問答評量。在進行母語教學時，其他課程如美勞、音樂、可酌予調整內容，採行鄉土教學，融入原住民生活話題。

3.臺東縣南王國小母語教學實施概況

　　南王國小是臺灣地區卑南族子弟最多的學校，也是所有原住民中漢化較早的族群，因此，實施母語教學都較其他族群困難。

該校實施母語教學，尚未安排固定時間，係利用每天課間活動實施，或利用各種集會，適時教以生活中的簡易單字、單詞，並不斷地重覆出現，加深學生印象，另外也借助教唱傳統歌謠，由歌詞中學習母語，並瞭解歌謠內容典故，認識族群文化。該校也透過母姐會、家長會、里民大會、老師家庭訪問，呼籲學生家人在家使用母語多談。除此，該校也鼓勵學生參加族人重要祭典活動，增加接觸族群文化的機會，以實施「社區教學化」。該校母語教材，係由校長給合家長委員及社區熱心人士共同編擬，以國際音標和注音符號爲語音符號，以日常生活單字、單句、簡易會話、祭典特別用語爲主要內容。目前該校正著手編寫教師手冊，及結合地方文化工作者進行田野調查，，以編寫鄉土教材。

從以上訪談資料，約略可以歸納出原住民母語教學的數項特性：

(1)臺灣原住民母語教學，都是起自於國民小學階段，由分散的點，再逐步擴展到整體的面。

(2)民進黨執政的縣市，爲貫徹其本化教育政策，推動母語教學，態度上最爲積極。

(3)臺灣原住民母語教學，由於受「母語斷層」的影響，都要仰賴地方長老及教會神職人員等社會人士的協助。凡社區資源豐富的地區，母語教學的推展，亦較爲落實。

(4)母語教材的編印，得要政府的資助。若當地縣政府、鄉公所能積極配合，提供經費，母語教學的實施自然就事半而功倍，文化保存也就水到渠成。因此，地方政府及行政首長的態度，直接決定母語教學的成敗。

肆、臺灣原住民母語教學所面臨的難題

一、國家政策不積極支持

政府雖然至1988年起，訂頒改進與發展方案，但是爲避免過度捲入本土而窄化政策的爭議，大多數方案僅止於紙上談兵，理想多於實際，迄今母語教學尚未列入正式課程標準，只以輔助方式，利用「空白課程」施行。

二、有泛政治化的誤導

目前原住民母語教學的推展，似民進黨主政的縣市，投入最多。如臺北縣、宜蘭縣等。甚至同一縣市如屏東縣，因前後任縣長黨派不同，投入程度亦有差別，令人有泛政治化的聯想，不利於母語教學的推動。

三、課程經費短缺

臺灣現行國小正式課程由中央主導規劃，經費來源穩定，唯獨母語教學例外。課程規劃由地方主導，經費來源不穩定，無法編製其有整體性、階段性之完整教材。而教師的遴選，大多數學校也在設課經費短缺的情況，採行義工制度。

四、教材缺乏整體規劃

原住民族群尚處於有語言無文字的狀態，而母語教學亦屬起步之試辦階段，編寫教材最爲困難。另學生的起點行爲，在無法拿捏的情況，教材也僅能以一些禮貌性的會話爲主，尚無法做到層次性的發展。

五、語音符號系統難一致

臺灣南島語言沒有文字記載，因此在編纂教材時，首先要考量採用何種書寫符號系統，目前已有之教材不是採用羅馬拼音，就是國語注音符號，兩者各有其優缺點。除此，各族語系又有太多亞群，如布農語音有北方語音與南方語音，各地有各地的腔調，詞彙使用解釋各異其趣，語音符號系統難一致的情況，徒增教學

上的困擾。

六、師資來源不足

現行國小及國中教師，皆來自師範院校，原住民能考上師範院校者，多數於平地長大，品學兼優，對母語相當陌生，即使熟諳母語，也不太了解自己本身的語法結構，返鄉任教不見得能從事母語教學；再者，部分原住民學校，平地籍教師居多，往往視偏遠地區學校為跳板，教師流動性有如滾石般的不生苔，要落實鄉土教學與母語教育，自然無法達成其效果。

七、教學時數短少

目前原住民母語教學在無法排入正式課程，只有利用課外時間實施，一週一次，一次四十分鐘，時間短少，成效本就有限。

八、評鑑制度不健全

任何制度、課程，在經過規劃、執行之後，都要有評鑑制度，以評估其利弊得失，以做為檢討改進之參考。現行母語教學或許尚屬試辦階段，得實施已是難能可貴，遑論評鑑得失，以打擊執行者的信心，其實惟有經由評鑑，才能健全教育制度，建立教學信心。

九、學習環境不理想：

學習母語非專屬於學校的工作，家庭的配合更為重要，目前家庭及社區，因受漢化及大眾傳播媒體的影響，在學校學得的母語，得不到家庭的回應，甚至在電視節目之衝擊下，難以持續，都是教學上亟待克服的難題。

十、學習階段不連續

目前母語教學僅實施於國小階段，大多數的國中，尚未設置母語教學時間。因此，國小學過母語，到國中就中斷而無法延續，實施的效果大打折扣。

伍、檢討與建議

　　針對上述中小學原住民母語教學實施狀況，及其所面臨的困難，試循政策、課程、教材、教學、師資、社會資源、家庭與社區等面向，檢討得失，並嘗試提出一些興革意見：

一、政策方面

　　教育部爲改進原住民教育，自1988年起即展開一連串研究、座談、規劃，並於1992年訂定「發展與改進山胞教育五年計畫」，其中對原住民的語文教育，有如下政策性的指示：（教育部，1992：5）

> 爲統合國力及加強全民族之團結，必須人人均具備文化統整、語文溝通之條件，國語之教學乃爲國民基礎教育中最重要的一環，我國山胞之教育亦即尊重此一政策進行。然而，在推行國語之餘，不免影響山胞各族母語之發展，今後宜提供符合各族特殊文化經驗之補充教材，並適度採行母語輔助教學，以延續各民族之文化遺產，並進而發揚光大。

　　教育部並據此計畫，規劃實施母語輔助教學，編訂山胞語音符號系統，編製母語輔助教材，由上述作法，已看出政府對母語教學的態度，比已往積極與重視。但教育部對母體教學只定位在「母體輔助教學」，只強調在「輔助」與「維護文化」的從屬策略上，未能以「雙語教學」來定位母語與國語的平等關係，原住民精英對此頗不滿意。（張佳琳，1993：171）而教育部長卻以實施雙語教學與國情不合的理由來塘塞，（郭爲藩，1993：5～6）因此母語教學的定位，政府政策的走向，似應有檢討與調整的必要，否則，原住民自主意識的覺醒及擴大，政府再調整政策，

更顯示政府的無能，欣聞明年召開原住民教育會議，及擬訂「原住民教育法」，試可再作以下的努下：

1.基於尊重原住民人權的前提，對於弱勢或少數族群的教育，要透露政策與法律層面，設計一套適合他們的教育制度，使他們學到自己的語言，維護傳統文化習俗，又學到與現代社會相契合的知識。因此，政府在制定「原住民教育法」（或「原住民教育試行條例」），要確立原住民教育的目標與實質：並維護說母語的基本人權，對母語教育應有一明確的位階，不再視母語教學為「輔助教學」，母語教材為「補充教材」。

2.原住民教育法中，明定母語教學為正規教育的一環，如同國語教學一樣，設置課程標準，排定授課時數。

3.原住民的學校應有獨立的體系、學科、教材和教學標準都要調整。然能建立雙語教育制度，小學低年級教學以母語為主，高年級加強國語，將國語定位為「社區共同語言」，繼續推行國語，但同時維持原住民族語言，如同學習英文一樣，兩者不相排斥，且可和諧共存。另在大學成立民族學院（或族群學院）做為原住民的高等教育機構，也是研究和保持原住民文化學術中心。

4.原住民教育改革，也不宜完全孤立於整體教育的環境與改革之外，亦即臺灣目前四大族群語言、文化與族群共存互信的充實，也需要同步改革，如此才可能真正保護原住民應有的教育與文化權益。否則，單獨改革原住民教育制度及其教育內容，極易形成對原住民的孤立，對原住民文化的窄化。

二、課程方面：

語言開放本為時勢所趨，但是否將母語互為正式課程，教育當局仍持否定的態度。1990年修訂國小課程總綱時，當時社會輿論呼籲，應給予母語教學——適當的定位，當時修訂小組曾作

如下的說明：（臺灣省政府公報，1990夏63期）

> 在國民教育階段，應以建立國民共同之文化與語言基礎為
> 首要，國小教師應使用國語教學，若有興趣研修各地方言
> 之學生，可利用課外時間學習。

　　顯然課程安排，堅持以國語為教學共同語言，母語教學揮洒
的空間，相當有限，與社會的期許不無扞格。1993年教育部頒
布國民小學課程標準，在新制訂的課程總綱中，安排自三年級開
始，每學期每週有一小時的「鄉土教學活動」，內容包括語言、
歷史、地理、自然、藝術等五類，語言教學只是鄉土教學活動課
程的一部分。另外，團體活動課程，雖列有「方言教學」，但僅
僅是分組活動參考項目之一，窄化了母語發展空間，若以此課程
標準與舊課程標準比較（過去雖未列為正式課程，但可以課外活
動方式實施），反而有倒退反覺，豈不成多元文化教育之一大諷
刺。國中課程也好不到那裡去，1994年部頒新課程標準，雖設
有「認識臺灣」與「鄉土藝術活動」課程，後者之教材綱要，復
列「原住民儀式與祭典」、「原住民造形藝術」、「原住民表演
藝術」等項目，看來頗重視鄉土文化，但對母語教學的規劃，則
付諸闕如，令人遺憾！目前，國小國中新課程標準雖已頒布，但
尚未實施，或許還可以請教育局作以下的努力與補救。

　　1.不應將母語教學定位在特殊教育的補教教學領域之中，而
將母語教學視為「空白課程」來實施。應重新調整課程，或於「
團體活動」課程，補入母語教學時間；或在選修科目增列母語課
程。

　　2.修訂現行教育法規，將母語教學正規教學的一部分，特別
是在國民教育這個階段。

　　3.固定列出母語教學時數，依地區狀況強制執行。並定期評

鑑觀摩，以檢視實施成效。

三、教材方面

語言教材編寫的好壞與否，是決定一種語言教學成敗的重要因素之一。現行母語教材，都由當地政府籌劃，由地方政府編寫，由於族群語系特質不同，教本內容深淺不一，印刷品質也因經費投入的多寡而有精劣之分。因此，教材方面也存有若干問題，值得探討，以謀求改善之道。首先教材的編輯，雖由地方政府主導，不過內容的取捨，應由原住民精英的參與，著重原住民本身的主體性，方不致偏離原住民的立場。其次，教材內容係以區域性，或以整體性考量，本無定論，但新課程之鄉土教材，其編輯係以臺灣九族群爲單位，跨縣市分別辦理，但每個族群內的支群語言文化特質不同，如泰雅族的太魯閣群和泰雅群，鄒族的北鄒群和南鄒群，這些族群教材若是編成一套，如何在支群應變活用，值得斟酌，不過，筆者在走訪研究時，多數認爲爲了保存各地區特色，不應該強迫統一，以免阻礙各地語言發展，應採取自然交流，再逐漸融合爲一。第三，初期編輯教材宜以生活化素材爲內容，不過，教材的後續作業，應溶入語言結構的知識和溝通能力的素材，以符合實用性、知識性、文化性的原則。另黃美金教授認爲，應整合語音符號系統，爲避免學生將母語發音與國語注音符號混淆，增加學習困難，宜採用羅馬拼音來編寫母語教材，不但有助於外國學者和有興趣人士的學習，進而促進國內外學術文化之交流，並且有利於電腦文書處理。（黃美金，1995：79）第四，教材的編輯，應重視學生的認知發展層次，目前國內在這方面的研究不多；不過，尹建中教授等共同研擬之「臺灣南島母語教材大綱」，提出若干的原則及模式，可參照編擬。第五，在編輯教材時，亦應考慮輔助教材，如錄音帶及錄影帶的同步的發行，以

提昇母語教學的品質。

四、教學方面

　　原住民母語教學有兩點值得探討，一是教學實施階段，另一是教學實施方式。前者研究於何種年齡層學習母語效果最佳，後者則在探討，應採用何種教學方法，選擇何種教材，方可實現教學目標。關於實施階段，各方看法不一，根據李亦園與歐用生所進行的研究（1992：43），實施原住民母語教學，有30.5％的民眾贊成從幼稚園到國小一、二年級為佳；有25％的民眾主張從幼稚園到國中三年級，目前政府的政策則偏向於後項。事實上，母語的學習是連續性的，愈早學習效果愈佳，持續時間愈長也愈有成績可言，不須拘限於某一階段或某一層次。至於實施方式方面，國內學者研究認為，母語教學不外乎訓練學生聽、說、讀、寫四種能力，在國小階段（多數學校已界定在三至六年級），應以聽、說為主，讀、寫為輔，亦即在編寫初級教材和從事教學時，應特別加重聽力教材和口說教材，日常生活會話應融入教學之中；到國中階段則要求四種語言能力並重，聽力教材與口說教材以對話和口語練習為主，兒童歌謠為輔。並增加閱讀類和書寫類教材，教學上特別著重讀寫能力。（黃美金，1995：81）另外，教學宜選擇學生易於接受的語言符號系統，教學方式亦應彈性調整，靈活運用，如每月設定母語教學日，宜與社區活動結合，教學日鼓勵學生穿著傳統服飾，表演傳統技藝，從語言學習擴及至文化活動，以提高學生學習興趣，增進學習效果。

五、師資方面

　　原住民母語教學目前最困難，也是最需解決的，是師資來源及培訓問題。由於受「母語斷層」之影響，一般教師都是漢化教育下的產物，對母語一知半解，無法支援母語教學。因此多數學

校，只有仰賴社區及教會的協助，或學校透過家長會，請老一輩的先進，以傳統歌謠或說故事的方式，來教導母語，在過渡時期此方式或許勉強可行，若長此以往，文化無法傳承，反而阻礙了母語的發展。如今之計，惟有透過師範教育系統，增系開課，以解決師資荒的問題。如政府已計劃在各師範學院的語文教育系增設母語教學組；或於師大師院成立原住民教師研習中心，辦理母語在職進修，遴派原住民學校之教師前往研習，以修習新的教學理論與方法；甚或於暨南大學及東華大學成立研究所，開設多元文化語言等相關課程，以培養師資及人才，以上措施須長期規劃，頗有緩不濟急之感！可妨循下列途徑，先行解決：

1.仿照紐西蘭毛利人（Maori）設立「語言生活營」，由政府提供經費，比照救國團辦理自強活動的方式，在不影響正常教學的前提下，於寒暑假期間，邀集原住民教師共同研習，授課教師則請社區長老及教會神職人員協助。目前臺東南王國小為培養卑南語人才，由學校結合「南王青年會」，成立「母語研究班」，不過他們是利用每週一、三晚上研習，非利用寒暑假研習，而此項活動也擴展到學生家長及青年朋友，值得其他地區學習。

2.具原住民身分的現職代課教師或臨時教師，甚或神學院畢業從事文化工作者，只要熟諳母語，能勝任母語教學者，可優先准予進入師資進修管道，取得正式教師資格後，依原訂辦法一律回原住民學校任教服務。

六、社會資源方面

族群母語的傳承，傳統文化的保存，非僅限於藉由學校的途徑。學校之外的社會，也扮演著積極的角色，發揮應有之功能。在原住民母語大量流失時期，教會的表現最為稱職。教會用原住民母語編印聖經，編寫母語字典，保存了族群文化。近年，配合

政府製定羅馬拼號系統，協助學校推動母語教學。

　　另外民間社會的力量，也不容忽視，例如：宜蘭南澳鄉東澳村居民江明順，自資成立臺灣原住民母語教學與飲食文化館，開班授課，貢獻鄉里，又如：**蘭嶼居民爭取設立雅美族社區電台，製作母語教學節目，介紹雅美人文風俗。**學校教學也應多利用社會資源，以豐富教學內容，如何擴大社會資源的效能，以推動母語教學，下述數項值得努力：

　　1.政府可依據文化資產保存法，對教會神職人員給予資助，不應存有「能者多勞」消極的態度，對他們不聞不問。另外，政府也應引導教會對原住民母語的整理保存，研究出一套通用的標準，減少教會編纂造成的隔閡與紛雜現象。

　　2.新聞局對母語電台之設置應積極應予以協助，並藉助現代化器材，來整理母語素材，如：用C.D灌製錄音教材，不但保存時間長，聲音也清晰自然，甚至也可嘗試製作電腦磁片版或光碟版CAT母語教材。

　　3.各縣市文化中心應立即設置「母語教室」；蒐集當地鄉土文化資料和母語教材，隨時支援學校母語教學。

七、家庭和社區配合方面

　　學校的母語教學只是一種復健工作，母語的學習最終仍應回歸到家庭，鼓勵家長教導孩子說母語，也是母語傳承的一種方式。除此，社區對母語教學的推動，亦應具捨我其誰，勇於任事的態度，政府此正推展「生命共同體」的理念，如何凝聚共識，營造社區文化，可作如下的努力：

　　1.家庭母語化：即推行母語化的家庭教育，喚起部落家庭深愛自身母語，鼓勵各家父母為自己子女取本族的名字，使子女習慣母語相互稱呼姓名或稱謂，親子溝通交談也儘量使用母語，以

此漸進，家庭母語即可順勢推展。

　　2.營造社區環境：母語教學不僅要改善學校的教育環境，也應注意營造社區環境，鼓勵學生實行參與族群或社區各項祭祀、慶典、民俗等活動，藉以培養對本族文化的了解，且藉助活動，以母語溝通傳遞資訊，增加學習母語之機會。如魯凱族的「魯凱學園」及卑南族的「社區化教學」，頗值得推廣。

　　3.成立社區部落的母語推行委員會，利用社區活動中心成立「母語民教班」，擴充母語學習環境，以社會教育彌補學校教育之不足。母語教學非一蹴可成，而是點點滴滴的耕耘，須要家庭、學校、社會三方面配合，才能順利推展。

陸、結　語

　　今年二月，在美國亞特蘭大市舉行的一場「美國科學發展協會」會議中，阿拉斯加大學教授克勞斯（Michal e Krauss）曾作如此警世之言：在人類有歷史紀錄之前，世上約有一萬至一萬五千種語言，但現在只剩下六千多種，其中百分之二十五至百分之五十的語言已經沒有小孩子願意學了。他並推估，到西元二千一百年，世上大概只會剩下六百種語言，人類語言會愈來愈沒有多樣性，世界愈來愈沒趣，愈來愈不美。（聯合報1995,5,31）臺大語言研究所黃宣範教授，在一項研究中指出，臺灣現存的三十種語言，其中原住民語言就占了絕大多數，不過在現有不積極保護的環境，原住民語言的生命正急遽消失，他預估原住民語言極可能在兩個世代（五十年）後消失（聯合報，1994,12,1）。語言是人類傳遞文化，溝通觀念的工具。也是成員對團體產生歸屬感與認同感的依據，語言若是消失，文化也會跟隨失根，族群更因而瓦解。因此，為保護族群，推動族群的母語教學是現代社

會亟待反省的課題，也是刻不容緩需要解決的問題。

　　臺灣原住民之語言是屬於南島語族。此語族沒有自己使用之文字來紀錄自己的語言，而且經過日據時代及國民政府大力推行國語運動，以致母語的大量流失，造成原住民對於自己族群與文化認知失調。所幸政府在解除戒嚴之後，政治民主、經濟自由、社會開放，蔚成了多元文化的潮流，原住民族也展開尋根的工作，佔多數的漢人亦基於文化多元的體認，尊重差異促進理解，不論從宏觀的國際角度或微觀的日常生活中，協助原住民族從弱勢中站立起來。

　　推行原住民母語教學，百廢待舉，本是件艱難工作，試行期間，遭遇了政策、課程、教材、師資、經費、社會資源、教育環境等多項難題，都需要結合政府組織及民間社會的力量，逐一克服橫亙的困難，更重要的是基於族群共存共榮的理念，包容尊重，協商合作，以建立生命共同體，營造和諧健康的社會。

參考書目

自由時報　1995，法國神父博利亞無聲的筆為阿美族寫語典，1995,6,16，
　　第八版。

宋神財　1995，臺北縣烏來國民中小學泰雅母語教學施行現況研究（
　　1990～1994）。載臺灣南島民族母語研究論文集，臺北：中央研究
　　院。

李壬癸　1992，中國語文臺灣南島語言的語音符號系統，臺北：教育部
　　教研會。

李亦園、歐用生　1992，我國山胞教育之方向定位與課程內容設計研究，
　　臺北教育部教研會。

教育部　1992，發展與改進山胞教育五年計畫綱要，臺北：教育部。

郭爲藩　1993，母語教育與鄉土教材專案報告，臺北：教育部。

國語日報　1995a，教育部召開原住民教育會議，1995，4，16，第一版。

國語日報　1995b，臺灣原住民語言分布，1995，7，14，第十三版。

張佳琳　1993，臺灣光復後原住民教育政策研究，國立臺灣師範大學教育研究所碩士論文，未出版。

浦忠勇　1995，欣然爲臺灣原住民鄉土教材接生，載臺灣時報，1995，5，27，第廿二版。

黃美金　1995，臺灣南島民族母語現有教材之比較和我見，載臺灣南島民族母語研究論文集，臺北：中央研究院。

臺灣省政府　1947～1992，臺灣省政府公報，南投，臺灣省政府。

臺灣省政府　1971，發展中的臺灣山地行政，南投：臺灣省政府。

聯合報　1994，南島語言如果死了，1994，12，1，第卅九版。

聯合報　1995，六千個無言的危機，1995，5，31，第卅九版。

試論發展中的四川省彝、藏民族 地區中小學雙語教學模式

胡書津

四川省社科院教授

一

雙語（Bilingualisa）是個人或語言集團使用兩種以上的語言現象。雙語制是多民族國家的一種語言制度，是語言使用的法規。我國的雙語政策，反映了我國各族人民的利益，反映了我國各民族大家庭中平等、團結、統一的現狀。我國的語言規劃的完善，正沿著民族語言、族際共同語，即民漢雙語方向發展。

教育是基礎，語言文字是教育及科學技術的載體。在我國「雙語教育」是指以少數民族語言文字和漢語言文字組織教學構成的整體教育；「雙語教學」是指以少數民族語言文字與漢語言文字相結合的實施整體教育的一種教學體制。它是從傳統走向現代化的必由之路。

二

根據第4次全國人口普查統計，四川省有53個民族成份（其中世居民族有14種），總人口為107,218,173人，少數民族有 4,888,039人，其中彝族有1,784,165人，藏族有1,087,510人。這

兩個民族占全省少數民族人口總數近一半。彝、藏兩個民族都有著悠久的歷史，民族文字創制時間也很悠久（彝文幾經曲折獲得新生）。彝、藏兩種文字在本地區通行範圍廣泛。

語言關係的研究已經成為我國民族語言學科至關重要的研究課題。雙語現象是諸民族及其語言長期影響、融合或分化的結果。四川彝、藏地區雙語現象是在長期的歷史發展過程中，通過各民族共同生活、互相交往和互相融合而逐漸形成的。雙語現象的形成是少數民族與漢族長期以來在政治、經濟、文化上交往與密切聯繫的產物。雙語的發展是民族和社會發展的必然趨勢，語言的多樣性和文化的複雜性，必然認識到雙語制的必然性。在我國，已形成了漢族離不開少數民族、少數民族離不開漢族這樣一種水乳交融的局面。這一事實決定了我國必須實行雙重語言制。在民族教育系統工程中，用雙重語言制改進教育，合理地使用雙重語言制，這不僅是關係少數民族地區科學文化發展和經濟繁榮的問題，而且關係到實現四個現代化和各民族命運的重大問題，必須引起人們的高度重視。雙語的發展同科學文化的提高密切聯繫著，科學文化水平越高，對雙語的要求越迫切，操雙語的人越多。四川省彝、藏民族地區雙語現象比較普遍，應該實行雙語教育，實行雙語教育又是達到雙語現象的最好途徑，同時又可引導雙語現象向著健康而又利於社會發展的軌道前進。正確的雙語教育必須以語言平等為基礎，以搞好本民族語言教育為前提。我國的雙語教學基本是建國後在民族地區逐步發展起來的一種新型教學模式，是促進民族教育的發展和普及，使教育更好地為當前經濟社會發展服務的一項重要措施，也是保存和弘揚本民族語言和文化的有力舉措。

50年代後期，四川省彝、藏兩個地區，由於「左」的路線

干擾，在實施雙語教育中經歷了起步——徘徊——停頓——恢復——發展幾個階段。1958—1978年的二十年間，因受「左」的思想衝擊，民族語文工作和民族語文教學受到極大的影響，推行單一的漢語教學，雙語教學被「直接過渡」所替代，民族教育幾乎處於停頓和癱瘓的狀態。進入80年代後，四川省在總結過去民族語文工作和民族教育工作經驗教訓的基礎上，經過探索、調查研究，於1988年9月由四川省教委和四川省民委聯合頒發了《關於彝、藏族中小學雙語教學工作的意見》（以下簡稱爲《意見》）。這是四川省民族教育工作的一個飛躍。

《意見》中明確規定了我省彝、藏地區在民族教育中實行一種體制，即指在少數民族地區用民漢兩種語言文字進行教學。兩種類型，即第一種類型以民族語文爲主要教學語文，同時開設漢語文課；第二種以漢語文爲主要教學語文，同時開設民族語文課。這兩種雙語教學類型，到高中階段教育時，再視情況把一部分以民族語文教學爲主類型的學生分流到另一種類型的學校學習。四川彝、藏地區教育體系中整個雙語制的建設任務定在1988年開始的20年分步完成確立和完善小學、初中雙語教學兩種類型，並適當形成高中及其以上的雙語教學體制，把民族教育建成爲有利於提高廣大勞動者素質和加強民族人才成長的高效益陣地。

四川省在彝、藏民族教育體系中實行兩種類型的雙語教學計劃是在充分認識民族語言和漢語言的社會功能基礎上建立的。該計劃的功能是：第一種類型旨在既能繼承弘揚發展本民族傳統語言和文化，又能掌握主體民族語言文字從而更有利於直接吸取接受人類文明發展的一切優秀成果，接受國內外先進科學技術和經濟信息；第二種類型旨在保存民族語言文化，使本民族學生不致因爲學習主體民族語言文字而失去或降低本民族語文使用能力。

筆者把這兩種類型概括爲：「一個目標──民漢兼通，兩種走法──各有側重」。

《意見》實施7年來，學生的學習成績顯著提高，學生入學率、鞏固率、合格率明顯上升。雙語教學面逐年擴大，正在從小學向初中、高中、師範、專科延伸。目前，全省彝、藏地區有1,866所中、小學開展了雙語教學，其中以民族語言教學爲主的類型學校293所，接受雙語教育的中、小學生人數已達13萬餘人。接受雙語教育的彝族學生占彝族中、小學生總數的34.5%，接受雙語教育的藏族學生占藏族中、小學生總數的49.9%。實踐證明，這一《意見》是適合四川省彝、藏民族地區語言的社會功能所表現的現狀的，它是利用母語優勢發展智力，大面積提高彝、藏中小學教學質量、辦學效益、增強民族團結、加速少數民族人才成長、提高民族素質、促進民族經濟的繁榮和發展的正確途徑。

今天，四川省彝、藏地區民族教育中的雙語制雖可以說初具雛型，但是這種雙語教育的內容、程序和方法以至社會心理、群衆認識等等把它提高到理論的高度，也還有不少問題有待於進一步的實驗研究和總結。要建設成一個完整的雙語制教育體系，主動適應加快改革開放和現代化建設的需要，適應民族地區市場經濟體制改革和政治、科技等改革要求，尚待民族語言學界和教育學界同仁共同作出長期艱苦的努力。正確、恰如其份地處理好雙語制的兩個組合之間的關係，使之成爲一種建設性的語言政策或語言規劃，這將是一個需要繼續研究的課題。

三

爲了使雙語教育體系健康發展，筆者認爲應考慮下列幾個問題。

　　1.認眞執行民族平等、語言平等政策。　「各民族都有使用和發展本民族語言文字的自由」《憲法》、「學校應推廣使用全國通用的普通話」（《中華人民共和國義務教育法》）。前者，體現了民族平等，承認各民族語言文字是構成中華民族文化的組成部分；後者，反映了我國現代化建設對語文建設和民族教育的迫切需要。我們要牢固地樹立民族語言文字工作和民族教育工作爲我們的基本路線服務，爲民族團結服務，爲經濟建設這個中心服務的指導思想。

　　2.我省彝、藏地區，有民族聚居區，也有民族雜居區，雜居區又形成許許多多大小不等的聚居村落和鄉鎭，這是形成雙語制的地理條件。他們之中，有的僅懂母語或當地一種常被人們俗稱的「地角話」（按指係屬不明的語言），不懂其他民族語；有的既懂母語，又兼通漢語或周邊某民族語；有的已不熟悉本民族語言，只掌握了漢語或周邊某一民族語。這對判定雙語教育政策具有重要意義。從總體上說，多數人所操語言與民族謂稱一致，少數人所操語言與民族稱謂不一致。這些不同情況的民族地區，如何開展雙語教育，實行哪種類型進行教學爲宜，應以當地民族語言文字的社會功能和應用價值爲基礎（諸如使用這種語言擁有的信息量、語言覆蓋面、語言傳播渠道等等），同時要考慮經濟、社會發展的需要，辦學效益和群衆的意願，堅持從實際出發，因地制宜，分類指導。雙語教學兩種類型並行，是就我省整個彝、藏地區而言的。我們認爲原則上，凡只有本民族語言文字環境的民族聚居的邊遠地區，基礎教育各年級各門課程應是以用本民族語言文字授課爲主體制，酌情逐步從民族語言教學入手，「借雞孵鴨」通過語言轉換，在適當年級增設漢語文課教學，但宜早不宜晚。有一定雙語環境的農村和城鎭雜居地區，或某些地方人們

相互間由於語言、方言或土語分歧很大不宜交流思想（如阿壩州的黑水、金川、小金、理縣和甘孜州的丹巴、道孚、九龍等縣部分操嘉話或羌語等的藏民），不具備開設民族語文課程的基礎，基礎教育宜實行漢語文授課爲主體制，用漢語爲教學語言，以地方語言爲輔助教學工具，同時可酌情開設本民族語文課（亦可做爲選修課程），但須注意糾正應付開設民族語文課的傾向。

3.站在二十一世紀的高度，處理好原則與現實，當前與長遠的關係。雙語教學兩種類型建設的發展步驟應同基礎教育的普及程度相銜接，並同整個民族地區和民族教育的發展相聯繫。兩種類型，特別是其中以民族語文教學爲主體制的發展速度、比例和規模須同實施九年制義務教育、「三個面向」、改革開放、市場經濟的發展、人才市場的需求、教材、師資建設等相適應、配套。要從兩種類型的運用性和適用性考慮。即從居住環境、語言的分布情況及其使用功能，從有利於民族經濟文化的建設事業的發展出發，從各民族學生的成長，多層次升學、就業、多方位適應能力的培養和發展道路上去考慮，恰當安排。從整體上看，我們認爲四川省彝、藏民族地區（特別是民族雜居地）今後雙語教學形成的重點應放在發展以學漢語文爲主，兼學民族語文這一類型的學校、班級和人數上；各學科應用到以學民族語文爲主、兼學漢語文這一類型的學校、班級和人數，比例宜求適度，各州應有計劃地投入足夠的財力、人力、物力辦好幾所，有高質量的以民族語言文字授課的重點學校。

4.宏觀控制，微觀調整。 按教育、教學規律確定和處理好雙語教育中兩種類型的中小學各科的教育要求和上下銜接，縱線相貫，形成自身體系，切不可失調，即人們習慣的提法「通車」。爲此，應著手考慮舉辦各類雙語制職業中學，在部分中等專業學

校和高等學校建立雙語制教育，增設雙語應用性課程和專業，形成大、中、小相互銜接的寶塔式的雙語教育網絡或體系，以反映雙語教育的多功能特點。有條件的民族高等學校和科研單位還要適量培養一些具有較高理論水平精通漢語、民語、外語三種以上語言、能從事雙語理論研究的碩士、博士生。

5.自始至終狠抓「兩大硬件」——師資隊伍和教材讀物的建設。要有計劃地培養一批高質量、多層次的「民漢兼通」各類學科的雙語師資，教材做到配套、供應及時。

6.加快民族教育和民族語文法制建設。　為了全面實施黨的民族語言文字規劃和雙語教育體系，甘孜、阿壩兩個自治州應盡快制定《民族語言文字工作條例》法規，解決民族語言文字使用範圍，確定雙語教育的地位以便貫徹執行，做到有法可依和依法治教。

7.建立雙語人才市場，內引外聯，優化雙語教學體系。　雙語教育是我國整個教育事業的主要組成部分，也是民族工作的重要內容。目前，四川省彝、藏民族地區雙語師資存在著量少質弱，在改革開放形勢下，拓寬思路，把握時代發展的脈搏和契機，科教興國，加大教育體制改革力度，把雙語教育推向市場經濟，引導雙語制學校建立主動適應現代化建設需要運行機制和自我發展的機制，引進內地人才和教育改革的成功經驗，發展和完善具有競爭活力的雙語教育系統。

四

構建雙語教育系統，是一項系統工程，它即有理論問題，又有實際問題。它是民族語文工作和教育改革的大事，包括民族語文政策的貫徹和語言規劃的落實，更多地涉及到教育思想、教學

要求、教學內容、教學方法以至考試、升學、就業和教育體制改革等諸多方面。教育是科學技術和勞動生產力的重要手段。民族教育中的雙語制學校也要適應建立市場經濟體制的要求進行探索和改革。雙語制教育要對準市場經濟條件下社會人才需求，培養和輸送更多的「適需對路」的人才，建立市場競爭體制，接受市場的評判和選擇。所以，我們既要有很高的熱情，又必須堅持科學的態度，使實施四川省彝、藏地區的雙語教育跨上一個新台階。從而逐步實現雙語制的自我完善和促進雙語制的合理發展，建立有中國特色的一套適應我國市場經濟發展的民族教育中的雙語制體系，以適應各民族發展的需要，達到提高我國各民族思想、文化、科學技術的素質，使其更好地為我們的基本路線服務，為振興民族經濟服務。

五

正如上述，在我國雙語教學是一項開拓性工作，隊伍新，經驗少，需要探索，研究的問題很多。近幾年雙語教學研究工作雖有初步開展，但總的看來，還是薄弱的，很不適應雙語教學發展提高的需要。我們願與海內外，特別是臺灣社會語言學界、教育學界等學術團體建立廣泛密切的聯繫，共同進行專題研究，共同推動雙語教學與研究工作沿著科學化、規範化的道路不斷發展提高。

臺灣原住民教育文化政策

侯松茂

國立臺東師範學院社科系教授兼教務長

壹、臺灣原住民教育文化政策之發展與現況

隨著民主政治發展，社會開放與個人權益意識高漲，九〇年代臺灣社會發展所突顯的「多元文化，族群融合」成為多數人關心的主要課題，尤其長期以來處於弱勢的原住民，其地位與權益日益受到政府部門與民間團體的重視。政府政策的制頒與實施，除了反映社會實際需要外，往往也受到政治因素的影響，半世紀以來政府對臺灣原住民教育文化政策的發展與現況，試從兩個階段說明：

一、解嚴之前：民國34年～民國76年（1945～1987）

日本將臺灣歸還國民政府之後，政府的原住民（山胞）政策，在經濟方面由各項保護政策以維持其經濟生活；教育文化方面則致力於提昇原住民的教育水準，促進教育機會均等，依據中華民國憲法第163條、168條、169條等，對各地區、各民族教育文化之有關條文，陸續制頒相關法令措施。綜合來看，此階段主要作法在於：推行國語、建立獎學金制度、鼓勵教師至山地服務，保送原住民學生升學等，並推行山地民眾技藝教育，尊重與維護原住民傳統文化等。但是，因政策法令上仍屬於消極性、保護性，

加上漢人在政治上的優勢統治，及原住民社經地位的不利因素，使其所受的教育待遇實質上仍然無法享受到眞正的平等；抑且在文化方面，政府以同化的心態和刻板印象對待原住民，其傳統文化非但得不到尊重與維護，原住民的自尊心、自信心也在競爭激烈的社會洪流中逐漸喪失。

二、解嚴之後：民國77年～迄今（1988～）

解嚴前後臺灣的群衆運動如雨後春筍的展開，長期處於弱勢的原住民也經由多種途徑爭取自身的權益，以維護其傳統文化，政府在政策上的制訂與執行不得不趨於積極。此階段有關山胞（原住民）的教育文化政策，茲敘述如下：

1.成立「山胞（原住民）教育委員會」，專責規劃山胞教育的相關事宜。其主要任務爲：⑴有關山胞教育之政策之研議；⑵各級學校山胞教育改進方案之設計、推動與評估；⑶有關山胞教育之諮詢。

2.召開「山胞（原住民）教育研討會」通盤檢討改進山胞教育相關措施。

3.進行山胞（原住民）教育專題研究，奠定山胞教育學術理論基礎與實證依據。

4.訂定「發展與改進山胞（原住民）教育五年計畫綱要」，整體規劃並實施山胞教育工作。

5.訂定並發布「教育部獎（補）助山胞（原住民）母語研究實施要點」與「教育部補助民間團體辦理山胞社會教育實施要點」。

6.委請中央研究院歷史語言研究所，針對山胞各族語言之語音符號系統進行研究，出版「中國語文臺灣南島語言的語音符號系統」，以保留山胞之語言文化。

7.研訂加強山地族籍學生升學意願及競爭能力相關措施。

8.大學院校相繼成立原住民教育研究中心。

9.訂頒「原住民社會教育方案」。

10.中華民國憲法增修條文第九條規定「國家對於自由地區原住地區原住民之地位及政治參與，應予保障；對其教育文化、社會福利及經濟事業，應與扶助並促其發業，……等」。

政府在此階段對原住民教育文化政策與執行是有長足的進步：在教育方面，除了繼續以往對原住民學生在應考加分、獎學金給與之外，並寬列經費充實山地學校軟硬體設備、辦理職業學校技藝教育等。在文化方面，則逐漸設立山地社區活動中心，成立原住民文化園區，辦理原住民傳統民俗活動，推行原住民各族母語教學，以及編訂原住民鄉土文化教材等，由此可見，政府對推展山地教育可謂大力投入。

貳、檢討與展望

一、臺灣原住民教育文化政策的檢討

綜觀半世紀以來，政府在原住民教育文化政策之法令與措施方面，已有持續性的進展，但從社會整體發展與各層面之進展相較來看仍有不足。在政策法令制頒與執行方面，由於以漢人文化為本位的政治優勢統治，未能重視原住民文化的特殊性，因而趨於管制性與消極性；又早期對於原住民族群過於保護，故缺乏完整性、系統性與前瞻之規劃。

二、臺灣原住民教育文化政策的展望

1.各級政府執行有關原住民的政策應有專責單位，以建立完整的行政系統。

2.政策與法規應有其系統性、完整性與前瞻性、才不致有頭痛醫頭腳痛醫腳之缺失。

3.教育目標應符合實際需要與具體可行之計劃。重視原住民潛能之啓發並配合其特殊需要，擴大辦理生計技藝教育。

4.在文化方面應尊重原住民固有傳統文化的保存與發揚，建立其自尊自信的精神。

臺灣近年來由於社會快速變遷，成爲市場經濟導向的工商業社會，對原住民的山地農業社會產生嚴重的衝擊，原住民中途輟學、雛妓、就學、山地人口外流、酗酒等問題日益嚴重，其傳統文化也在以漢人文化爲主流中逐漸消失，但由於原住民長期處於弱勢的社經地位與教育文化不利地位，故政府的政策及相關措施，尚不足以讓原住民享有教育機會均等的權益，並維護發揚其固有文化。

因此，除了上列對政府政策的四項建議外，個人認爲原住民的根本問題在於其受社會大環境變遷影響，家庭親職教育不足，使原住民子弟自小就處於極爲不利的條件，導致成長過程中的教育機會、謀生技能、價值意識在在都居於劣勢，由此惡性循環的結果，原住民的社經、教育文化地位，永遠是弱勢的；所以如何在快速轉型的社會變遷中，從原住民特有的文化，加強部落（社區）社會教育，以及家庭的親職教育，俾能建立原住民自信自立的精神，應是刻不容緩的。其次，漢人對原住民既有的刻板印象，諸如：懶惰、愚笨、酗酒等習性，所形成的偏差與歧視更應儘快消弭；並且漢人應從社會結構和制度面來省思，原住民問題之產生主要乃因早期臺灣社會對其不平等待遇所致，故應尊重其固有文化，扶持其與漢人能公平地競爭，期能建立原住民自強自尊的精神，所謂的「多元文化，族群融合」方能指日可待。